Harald Neubert (Hrsg.)

Stalin wollte ein anderes Europa

Moskaus Außenpolitik 1940 bis 1968
und die Folgen

Eine Dokumentation
von Wladimir K. Wolkow

edition ost

ISBN 3-360-01046-9

© 2003 edition ost im Verlag
Das Neue Berlin
Rosa-Luxemburg-Straße 39,
10178 Berlin
eMail: verlag@edition-ost.de

Titel: Peperoni Werbeagentur, Berlin,
unter Verwendung eines Fotos vom
Stalin-Denkmal in der Berliner Sta-
lin-Allee (heute Karl-Marx-Allee),
© Landesbildarchiv Berlin

Printed in Germany

Die Bücher der edition ost und des
Verlags Das Neue Berlin
erscheinen in der Eulenspiegel Ver-
lagsgruppe.

www.edition-ost.de

Das Buch

Am 5. März 1953 starb J. W. Stalin. Er hatte dreißig Jahre lang die sowjetische Innen- und Außenpolitik bestimmt. Die Prägungen überdauerten ihn. Der russische Historiker Wolkow hat u. a. erstmals Unterlagen aus dem persönlichen Archiv des russischen Präsidenten gesichtet. Dazu gehören auch Dokumente aus jener Zeit, die Aussagen über die Pläne Stalins für den Kontinent enthalten. Wesentlichen Raum nahm dabei die Behandlung der deutschen Frage ein. Stalin wollte keine deutsche Teilung, sondern einen neutralen Pufferstaat ohne fremde Besatzungstruppen (auch ohne die eigenen).

Beim vorletzten Treffen der SED-Führung mit Stalin in Moskau am 1. April 1952 hieß es noch: »Zur Durchführung gesamtdeutscher freier Wahlen ohne Einmischung der UNO. Wir müssen eine Massenbewegung für den Kampf um solche Wahlen entfalten und dabei den Sturz der Adenauer-Regierung erreichen.«

Die Geschichte nahm, wie bekannt, allerdings einen anderen Verlauf.

Der Herausgeber

Prof. Dr. Harald Neubert, Jahrgang 1932, Geschichtsstudium in Leningrad von 1952 bis 1957. Von 1963 bis 1969 im ZK der SED verantwortlich für die internationalen Parteibeziehungen. Von 1970 bis 1990 Direktor des Instituts für Internationale Arbeiterbewegung an der Akademie für Gesellschaftswissenschaften.

Autor und Herausgeber diverser Publikationen, u. a. Hermann Axens »Ich war ein Diener der Partei« (edition ost, 1996).

Der Autor

Prof. Dr. Wladimir Konstantinowitsch Wolkow, Jahrgang 1930, Geschichtsstudium in Moskau (1949-54). Seit 1956 Mitarbeiter, ab 1987 Direktor des Akademie-Instituts für Slawische Forschungen (»Slawjanowedinie«). Wolkow, korrespondierendes Akademie-Mitglied, gilt als Experte für die Geschichte Osteuropas, des Balkans und der Beziehungen Deutschlands zu den slawischen Völkern und hat dazu umfangreich publiziert (u. a. »Die deutsch-jugoslawischen Beziehungen und der Zerfall der Kleinen Entente«).

Inhalt

Vorbemerkung

J. W. Stalin stand von 1924 bis zu seinem Tode am 5. März 1953, an der Spitze von KPdSU und UdSSR und bestimmte deren Politik. Ohne Zweifel wird er für immer einer der umstrittensten Politiker bleiben, die im 20. Jahrhundert die Geschicke Europas und der Welt maßgeblich beeinflußten. In der Zeit seiner Herrschaft entwickelte sich die Sowjetunion zu einer einflußreichen Weltmacht, deren sozialistischer Anspruch und Aufbruch einen weltweiten Zuspruch zahlreicher linker – kommunistischer, sozialistischer und sogar linksliberaler – Kräfte besaß, denen sie zugleich Unterstützung und Orientierung gewährte.

In mancherlei Hinsicht erwies sich Stalin als besonnener Realpolitiker, in anderer Hinsicht als unbeweglicher Illusionär, der – dogmatisch beschränkt – eigensinnigen und willkürlichen Wunschvorstellungen unterworfen war. Eben deshalb ist ihm zugleich in einem hohen Maße zuzuschreiben, daß es nicht gelang, dieser Weltmacht mit der ihr eigenen Gesellschaftsordnung und den Staaten ihres Einflußbereiches eine dauerhafte soziale Stabilität zu verleihen. Die dazu erforderlichen Aufgaben wurden nicht nur nicht in Angriff genommen und gelöst. Stalin traf – von seinen Verbrechen am sowjetischen Volk ganz zu schweigen – falsche Entscheidungen und verantwortete Fehlentwicklungen, die in ihrer Konsequenz das Land und die auf sozialistischen Anspruch gegründete Gesellschaftsordnung in eine Sackgasse führte. Am Ende stand der Zusammenbruch.

Das vorliegende Buch handelt von der von Stalin bestimmten Außenpolitik der UdSSR vom Beginn des zweiten Weltkrieges bis zum Ende der 60er Jahre.

Im Mittelpunkt stand hierbei das Streben nach internationaler Sicherheit und nach Etablierung einer machtpolitischen Einflußsphäre in einer Situation innerimperialistischer Ansprüche und Rivalitäten sowie antisowjetischer Aggressivität, die zum Ausbruch des zweiten Weltkrieges geführt hatten. Nach dem Krieg ging es um eine Neuordnung Europas, die den kalten Krieg hervorbrachte. Dieser wiederum führte zur Bildung der Blöcke und zu einer sogenannten Blocklogik.

Was in jenen Jahren geschah, war mit dem Namen J. W. Stalins verbunden – mit seinen Plänen, seinen Taten und schließlich, unter seinen Nachfolgern, mit seiner politischen Hinterlassenschaft, an der diese Nachfolger letzten Endes scheiterten.

Wolkow hat für diese Darstellung erstmals Quellen ausgewertet, die sich im weitgehend geschlossenen Archiv des Präsidenten der Russischen Föderation befinden. Die Analyse dieser Dokumente bestimmte auch den Rahmen der generellen Betrachtung und Einschätzung der Vorgänge.

Zum einen setzt Wolkow viele Kenntnisse der behandelten historischen Prozesse und Aktionen voraus, so daß er sie im einzelnen nicht nochmals darlegt. Zum anderen blendet er Faktoren aus, die von außen auf das im Rahmen seines Quellenfundus analysierte Problem-Spektrum einwirkten und für dessen allseitige Einschätzung unumgänglich wären. Daraus ergeben sich zwei weitere durchaus verständliche, aber zum Teil einschränkende Besonderheiten, die Wolkow kenntlich macht: Er korrigiert jene Sicht auf die behandelten Themenkomplexe, die in der Sowjetunion aufgrund ideologischer Axiome und apologetischer Selbstrechtfertigung vorherrschte und deshalb eine unvoreingenommene Einschätzung nicht erlaubte. In diesem Sinne ist Wolkow um Objektivität bemüht, die während der Sowjetzeit parteiischer Betrachtungsweise geopfert wurde.

Allerdings bedient er sich gelegentlich – wohl im Bestreben, sich von der früheren sowjetischen Diktion zu lösen und objektiv sein zu wollen – einer Terminologie, die bislang nur aus dem westlichen Sprachgebrauch bekannt war. Wolkow zeigt sich nicht frei von Enttäuschung und Sarkasmus. Dies sei mehr beiläufig angemerkt, da es den Aussagewert seiner Arbeit nicht beeinträchtigt und lediglich verdeutlicht, daß man seine unbestreitbar neuen Erkenntnisse ins Verhältnis zu anderen vorliegenden neueren Forschungsergebnissen setzen muß.

Das erste Kapitel behandelt die sowjetisch-deutschen Beziehungen in der Zeit vom Winter 1939/40 bis zum Frühjahr 1941. Es war die erste Phase des zweiten Weltkrieges, in der die Beziehungen zwischen beiden Staaten durch den Nichtangriffspakt vom 23. August und dem Freundschaftspakt vom 28. September 1939 mitsamt den Geheimverträgen geregelt zu sein schienen. Hinter dem Anschein von Interessenübereinstimmung und Friedensbekundung beider Staaten analysiert Wolkow am Beispiel des Balkans die tatsächliche, aber stets geschickt verschleierte Rivalität von Deutschland und der Sowjetunion um die Sicherung ihrer Einflußsphären. Verbunden war dies mit dem strategischen Problem des Zugangs zum Schwarzen Meer, das im besonderen Interesse der UdSSR lag, sowie mit den verworren anmutenden territorialen Ansprüchen der UdSSR, Bulgariens und Ungarns gegenüber Rumänien sowie Bulgariens gegenüber Griechenland.

Motive und Ziele der Außenpolitik Hitlers bestanden in jener Zeit darin, eine Kriegskoalition – deren Kern der Dreierpakt von Deutschland, Italien und Japan war – auch unter Einbeziehung von Balkanstaaten zu schmieden und die Sowjetunion in Sicherheit zu wiegen, während die Vorbereitung der Aggression gegen sie im Gange war.

Für die Stalinsche Führung der UdSSR waren folgende Momente charakteristisch: Sie sah sich mit internationalen machtpolitischen Realitäten konfrontiert, zu denen sie Stellung beziehen mußte, indem sie selbst auf die Erhöhung der eigenen Sicherheit zu achten hatte. Als gewöhnliche Großmacht betrieb sie zugleich auch eine imperiale Politik der Ausdehnung ihrer Einfluß- und Interessenssphäre.

Zum einen muß es als gerechtfertigt angesehen werden, wenn die UdSSR in der bedrohlichen, kriegsschwangeren Situation bestrebt war zu verhindern, daß die begonnene imperialistische Neuaufteilung der Einflußsphären in der Welt zwischen Deutschland, Italien und Japan, möglicherweise auch Großbritannien, auf Kosten ihrer eigenen internationalen Sicherheit erfolgte. Zum anderen jedoch widersprach es den verbal verkündeten Prinzipien sozialistischer Außenpolitik des Landes, wenn sich die Stalinsche Führung aktiv an dieser Neuaufteilung beteiligte und mit Zustimmung des faschistischen Deutschlands Gebietszuwachs auf Kosten von Nachbarstaaten beanspruchte. Die UdSSR suchte damals, so Wolkow, einen eigenen Platz in einer neuen Weltordnung. Sie erwies sich jedoch dabei als unfähig, die Pläne des deutschen Faschismus zu durchschauen. Die Achsenmächte boten ihr sogar an, als vierte Macht diesem Dreierpakt beizutreten.

Die UdSSR war bereit, ein entsprechendes Abkommen zu schließen. Sie riskierte dabei mehr als den Verlust ihrer Neutralität im Verhältnis zu den kriegführenden Koalitionen. Dadurch, so Hitlers Absicht, sollte eine Annäherung der Sowjetunion an Großbritannien verhindert und Moskau international isoliert werden. Das gelang. Stalin schlug Londons Warnung vor einer deutschen

Vorherrschaft in Europa, die zu verhindern auch im Interesse der UdSSR gelegen hätte, in den Wind. Stattdessen hieß es aus dem Kreml, die guten Beziehungen zwischen Deutschland und der Sowjetunion würden nicht auf zeitweiligen konjunkturellen Motiven fußen, sondern auf grundlegenden beiderseitigen Staatsinteressen.

Auf diese Weise gelang es Hitler, seinen Überraschungsangriff unbeeinflußt von außen vorzubereiten.

Das zweite Kapitel ist einem kurzen, aber äußerst dramatischen und zugleich tragischen Abschnitt der Geschichte der UdSSR gewidmet. Es behandelt die letzten zehn Wochen unmittelbar vor dem faschistischen Überfall auf die UdSSR, den Stalin nicht erwartet hatte, so daß das Land darauf nicht vorbereitet war. Wolkow untersucht anhand bekannter und vieler neu erschlossener Zeugnisse und Quellen die verheerenden Fehleinschätzungen und Fehlentscheidungen Stalins, Molotows und ihrer Umgebung, die zu der Katastrophe führten, daß die Rote Armee gleich in den ersten Tagen nach dem Überfall unermeßliche Verluste erlitt und die deutschen Truppen in wenigen Monaten bis Moskau vorstoßen konnten. Stalin, der gehofft hatte, entweder die UdSSR gänzlich aus dem Krieg heraushalten oder zumindest den Kriegseintritt für sein Land so weit als möglich hinauszögern zu können, ließ sich – trotz seines krankhaften Mißtrauens gegen jedermann – von Hitler, Goebbels, Ribbentrop und der deutschen Militärführung hinters Licht führen. Wolkow widerlegt die Legende, die Sowjetunion hätte Hitlers Krieg mit einem Präventivschlag zuvorkommen wollen. Von Bedeutung für das Verständnis der vielschichtigen Zusammenhänge, der gezielten Desinformationen, der unterschiedlichen Kriegsoptionen und der diplomatischen Aktivitäten kurz vor dem Überfall ist auch die Darstellung des Verhältnisses zwischen der Sowjetunion und Großbritannien, das mit Mißverständnissen und wohl auch mit provokativem Motiven verbunden war.

Im dritten Kapitel stellt Wolkow Überlegungen zum strategischen Konzept der UdSSR für die europäische Nachkriegsordnung an. Um zu verhindern, daß an den Westgrenzen der Sowjetunion nach dem Kriege ein *Cordon sanitaire* aus antisowjetisch-prowestlichen Staaten entstünde, bemühte sich die Stalinsche Führung seit 1943 intensiv darum, Polen, Rumänien, Bulgarien, Ungarn und die Tschechoslowakei als Einflußzone zu gewinnen – und zwar mit Billigung der Westalliierten. Eine entscheidende Rolle wurde den dortigen kommunistischen Parteien beigemessen, die im

Kampf gegen den Faschismus einen anerkannt großen Beitrag geleistet hatten.

Diese waren bereits in der Vorkriegszeit für die sowjetische Außenpolitik instrumentalisiert worden. Ihre Funktion mußte im Interesse guter Beziehungen innerhalb der Antihitlerkoalition allerdings verschleiert werden. Deshalb wurde die 1919 von Lenin gegründete Kommunistische Internationale (Komintern) im Mai 1943 aufgelöst.

In diesen Maßnahmen sieht Wolkow die beginnende Orientierung auf die Schaffung eines »sozialistischen Lagers«. In diesem Zusammenhang stellt sich die Frage, ob es sich dabei – aus der Sicht Stalins – vorrangig um die Fortführung der ursprünglich deklarierten »Weltrevolution« handelte oder vornehmlich um die geplante Bildung einer vorgelagerten Sicherheits- und Einflußzone mit abhängigen Staaten, also Satelliten.

Den sogenannten Volksdemokratien wurde das sowjetische Gesellschaftsmodell oktroyiert. In der Folgezeit wurden sie durch völkerrechtlich-vertragliche Beziehungen mit der UdSSR und untereinander vernetzt.

Rafael P. Fjodorow, einst verantwortlicher Funktionär der Internationalen Abteilung des ZK der KPdSU, meinte in seinem 1993 in Deutschland erschienenen Buch »Wohin geht Rußland? Eine Nation am Scheideweg« sehr richtig, daß »der revolutionär-siegessichere Trommelschlag [...] für die sowjetische politische Klasse schon lange zur bloßen Geräuschkulisse geworden« war, »hinter welcher eine an den Maximen des 19. Jahrhunderts ausgerichtete staatserhaltende Politik betrieben wurde«.

Das traf vermutlich nicht nur auf die Breshnew-Ära zu, sondern bezeichnete das Wesen der Stalinschen Sowjetunion und ihrer Außenpolitik seit den 30er Jahren.

Wie zuvor gegenüber Hitlerdeutschland respektierte die Stalinsche Führung der UdSSR die Aufteilung Europas in Einflußsphären, so daß die Sowjetunion zwar die antifaschistischen Befreiungsbewegungen in Ländern, die zunächst der westlichen Einflußsphäre zugerechnet wurden – zum Beispiel in Frankreich, Italien und Griechenland – unterstützte, sie aber keineswegs auf eine sozialistische Revolution orientierte.

Das vierte Kapitel ist Stalins Deutschlandpolitik in den Nachkriegsjahren gewidmet. Ausführlich geht Wolkow auf die Treffen ein, die die Führer von SED bzw. DDR in der Zeit von 1947 bis 1952 mit Stalin hatten. Er wertet die Protokollniederschriften aus, die sich im bislang nicht zugänglichen Präsidenten-Archiv befinden. Mit direkten und indirekten Quellenbelegen vertieft und präzisiert er die Frage nach den Motiven und Zielen Stalins in bezug auf die deutsche Frage.

Danach dürfte es unumstritten sein, daß Stalin zunächst nicht an einer Spaltung Deutschlands und demnach auch nicht an der Bildung eines ostdeutschen Separatstaates interessiert war. Stalin wollte ein einheitliches, neutrales Deutschland, das als Pufferzone zwischen der UdSSR und den Westalliierten lag. Dazu war der baldige Abschluß eines Friedensvertrages und der Abzug aller Besatzungsmächte zwingend nötig.

Entscheidungen Stalins, etwa die Berlin-Blockade von 1948, gingen von der irrigen Annahme aus, im Westen Deutschlands ließen sich nationale Gefühle und Patriotismus gegen die USA und für die Einheit des Landes mobilisieren. Wolkow spricht in bezug auf Stalins Konzept zur Lösung der deutschen Frage von einer *strategischen Fehleinschätzung* der realen Lage und meint, daß Stalin erst nach der westlichen Ablehnung des sowjetischen Vorschlags vom 10. März 1952 (die sogenannte Stalin-Note) seine strategischen Vorstellungen zu korrigieren begann und auf die Entwicklung und Stärkung der DDR setzte.

Das fünfte Kapitel ist dem zeitlichen Umfeld des XX. Parteitages der KPdSU gewidmet, der 1956 stattfand. Im Vorfeld begann bereits eine bescheidene Korrektur der bedrückenden Stalinschen Hinterlassenschaft im Verhältnis zu den sozialistischen Ländern. Gradmesser war das Verhältnis zu Jugoslawien und dessen Bund der Kommunisten. 1948 war, weil Tito einen Herrschaftsanspruch Moskaus nicht hinnahm, Jugoslawien auf Betreiben Stalins vom Freund zum Feind erklärt worden. Stalins Nachfolger Chruschtschow sah sich gezwungen, praktisch die Schuld der KPdSU für den Abbruch der Beziehungen einzugestehen und die Gleichberechtigung als Prinzip der Beziehungen zwischen den sozialistischen Ländern zu verkünden. Wolkow kann auch für diesen Zeitabschnitt wichtige neue Quellenzeugnisse auswerten.

Das gilt besonders auch für die Auswirkungen des XX. Parteitages. Eine gewisse Liberalisierung und die Benennung der Verbrechen und Fehler Stalins zeitigten Folgen auch in den sozialistischen Ländern. Krisenhafte Erschütterungen, die die Führer der KPdSU zu einem punktuellen Umdenken veranlaßten, gab es vor allem in Polen und Ungarn. Sie endeten mit einer militärischen Intervention in Ungarn.

Die Jahre zwischen 1955 und 1957 bezeichnet Wolkow als Zäsur in der Entwicklung, da diese Ereignisse zur Herausbildung jener Formen der Beziehungen der Sowjetunion zu den Ländern des sozialistischen Lagers führten, »die bei gewissen Modifikationen [...] faktisch bis zum Fall der kommunistischen Ordnungen in einer Reihe von Ländern Ende 1989 und bis zur Auflösung der Organisation des Warschauer Paktes beibehalten wurden«.

Die *Magna carta* dieses internationalen Regimes zwischen der UdSSR und den anderen sozialistischen Ländern war die »Deklaration der Sowjetregierung über die Grundlagen der Entwicklung und weiteren Festigung der Freundschaft und Zusammenarbeit zwischen der Sowjetunion und den anderen sozialistischen Staaten« vom 30. Oktober 1956. Die gebieterische sowjetische Vorherrschaft wurde nach Einschätzung Wolkows gelockert und ersetzt durch eine »eingeschränkte Souveränität«, die ihren Ausdruck in der späteren »Breshnew-Doktrin« fand.

Im sechsten Kapitel, in dessen Mittelpunkt die CSSR-Ereignisse Ende der 60er Jahre stehen, kommt dramatisch die Unfähigkeit der sozialistischen Regimes zum Durchbruch, die seit den 50er Jahren dringend anstehenden Reformen durchzuführen. Die krisenhafte Zuspitzung der Entwicklung kulminierte in der militärischen Niederschlagung des »Prager Frühlings« im August 1968. Die Reformbewegung unter Alexander Dubček zielte auf tiefgreifende Korrekturen am Sozialismusmodell, wie es seit Stalins Zeiten – ungeachtet gewisser Modifikationen – den anderen sozialistischen Ländern aufgezwängt worden war.

In Anbetracht der Abhängigkeit der sozialistischen Länder von der reformunwilligen bzw. -unfähigen sowjetischen Führung, angesichts der harten Blockkonfrontation im kalten Krieges und der Absicht des Westens, den Sozialismus zurückzurollen (»roll back«) sowie eingedenk einer gewissen Naivität der Konzepte der Dubček-Führung in innenpolitischer und internationaler Hinsicht stellt sich natürlich die Frage, ob die Reformen überhaupt Aussicht auf Erfolg hatten. Diese Frage bleibt unbeantwortet.

Analoge Bemühungen gab es in der DDR unter Walter Ulbricht, der mit dem »Neuen ökonomischen System« gleichfalls das sowjetische Modell revidieren wollte; sie fanden im Buch keine Berücksichtigung.

Der besondere Neuigkeitswert dieses Kapitels besteht darin, daß Wolkow anhand zahlreicher bisher nicht bekannter Quellenzeugnisse neue Einblicke in die zum Teil konspirativen Aktivitäten der sowjetischen Führung bietet, um die Reformbewegung in der CSSR zu unterdrücken und zu vereiteln, was letztlich durch die militärische Intervention geschah. Die geplante konzertierte Aktion des Warschauer Paktes fand jedoch nicht statt: Ulbricht verhinderte, daß die NVA der DDR ins Nachbarland einfiel wie dreißig Jahre zuvor die Naziwehrmacht.

Neben der Sowjetunion waren lediglich vier weitere Länder des Warschauer Paktes beteiligt.

Wolkow macht eine erschütternde Bilanz auf. Durch die Niederschlagung des »Prager Frühlings« wurden Idee und Praxis des Sozialismus generell in Mißkredit gebracht. Nun begann eine recht lange Epoche der Stagnation. Der Rückstand gegenüber den entwickelten Ländern nahm zu, Generationen verloren Lebenszeit. Infolge der Unfähigkeit zu Reformen wurde die sozialistische Revolution aufs Spiel gesetzt, was zu ihrem gänzlichen Scheitern führte.

Hinzugefügt sei, daß es nicht angeht, beide Zeitabschnitte – die vor 1953 und die danach – einfach unter den Begriff des Stalinismus zu subsumieren. Dennoch ist wohl offenkundig, daß die politischen Eliten der sozialistischen Länder des sowjetischen Einflußbereiches niemals das destruktive Erbe der Stalinschen Herrschafts- und Gesellschaftsstrukturen zu überwinden vermochten.

Alle Kapitel dieses Buches – das zweite ausgenommen – fußen auf der russischen Ausgabe des Buches von Wolkow »Uzlovye problemy novejšej istorii stran Central'noi i Jugo-Vostočnoj Evropy« (»Schlüsselprobleme der neuesten Geschichte Mittel- und Südosteuropas«, Moskau 2000).

Vier Bemerkungen zur redaktionellen Bearbeitung der Übersetzung aus dem Russischen, die ich besorgt habe: Es war nicht möglich und wohl auch nicht nötig, die Quellenzitate aus den Archiven zu überprüfen. Es kann also sein, daß meine Übersetzung nicht mit der ursprünglichen grammatikalischen Wortfolge übereinstimmt. Die Exaktheit der inhaltlichen Aussage wird dadurch aber nicht beeinträchtigt.

Mit Zitaten deutschsprachigen Ursprungs wurde wie folgt verfahren: Sofern sie nachweislich deutschen Publikationen entnommen wurden, habe ich sie mit den Originalen überpüft. Wurden jedoch hierfür sowjetische Dokumentenpublikationen benutzt, so sind sie rückübersetzt und darum nicht in jedem Fall authentisch.

Ferner weisen die meisten Gesprächsprotokolle grammatikalische Besonderheiten auf. Üblicherweise werden indirekt wiedergegebene Reden im Konjunktiv zitiert. Da namentlich die sowjetischen Protokollanten die – sprachlich korrekte – Möglichkeitsform jedoch als unzumutbare Einschränkung oder gar Relativierung des Gesagten interpretierten, gab es diese für sie nicht.

Bei der orthographischen Wiedergabe der russischen Namen gibt es Abweichungen zwischen dem übersetzten Text, in dem die im Deutschen gebräuchliche Transkription verwendet wird, und den in den Fußnoten zitierten russischsprachigen Titeln, bei denen die Namen nach den Regeln der Transliteration geschrieben werden.

Harald Neubert
Berlin, im Dezember 2002

I. Die Balkan-Probleme in den Beziehungen zwischen der Sowjetunion und Deutschland 1940

Der »Seltsame Krieg« im Westen[1] und der sowjetisch-finnische Konflikt im Winter 1939-1940 verdrängten die Balkanprobleme zeitweilig auf den zweiten Platz in den sowjetisch-deutschen Beziehungen. Dennoch verloren sie nicht an Aktualität. Deutschland entwickelte weiterhin mit den Balkanstaaten nicht nur die ökonomischen Beziehungen, deren Bedeutung nach der Verhängung der Wirtschaftsblockade seitens des Westmächte gegen Deutschland jäh wuchs, sondern auch die politischen Kontakte. Eine Zurückhaltung bei letzteren war diktiert von den Interessen Italiens, das eifersüchtig alle Aktivitäten der deutschen Diplomatie in Südosteuropa verfolgte und bestrebt war, den »neutralen Block« der Balkanstaaten unter seine Vorherrschaft zu bringen. In diesen Bestrebungen erhielt Italien Unterstützung von den Westmächten, die darauf spekulierten, mit Hilfe der Balkanpolitik Italien von Deutschland zu lösen.

Allerdings ließen die Balkanstaaten keine Absicht erkennen, von der Politik der Neutralität abzurücken, die sie alle zu Beginn des Krieges erklärt hatten. Besonders jene Staaten, die Mitglied der Balkan-Entente[2] waren, bekräftigten ihre Position auf der Sitzung des Rates ihrer Organisation, die vom 2. bis 4. Februar 1940 in Belgrad tagte. Gleichzeitig unterstrichen sie im abschließenden Kommuniqué ihr Bestreben, »das Bündnis zu erhalten und gemeinsam die Rechte, die Unabhängigkeit und die territoriale Integrität seiner Mitglieder zu gewährleisten«, indem sie befürchteten, daß Italien die territorialen Ansprüche Ungarns und Bulgariens aktiv unterstützen könnte. Diese Position der Entente beunruhigte die ungarische Diplomatie.[3]

Die Ereignisse im Winter 1939/40 verlangsamten die Normalisierung der Beziehungen der Sowjetunion mit einer Reihe von

Balkanstaaten, darunter die Wiederherstellung der diplomatischen Beziehungen zu Jugoslawien. Doch waren sie alle bemüht, sich jedweder antisowjetischen Aktivität zu enthalten. So hatte keiner dieser Staaten im Dezember 1939 die Entscheidung des Rates des Völkerbundes über den Ausschluß der UdSSR aus dieser internationalen Organisation im Zusammenhang mit dem sowjetischen Vorgehen gegen Finnland unterstützt.[4] Zur gleichen Zeit zeigten sie sich interessiert, die ökonomischen Beziehungen mit der Sowjetunion zu entwickeln, da sie von ihr eine Reihe von Waren erhalten konnten, bei denen auf dem Weltmarkt nach Kriegsbeginn (Erdöl, Baumwolle, Getreide usw.) Mangel herrschte. Ausdruck dieser Tendenz war der Abschluß eines Vertrages über Handel und Seeschiffahrt zwischen der Sowjetunion und Bulgarien am 5. Januar 1940.[5]

Der sowjetisch-finnische Konflikt hatte auch auf die Lage auf dem Balkan Einfluß, namentlich auf die sowjetisch-türkischen Beziehungen. Seit Anfang 1940 wurden in diplomatischen Kreisen lebhaft Probleme erörtert, die sich aus der Konzentration einer starken Gruppierung französischer Truppen im Nahen Osten, in Syrien, und aus der Bedrohung der Erdölförderung in Baku durch die anglo-französische Luftwaffe ergaben. Es wurden Vermutungen über sowjetische Aggressionspläne auf dem Balkan, über Befürchtungen Italiens usw. verbreitet.[6]

Diese Themen spielten wiederholt eine Rolle im Meinungsaustausch zwischen Politbüromitglied Wjatscheslaw Michailowitsch Molotow (seit 1930 Vorsitzender des Rats der Volkskommissare und seit 1939 auch Außenminister) und dem deutschen Botschafter Friedrich Werner Graf von der Schulenburg in Moskau, wobei beide Seiten in der Auffassung übereinstimmten, daß derartige Vermutungen unbegründet und sowohl die Sowjetunion wie auch Deutschland an der Erhaltung des Friedens auf dem Balkan interessiert seien.[7] Nach dem Abschluß des sowjetisch-finnischen Friedensvertrages am 12. März 1940 jedoch betrachtete die sowjetische Diplomatie die Aktivitäten Englands und Frankreichs auf dem Balkan, vor allem im Verhältnis zur Türkei, mit Mißtrauen.

Der »Seltsame Krieg« mit seinen eigenartigen Auswüchsen im System der internationalen Beziehungen endete, als am 9. April 1940 Deutschland Dänemark und Norwegen zu besetzen begann. Es wurde offenkundig, daß Deutschland seine Aktivitäten in der nächsten Zeit auf den Westen konzentrieren werde. In den Ländern Südosteuropas, vor allem in Jugoslawien, Griechenland und in der

Türkei, war man besorgt, daß diese Aktivitäten eine italienische Aggression auf dem Balkan zur Folge haben könnten. Es kam deshalb auf dem Balkan zur »Frühjahrsalarmierung«. Sie führte in allen Balkanstaaten – teils offen, teils verdeckt – zur Mobilmachung. Ursache war die Zunahme der Spannungen in den Beziehungen Bulgariens zu seinen Nachbarn und auch die Verschärfung der ungarisch-rumänischen Beziehungen. Die Auswirkungen dieser Wende in der internationalen Situation zeigten sich auch in den Beziehungen der Sowjetunion zu den Balkanländern.

Eben in jene Zeit fiel die Wiederaufnahme der diplomatischen Beziehungen zwischen der Sowjetunion und Jugoslawien. Bemerkenswert ist, daß sich die deutsche Diplomatie kritisch zu diesem Ereignis verhielt, obwohl es seine Position mit einem Mißtrauen gegenüber dem ernannten jugoslawischen Botschafter Gavrilovic verschleierte.[8]

Ein neues Moment war die Erörterung der Balkanproblematik zwischen der UdSSR, Italien und Deutschland. So merkwürdig dies auch war – den Anfang hierzu machte die deutsche Diplomatie, die von der Verschärfung der italienisch-sowjetischen Beziehungen am Vorabend des zweiten Weltkrieges und in der Periode des »Seltsamen Krieges« beunruhigt war. Eine Reihe antisowjetischer Ausfälle der italienischen Regierung hatte zur Abberufung des sowjetischen Botschafters aus Rom geführt, was die Abreise des italienischen Botschafters aus Moskau nach sich zog. In Berlin befürchtete man eine Annäherung Italiens an die Westmächte auf antisowjetischer Grundlage und somit eine Schwächung des deutsch-italienischen Bündnisses. Dies veranlaßte die deutsche Diplomatie zu einer Initiative, um die sowjetisch-italienischen Beziehungen zu verbessern.[9]

Reale Ergebnisse zeigten sich bereits im Frühjahr 1940, doch die konkreten Schritte (die Rückkehr der Botschafter in die beiden Hauptstädte) erfolgten erst, als der deutsche Angriff im Westen begonnen hatte.

Es war bezeichnend, daß die deutschen Sondierungen nicht selten mit der Erörterung der Lage auf dem Balkan zusammenfielen. So hatte Joachim von Ribbentrop, seit 1938 Reichsaußenminister, im Gespräch mit dem sowjetischen Bevollmächtigten Schkwarzew am 25. April 1940 versichert, daß »Deutschland absolut an der Erhaltung des Friedens auf dem Balkan interessiert ist. Territorial, sagte er, ist Deutschland an den Balkanländern nicht interessiert. Es ist an ihnen ökonomisch interessiert, indem es bestrebt ist, die Handelsbeziehungen mit Jugoslawien, Rumänien, Bulgarien und Ungarn normal fortzusetzen.«[10]

Daß auch Italien friedliche Absichten auf dem Balkan hätte, äußerte am 29. April 1940 in Rom Außenminister Galeazzo Ciano gegenüber dem sowjetischen Bevollmächtigten. Graf Ciano bezeichnete alle Gerüchte über die Vorbereitung eines italienischen Überfalls auf Jugoslawien und Griechenland als Unsinn. Gleichzeitig »beschuldigte er Belgrad einer unbegründeten Nervosität und Panik sowie der fieberhaften Errichtung von Befestigungen an der Grenze zu Albanien, einer Reihe von Konflikten an dieser Grenze, der Entfachung antiitalienischer Manifestationen usw.«. Italien sei für den Status quo auf dem Balkan. Jedoch habe Ciano »offen zugegeben, daß im Falle eines Kriegseintritts Italiens Rom daran interessiert ist, daß mittels eines Drucks von drei Seiten (Ungarn und Albanien eingeschlossen) Belgrad gezwungen wird, sich zu fügen«. Er sei über die Lage in Rumänien beunruhigt und würde Ungarn, das »eine Bastion der italienischen Politik in dieser Region darstellt«, gebieterisch empfehlen, Rumänien gegenüber keine territorialen Forderungen zu stellen. Denn »Spannungen in irgendeinem Teil der Donau-Region ruft Spannungen auf dem ganzen Balkan hervor. Wir möchten das jetzt nicht«, schloß Ciano seine Erklärung.[11]

Die Frage der Verbesserung der italienisch-sowjetischen Beziehungen fand eine endgültige Klärung, als sich die Niederlage Frankreichs abzeichnete und kurz vor dem Eintritt Italiens in den Krieg gegen Frankreich (am 10. Juni 1940). Im Gespräch mit Schulenburg informierte Molotow am 3. Juni 1940 über die Entscheidung der sowjetischen Regierung, daß die Botschaften ihre Arbeit wieder aufnehmen, und er schlug vor, Italien solle seinen Botschafter nach Moskau entsenden. Kurz nachdem dies bestätigt werde, würde auch der sowjetische Botschafter nach Rom zurückkehren.

Gleichzeitig warf Molotow eine weitere Frage auf, indem er sich auf ein Gespräch zwischen dem Bevollmächtigten der UdSSR in Rom, Gelfand, und dem deutschen Botschafter Mackensen bezog, das am 20. Mai 1940 stattgefunden hatte. Im Gespräch sei es um die immer entschiedener vertretene Position Italiens hinsichtlich seines Kriegseintritts gegangen und dabei um zwei im Interesse Italiens liegende Fragen – den Westen und den Balkan betreffend. Mackensen habe im Gespräch erklärt, daß »das Balkanproblem gemeinsam von Deutschland, Italien und der UdSSR ohne Krieg gelöst« werde. In diesem Zusammenhang wollte Molotow von

Schulenburg wissen, »ob die Aussage Mackensens den Standpunkt der deutschen und den der italienischen Regierung in dieser Frage wiedergibt«.[12] Schulenburg versprach, sofort in Berlin nachzufragen.

Die deutsche Seite hatte es mit einer Antwort nicht eilig. Erst am 23. Juni 1940, also einen Tag nach der Kapitulation Frankreichs, äußerte Schulenburg in allgemeiner Form seine Übereinstimmung mit Mackensen. Von sich aus fügte er hinzu, daß die Antwort Ribbentrops nicht sehr klar gewesen wäre. Immerhin geht hieraus hervor, daß auf der Grundlage des Vertrages, der im August 1939 geschlossen worden war[13], die Vereinbarung über Konsultationen auch den Balkan einschloß. Die Antwort befriedigte Molotow nicht, und er stellte Schulenburg drei Fragen: »1. Hat Ribbentrop das bestätigt, was im Herbst des vergangenen Jahres bei den Gesprächen über Bessarabien gesagt wurde, und bleibt das Gesagte bis auf den heutigen Tag gültig? 2. Ist die Erklärung Mackensens richtig, daß die Balkanfrage gemeinsam von den drei Ländern gelöst wird? Das heißt, erstreckt sich der Punkt der Vereinbarung über Konsultationen auch auf diese Frage? 3. Bestätigt die deutsche Regierung die Erklärung Mackensens oder nicht? Schulenburg gab auf alle drei Fragen eine positive Antwort, indem er ergänzte, daß die Frage über Bessarabien nicht erwähnt wird, aber breiter zu fassen ist.« Schulenburg fügte hinzu, daß über die Bestätigung jenes Teils der Erklärung Mackensens gesprochen wurde, der die deutsche Regierung betrifft. Molotow bemerkte, daß er die Meinung der italienischen Regierung direkt erfragen könne.[14]

Im weiteren Verlauf behandelte das Gespräch das Problem Bessarabiens und die sowjetische Absicht, es in Kürze auf friedlichem Wege zu lösen.

Zur gleichen Zeit befaßte sich die sowjetische Regierung bereits während der ersten Begegnung Molotows mit dem italienischen Botschafter Rosso (am 20. Juni 1940) und des ersten Treffens des sowjetischen Bevollmächtigten Gorelkin mit Galeazzo Ciano (22. Juni) vorsorglich mit der Prüfung eines breiten Spektrums von Fragen, die den Balkan betrafen.[15]

Unter Berücksichtigung des Inhalts und der Atmosphäre dieser Gespräche und der Position der deutschen Diplomatie übergab Molotow am 25. Juni 1940 Rosso eine Erklärung der Sowjetregierung zu den Balkanproblemen. Die sowjetische Auffassung wurde in einer Weise dargelegt, daß jegliche Andeutung hinsichtlich irgendwelcher strategischer Absichten vermieden wurde. Zu Ungarn wurde in dieser Erklärung festgestellt, daß die UdSSR keinerlei

Ansprüche habe und die Beziehungen zu Ungarn normal seien, daß jedoch im Verhältnis zu Rumänien Ansprüche begründet wären. Die Beziehungen zu Bulgarien seien gut, und es gäbe Grund zur Annahme, daß sie sich weiter verbesserten. Für Bulgariens Ansprüche gegenüber Rumänien und Griechenland gäbe es Motive.

Was die Ansprüche der UdSSR gegenüber Rumänien anbelange, so seien diese bekannt: Sie wolle das bekommen, was ihr rechtmäßig zustehe. Hinsichtlich anderer Gebiete Rumäniens respektiere die UdSSR die Interessen Italiens und Deutschlands. Moskau sei bereit, sich mit beiden Staaten darüber zu verständigen.

Die Türkei erzeuge Mißtrauen sowohl wegen des Bündnisses mit England und Frankreich wie auch durch seine Politik hinsichtlich der Meerengen[16] und der Gebiete südlich und südöstlich von Batumi. Was andere Gebiete der Türkei anbelange, würde die UdSSR die Interessen Italiens und Deutschlands respektieren und zur Verständigung mit ihnen bereit sein. Hinsichtlich des Mittelmeeres halte die UdSSR die dominierende Rolle Italiens für gerechtfertigt und hoffe dabei, daß Italien die Interessen der Sowjetunion als wichtigster Schwarzmeer-Macht respektiere.[17]

Die Erklärung der sowjetischen Regierung vom 25. Juni 1940, die einen Tag vor der an Rumänien gerichteten ultimativen Forderung über die Rückgabe Bessarabiens und der nördlichen Bukowina abgegeben wurde, verdient eine ernsthafte Analyse. Ihre ein wenig nebelhafte Formulierung wird klarer, wenn man sie mit den politischen Zielen einer Reise, die im Frühjahr der stellvertretende Volkskommissar für auswärtige Angelegenheiten, W. P. Potjomkin, nach Ankara und in Hauptstädte des Balkans unternahm, sowie mit Vorschlägen vergleicht, die die sowjetische Diplomatie im Oktober/November 1939 der Türkei und Bulgarien unterbreitet hatte. Dieser Vergleich verdeutlicht das fortwährende Interesse der sowjetischen Führung an der Gewährleistung der Sicherheit der UdSSR im Bereich des Schwarzen Meeres und seiner Zugänge, während Bulgarien als ein Gebiet betrachtet wurde, das im Falle einer Bedrohung aus dem Norden – das heißt von Seiten Deutschlands – eine tiefgestaffelte Verteidigung der Meerengen ermöglichen würde.

Dieser Komplex geostrategischer Interessen wird auch in der Erklärung vom 25. Juni 1940 sichtbar. Die veränderte politische Situation hatte jedoch ebenfalls darauf Einfluß. Jäh wuchs das Mißtrauen gegenüber der Politik der Türkei.

Die Hauptsache war aber folgende: Während der Ausgangspunkt der Absichten im Frühjahr 1939 in der Erwartung bestand, sie im Einvernehmen mit den Westmächten durchzusetzen, blieb nun in der veränderten internationalen Situation nur eine Möglichkeit übrig, nämlich ihre Realisierung im Rahmen eines Abkommens mit den faschistischen Staaten. Als Präzedenzfall eines solchen Abkommens konnte das Geheime Zusatzprotokoll zum sowjetisch-deutschen Nichtangriffsvertrag von 1939 über die Abgrenzung der Interessenssphären in Osteuropa dienen. Erinnern wir uns, was in ihm gesagt wird: »Hinsichtlich Südosteuropa

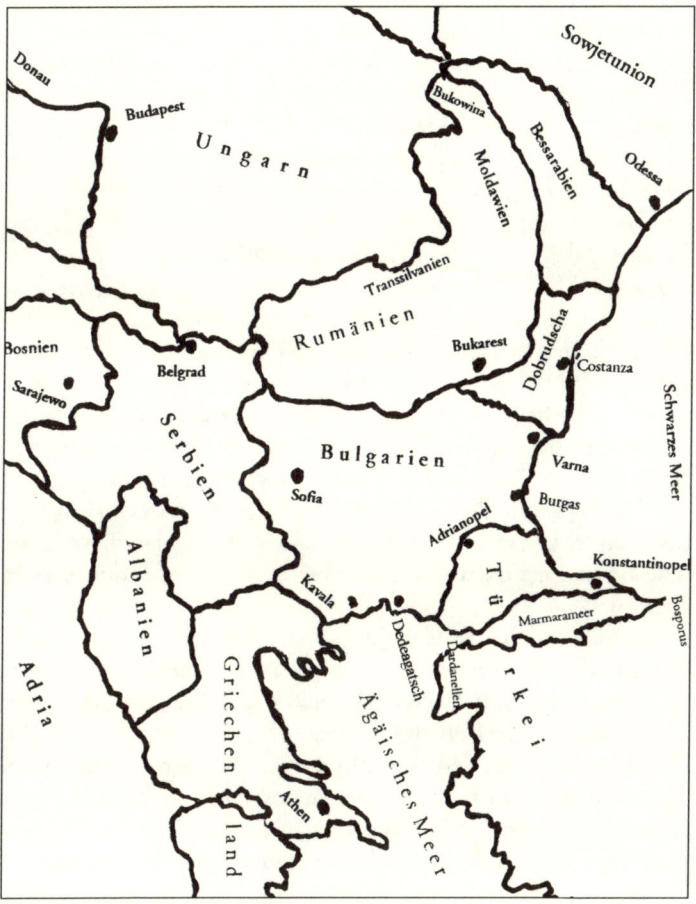

Karte des Balkans, auf dem um Einfluß und Territorien gestritten wurde: um die Meerengen mit Bosporus, Marmarameer und Dardanellen, um Bassarabien und Bukowina …

wird von sowjetischer Seite das Interesse der UdSSR an Bessarabien unterstrichen. Von deutscher Seite wird das völlige politischen Desinteresse in bezug auf diese Gebiete erklärt.«[18]

Es ist anzunehmen, daß diese Formulierung im Sommer 1940 in Moskau Zweifel hervorrief, da hier nicht nur die ökonomischen und politischen Interessen Deutschlands an der Region Südosteuropas gut bekannt waren, sondern auch dessen Rivalität hinsichtlich des Einflusses dort mit Italien. Die sowjetische Diplomatie zweifelte nicht daran, daß über die von ihr an Italien gegebene Erklärung unverzüglich die deutsche Führung in Kenntnis gesetzt wurde.

Damit umriß diese Erklärung nicht nur die sowjetische Interessensphäre auf dem Balkan, sondern sie diente zugleich als Sondierung der Absichten Italiens und Deutschlands mit der Perspektive eines möglichen dreiseitigen Abkommens zu den genannten Problemen.

Der Schwerpunkt der sowjetischen Interessen, wie sie in der Erklärung definiert wurden, beschränkte sich auf Länder, die an das Schwarze Meer grenzten. Die dadurch abgesteckte Interessensphäre und die vorgeschlagenen Veränderungen begünstigten Bulgarien (Unterstützung der Ansprüche an Rumänien und Griechenland); sie besaßen eine deutlich zum Ausdruck gebrachte antirumänische Stoßrichtung (neben den sowjetischen Plänen der Rückgabe Bessarabiens die Unterstützung der territorialen Ansprüche an Rumänien von Seiten Ungarns und Bulgariens).

Was Moskaus Pläne hinsichtlich der Schwarzmeer-Zugänge anbelangte, zeichneten sich diese ebenso durch Unklarheit aus wie jene in bezug auf die türkischen Gebiete südlich und südöstlich von Batumi.

Es fällt zudem auf, daß Jugoslawien völlig unerwähnt blieb, obwohl allein schon die Tatsache der Aufnahme diplomatischer Beziehungen zu Jugoslawien in jener Zeit vom Interesse der sowjetischen Seite an der Beziehungen zeugte.

Abgesehen von den berechtigten Ansprüchen Bulgariens an Griechenland wurde auch über dieses Land nichts ausgesagt. Jedoch wurde das ganze Programm in einer Zeit in den Vordergrund gerückt, als die Entwicklung in eine neue Phase eintrat.

Am 22. Juni 1940 unterschrieb Frankreich nach seiner Niederlage in Compiègne den Waffenstillstand mit Deutschland. Die Niederlage Frankreichs veränderte nicht nur das Kräfteverhältnis auf

dem europäischen Kontinent auf jähe Weise, sondern sie beein-
flußte auch die Kräftekonstellation im Weltmaßstab – sie brachte
eine neue Richtung der Weltentwicklung mit sich. In der Literatur findet sich eine große Anzahl von Forschungen zu den Auswirkungen der Niederlage Frankreichs auf die Politik aller Länder,
auf die Formierung des anglo-amerikanischen Bündnisses, auf die
Bildung des Blocks faschistischer Staaten, auf die Vorbereitung der
Entscheidung Hitlers, die UdSSR zu überfallen, und auf dessen
unmittelbar anvisiertes Vorhaben, zur Expansion auf dem Balkan
überzugehen. Die Reaktion der sowjetischen Führung auf dieses
Ereignis ist bislang als Problem unzureichend erforscht.

Die neu erschlossenen Archivmaterialien enthalten keine direkten Hinweise darauf. Beurteilen kann man die Sachlage deshalb nur
mit Hilfe mittelbarer Tatsachen. Es ist bekannt, daß die Stalinsche
Führung während des deutschen Angriffs im Westen im Juni 1940
zur Durchsetzung jener vertraglichen Punkte überging, die im
Geheimen Protokoll des deutsch-sowjetischen Vertrags von 1939
enthalten waren, indem sie Truppen sowohl in die baltischen
Staaten wie auch nach Bessarabien und in den – im Protokoll
von 1939 nicht erwähnten – nördlichen Teil der Bukowina (am
28. Juni 1940) entsandte. Nach deren Besetzung begann die Einbeziehung der okkupierten Territorien in die UdSSR, fixiert durch
Beschlüsse des Obersten Sowjets vom 2. bis 6. August 1940.

Einzelne Dokumente aus sowjetischen militärischen, diplomatischen und staatlichen Institutionen bezeugen deren Beunruhigung, die die Niederlage Frankreichs hervorrief. In der Literatur
finden sich mit Hinweis auf diplomatische Kreise in Moskau nicht
wenige Überlegungen darüber, wie es um die Stimmung der obersten sowjetischen Führung mit Stalin an der Spitze bestellt war.
Welche Schlußfolgerungen zog sie aus der entstandenen Lage?

Wir wissen nicht, welche Zwischenetappen den getroffenen
Entscheidungen vorausgingen, doch die endgültige Entscheidung
ist bekannt. Es handelt sich um die am 23. Juni 1940 in der Zeitung »Iswestia« veröffentlichte Erklärung von TASS[19] »Über die
sowjetisch-deutschen Beziehungen«. Dementiert wurden die von
unbekannter Seite verbreiteten Gerüchte, an der litauisch-deut-
schen Grenze würde eine gewaltige Anzahl von Truppen (von 100
bzw. 150 sowjetischen Divisionen war die Rede) konzentriert. Das
sei Ausdruck der »Mißbilligung der Erfolge Deutschlands im
Westen durch die UdSSR«. TASS sprach von Unsinn und
bemerkte, daß diese Behauptungen offensichtlich darauf gerichtet

seien, die sowjetisch-deutschen Beziehungen in ein schlechtes Licht zu bringen. In der Meldung hieß es weiter, daß »die gutnachbarlichen Beziehungen, die zwischen der UdSSR und Deutschland als Ergebnis des Abschlusses des Nichtangriffspaktes entstanden sind, […] nicht auf zeitweiligen Motiven konjunkturellen Charakters beruhen, sondern auf grundlegenden Staatsinteressen der UdSSR und Deutschlands«.[20]

Die Veröffentlichung ähnlicher Erklärungen oder Dementis durch TASS war damals eine allgemein gebräuchliche Form, um die Position der sowjetischen Führung zu dem einen oder anderen Problem zum Ausdruck zu bringen. In diesem Falle aber müssen einige zusätzliche Umstände beachtet werden.

Man kann kaum annehmen, daß die Erklärung von TASS zufällig einen Tag nach der Unterzeichnung des Waffenstillstandes durch Frankreich veröffentlicht wurde. Man muß also davon ausgehen, daß es sich um die offizielle Reaktion auf die Niederlage Frankreichs handelte, wovon übrigens im Text der Erklärung selbst ganz offen die Rede ist. Molotow lenkte im Gespräch mit dem deutschen Botschafter Schulenburg am gleichen Tage, am 23. Juni, ausdrücklich die Aufmerksamkeit auf diese Formulierung in der TASS-Erklärung.[21]

Nach der Formulierung in der Erklärung zu urteilen, so nahm Schulenburg an, mußte Stalin selbst der Verfasser gewesen sein. Diese Erläuterung der sowjetisch-deutschen Verbindungen entsprach seiner Meinung nach in diesem wichtigen Moment den deutschen Interessen, und er betrachtete darin auch die Vorbereitung der Lösung der Bessarabien-Frage.[22]

De facto war dies eine Bekräftigung des unveränderten außenpolitischen Kurses der UdSSR, die (in anderen offiziellen Dokumenten) ergänzt wurde durch den Refrain über die neutrale Position im Verhältnis zu den kriegführenden Seiten.

Die Bekräftigung der Neutralität war in besonderem Maße an Großbritannien gerichtet, das im Frühjahr und Sommer 1940 in der Tat beträchtliche diplomatische Anstrengungen zur Annäherung an die UdSSR unternahm.

Die britischen Anstrengungen jener Zeit sind bekannt. Sie werden gewöhnlich mit dem Namen des neuen englischen Botschafter in Moskau, Sir Stafford Cripps, in Verbindung gebracht.[23] Dessen erstes Gespräch mit Molotow, der damals das Amt des Vorsitzenden des Rates der Volkskommissare begleitete und Volkskommissar für Auswärtige Angelegenheiten war, fand am 14. Mai

1940 statt, d. h. an jenem Tage, an dem die deutschen Truppen Paris besetzten. Es verwundert nicht, daß der von Cripps unterbreitete Vorschlag, die UdSSR möge unter ihrer Führung einen Block von Balkanstaaten bilden, der die Möglichkeit bieten würde, im Falle einer Aggression Deutschlands und Italiens deren Unabhängigkeit zu bewahren, nur tiefes (und ausreichend begründetes) Mißtrauen hinsichtlich des Wunsches hervorrufen mußte, die Beziehungen zwischen der UdSSR und Deutschland zu belasten. Es verwundert auch nicht die Antwort Molotows, daß »er erstmals von einem Vertreter der englischen Regierung den Vorschlag hört, einen Block von Balkanstaaten zu schaffen, der ihre Freiheit wahren und unter der Führung der UdSSR stehen soll. Es ist nicht ganz klar, was hiermit beabsichtigt ist. Die Position der UdSSR wird in bedeutendem Maße von der Situation abhängig sein, die sich herausbildet«.[24] Molotow hat dieses Thema im Gespräch mit dem englischen Botschafter nicht weiter vertieft.

Man kann annehmen, daß der englische Vorschlag die sowjetische Führung veranlaßte, ihre Politik auf dem Balkan zu präzisieren. Es ist nicht ausgeschlossen, daß die Besorgnis wegen der Intentionen der englischen Diplomatie Moskau zur Abgabe der erwähnten Erklärung vom 25. Juni über die sowjetischen Interessen in Südosteuropa veranlaßte. Übrigens zwangen die Ereignisse die sowjetische Führung zur Eile. Die Besetzung Bessarabiens war mit der Absicht verbunden, auch die anderen Balkanprobleme zu lösen und diese vor allem mit Deutschland und Italien zu erörtern.

Den selben Problemkreis, jedoch inzwischen vor einem breiteren internationalen Hintergrund, warf Cripps im Gespräch mit Stalin am 1. Juli 1940 auf, wobei er zu Beginn des Gesprächs eine persönliche Botschaft des neuen britischen Premiers Winston Churchill übergab. Darin betonte dieser vor allem die Gefahr der Errichtung der Vorherrschaft Deutschlands auf dem ganzen europäischen Kontinent, was eine Bedrohung sowohl für Großbritannien als auch für die UdSSR bedeuten würde.

Stalin war offenbar auf dieses Gespräch vorbereitet. Er widerlegte praktisch Punkt für Punkt alle Argumente des englischen Botschafters. Die ausführliche Niederschrift ihres Gesprächs ist voller Details und zeugt von den Meinungsverschiedenheiten beider Seiten.[25]

Stalin war offenkundig nicht bereit, die sowjetischen Absichten der britischen Diplomatie gegenüber offenzulegen. Vergleicht man diese protokollarische Niederschrift mit einer »Kurzen Darlegung«

dieses Gesprächs, die am 13. Juni 1940 an eine Reihe sowjetischer Botschafter versandt wurde, dann lassen sich bemerkenswerte Unterschiede feststellen. In der »Kurzen Darlegung« sind deutlich vier Punkte hervorgehoben: die Gefahr der Errichtung einer deutschen Vorherrschaft über Europa; der englisch-sowjetische Handel; der Vorschlag an die Sowjetunion, die Führung gegenüber den Balkanstaaten zu übernehmen; das Problem der Schwarzmeer-Zugänge und eine größere Berücksichtigung der sowjetischen Interessen in dieser Hinsicht.

Hier handelt es sich nicht einfach um die Zusammenstellung der Gesprächsergebnisse von Cripps mit Molotow am 14. Juni und mit Stalin am 1. Juli, vielmehr sind einzelne Nuancen darin enthalten, die in den Niederschriften der Gespräche nicht vorhanden sind. All das macht die »Kurze Darlegung« zu einem selbständigen Dokument, das für bestimmte Ziele vorgesehen war.

Das größte Interesse gilt in der »Kurzen Darlegung« dem dritten und dem vierten Punkt, deren Formulierung, obwohl sie als Antworten deklariert werden, einen selbständigen Charakter tragen. Sie sind eher eine Summierung von Auffassungen Stalins zu den betreffenden Fragen. Unter anderem heißt es: »Zum Vorschlag von Cripps, der den Balkan betrifft, sagte Stalin, daß keine Macht einen Anspruch auf eine ausschließliche Rolle bei der Vereinigung und hinsichtlich der Führung der Balkanstaaten erheben kann. Die UdSSR hegt ungeachtet ihrer Interessen auf dem Balkan keinen Anspruch auf eine solche Mission.«[26]

Diese Aussage geht über die Feststellung hinaus, die im Gesprächsprotokoll enthalten ist, in dem es heißt: »Welche große Macht auf dem Balkan auch immer als die führende auftritt, sie wird alle Aussichten darauf haben, sich dort zu verstricken«. Obwohl sich beide Aussagen nicht widersprechen, verlieh die neue Nuance der ganzen Frage eine höhere Ebene, indem sie zum außenpolitischen Prinzip der sowjetischen Führung erhoben wurde.

Noch komplizierter verhielt es sich bei der Auslegung der Meerengen-Frage, zu der das sowjetische Anliegen in Gestalt der englischen Auffassung wiedergegeben wird: »Der englischen Regierung ist bekannt, daß die UdSSR unzufrieden ist mit der jetzigen Ordnung der Meerengen und des Schwarzen Meeres, wobei Cripps der Meinung ist, daß die Interessen der UdSSR in bezug auf die Meerengen tatsächlich befriedigt werden sollten.«[27]

Aus dem sowjetischen Protokoll wird ersichtlich, daß im Verlaufe des Gesprächs über etwas anderes gesprochen wurde, nämlich darüber, daß Cripps die Notwendigkeit der Veränderung der Positionen der Türkei (»die Türken springen«) für den Fall unterstrich, daß »für Istanbul oder für eine künftige Revision des Status quo im Bosporus und im Schwarzen Meer eine Gefahr entsteht«. Er übermittelte lediglich die Hilfe der englischen Diplomatie zwecks Verbesserung der sowjetisch-türkischen Beziehungen.

Stalin seinerseits sagte, daß die Gefahr für die Türkei ausgedacht sei, daß Sürkü Saraçoğlu im Verlaufe der vorangegangenen Verhandlungen im Oktober 1939 über die Meerengen zu sprechen nicht gewillt gewesen wäre und daß die Rede Molotows in der Tagung des Obersten Sowjets am 29. März 1940 die Türken vollständig hätte beruhigen müssen.

Vor diesem Hintergrund stellte die hypothetische Meinung Englands in Wirklichkeit die Formulierung der außenpolitischen Aufgabe der sowjetischen Führung dar, wobei Stalins Antwort Zurückhaltung hervorkehrte. »In bezug auf die Türkei sagte Stalin, daß die UdSSR tatsächlich gegen die alleinige Verfügung der Türkei in den Meerengen sowie dagegen ist, daß die Türkei die Bedingungen für das Schwarze Meer diktiert. Stalin sagte, daß die türkische Regierung darüber Bescheid weiß.«[28]

Im Ergebnis waren somit das außenpolitische Prinzip und das konkrete Ziel formuliert.

Unweigerlich erhebt sich die Frage, was in Wirklichkeit die »Kurze Darlegung« des Gesprächs Stalins mit Cripps am 1. Juli 1940 darstellte. Dem Anschein nach muß man die Antwort in der Tatsache suchen, daß Molotow diesen Text am 13. Juli auf Anweisung Stalins dem deutschen Botschafter mit dem Hinweis auf die bestehende Vertraglichkeit über die außenpolitischen Konsultationen zwischen der UdSSR und Deutschland übergab.[29] Einige Tage später beauftragte das Außenministerium Deutschlands Schulenburg damit, Molotow mitzuteilen, daß dieses Dokument der deutschen Regierung zur Kenntnis gegeben wurde, die tatsächlich »mit Interesse den Inhalt der Niederschrift zur Kenntnis nahm und für die Information dankbar« sei.[30]

Daß die deutsche Regierung der Hauptadressat dieses Dokuments war, davon zeugt die Tatsache, daß in ihm erneut eine Formulierung gebraucht wurde, der zufolge *die freundschaftlichen Beziehungen zwischen der UdSSR und Deutschland* sich »auf die Respektierung grundlegender staatlichen Interessen beider Länder« gründeten. Untersucht man die Niederschrift des Gesprächs Stalins mit Cripps, so zeigt sich, daß vergleichbare Worte darin fehlen. Man kann annehmen, daß sie von Stalin selbst in den Text eingefügt wurden. Erstmals wurde diese Formulierung in der TASS-Erklärung vom 23. Juni 1940 gebraucht, auf die Molotow Schulenburg ausdrücklich aufmerksam machte. Im neuen Kontext nahm sie drei Wochen später einen umfassenden Charakter an.

Diese Formulierung fand auch Eingang in die Rede, die Molotow auf der Tagung der Obersten Sowjets der UdSSR am 1. August 1940 hielt. In der Rede wurde de facto die Antwort Stalins auf die Botschaft Churchills wiederholt, in der dieser darauf aufmerksam gemacht hatte, daß die Vorherrschaft Deutschlands in Europa nicht nur Großbritannien bedrohe, sondern auch die UdSSR. Molotow wies den Versuch zurück, der UdSSR mit »der Perspektive einer Stärkung der Macht Deutschlands« Furcht einzuflößen. Im Namen der sowjetischen Regierung erklärte er: »Wir können nur bekräftigen, daß nach unserer Auffassung den zustande gekommenen gutnachbarlichen und freundschaftlichen sowjetisch-deutschen Beziehungen nicht zufällige Erwägungen konjunkturellen Charakters zugrunde liegen, sondern grundlegende staatliche Interessen sowohl der UdSSR wie Deutschlands.«[31]

Das war bereits eine verbindliche Deklaration. Es fällt auf, daß sie in einer solchen Form zum Ausdruck gebracht wurde, als ob Molotow nicht nur für die UdSSR, sondern auch für Deutschland sprechen würde, als würde Moskau Berlin ermuntern, eine ähnliche Position zu beziehen. Es war eine Formulierung, die, wie man sehen konnte, im Verlaufe einiger Wochen entwickelt wurde. Sie wurden zu dem, was als »Generallinie« bezeichnet wurde. Auch sie wurde wie stets mit der allgemeinen Einschätzung der Lage begründet, die sich herausgebildet hatte.

Die Analyse der Unterschiede im Text der »Kurzen Darlegung« und des Protokolls vom Gespräch Stalins mit Cripps führt zu der Schlußfolgerung, daß wir es in der Tat mit einem selbständigen Dokument zu tun haben, das einen programmatischen Charakter besaß und dazu bestimmt war, der deutschen Regierung in einem eigenartigen diplomatischen Stil von Byzantinismus die eigenen Erwartungen zur Kenntnis zu bringen, die aus der Entwicklung der Ereignisse auf dem Balkan resultierten. Es war auf ihre Weise eine Aufforderung an Deutschland, den gesamten Komplex der Probleme auf dem Balkan zu erörtern; und es berührte unmittelbar die sowjetischen Vorschläge, die am 25. Juni 1940 Italien unterbreitet worden waren.

Die aktive Beteiligung Stalins an der Formulierung ergibt sich aus einem Zusatz, den Molotow dem Telegramm an den sowjetischen Botschafter in London, Iwan Maiski, vom 13. Juli hinzugefügt hat: »Ich schicke diese Niederschrift erst jetzt, weil sein Text ein wenig aufgrund der Durchsicht von Stalin zurückgehalten wurde.«[32] Es lohnt nicht, diese Erklärung der Ursache der Verzögerung für bare Münze zu nehmen. Es handelte sich offenbar um etwas anderes.

Zu Beginn des Juli 1940 unternahm Deutschland – gemeinsam mit Italien – eine Reihe von Schritten, die zur Veränderung der Situation in Südosteuropa führten. Diese Aktivitäten erfolgten zwischen dem Gespräch Stalins mit Cripps am 1. Juli und dem Erscheinen der »Kurzen Darlegung« am 13. Juli. Sie stellten offenbar den Grund für das Verfassen dieses eigenartigen Dokuments dar. Es wurde den sowjetischen diplomatischen Vertretern in London, Berlin, Rom und anderen Hauptstädten zum Zwecke ihrer Orientierung und der Wahrnehmung der sowjetischen Interessen am selben Tage zugestellt.

Was war nun zu Beginn des Julis 1940 das Neue in der internationalen Situation?

In erster Linie ist das außerordentliche Interesse der deutschen Diplomatie und Presse an den Problemen Südosteuropas zu nennen. Wie der sowjetische Bevollmächtigte in Berlin, Schkwarzew, mitteilte, wurde im Leitartikel der »Nationalzeitung« Anfang Juli 1940 offen darüber geschrieben, daß die Fragen Südosteuropas »infolge der sowjetischen Aktivitäten erneut in den Vordergrund treten«. Die offizielle deutsche Presse war voll von Materialien über die neue Ordnung auf dem europäischen Kontinent, die unter der militärischen und politischen Vorherrschaft Deutschlands und Italiens stehen würde, während der englische Einfluß »völlig ausgeschlossen« werden sollte. Wie Schkwarzew weiter informierte, habe er von einem jugoslawischen Korrespondenten die vertrauliche Mitteilung erhalten, in Berlin solle ein »Schiedsgericht« – ähnlich dem Wiener Schiedsgericht – geschaffen werden, von dem Anfang November 1938 die Frage der ungarisch-jugoslawischen Grenze entschieden worden war. Doch dieses Mal sollte es um die Entscheidung über die Ansprüche Ungarns an Rumänien gehen.

Die sowjetische Diplomatie verfolgte aufmerksam das Treffen Ribbentrops mit Ciano, besonders wegen der Presseerklärung darüber, daß über »die Südostfrage jetzt in Berlin« entschieden werde.[33]

Die Besorgnis der sowjetischen Diplomatie war nicht unbegründet. Der Ende Juni 1940 begonnene Meinungsaustausch mit

Italien zu den Balkanproblemen war ins Stocken geraten.[34] Es entstand der Verdacht, der auch bald zur Gewißheit wurde, daß die ausweichende Position der italienischen Diplomatie ihre Erklärung im Wunsch Deutschlands fand, die UdSSR von der Teilnahme an der Erörterung dieser Probleme auszuschließen.

Ein sensationelles Ereignis war die Veröffentlichung eines fünften und sechsten »Weißbuches« Anfang Juli 1940 in Deutschland mit Dokumenten des französischen Generalstabes und Außenministeriums, die die Deutschen in Paris erbeutet hatten. Sie enthielten Angaben über antisowjetische Absichten Frankreichs und Englands aus der Zeit des »Seltsamen Krieges«, insbesondere die Vorbereitung eines Überfalls auf die Erdöl-Förderanlagen von Baku von der Türkei aus. Aus den Kommentaren der deutschen Presse ließ sich das Ansinnen entnehmen, so deutlich wie möglich eine Verschärfung der sowjetisch-türkischen Beziehungen zu postulieren und die Sache so darzustellen, als würde ein sowjetisches Ultimatum an die Türkei bevorstehen.

In Berlin erwartete man mit Ungeduld eine Reaktion Moskaus auf diese Veröffentlichung. Die Leitartikel am 5. Juli in der »Prawda« und der »Iswestia«, die diesem Thema gewidmet waren, enttäuschten jedoch die deutschen Experten ein wenig. In der Presseabteilung der sowjetischen Botschaft in Berlin erwartete man daraufhin, daß eine zweite und dritte Auswahl von Dokumenten veröffentlicht werden würde, um den politischen Druck zu verstärken.[35] Man schien den Eindruck in Deutschland vermitteln zu wollen, daß Anfang Juli eine Bombardierung der sowjetischen Erdölfelder bevorstünde.

Die deutschen Veröffentlichungen riefen in der Türkei große Aufregung hervor. Dies zeigte sich im Gespräch des türkischen Außenministers Saraçoğlu mit dem sowjetischen Bevollmächtigten in Ankara, Terentjew, am 6. Juli 1940. Mit bewegter Stimme habe Saraçoğlu zum Artikel in der »Iswestia« (»Entlarvung von Plänen der Kriegstreiber«) erklärt, in Moskau seien die veröffentlichten Dokumente nicht richtig verstanden worden. Der türkische Minister distanzierte sich von jeglicher Beteiligung der Türkei an anglo-französischen Plänen. »Sagen Sie Molotow,« so Saraçoğlu, »daß er hier Freunde hat, auf die er sich stützen kann. Falls er den geringsten Zweifel an uns hegt, so ist das ein Fehler.«[36]

Zweimal, am 9. und am 11. Juli 1940, suchte der türkische Botschafter in Moskau, Aktay, den stellvertretenden Volkskommissar für auswärtige Angelegenheiten, Losowski, auf, um im Auftrage seines Außenministeriums »die Nichtbeteiligung der Türkei an den Plänen Englands und Frankreichs, das sowjetische transkaukasische Gebiet zu überfallen«, zu bekräftigen. Nach Meinung des türkischen Diplomaten hätten die Deutschen die veröffentlichten Dokumente in grober Weise verfälscht. Ihr Ziel sei es, die UdSSR zu einem Krieg im Osten zu drängen, um dann die Situation zu ihrem Vorteil zu nutzen.[37]

Die deutschen Zeitungsbeiträge wurden in den diplomatischen Kreisen aller europäischen Hauptstädte erörtert, besonders hitzig aber auf dem Balkan.

Eine Mitteilung von TASS, die am 12. Juli 1940 in der sowjetischen Presse veröffentlicht wurde, beruhigte ein wenig die Lage. In dieser Meldung wurde erwähnt, daß in der internationalen Presse kolportiert werde, die Sowjetunion habe angeblich der Türkei ein Ultimatum mit der Forderung nach territorialen Zugeständnissen unterbreitet. »TASS ist bevollmächtigt zu erklären, daß alle diese Gerüchte ausgedacht sind und in keiner Weise der Realität entsprechen«, hieß es in dieser Mitteilung.[38] Die Presseabteilung der sowjetischen Botschaft in Berlin äußerte geradeheraus die Meinung, daß »ein beträchtlicher Anteil der Schuld für die Verbreitung der Gerüchte über ein sowjetisches Ultimatum der deutschen Presse zukommt«.[39]

Die deutsche Presse führte zeitgleich eine massive Kampagne für eine »neue europäische Ordnung«. Am 7. und 8. Juli behandelten die Leitartikel die deutsche Ansicht über die »ersten Konturen«.[40] Diese propagandistische Welle war unter anderem verbunden mit dem Besuch von Galeazzo Ciano in Berlin, dem am 10. Juli ein deutsch-italienisch-ungarisches Treffen in München folgte. Daran nahmen Hitler, Ribbentrop, Ciano, der ungarische Premier Teleki sowie der ungarische Außenminister Czáky teil. Die Hoffnungen der ungarischen Seite auf Befriedigung ihrer territorialen Ansprüche an Rumänien erfüllten sich nicht. Die Wünsche erhielten keine Unterstützung, obwohl sie als gerechtfertigt anerkannt wurden. Hitler erklärte, daß er »an der Erhaltung des Friedens im Südosten Europas interessiert« sei, und er schlug den Ungarn vor, mit den Rumänen in direkte Verhandlungen einzutreten. Für den Fall eines Mißerfolgs in den zweiseitigen Verhandlungen versprach Hitler, daß Deutschland und Italien die Rolle des Vermittlers übernehmen würden. Sein Ziel war die feste Einbindung beider Staaten in die faschistische »Achse«. Er hatte sehr gut begriffen, daß die Lösung des transsilvanischen Problems für »beide

Seiten schmerzhaft und ätzend« sei. Diesen Zustand wollte er im deutschen Interesse verlängern.[41]

Die gleichgeschaltete deutsche Presse schrieb, daß die Zeit für die Lösung der territorialen Probleme im Südosten Europas noch nicht reif sei. Der »Völkische Beobachter« meinte im Zusammenhang mit dem Münchener Treffen vom 10. Juli 1940: »Die drei Länder sind voller Entschlossenheit und bereit, den Frieden im Südosten Europas zu erhalten und zu gewährleisten. Diese gewaltigen Aufgaben erfordern auch eine gewisse Neuordnung zwischen den südöstlichen Staaten. Teilweise ist sie schon im Gange.«[42]

Unter der »Neuordnung« der Balkanstaaten verstanden die Nationalsozialisten die völlige Faschisierung und Orientierung auf Hitlerdeutschland. Dieser Prozeß vollzog sich bereits in Rumänien, wo Anfang Juli eine neue Regierung unter Gigurtu gebildet worden war. Deren erklärtes Ziel war eine rasche Annäherung an die Achsen-Mächte. Ihr erster demonstrativer Schritt war die Aufkündigung der Mitgliedschaft im Völkerbund. In der Regierungserklärung vom 5. Juli 1940 wurde unterstrichen, daß die Außenpolitik Rumäniens gänzlich auf das System ausgerichtet sei, das die Achse Berlin-Rom geschaffen habe.[43]

Am 2. Juli sandte Rumäniens König Karl II. eine Botschaft an Hitler. Darin machte er den Vorschlag, einen rumänisch-deutschen »Verteidigungs- und Angriffspakt« abzuschließen. Berlin reagierte ablehnend. Solange Rumänien keine friedliche Regulierung der Streitfragen mit Ungarn und Bulgarien erreiche, könne es keine Verhandlungen über eine »enge Zusammenarbeit« mit Deutschland führen. Gleichzeitig wurden Rumänien Vorwürfe wegen seiner zwiespältigen Politik in der vorangegangenen Zeit gemacht. Auch der Wunsch des Königs, sich persönlich mit Hitler zu treffen, wurde abschlägig beschieden. Deshalb wurde beschlossen, den Premierminister Gigurtu zusammen mit dem Außenminister Manoilescu zwecks Klärung der Beziehungen zwischen beiden Ländern auf der Grundlage der deutschen Wünsche nach Berlin zu schicken.[44]

Faßt man die Ereignisse der ersten Dekade des Juli 1940 zusammen, so kann man eine sprunghafte Zunahme der Aktivitäten der deutschen Diplomatie in Südosteuropa feststellen. Moskau war besonders aufgeschreckt durch die Verhandlungen von Deutschland, Italien und Ungarn in München, und dies um so mehr, als das deutsche Auswärtige Amt es unterließ, die UdSSR über diese Verhandlungen zu informieren. Es ist nicht ausgeschlossen, daß gerade dieser Umstand Moskau veranlaßte, die »Kurze Darlegung« des Gesprächs von Cripps mit Stalin über die Balkanprobleme zu verfassen und am 13. Juni der deutschen Seite zu übergeben.

Man muß nicht eine besondere diplomatische Intuition besitzen, um einen Zusammenhang dieses Vorgehens mit den vorangegangenen Erklärungen Moskaus über sein Interesse an der Lösung bestimmter Probleme auf dem Balkan zu sehen, und zwar auf der Grundlage von Konsultationen und der Gewährleistung eines dreiseitigen Abkommens zwischen der UdSSR, Deutschland und Italien.

Eben darauf lief eine der wesentlichen Absichten des erwähnten Dokuments hinaus: Keines der Länder für sich allein könne den gesamten Komplex der Balkanprobleme lösen. Klartext: Die UdSSR wollte nicht ausgeschlossen werden.

Die deutsche Diplomatie zeigte jedoch keine Bereitschaft, die Auffassung und die Wünsche der UdSSR in Betracht zu ziehen. Obwohl sie sich für die erhaltene Information bedankte, setzte sie ihre Aktivitäten eigenständig fort, wobei sie gelegentlich Italien einbezog. Auf diese Weise entstand die Idee zu Verhandlungen in Salzburg, an denen Rumänien, Bulgarien und die Slowakei teilnahmen. Aus taktischen Erwägungen trugen die Verhandlungen jedoch keinen mehrseitigen Charakter, sondern es waren zweiseitige Verhandlungen Deutschlands mit jedem einzelnen dieser Länder, die sich drei Tage hinzogen.

Die rumänische Delegation, bestehend aus dem Premierminister Gigurtu und dem Außenminister Manoilescu, wurde zunächst am 26. Juli von Ribbentrop empfangen. Er überhäufte sie mit einem Hagel von Vorwürfen wegen ihrer pro-englischen Propaganda in der zurückliegenden Zeit, was in Paris von den Deutschen erbeutete französischen Dokumente eindeutig bewiesen. Die Rechtfertigungsversuche der rumänischen Politiker wurden zur Kenntnis genommen. Ribbentrop mahnte zur Verständigung mit Ungarn und Bulgarien, wobei er dies mit der Drohung ergänzte, andernfalls seien »ernsthafte Konsequenzen« möglich.

Gigurtu nahm die von Ribbentrop erhaltene Lektion an und erklärte gegenüber Hitler am 27. Juni, daß Rumänien bereit sei, Zugeständnisse an Ungarn und Bulgarien zu machen, und es wünsche, ein Glied in jener »neuen Ordnung« in Europa zu werden, die die Staaten der »Achse« errichteten. Zugleich stellte Gigurtu die Frage nach dem Erhalt von Garantien im Anschluß an die territorialen Zugeständnisse und nach der Möglichkeit einer deutsch-italienischen Vermittlerrolle bei der Lösung dieser territorialen Probleme. Hitler lehnte eine solche Vermittlerrolle ab, und die Gewährung von Garantien machte er abhängig von der Regelung des rumänischen Verhältnisses zu Ungarn und Bulgarien. Hitler verlangte, den Beginn der Verhandlungen nicht aufzuschieben.[45]

Von besonderem Interesse ist das Treffen mit der bulgarischen Delegation am am 27. Juli. Die sowjetische Diplomatie verfolgte aufmerksam die Veränderung der außenpolitischen Orientierung Bulgariens und war bestrebt, selbst auf diesen Prozeß Einfluß zu nehmen. Dabei galt besonderes Augenmerk den bulgarisch-deutschen Beziehungen. Ein Redakteur der bulgarischen Zeitung »Sarja« hatte am 16. Juli 1940 einem Mitarbeiter des sowjetischen Bevollmächtigten in Sofia nach einem Treffen mit dem Leiter der Presseabteilung der deutschen Vertretung in Sofia, Obermaier, mitgeteilt, daß dieser seinen Unmut über die sowjetische Balkanpolitik zum Ausdruck gebracht habe. Obermaier habe erklärt: »Deutschland duldet kein weiteres Vordringen der UdSSR in Südosteuropa. Es ist deutsche Einflußsphäre. Die Sowjetunion soll im Mittleren Osten vorrücken, in Richtung auf den Persischen Golf.« In bezug auf die »neue Ordnung« in Europa (»das europäische kontinentale Bündnis«), worüber Obermaier ausführlich gesprochen habe, soll er erklärt haben: Ungeachtet dessen, daß das Bündnis unter der Losung des Kampfes gegen England geschaffen werde, würde es in Wirklichkeit eher eine antisowjetische Bestimmung haben.

Der bulgarische Journalist berichtete gegenüber dem sowjetischen Diplomaten weiter, daß die Deutschfreundlichkeit in den herrschenden Kreisen und in der Intelligenz Bulgariens zunähme. Auch der König und die Regierung hätten sich für Deutschland entschieden. Etwa 30.000 Deutsche , darunter viele Soldaten und Offiziere, so der Mann von »Sarja« weiter, würden sich bereits in Bulgarien aufhalten. Eingereist seien sie als Touristen, Vertreter von Handelsfirmen usw.[46]

Am 23. Juli infomierte Bulgariens Außenminister Popov den sowjetischen Bevollmächtigten, Lawrischtschew, über das bevorstehende Treffen in Salzburg . Nach seinen Worten sei die Einladung an ihn und Premierminister Filov überraschend gekommen. Popov äußerte die Vermutung, daß dort die Frage nach dem südlichen Teil der Dobrudscha gestellt werde, da auch die Rumänen eingeladen seien. Er hob mehrfach hervor, daß er und Filov zu diesem Treffen nicht auf eigene Initiative hin fahren würden, sondern auf Einladung der Deutschen.[47]

Bei dem Treffen in Salzburg am 27. Juni 1940 gab Hitler, wie vier Tage später Popov dem sowjetischen Bevollmächtigten mitteilte, den Bulgaren einen »kleinen Überblick über die internationale Lage«. Der Führer habe in seinem Monolog geklagt, daß »ihm der Ruhm eines Aggressors, eines Eroberers zugeschrieben werde. Hitler sprach davon, daß er gegen seinen Willen einen großen Krieg führen muß, der ihm aufgezwungen wird. Zu seinem Bedauern will England keinen Frieden«. In der nicht unbegründeten Annahme, daß seine Ausführungen auch der sowjetischen Diplomatie zur Kenntnis gebracht werden würden, erklärte Hitler den Bulgaren, daß er die Interessen der Sowjetunion berücksichtige. Deutschland habe auf dem Balkan nur ökonomische Interessen, deshalb wünsche es die Erhaltung des Friedens in dieser Region. Aus diesem Grunde empfehle er, Streitfragen zwischen Bulgarien und Ungarn einerseits und Rumänien anderseits auf friedlichem Wege zu lösen. Hitler unterstrich, daß »Deutschland kein Vermittler sein will bei der Lösung dieser Streitfragen, weil gewöhnlich mit einem Vermittler beide zerstrittenen Seiten unzufrieden sind«.

Seinerseits bemerkte Popov, während er das Gespräch mit Hitler Lawrischtschew wiedergab, daß Verhandlungen Bulgariens mit Rumänien sehr schwierig werden würden. Weiter teilte er mit, daß die rumänischen Vertreter während der Verhandlungen mit Hitler erklärten, daß es Rumänien genehmer wäre, die Ansprüche Bulgariens zu erfüllen, wenn Jugoslawien und Griechenland gleichzeitig analoge Gesten unternehmen würden. Hitler habe jedoch geantwortet, daß jetzt »nur Rumänien auf der Tagesordnung steht«. Popov schloß daraus, daß es nicht zeitgemäß sei, die Frage nach dem Zugang Bulgariens zum Ägäischen Meer zur Diskussion zu stellen. Des weiteren wies er das Gerücht zurück, Bulgarien habe in Salzburg Hitler Versprechungen gemacht. Jetzt, so schloß er, erwarte die bulgarische Seite eine Einladung aus Bukarest.[48]

Nach den Verhandlungen Hitlers mit der rumänischen und der bulgarischen Delegation am 27. Juli 1940 in Salzburg zog das Treffen mit dem Präsidenten der Slowakei, Jozef Tiso, am drauffolgenden Tag keine besondere Aufmerksamkeit auf sich, da die Republik Slowakei, die unter dem Patronat Berlins entstanden war, von allen als deutsche Marionette angesehen wurde.

Die Salzburger Verhandlungen versetzten die sowjetische Diplomatie in Unruhe. Insbesondere die Interpretation der rumänische Presse, Rumänien habe sich damit »endgültig der Politik der ›Achse‹ angeschlossen«, sorgte für Irritationen. Allgemein hieß es, daß die Balkan-Entente von nun an nicht mehr existiere, obwohl es keinerlei Erklärung dazu gab. Man sprach von Opfern, die Rumänien für die Erhaltung des Friedens in der Donau-Region bringen müsse. Große Hoffnungen setzte man auf die »neue Ordnung« in Europa.[49]

Die Salzburger Verhandlungen wurden zu einem brennenden politischen Thema. Es war offensichtlich, daß sie einen Komplex von Problemen betrafen, die die Sowjetunion interessierten. Die Erörterung dieser Probleme ohne die Einbeziehung der sowjetischen Diplomatie, womit diese gerechnet hatte, brachte ein neues Element in die Entwicklung der sowjetisch-deutschen Beziehungen ein. Es war nicht verwunderlich, daß Molotow am 29. Juli im Gespräch mit Schulenburg sofort die Frage nach einer Information über diese Verhandlungen stellte.[50]

Am 31. Juli übergab Schulenburg Molotow die aus Berlin erhaltene Information. Im ganzen war sie sehr kurz und, selbst nach der Meinung Schulenburgs, unvollständig (so wurde z. B. in ihr nichts gesagt über die Verhandlungen mit der Slowakei). Wiederholt wurde die Auskunft über die an Rumänien gerichtete Empfehlung, den berechtigten Ansprüchen Ungarns und Bulgariens nachzugeben, die territorialen Probleme durch zweiseitige Verhandlungen friedlich zu lösen und über die Ablehnung Deutschlands die Rolle eines Vermittlers in den bevorstehenden Verhandlungen zu beanspruchen. Weiter wurde in dieser Information davon gesprochen, daß Rumänien bereit sei, die gegebenen Ratschläge zu befolgen. Die Frage nach den Ansprüchen Bulgariens auf einen Zugang zum Mittelmeer sei jedoch nicht erörtert worden.[51]

Zieht man alles in Betracht, so war Molotow bereits ausreichend über die Salzburger Verhandlungen informiert und auf ihre Erörterung derart vorbereitet, daß er auf Details und Nuancen eingehen konnte. Aus den von deutscher Seite erhaltenen Auskünften, so führte er aus, »kann man die folgenden Schlußfolgerungen ziehen: Die erste besteht in einem der grundlegenden Momente, daß Deutschland an den künftigen Verhandlungen zwischen Rumänien, Ungarn und Bulgarien nicht als Vermittler teilnimmt. Die zweite – hinsichtlich der Ansprüche Ungarns an Rumänien hat Deutschland Ungarn den Rat gegeben, einen vernünftigen Vorschlag zu unterbreiten, d. h. Deutschland hält die Forderung Ungarns für übertrieben und empfiehlt, sie zu verringern und mit Rumänien darüber zu sprechen. Die dritte – Deutschland gab Rumänien den Rat, nachzugeben und sich sowohl mit Ungarn wie mit Bulgarien zu verständigen. Die vierte – hinsichtlich der Süddobrudscha gab Deutschland Rumänien den Rat, sie an Bulgarien abzutreten. Was die bulgarischen Ansprüche anbelangt, einen freien Zugang zum Mittelmeer zu erhalten, so wurde diese Frage in Salzburg nicht gestellt. Schulenburg hat die Schlußfolgerungen des Gen. Molotow bestätigt.«[52]

Es wird deutlich, daß Molotow bemüht war, die Information Schulenburgs in eine Art Erörterung der dargelegten Probleme zu verwandeln und die von ihm gezogenen Schlußfolgerungen in eine bestimmte Form von Vereinbarung mit Deutschland. Dabei wird sichtbar, daß die von Molotow formulierten Feststellungen jene Punkte der Erklärung wiederholen, die dem italienischen Botschafter Rosso am 25. Juni gegeben worden war.

Nicht weniger bezeichnend ist das Fehlen jeglicher Erwähnung der »Neuordnung« Europas, obwohl dieses Thema sowohl in München am 10. Juli wie auch in Salzburg am 27. Juli sehr breit erörtert worden war und darüber die Presse, vornehmlich die deutsche, lautstark berichtet hatte. Die wichtigste Schlußfolgerung Molotows hinsichtlich des Verzichts Deutschlands auf die Rolle eines Vermittlers bei der Lösung der Territorialprobleme auf dem Balkan hatte den Charakter einer solchen Interpretation, als würde es Berlin darum gehen, keine eigenmächtigen Ambitionen auf deren Lösung zu besitzen. Offensichtlich ist es nicht übertrieben zu sagen, daß Molotow auf diese Weise indirekt zu verstehen gab, daß die Sowjetunion im gegebenen Falle bereit wäre, an der dreiseitigen Erörterung des Problems teilzunehmen.

In diesem Zusammenhang ist die Analyse der Rede Molotows auf der Tagung des Obersten Sowjets der UdSSR am 1. August 1940 von besonderem Interesse. Geschrieben in einer trockenen Bürokratensprache, gab sie eine spärliche Charakteristik der Beziehungen der UdSSR zu einzelnen Ländern. So wurde z. B. konstatiert, daß im Anschluß an die Lösung der Frage über Bessarabien die »Beziehungen zu Rumänien nunmehr in eine völlig normale Bahn gelenkt werden müssen«. Dieses Thema war absichtlich losgelöst von der Betrachtung der Balkanproblematik behandelt worden. Unter letzterer wurde die Tatsache der Herstellung diplomatischer Beziehungen zu Jugoslawien angeführt und die Hoffnung auf eine allmähliche Entwicklung der ökonomischen Beziehungen zu ihm ausgesprochen. Die Beziehungen zu Bulgarien, so hieß es, »kann man als normal betrachten«, doch wurde hinzugefügt, daß es zwischen beiden Ländern »keine solchen Gegensätze gibt, die der Verbesserung der Beziehungen im Wege stünden«.

Molotow stellte weiter fest, daß in den Beziehungen zur Türkei »sich keinerlei wesentliche Veränderungen vollzogen haben«.

Bei der Erwähnung der in Deutschland publizierten »Weißbücher« informierte Molotow darüber, daß Ende März/Anfang April 1940 nicht identifizierte Flugzeuge aus Richtung Türkei und Iran die Grenze im Gebiet von Batumi und Baku überflogen hätten. Indem er diese Flüge als Aufklärungsflüge bewertete, bemerkte er, daß eine Wiederholung zu einer Verschärfung der Beziehungen zu den Nachbarstaaten führen würde; und er betonte die Notwendigkeit, »die Wachsamkeit auch an diesen südlichen Grenzen der Sowjetunion zu verstärken«.[53] Insgesamt kann man diese Stellen der Rede als punktuelle Beschreibung der Interessenssphäre der Sowjetunion bewerten, allerdings mit der Ausnahme, daß die Problematik der Schwarzmeer-Zugänge nicht genannt wurde.

Im Mittelpunkt der Rede stand als Problem das Verhältnis zwischen der UdSSR und Deutschland. »Der Gang der Ereignisse in Europa hat die Gültigkeit des sowjetisch-deutschen Nichtangriffsvertrags nicht abgeschwächt, sondern im Gegenteil die Wichtigkeit seiner Existenz und Entwicklung unterstrichen«.[21] Die Bemerkung Molotows zu den Versuchen, der Sowjetunion »mit der Perspektive einer Verstärkung der Macht Deutschlands« Angst zu machen, war an die Adresse der englischen Presse gerichtet, die »auf die Möglichkeit von Meinungsverschiedenheiten« zwischen Moskau und Berlin spekuliere. Und er zitierte eben jene Bemerkung, der zufolge »den zustande gekommenen gutnachbarlichen und freundschaftlichen sowjetisch-deutschen Beziehungen nicht zufällige Erwägungen konjunkturellen Charakters zugrunde liegen, sondern grundlegende staatliche Interessen sowohl der UdSSR wie Deutschlands«.[54]

Molotow führte weiter aus, daß das Ende des Krieges noch nicht in Sicht und eine neue Etappe seiner Eskalation zu erwarten sei.

Dieser Umstand schien die sowjetische Führung zu der Annahme zu veranlassen, daß Deutschland auch künftig am Fortbestehen der Beziehungen zur UdSSR – bei Berücksichtigung ihrer Interessen – gelegen sei.

Die Orientierung auf die Entwicklung der sowjetisch-deutschen Verbindungen wurde besonders auffällig hervorgekehrt im Leitartikel der »Prawda« vom 23. August 1940. Unter dem Titel

»Jahrestag des sowjetisch-deutschen Vertrages« wie auch im Leit-artikel der »Iswestia« am selben Tage (»Ein Datum von großer historischer Bedeutung«) wurde der Vertrag gewürdigt.

Eine Woche nach dieser Lobpreisung wurde aber offenkundig, daß Deutschland keineswegs die Interessen der Sowjetunion berücksichtigte, es hatte völlig andere Pläne. Die sowjetische Füh-rung jedoch lebte weiter mit Illusionen. Sie konstatierte zwar den fehlenden Wunsch Deutschlands, mit ihr in Verhandlungen über die Balkanprobleme einzutreten, doch hielt sie diese Differenz für eine vorübergehende.

Obgleich der Führung der UdSSR die lebhaft in diplomati-schen Kreisen vieler Länder erörterten Gerüchte über die Mög-lichkeit eines militärischen Konflikts zwischen der UdSSR und Deutschland im Zusammenhang mit der Kontrolle der Schwarz-meer-Zugänge sehr wohl bekannt waren, hielt diese unbeirrt an dem festgelegten Kurs fest.

Bereits im Juni 1940, d. h. unmittelbar nach der Niederlage Frankreichs, begannen in Deutschland die stabsmäßigen Ausar-beitungen militärischer Aktionen gegen die UdSSR. Diese Etappe wurde am 31. Juli 1940 während einer Beratung auf dem Berg-hof abgeschlossen. Hitler hatte im Beisein der deutschen militäri-schen Führungskräfte die Kriegsziele (nach der Zerschlagung Rußlands wird Deutschland die vollständige Herrschaft in Europa und auf dem Balkan errichten) sowie die Aufgabe der bewaffneten Kräfte (Rußland muß liquidiert und zerstückelt wer-den) und den Zeitplan des Überfalls (Frühjahr 1941) formu-liert.[55] Von da an richtete sich die deutsche Politik an diesem gestellten Ziel aus, das sie folgerichtig durchsetzte, obwohl sie dies sorgfältig maskierte.

In der jüngsten Vergangenheit haben die Forscher erneut Auf-merksamkeit auf die Frage nach den Beweggründen der verhäng-nisvollen Entscheidung Hitlers gerichtet.[56] Am gründlichsten ist diese Frage in der deutschen Historiographie untersucht worden. Der Forscher Überschär hat sich speziell mit diesem Problem beschäftigt und hervorgehoben, daß es falsch wäre anzunehmen, Hitlers Pläne wären durch eine vermeintliche Gefährdung der deut-schen Interessen durch die Sowjetunion bestimmt worden. In kei-nem der Dokumente oder Äußerungen Hitlers vom Sommer 1940 seien derartige Behauptungen oder Gedanken enthalten. Im Gegenteil, im Gespräch mit Goebbels habe er mit Zufriedenheit bemerkt, daß Stalin »fest« zur Zusammenarbeit mit Berlin stehe.

Auch General Halder und Feldmarschall von Brauchitsch, denen die Ausarbeitung der Aggressionspläne gegen die Sowjetunion aufgetragen worden war, hielten gewisse Aktionen oder Absichten Moskaus nicht für bedrohlich.

Die Motive dieser Entscheidung müsse man im »Ostprogramm« Hitlers suchen, in dessen Plänen der Eroberung von »Lebensraum«. Aus der Sicht Überschärs entstand nach der Niederschlagung Frankreichs ein einmaliger Moment, um diese Absichten zu verwirklichen: Deutschland befand sich auf dem Gipfel seiner Macht, und die sowjetischen Streitkräfte, wie es der Krieg der UdSSR gegen Finnland bewies, in einem Zustand des Chaos, das kurzzeitig nicht zu überwinden war. England war auf absehbare Zeit von einer aktiven Politik in Europa ausgeschlossen und konnte Deutschland nicht behindern. Und deshalb galt es, die vermeintlich günstige Situation zu nutzen, bevor Großbritannien und die es unterstützenden USA ihre Kräfte zu verstärken in der Lage wären, was die deutschen Aussichten verschlechtern würde. Die Vernichtung des Kommunismus und der Sowjetunion betrachtete Hitler ohnehin als sein Hauptziel.[57]

Im Sommer 1940 entstand somit eine einmalige Lage, als die zwei Mächte de facto gleichzeitig (am 31. Juli und am 1. August) zu direkt entgegengesetzten Schlußfolgerungen hinsichtlich des Charakters ihrer gegenseitigen Beziehungen und der Perspektiven ihrer Entwicklung gelangten. Hinter der sowjetischen These über die freundschaftlichen Beziehungen zwischen der UdSSR und Deutschland, die angeblich grundlegenden nationalstaatlichen Interessen beider Seiten entsprachen, stand ein ganzes System von Ansichten zur Entwicklung der Weltlage und des Suchens des eigenen Platzes in einer möglichen künftigen Weltordnung.

In der Praxis erwies sich ein solches Herangehen sofort als unhaltbar: Falls die Entwicklung der internationalen Ereignisse die vorgenommene Prognose bestätigte, hätte sich die reale deutsche Politik im Verhältnis zur UdSSR nicht in die Vorstellungen der sowjetischen Führung einordnen lassen. Die größte Gefahr für das Land sah die sowjetische Führung in einer Situation, in der die UdSSR auf sich allein gestellt mit »einer Koalition imperialistischer Mächte« konfrontiert werde. Deshalb verfolgte sie im Sommer 1940 aufmerksam den Zustand der englisch-deutschen Beziehungen. Moskau fürchtete, es könne zwischen Großbritannien und Deutschland zum Abschluß eines Friedens kommen. Das von Hitler in seiner Rede am 19. Juli 1940 unterbreitete Friedensangebot wurde jedoch von London entschieden zurückgewiesen. Großbritannien hatte im Juni 1940 aus den USA Waffen erhalten, die die in Dünkirchen erlittenen Verluste ausglichen. Am 2. September erfolgte sodann der Abschluß eines anglo-amerikanischen Abkommens über die Übergabe von 50 Zerstörern (ebenfalls veraltete) sowie einer Reihe von weiteren Schiffen, Flugzeugen und Waffen als Gegenleistung für acht Militärbasen. Praktisch bedeutete das den Beginn der Formierung des anglo-amerikanischen Bündnisses mit antideutscher Ausrichtung.

Die Mitte August 1940 beginnende »Luftschlacht gegen England« (Battle of Britain) fand schon in einer anderen Situation statt, und die deutsche Vorbereitung einer Invasion auf der Insel nahm mehr und mehr den Charakter einer strategischen Maßnahme an, um das wahre Ziel – die Vorbereitung des Überfalls auf die Sowjetunion – zu verschleiern.

Unterdessen formierte sich der faschistisch Block mit Deutschland, Italien und Japan. Am 27. September 1940 schlossen sie den Dreierpakt, der seine Aufgabe darin sah, eine »neue Ordnung« in Europa und in Asien sowie in der Folgezeit auch in anderen Weltteilen zu schaffen. Von Interesse ist in diesem Zusammenhang die Ermittlung des Verfassers des Artikels »Der Berliner Vertrag über den Dreierpakt«, der am 30. September in der »Prawda« veröffentlicht wurde. Im Archiv befindet sich sein Entwurf, geschrieben von Molotow.[58] Die Tatsache selbst, so heißt es in diesem Artikel, »kennzeichnet den Eintritt in eine neue, umfassendere Phase des Krieges als vor dem Abschluß des Paktes. Wenn sich der Krieg bislang im Westen auf Europa und Nordafrika, im Osten auf das Gebiet Chinas beschränkte, wobei beide Sphären von einander getrennt waren, so wird mit dieser Trennung Schluß gemacht, weil Japan nun seine Politik der Nichteinmischung in die europäischen Angelegenheiten sowie Deutschland und Italien ihrerseits ihre Politik der Nichteinmischung in die fernöstlichen Angelegenheiten aufgegeben haben. Dies bedeutet ohne Zweifel die weitere Verschärfung des Krieges und die Ausdehnung seines Aktionsradius.«

Diese These stand im direkten Widerspruch zur offiziellen deutschen Erklärung, dieser Pakt richte sich gegen eine weitere Ausbreitung des Krieges, er werde der Wiederherstellung des Friedens dienen.[59]

Molotow sah darin die Formierung zweier imperialistischer Blöcke. Der Dreierpakt einerseits stehe dem »in einem gemeinsamen militärischen Lager« verbundenen Staaten USA, England,

Kanada, Australien sowie den unter USA-Einfluß befindlichen südamerikanischen Ländern gegenüber. Über die Perspektiven des Kampfes zwischen diesen Blöcken äußerte sich Molotow indirekt mit einem Hinweis auf den Plan zur Aufteilung der Einflußsphären zwischen den Teilnehmerstaaten des Dreierpaktes. Die Verwirklichung eines solchen Planes, so meinte er, »wird vom realen Kräfteverhältnis der kriegführenden Seiten, vom Gang und vom Ausgang des gegenwärtigen, sich immer mehr verschärfenden Krieges abhängen«. Hinter dieser Formulierung verbarg sich die unausgesprochene Ansicht in bezug auf die starken und schwachen Seiten eines jeden der kriegführenden Blöcke. Der militärischen Überlegenheit der Dreierpakt-Mächte, allen voran Deutschlands, stehe die ökonomische Stärke des anglo-amerikanischen Lagers gegenüber, was diesem erlaube, in einer gewissen Zeit die Kräftebilanz auszugleichen.

Diese Schlußfolgerung Molotows schien nicht unbegründet, besonders wenn man die Bemerkung berücksichtigt, die Stalin im Gespräch mit Cripps am 1. Juli 1940 gemacht hatte. Schließlich konstatierte Molotow mit Befriedigung die vom Dreierpakt gemachte Einschränkung, daß er »nicht den politischen Status, der zur Zeit zwischen jedem der drei Verhandlungspartner und Sowjetrußland besteht, berührt«. Molotow sah darin die Achtung jener Neutralitätsposition, zu der sich die Sowjetunion bekannte, wie auch eine Bestätigung der Nichtangriffspakte zwischen der UdSSR und Deutschland und zwischen der UdSSR und Italien. Die von der UdSSR betriebene Politik des Friedens und der Neutralität, so schloß Molotow seinen Artikel, bleibe, sofern dies von ihr abhänge, unverändert.

Der konkrete Zustand der sowjetisch-deutschen Beziehungen entsprach jedoch keineswegs den Erwartungen der sowjetischen Führung. Besondere Besorgnis rief die deutsche Politik in Südosteuropa im Zusammenhang mit den Plänen der Schaffung einer »neuen Ordnung« auf dem Kontinent hervor. Die wiederholte Erklärung der sowjetischen Diplomatie in bezug auf ihre Interessen im Zusammenhang mit der Veränderung der Lage in dieser Region, vor allem auf dem Balkan, blieb ohne Reaktion. Es waren aber gerade die Balkanprobleme, die zum Prüfstein in den sowjetisch-deutschen Beziehungen wurden. Hier wurden die wahren Absichten Berlins deutlich.

Mitte August 1940 begannen die rumänisch-ungarischen und die ungarisch-bulgarischen Verhandlungen zu den Territorialproblemen. Durchgeführt wurden sie in einer Atmosphäre politischer Intrigen, aufgeregter Gerüchte und bewußt geschürter Ängste aus verschiedenen Richtungen. Die sowjetische Diplomatie verfolgte alles aufmerksam. Die Frage der südlichen Dobrudscha wurde ohne Aufschub gelöst, die rumänisch-bulgarische Kommission ging zur Erörterung der konkreten Finanzprobleme und anderer Fragen über, die mit der Übergabe dieses Gebietes an Bulgarien zusammenhingen.

Bei den rumänisch-ungarischen Verhandlungen, die in Ournu-Severin begonnen wurden, entstanden sofort prinzipielle Widersprüche. Die Rumänen erhoben den Bevölkerungsaustausch – bei Überlassung eines kleinen Grenzstreifens – zum Prinzip, während die ungarische Seite auf der Übergabe wenn schon nicht ganz Transsilvaniens, so doch seines größten Teils bestand. Die ungarische Diplomatie war sich sicher, daß die rasche Übergabe der südlichen Dobrudscha an Bulgarien von dem Wunsch getragen war, nur noch einen Gegner haben zu wollen – Ungarn, und den Konflikt mit ihm bis zur Beendigung des Krieges im Westen hinauszuziehen. In Ungarn wurde die Mobilisierung der Armee fortgesetzt. Die Stimmung favorisierte eine militärischen Lösung des Problems. Das alles führte zu einer zeitweiligen Unterbrechung der Verhandlungen. Ende August mußten sie wieder aufgenommen werden.[60]

Seit dem Spätsommer und im Herbst des Jahres 1940 traten die Balkanprobleme in den Vordergrund der weltpolitischen Szene, und sie zogen zunehmend auch die Aufmerksamkeit der Großmächte auf sich.

Am 24. August besuchte der englische Botschafter Cripps im Auftrage seiner Regierung Molotow, um die sowjetische Position im Zusammenhang mit der Verschärfung der italienisch-griechischen Beziehungen zu erkunden Für den Fall eines italienischen Überfalls auf Griechenland schloß Cripps eine Einmischung auch der Türkei in diesen Konflikt nicht aus. Molotow jedoch war nicht geneigt, diese Probleme zu erörtern. Im völligen Gegensatz zur tatsächlichen Lage erklärte er: »Die sowjetische Regierung hält die Ereignisse auf dem Balkan nicht für bedenklich«. Sie wolle keine aktive Position beziehen, und er bewertete die erwähnten Befürchtungen als Bluff.[61]

Gleichzeitig wies die sowjetische Diplomatie provokatorische Unterstellung zurück, die UdSSR verfolge angeblich die Absicht, die bulgarischen Schwarzmeerhäfen Burgas und Varna zu besetzen.

Der bulgarische Außenminister Popov äußerte in einem Gespräch mit dem sowjetischen Bevollmächtigten Lawrischtschew am 26. August 1940, dieses Gerücht sei englisch-türkischen Ursprungs, wobei er auch auf die Konzentration einer beträchtlichen türkischen Truppengruppierung an der Grenze zu Bulgarien und auf die unterschiedliche Bewertung dieser Tatsache hinwies. Der sowjetische Bevollmächtigte meldete nach Moskau: »Die Gerüchte darüber, daß die türkischen Truppen, die sich an der türkisch-bulgarischen Grenze befinden, gegen die UdSSR und gegen Deutschland bestimmt sind, werden in Bulgarien inoffiziell, so erklärte Popov, von Türken verbreitet, die der bulgarischen Regierung nicht den Grund der Konzentration von 300.000 Soldaten in diesem Gebiet erklären können.«[62]

Der kolportierte Verdacht eines möglichen sowjetisch-deutschen Interessenkonflikts auf dem Balkan wurde immer lauter. Popov erkundigte sich am 19. August beim jugoslawischen Gesandten Milanović »Was werden wir, d. h. Bulgarien und Jugoslawien, in dem Falle machen, wenn es zwischen der Sowjetunion und Deutschland wegen der Dardanellen zu einem bewaffneten Konflikt kommt, fragte der bulgarische Minister. Wir werden uns in diesem Fall zwischen zwei Feuern befinden.« Milanović, der über dieses Gespräch den sowjetischen Bevollmächtigten informierte, zweifelte an einer solchen Möglichkeit und meinte, daß ein solcher Fall Bulgarien und Jugoslawien nicht gut bekommen würde. Popov hat angeblich darauf geantwortet, daß auch er nicht an einen möglichen Zusammenstoß glaube und diese Frage nur als Problem aufwerfe.[63] .

Die Gerüchte erhielten neue Nahrung dadurch, daß Deutschland und Italien zu einer Konferenz nach Wien mit Beteiligung Ungarns und Rumäniens einluden. Am 30. August 1940 sollte eine sogenannte zweite Wiener Vermittlungsrunde die ungarisch-rumänische Grenze festlegen. Dies schlug in Moskau wie eine Bombe ein. Als am 31. August der deutsche Botschafter Schulenburg Molotow die Information aus Berlin übergab, bemerkte dieser, daß in der Pressemitteilung über die dreiseitige Entscheidung in Wien mehr geschrieben werde als in der Information der deutschen Regierung. Molotow klagte weiter, daß die deutsche Regierung Artikel 3 des Nichtangriffsvertrags vom 23. August 1939 verletzt habe, wo von Konsultationen zu beiderseits interessierende Fragen die Rede sei. Die Sowjetunion werde vor vollendete Tatsachen gesetzt. Immerhin gehe es um zwei Nachbarstaaten der

Sowjetunion. Molotow erinnerte Schulenburg daran, daß zwischen Berlin und Moskau verabredet worden war, über Fragen Südosteuropas unbedingt gemeinsam zwischen der UdSSR, Deutschland und Italien zu entscheiden. Nunmehr sei ein Widerspruch zwischen dem Vertrag des vergangenen Jahres und der Erklärung der deutsche Regierung entstanden.[64]

Am 9. September 1940 erschien Schulenburg bei Molotow mit der Antwort auf diese Fragen. Molotow wurde noch deutlicher. Er nannte die deutsche Regierung illoyal und zieh sie der Verletzung übernommener Verpflichtungen. Molotow erklärte weiter, daß die Gewährung von Garantien an Rumänien nicht mit den Wünschen der sowjetischen Regierung übereinstimme. »Nach dem Echo in der internationalen Presse zu urteilen«, so Molotow, »ist vielen unverständlich, daß die Wiener Verhandlungen ohne die UdSSR stattfanden; die Mehrheit hält es nicht für möglich, daß es anders war, zieht man den sowjetisch-deutschen Vertrag in Betracht, ganz zu schweigen darüber, daß sie *(die Mehrheit – der Hrsg.)* die Juni-Gespräche des Gen. Molotow mit Schulenburg und die Anfrage, das Gespräch mit Mackensen betreffend, nicht kennen.« Der Ton der Unterredung zwischen dem deutschen Botschafter und dem sowjetischen Außenminister war derart scharf, daß Schulenburg die Absicht äußerte, er wolle Berlin bitten, ihn ins Auswärtige Amt zu rufen, um sich dort die entstandene Lage erläutern zu lassen.[65]

Die sowjetisch-deutschen Beziehungen waren erkennbar in eine Krise geraten. Der Wiener Schiedsspruch, demzufolge ein großer Teil des rumänischen Transsilvaniens an Ungarn ging, war die erste wahrnehmbare Ausdrucksform. Vertieft wurde die Meinungsverschiedenheit durch die gleichzeitige Gewährung von Garantien für die neuen rumänischen Grenzen durch Deutschland und Italien. Das hieß nämlich: Deutschland erklärte die sowjetisch-rumänische Grenze an Prut und an der Donau als die nördliche Linie seiner Einflußsphäre. Dadurch war die Sowjetunion vom Balkan abgeschnitten.

Die sowjetische Führung war nicht bereit, das unwidersprochen hinzunehmen. Molotow rief Schulenburg am 21. September, am Vorabend seiner Abreise nach Berlin, zu sich und übergab ihm ein Memorandum zu allen Fragen, die in den beiden vorangegangenen Gesprächen aufgeworfen worden waren. Das Hauptmoment dieses Dokuments bestand in der Feststellung, daß die sowjetische Regierung weder mündlich noch schriftlich Deutschland das ausschließliche Recht und das ausschließliche Interesse hinsichtlich der

»rumänischen Fragen wie auch hinsichtlich aller übrigen Fragen, die das Donau-Becken betreffen,« zugebilligt hätte. Im Memorandum wurde unterstrichen, daß die sowjetische Regierung im Falle, daß Artikel 3 des Nichtangriffsvertrages vom Standpunkt der deutschen Regierung gewisse Unannehmlichkeiten und Beschränkungen darstelle, bereit sei, die Frage nach einer Veränderung oder Aufhebung dieses Artikels zu erörtern.[66]

Um »den Fuß in der Türspalte zu behalten«, nutzte die sowjetische Diplomatie die Frage des völkerrechtlichen Donau-Regimes. Am 6. September 1940 erhielt der sowjetische Bevollmächtigte in Berlin, Schkwarzew, den Auftrag, die deutsche Regierung auf Pressemeldungen aufmerksam zu machen, denen zufolge Deutschland beabsichtige, nach Wien eine Beratung von Experten für internationale, die Donau betreffende Fragen einzuberufen. Er sollte darauf hinweisen, daß die Sowjetunion als Donau-Anliegerstaat bei Entscheidungen in diesen Fragen nicht ausgeschlossen werden dürfe.[67] Im Gespräch mit dem Staatssekretär im Auswärtigen Amt Ernst von Weizsäcker erfuhr Schkwarzew, daß die Kommission die Arbeit bereits aufgenommen habe. Schkwarzew forderte daraufhin nachdrücklich eine Beteiligung sowjetischer Vertreter. Von Weizsäcker bezog eine ausweichende Position und versprach, Ribbentrop über den sowjetischen Wunsch zu unterrichten.[68]

Im Verlaufe des nachfolgenden Meinungsaustausches brachte die sowjetische Regierung ihre Vorschläge über die Reorganisation der Schiffahrtsordnung auf dem Donau-Abschnitt zwischen Bratislava und der Donau-Mündung und über die Bildung einer neuen Donau-Kommission anstelle der beiden früheren zur Diskussion.[69]

Am 13. September brachte die »Iswestia« die Mitteilung, daß die Sowjetunion an einer Entscheidung über die Probleme der Donau-Schiffahrt interessiert sei. Diplomatische Beobachter anderer Länder zogen daraus den Schluß, daß die UdSSR ihr Interesse am Balkan nicht aufgegeben habe.[70]

Besorgnis erregte in Moskau auch das deutsch-finnische Abkommen über den Transit deutscher Truppen nach Nordnorwegen. Das bedeutete, das deutsche Truppen sich fortan legal auf finnischem Territorium aufhalten konnten. Diese Frage wurde von Molotow im Gespräch mit dem deutschen Bevollmächtigten Tippelskirch am 26. September aufgeworfen, als dieser erschienen war, um über den bevorstehenden Abschluß des Dreierpaktes zu informieren. Bei der Erörterung bezog sich Molotow fortwährend auf den 3. und 4. Artikel des sowjetisch-deutschen Nichtangriffspaktes. Er bat um den Text des Abkommens über den Durchmarsch deutscher Truppen durch Finnland und um Informationen über die damit verfolgten Absichten. Molotow wies auch darauf hin, daß die sowjetische Regierung, als in der Öffentlichkeit das Abkommen bereits bekannt war, seitens der deutschen Regierung noch nicht informiert worden war.[71]

Auf diplomatischen Kanälen, mehr aber noch durch die sowjetische Aufklärung wurde in Moskau bekannt, daß Berlin inzwischen Truppen von Westen nach Osten verlegte. Mitte August 1940 informierten der Volkskommissar für Verteidigung, Timoschenko, und der Chef des Generalstabs der Roten Armee, Marschall Schaposchnikow, Stalin und Molotow über die strategische Kräfteverteilung. In ihrer Niederschrift kamen sie zum Schluß, daß »die sich entwickelnde politische Situation in Europa die Wahrscheinlichkeit eines militärischen Konflikts an unseren Grenzen erzeugt«. Als Gegner wurden Deutschland und dessen voraussichtliche Verbündete Finnland, Rumänien und, möglicherweise, Ungarn genannt. Real erschien die Gefahr eines Krieges auch mit Japan.[72]

Allerdings unternahm die deutsche Führung alles, um den Eindruck einer Truppenkonzentration an der sowjetischen Grenze zu vermeiden. [73]

Das gelang nur bedingt. Die Informationen, die Moskau erreichten, wurden immer eindeutiger. Anfang Oktober wurde die Ankunft einer deutschen »Militärmission« sowie einer Reihe von »Ausbildungseinheiten« in Rumänien publik.

Die Diplomatie Hitlers stand vor der Aufgabe, die Stalinschen Führung sowohl zur Aufrechterhaltung der freundschaftlichen Beziehungen zwischen beiden Ländern zu motivieren als auch zu verhindern, daß die UdSSR ihr Verhältnis zu Großbritannien und den USA verbessert. Eine solche Aufgabe erforderte ein beträchtliches außenpolitisches Manövrieren in strategischer Dimension, und dies geschah im Oktober und November 1940.

Am 13. Oktober sandte Ribbentrop via Schulenburg einen langen Brief an Stalin, in dem er alle Aktionen Deutschlands zu erklären versuchte mit Hinweisen auf den Kampf gegen England und dessen Politik zur territorialen Ausweitung des Krieges. Der deutsche Außenminister erläuterte ferner seinen Standpunkt zur möglichen Entwicklung der Ereignisse und der sowjetisch-deutschen Beziehungen. Der Brief enthielt eine Einladung an Molotow, nach Berlin zu kommen, um die aufgeworfenen Probleme zu erörtern.[74]

Schulenburg übergab Molotow den ihm persönlich aus Berlin nach Moskau zugestellten Brief am 17. Oktober. Er wurde von der sowjetischen Führung sofort geprüft. Der Inhalt des Briefes ist allgemein bekannt und analysiert worden. Von Interesse sind die Randbemerkungen Stalins auf dem ihm übergebenen Exemplar, mit denen er die Stellen markierte, die seine besondere Aufmerksamkeit erregten.[75] So sind im Text alle jene Formulierungen wie »gutnachbarliche Politik«, »gutnachbarliche Beziehungen« und »freundschaftliche Zusammenarbeit« an jenen Stellen unterstrichen und eingekreist, wo sie zur Charakterisierung der sowjetisch-deutschen Beziehungen gebraucht wurden. Hervorgehoben hat Stalin auch die Angabe über die »Abgrenzung« der Interessen der »vier Mächte« (UdSSR, Italien, Japan und Deutschland) auf »lange Zeit«, »im Zeitraum von Jahrhunderten«.

Man kann annehmen, daß Stalin sich wiederholt mit dem Text beschäftigt hat. Wo davon die Rede war, daß »das Hauptinteresse der deutschen und der italienischen Regierung in letzter Zeit darauf gerichtet ist, die Ausdehnung des Krieges über die Grenzen Europas hinaus und seine Verwandlung in einen Weltbrand« zu verhindern (dabei sind die Worte »Hauptinteresse« unterstrichen und eingekreist), hat Stalin an den Rand geschrieben: »Aber Griechenland?«

Vermutlich notierte er diese Bemerkung nach dem 28. Oktober, also nach Beginn der Aggression Italiens gegen Griechenland.

In seiner Antwort an Ribbentrop bedankte sich Stalin »für die aufschlußreiche Analyse der jüngsten Ereignisse« und artikulierte Zustimmung, daß »eine weitere Verbesserung der Beziehungen zwischen unseren Staaten, die sich auf eine feste Grundlage der Abgrenzung ihrer Interessen stützt, für eine längere Zeit durchaus möglich ist«. Stalin bestätigte die Absicht Molotows, zwischen dem 10. und 12. November nach Berlin zu fahren und begrüßte die Absicht Ribbentrops, danach erneut nach Moskau zu kommen.[76] Die Visite Molotows in Berlin war so gewählt, daß dann bereits die Ergebnisse der Präsidentschaftwahlen in den USA vorlägen.

Die sowjetische Führung hatte somit für die Vorbereitung der Reise nach Berlin etwas mehr als drei Wochen Zeit. Für die Gesprächsführung erhielt Molotow entsprechende Direktiven, die er auf neun Seiten handschriftlich notierte. Die Blätter sind aus einem Block gerissen. Dieses im Präsidentenarchiv entdeckte Dokument datiert vom 9. November 1940. Die Überschrift – »Einige Direktiven für die Fahrt nach Berlin« – wurde später hinzugefügt.[77]

Die Analyse dieses Dokuments enthüllt die wahren Ziele der Stalinschen Politik, deren taktische Linie und ihr strategisches Kalkül.

Die berührten Probleme sind in unterschiedlichem Maße offengelegt. Im Text gibt es Wiederholungen. Aus der Reihenfolge der Punkte wird nicht immer die Logik des Schreibers deutlich. Das alles deutet darauf hin, daß das Papier ein Produkt gemeinsamer Arbeit – also Stalins und Molotows – war. Einige Formulierungen lassen auch auf die Mitwirkung anderer Personen schließen.

Im Mittelpunkt standen zwei Problemkreise: zum einen die Erkundung der Absichten Deutschlands und der anderen Mitglieder des Dreierpaktes, zum anderen eine erste Beschreibung der Interessenssphäre der UdSSR, die als Grundlage für den Abschluß eines neuen sowjetisch-deutschen Abkommens dienen sollte.

Im ersten Problemkreis ging es also darum, die Pläne Deutschlands, aber auch Italiens und Japans im Hinblick auf die »Neuordnung Europas« und des »Ostasiatischen Großraums« zu erkunden: deren Grenzen, Charakter und Strukturen und die Beziehungen zwischen den einzelnen Staaten innerhalb der genannten Gebilde; die Etappen und Fristen der Realisierung der anvisierten Pläne; die Aussichten auf den Anschluß anderer Staaten an den Dreierpakt; den jetzigen und den künftigen Platz der UdSSR in diesen Plänen.

So wie die aufgezählten Fragen angelegt waren, ging es kaum um eine einfache Sondierung der Absichten der Gegenseite. Man hat es eher mit der Einschätzung möglicher Aktionen eines Partners zu tun, mit dem man eine Vereinbarung treffen möchte. Ein solcher Eindruck wird dadurch erhärtet, daß im Falle eines erfolgreichen Verlaufs der Verhandlungen vorgesehen war, Fragen der wirtschaftlichen Zusammenarbeit aufzuwerfen, einschließlich der Lieferung von Getreide (Punkt 14), sowie gemeinsame »Friedensaktionen« der vier Mächte, d. h. der UdSSR und der Mitglieder des Dreierpaktes, vorzuschlagen – und zwar unter der Bedingung des Fortbestehens des Britischen Empires, das eine Reihe von Verpflichtungen zu übernehmen hätte, in erster Linie, sich nicht in die Angelegenheiten Kontinentaleuropas einzumischen (Punkt 10).

Vermerkt wurden auch geopolitischen Vorteile, über die die UdSSR verfügte. »Transit Deutschland – Japan ist unsere starke Position, die man in Betracht ziehen muß« (Punkt 3).

Moskau nahm also Kurs auf eine ernsthafte Zusammenarbeit mit Hitlerdeutschland und dessen Verbündeten, ohne in Bündnisbeziehungen einzutreten.

Voraussetzung für eine solche Zusammenarbeit war eine für Moskau befriedigende Lösung des zweiten Problemkreises: die Anerkennung der Interessenssphäre der UdSSR durch Deutschland, die in den Direktiven detailliert beschrieben wird.

Frühere Abmachungen wurden charakterisiert als »partielle Abgrenzung der Einflußsphären« der beiden Mächte, die durch die Ereignisse, ausgenommen die Finnland betreffende Frage, erledigt war. Gerade deshalb begann dieser Problemkreis mit Finnland, und zwar mit einem Bezug auf das Abkommen von 1939. Es wurde unterstrichen, daß Deutschland alle Schwierigkeiten und Unklarheiten in dieser Hinsicht beseitigen müsse, namentlich: Rückzug der deutschen Truppen und Beendigung jeglicher politischer Demonstrationen in Finnland und in Deutschland, die zum Schaden der UdSSR wären. Die Hauptaufmerksamkeit wurde allerdings auf Südosteuropa, auf den Balkan, gelenkt. Die Schwierigkeiten beginnen mit der Donau-Problematik. In den Direktiven heißt es: »Die Donau, im Mündungsbereich – in Übereinstimmung mit den Direktiven an Gen. Sobolew«.[78]

Dieser Punkt erfordert eine Erläuterung. Auf der Tagung der Experten von vier Ländern, die am 28. Oktober in Bukarest begonnen hatte, schlug der sowjetische Vertreter Sobolew vor, eine sowjetisch-rumänische Verwaltung der Donau im Mündungsbereich zu schaffen. Dieser Vorschlag, der sich prinzipiell vom deutsch-rumänischen Projekt der Schaffung einer Konsultativkommission aus den Vertretern der an der Tagung teilnehmenden Staaten unterschied, führte die Verhandlungen in eine Sackgasse.[79] Die Position der sowjetischen Diplomatie zielte eindeutig darauf, ein Instrument zu erhalten, mit dem man Druck auf Rumänien ausüben und dessen Orientierung auf Deutschland zu beeinflussen konnte. Nicht zufällig heißt es in den Direktiven Molotows nach diesem Stichwort »Donau-Mündungsbereich«: »Auch über unsere Unzufriedenheit darüber sprechen, daß sich Deutschland nicht mit der UdSSR über die Frage der Garantien und über die Entsendung von Truppen nach Rumänien konsultiert hat«.

Die sowjetische Führung war also nicht geneigt, sich mit der geschaffenen Lage abzufinden. Doch zeigte ihre Reaktion, daß sie diese Frage mit der schwersten Aufgabe verband, die sie sich gestellt hatte, nämlich die der Schwarzmeer-Zugänge.

Und nicht verständlich war außerhalb dieses Zusammenhangs auch die Frage des »Donau-Mündungsbereichs« sowie die Frage zu Bulgarien. Es fällt jedoch auf, daß dieses Problem in den Direktiven Molotows nicht direkt genannt wird. Es wird erst vollständig deutlich in der vergleichenden Analyse dieser Direktiven mit den zwischen Stalin und Molotow ausgetauschten Telegrammen während der Verhandlungen in Berlin.

»Bulgarien – Hauptfrage der Verhandlungen, muß entsprechend der vertraglichen Vereinbarung mit Deutschland und Italien der sowjetischen Einflußsphäre zugerechnet werden, und zwar auf der gleichen Grundlage von Garantien für Bulgarien seitens der UdSSR, wie das von Deutschland und Italien für Rumänien der Fall ist, einschließlich der Entsendung sowjetischer Truppen nach Bulgarien.«

Die geopolitische Bedeutung dieses Punktes wurde – frei von jeglicher ideologischen Verschleierung – im Telegramm Stalins an Molotow nach Berlin am 13. Oktober 1940 sichtbar. »Die Sicherheit der Gebiete der UdSSR, die an das Schwarze Meer grenzen, ist ohne die Regelung der Frage der Zugänge nicht gewährleistet. Deshalb stellen die Interessen der UdSSR hinsichtlich des Schwarzen Meeres eine Frage der Verteidigung der Küsten der UdSSR und der Gewährleistung ihrer Sicherheit dar. Hiermit ist die Frage nach den Garantien für Bulgarien seitens der UdSSR organisch verbunden, weil die Gewährleistung von Ruhe im Gebiet der Zugänge nicht möglich ist ohne eine vertragliche Vereinbarung mit Bulgarien über den Durchmarsch sowjetischer Truppen zwecks Verteidigung der Zugänge zum Schwarzen Meer.«[80]

In einem weiteren Telegramm, das Stalin am selben Tage an Molotow schickte, präzisierte er, daß eine friedliche Lösung der Frage der Meerengen »ohne unsere Garantien für Bulgarien und den Durchmarsch unserer Truppen nach Bulgarien als Mittel des Drucks auf die Türkei nicht real ist«.[81]

Die Stationierung sowjetischer Truppen in Bulgarien wurde somit in den Rang einer Schlüsselfrage für die Gewährleistung der sowjetischen Interessen im Bereich der Schwarzmeerzugänge erhoben.

Mehr als zurückhaltend wird sich in den Direktiven über die Türkei geäußert: »Die Frage über die Türkei und deren Schicksal kann ohne unsere Beteiligung nicht gelöst werden, d. h. wir haben ernsthafte Interessen in der Türkei«.

Allerdings werden keinerlei Angaben darüber gemacht, worin diese Interessen bestehen. Und das, obgleich vor der Abreise Molotows nach Berlin diese Frage detailliert erörtert und wahrscheinlich bestimmte Varianten ihrer Lösung in Aussicht genommen worden waren. Zu einem solchen Schluß kommt man insbesondere durch die folgende Passage aus dem Telegramm Stalins: »Wenn die Deutschen eine Teilung der Türkei vorschlagen, so können Sie unsere Karten im Sinne der Direktiven offenlegen, indem Sie sich im ersten wie im zweiten Falle der Argumentation der chiffrierten Instruktionen bedienen.«[82]

Die Bezugnahme auf den Text der Direktiven erklärt überhaupt nichts. Doch die Formulierung »im Sinne der Direktiven« erlaubt es, über den Rahmen der konkreten Formulierung hinaus zu denken, weil eine Reihe von Momenten im Text selbst keine Reflexion fand. Somit wird verständlich, weshalb Molotow diesem Dokument die Bezeichnung »Einige Direktiven« gab und im Gespräch mit Hitler und Ribbentrop zweimal unterstrich, daß sich die UdSSR bei der Entscheidung über die Meeresengen nicht mit einem schriftlichen Protokoll zufrieden gäbe, sondern daß sie reale Garantien für ihre Sicherheit durchsetzen wolle.

Zwei Wochen später wurde die Formel dafür gefunden. Die sowjetische Diplomatie äußerte die Idee, im Gebiet des Bosporus und der Dardanellen Basen für Landtruppen und Kräfte der Kriegsflotte der UdSSR einzurichten.

Man kann jedoch annehmen, daß diese Idee bereits früher, während der Vorbereitung auf den Besuch Molotows in Berlin, erörtert worden war. In den Direktiven ist jenes harte Minimum enthalten, auf das Molotow sich in seinen Berliner Verhandlungen zunächst zu beschränken bestrebt war, denn es bestand die Absicht, die Verhandlungen in Moskau fortzusetzen.

In den Direktiven wurden auch andere Länder der Balkan-Donau-Region erwähnt, wobei die Beziehungen zu ihnen differenziert dargestellt wurden. »Die Frage nach dem weiteren Schicksal Rumäniens und Ungarns, die an die UdSSR angrenzen, interessiert uns sehr, und wir wünschten, daß darüber mit uns verhandelt wird.«

Schwer zu erklären ist, warum in den Direktiven jegliche Erwähnung der italienischen Aggression gegen Griechenland fehlt. Griechenland wird nur einmal erwähnt: »In den Beziehungen zu Griechenland und Jugoslawien hätten wir gern gewußt, was die Achse zu unternehmen gedenkt.« Diese Abstinenz belegt keineswegs mangelndes Interesse, sondern vermutlich den Wunsch, diese Fragen nicht in Berlin erörtern zu wollen.

Es waren noch drei weitere Fragen in den Direktiven enthalten, die den skandinavisch-baltischen Komplex ausmachten. Es handelte sich um das Problem der Aufrechterhaltung der Neutralität Schwedens, um die Frage der freien Durchfahrt von Schiffen aus dem Baltikum durch den Kleinen und Großen Belt sowie den Sund, Kattegatt und Skagerrak. Und es ging um die sowjetische Kohlebergbau-Konzession auf Spitzbergen. Die ersten beiden Fragen wurden von Molotow nur beiläufig im Abschlußgespräch mit Ribbentrop angeschnitten, die dritte überhaupt nicht.

Ein anderer Punkt blieb ebenfalls unberücksichtigt, der in folgender Weise formuliert worden war: »Die Frage des Iran kann nicht ohne die Beteiligung der UdSSR gelöst werden, weil wir dort ernsthafte Interessen besitzen. Ohne Erfordernis darüber nicht sprechen.«

Ein solches Erfordernis ergab sich nicht. Unverständlich ist es aber, was die sowjetische Führung überhaupt veranlaßt hatte, diesen Punkt in die Molotowschen Direktiven aufzunehmen. Ein solches Interesse bestand natürlich, und Stalin empfahl in einem der Telegramme an Molotow erneut »unser großes Interesse an Persien nicht preiszugeben und zu sagen, daß wir wohl keine Einwände gegen den deutschen Vorschlag haben«.[83]

Dies bezog sich, wie man annehmen muß, auf den deutschen Vorschlag zur Abgrenzung der territorialen Interessen, dem zufolge die Interessen der UdSSR als jene bestimmt wurden, die südlich ihres Territoriums in Richtung Indischer Ozean lägen.

Dadurch läßt sich erahnen, was sich hinter der nebelhaften Formulierung in einer später gegebenen sowjetischen Antwort an Deutschland verbarg, daß »als Schwerpunkt der Ansprüche der UdSSR das Gebiet südlich von Batumi und Baku in der allgemeinen Richtung zum Persischen Golf anerkannt wird«.[84] Diese Formulierung macht deutlich, daß in der Tat der Iran, genauer gesagt: dessen westlicher Teil, gemeint war.

Die Gespräche Molotows in Berlin am 12. und 13. November 1940 sind gut erforscht, auch die sowjetischen Aufzeichnungen der Gespräche Molotows mit den deutschen Staatsmännern sind publiziert worden.[85] Von Interesse sind die unmittelbaren persönlichen Eindrücke Molotows, die er sofort telegrafisch an Stalin übermittelte. Der erste Tag hinterließ bei ihm einen günstigen Eindruck: »Unsere vorbereitende Erörterung in Moskau hat die Probleme richtig beleuchtet, mit denen ich hier konfrontiert werde.«[86] Wie Molotow unterstrich, war er bemüht, Informationen zu erhalten und den Partnern auf den Zahn zu fühlen. Auf der Grundlage des ersten Gesprächs mit Hitler kam er zu dem Schluß, daß dieser sehr an der Festigung der Freundschaft mit der UdSSR und am Abschluß einer vertraglichen Vereinbarung über die Einflußsphären interessiert sei. Molotow bemerkte, daß auf seine Fragen nach »der neuen Ordnung in Europa« und über den Dreierpakt »Hitler sichtbar auflebte« und die UdSSR einlud, in Gestalt des vierten Partners sich dem Dreierpakt anzuschließen. Nach der Bemerkung Molotows, daß die UdSSR nicht ablehne, an der einen oder anderen gemeinsamen Aktion der vier Mächte teilzunehmen, nicht aber im Pakt der drei, in dem die UdSSR nur Objekt sein würde, »hat Hitler völlig belustigt bekräftigt, daß die UdSSR nicht Objekt, sondern Subjekt des neuen Abkommens sein soll, und er erklärte, daß er sehr daran interessiert ist, das einvernehmlich begonnene Gespräch fortzusetzen«.[87]

Am folgenden Tag jedoch, als Molotow zu konkreten Fragen überging, erhielt er eine »kalte Dusche«. Zu keinem der von ihm aufgeworfenen Probleme (Finnland, Rumänien, Bulgarien und das Schwarze Meer) konnte er eine Verständigung und Übereinstimmung erzielen. »Keines der beiden Gespräche *(mit Hitler und mit Ribbentrop – der Hrsg.)* führte zu den gewünschten Ergebnissen«, berichtete er Stalin.[88] Den von Ribbentrop unterbreiteten Vorschlag, über einen Vertrag der vier Mächte und zwei geheime Anlagen, die in der üblichen diplomatischen Verfahrensweise, also zwischen den Botschaftern, erörtert werden sollten, bewertete Molotow als einen Vorschlag zur Fortführung der Verhandlungen, für die »Deutschland jetzt nicht die Frage eines Moskau-Besuchs Ribbentrops stellt«.

Zusammenfassend berichtete Molotow über die Ergebnisse: »Es gibt keinen Grund, sich der Sache zu rühmen, doch wenigstens wurde Klarheit über die Stimmung Hitlers erzielt, mit der man rechnen muß.«[89]

Seine Schlußfolgerungen hat er jedoch dem Papier und der chiffrierten Nachricht nicht anvertraut, sondern er teilte Stalin mit, daß er darüber sofort nach seiner Rückkehr nach Moskau am 15. November 1940 berichten werde.

Was stellten die Berliner Gespräche für beide Seiten dar? Welche Wirkung hatten sie auf die Außenpolitik Deutschlands und der Sowjetunion, insbesondere, was den Balkan betraf?

Wir verfügen über kein Dokument, das Auskunft geben könnte über die deutschen Absichten in diesen Verhandlungen, wie es in Gestalt der Direktiven Molotows für die sowjetische Seite der Fall ist. Doch es existieren andere Zeugnisse, die auf sie schließen lassen. So unterzeichnete Hitler am Morgen des 12. November, als Ribbentrop Molotow am Bahnhof empfing, in der Reichskanzlei die Direktive OKW (Oberkommando der Wehrmacht) Nr. 18, in der die bevorstehenden militärischen Maßnahmen im Gebiet des Mittelmeeres festgelegt waren. Sie machte deutlich, daß auf der allgemeinen Strategie Deutschlands bereits ein starker Schatten »des sowjetischen Faktors« lag, und daß alle seine Absichten dem bevorstehenden »Feldzug nach Osten« untergeordnet waren. Die Mittelmeerprobleme, die für den Kampf gegen England so wichtig waren, waren offensichtlich bereits zweitrangig. Dies ließ sich nach den dürftigen Kräften und Mitteln beurteilen, die für die vorgesehene Operation bereitgestellt wurden (so z. B. für die Operation »Felix«, die zur Einnahme von Gibraltar geplant war). Im Kapitel »Balkan« wurde dem Kommando der Landstreitkräfte vorgeschlagen, Maßnahmen zu ergreifen, um »im Falle der Notwendigkeit« einen Vormarsch zur Eroberung des Kontinentalteils Griechenlands vom Territorium Bulgariens aus zu unternehmen. Vorgesehen war die Schaffung einer Armeegruppierung in der Stärke von etwa 10 Divisionen, die die Türkei unter Druck setzen konnten. Um die Zusammenstellung dieser Truppen zu beschleunigen, wurde vorgeschlagen, in Kürze die deutsche »Militärmission« in Rumänien zu verstärken. Vorgesehen war auch die Ausweitung der deutschen Dienste der Luftaufklärung und der Aufklärung an der Südgrenze Bulgariens. Was den Wunsch Bulgariens in bezug auf die Bewaffnung seiner Armee (Lieferung von Waffen und Munition) anbelangte, so wurde der Befehl erteilt, »zu prüfen zwecks Entgegenkommen«.[90] Kurz gesagt, auf dem Balkan war eine Reihe ernsthafter militärischer Maßnahmen vorgesehen.

Hitler störte dabei nicht, daß am selben Tage, also am 12. November, die Verhandlungen mit Molotow beginnen sollten, in denen ausdrücklich die Probleme des Balkans vorrangig behandelt werden sollten. Die Unterzeichnung der OKW-Direktive Nr. 18 buchstäblich einige Stunden vor dem Beginn der Verhandlungen konnte nur eins bedeuten: Hitler hatte nicht die Absicht, irgendwelche Korrekturen an seinen Plänen vorzunehmen – egal, wie die Ergebnisse dieser Verhandlungen aussahen. Die Gespräche mit Molotow waren aus anderen Gründen erforderlich.

Die Sowjetunion war das nächste Kriegsziel! In der OKW-Direktive hieß es unter Punkt 5 (»Rußland«): »Die politischen Verhandlungen zu dem Zweck, die Positionen Rußlands in naher Zukunft zu erkunden, haben begonnen. Unabhängig davon, zu welchen Ergebnissen diese Verhandlungen führen, sind alle Vorbereitungen in bezug auf den Osten fortzusetzen, deren Befehl bereits zuvor mündlich erteilt wurde.«[91] Die bevorstehenden Operationen auf dem Balkan richteten sich nicht gegen England, sondern müssen als vorbereitende Maßnahmen für den »Ostfeldzug« angenommen werden. Eben deshalb hatte Hitler nicht die Absicht, die sowjetische Führung über seine Pläne auf dem Balkan in Kenntnis zu setzen, geschweige denn, die sowjetischen Interessen zu berücksichtigen.

Was erreichte Hitler bei diesen Gesprächen mit Molotow?

Erstens: Desinformation des Gegners, Verschleierung des Planes des Überfalls auf die UdSSR. Ein wichtiges Mittel hierbei war der Vorschlag, den Hitler machte und Ribbentrop präzisierte, die UdSSR in den Dreierpakt aufzunehmen. Er wurde ergänzt durch den weitreichenden Vorschlag einer globalen Aufteilung der Einflußsphären und territorialen Ansprüche. Hitler versicherte Molotow: »Das Russische Reich kann sich ohne den geringsten Schaden für die deutschen Interessen entwickeln«, und Deutschland hätte im Kriege derart große Gebiete (»Lebensraum«) hinzu gewonnen, daß es hundert Jahre bedürfe, um sie vollständig zu nutzen. Kurz gesagt, es sei nur notwendig, gegenseitig die Interessen zu respektieren, und die deutsch-sowjetischen Beziehungen könnten für eine Zeit geregelt werden, die ein Menschenleben überdauert. Seinerseits machte Ribbentrop Molotow mit dem Entwurf eines Abkommens der vier Mächte bekannt, das bei ihm den Eindruck erwecken sollte, daß es sich um ernsthafte Absichten handelte.

Studiert man die Dokumente, in denen die Berliner Verhandlungen reflektiert werden, erhält man unweigerlich den Eindruck, daß Hitler und Ribbentrop über die Absichten der sowjetischen Führung gut unterrichtet waren, so über deren Wunsch, eine weitreichende Vereinbarung und Zusammenarbeit mit Deutschland zu erreichen. Sie schauten wie Falschspieler in die Karten des Gegners und stachelten dessen Eifer an. Ihr Vorgehen weckte bei Stalin und Molotow falsche Erwartungen. Der Vorschlag für ein Abkommens der vier Mächte zielte darauf, das Gefühl einer Bedrohung durch Deutschlands zu zerstreuen. Einem künftigen Opfer wird gewöhnlich kein Bündnis angeboten.

Zweitens: Einschränkung der außenpolitischen Handlungsfreiheit der UdSSR. Das Projekt eines Abkommens der vier Mächte enthielt politische Fallstricke. Es sah insbesondere die Erarbeitung einer einheitlichen politischen Linie seiner Teilnehmer sowie die Verpflichtung vor, in keinen Staatenblock einzutreten und sich keinerlei internationalen Bündnissen anzuschließen, die gegen einen der vier Staaten gerichtet wären. Im Prinzip bedeutete dies, Kontakte Moskaus zu Großbritannien und den USA zu verhindern. Die eigentliche Tücke des Vorschlags bestand darin, daß er bereits vor der Unterzeichnung des Abkommens wirksam werden sollte.

Gleichzeitig sollte der Entwurf ein zweiseitiges sowjetisch-deutsches Abkommen, das die sowjetische Führung anstrebte, ersetzen. Mehr noch: Die Verhandlungen wurden auf die Ebene der Diplomatie, also auf die lange Bank geschoben. Dadurch erledigte sich auch die Frage nach einem baldigen Moskau-Besuch Ribbentrops. Die sowjetische Führung aber wurde für einen unbestimmten Zeitraum zu Wohlverhalten und Loyalität genötigt – ohne Gegenleistung. Dem künftigen Gegner den Handlungsspielraum nehmen, dessen Aktionen auf dem Feld der internationalen Politik zu binden – dieser Plan, das ist nicht zu verkennen, erleichterte ungemein die Vorgehensweise des Aggressors.

Drittens: die UdSSR außenpolitisch zu isolieren. Über die Verhandlungen wurde ein falsches Bild verbreitet. »Der Meinungsaustausch,« so hieß es im Kommuniqué, »verlief in der Atmosphäre gegenseitigen Vertrauens und festigte das gegenseitige Verständnis zu allen entscheidenden Fragen, die die UdSSR und Deutschland interessieren«.[92] Die Kürze der Formulierung vergrößerte das Spektrum der Vermutungen. Das deutsche Auswärtige Amt versandte einen Zirkularbrief an alle diplomatischen Missionen, in dem in bezug auf das Kommuniqué unterstrichen wurde, »daß alle Vorschläge hinsichtlich eines scheinbaren deutsch-russischen Konfliktes die Frucht einer Phantasie sind und daß alle Spekulationen der Feinde über eine Verschlechterung der vertrauensvollen und freundschaftlichen deutsch-russischen Beziehungen auf Selbstbetrug beruhen«.[93]

Hitlers Absichten gingen voll auf. Stalin unternahm keinerlei Versuche, mit England und den USA Kontakte aufzunehmen.

Viertens: Nutzung der während der Verhandlungen erhaltenen Informationen für die Durchsetzung eigener außenpolitischer Ziele. In der sowjetischen Literatur – angefangen mit »Geschichtsfälscher« (1948) – wurde beharrlich behauptet, daß die Reise Molotows das

Ziel verfolgt habe, die Absichten Hitlerdeutschlands zu sondieren. In Kenntnis aller Dokumente dieser Verhandlungen muß man sich fragen, wer da bei wem sondierte. Die sowjetische Führung vermochte jedenfalls nicht, die wahren Absichten Berlins zu eruieren. Die deutsche Seite hingegen nutzte die Kenntnisse über die sowjetischen Pläne in bezug auf Finnland und Rumänien, um diese für eigene Ziele einzusetzen. Am 18. November, also fünf Tage nach dem Gespräch mit Molotow, empfing Hitler auf dem Berghof den bulgarischen König Boris. Um die Zustimmung zum Anschluß Bulgariens an den Dreierpakt zu bekommen, setzte er das Argument ein, daß »die Bolschewiki unsere Auffassung zu einer möglichen Einrichtung von Militärbasen in Bulgarien sondierten«.[94] König Boris wertete diesen Hinweis Hitlers als Erpressung.

Generell tat sich die deutsche Diplomatie keinen Zwang an, die erlangten Informationen aus den Gesprächen mit Molotow zu benutzen, um antisowjetische Stimmungen in einer Reihe von Ländern zu schüren. Auch das diente der Herstellung günstiger Bedingungen für die bevorstehende Aggression.

Fünftens: Gewinnung zusätzlicher Argumente, um Ressentiments in Deutschland zu überwinden. Viele einflußreiche Personen in der deutschen Diplomatie, in Militärkreisen und im Wirtschaftsbereich meinten, daß die Entwicklung freundschaftlicher Beziehungen zur Sowjetunion für Deutschland von Vorteil wäre. Die Entscheidung Hitlers über die Vorbereitung eines Waffengangs gegen die UdSSR stieß nicht nur auf Zustimmung. Die Gespräche sollten Vorbehalte ausräumen helfen.

Die Verhandlungen mit Moskau waren für Hitler eine sehr wichtige Etappe bei der Vorbereitung auf den Krieg mit der UdSSR.

Leider verfügt die Geschichtswissenschaft über keinerlei Dokumente darüber, wie nach der Rückkehr Molotows nach Moskau am 15. November die Ergebnisse seines Besuches in Berlin erörtert und eingeschätzt wurden, welche Schlußfolgerungen aus ihnen gezogen und welche weiteren Pläne gefaßt wurden. Mehr noch, die Kenntnisse zu diesem Thema ließen sich aus keinem der Materialien ermitteln, die in den russischen Archiven zugänglich sind.

In einem 1996 veröffentlichen Aufsatz von Sipols wurde der Inhalt einer stenographischen Niederschrift zitiert, die angeblich vom Leiter der Verwaltung des Rates der Volkskommissare der UdSSR, Tschadajew, von der Sitzung des Politbüros des ZK der KPdSU am Abend des 15. November 1940 angefertigt wurde. Dort hätte Molotow den Anwesenden (namentlich werden sie nicht aufgeführt) über den Verlauf und die Ergebnisse der Verhandlungen Bericht erstattet.[95] Dieses Stenogramm fand auch Eingang in das Buch von Sipols[96], in dem dieser G. A. Kumanew dankte, in dessen persönlichem Archiv sich das Material (»Niederschrift J. Ja. Tschadajews«) befindet. Nach dem, was sich in diesem Aufsatz und in diesem Buch findet, charakterisierte Molotow in der Sitzung die Pläne zur Zusammenarbeit der UdSSR mit den Mächten des Dreierpaktes und zur Aufteilung der Interessenssphären, wie sie von Hitler und Ribbentrop während der Berliner Verhandlungen dargelegt wurden, als »irrsinnig« und das ganze Treffen als »auf Initiative der faschistischen Seite ausgedacht«, als »Scheindemonstration«. Molotow äußerte angeblich seine Gewißheit hinsichtlich »der Unvermeidlichkeit der Aggression Deutschlands« gegen die UdSSR, und zwar »in nicht ferner Zukunft«.

Stalin, der, wie in diesem Material angeführt wird, positiv auf die Worte Molotows hinsichtlich der Ablehnung des deutschen Vorschlags über die Zusammenarbeit mit den Mächten des Dreierpaktes reagierte, habe erklärt, daß »die Hitlerleute sich an keinerlei moralische Normen, Regeln gebunden fühlen«, sondern daß »das Hauptprinzip ihrer Politik Wortbruch ist«, der in der Verletzung von Verträgen mit einer Reihe europäischer Länder zum Ausdruck komme, und daß »Hitler ein solches Los auch für den Vertrag mit uns vorbereitet, doch, indem wir den Nichtangriffspakt mit Deutschland abgeschlossen haben, haben wir mehr als ein Jahr gewonnen für die Vorbereitung des entscheidenden und tödlichen Kampfes mit dem Hitlerismus«.

Dieses vermeintliche Stenogramm vom 15. November 1940, das von Sipols zum Teil zitiert, zum Teil interpretiert wird, provoziert zahlreiche Fragen.

Wie konnte, erstens, der Leiter der Verwaltung des Rates der Volkskommissare an der Sitzung des Politbüros teilnehmen? Es ist bekannt, daß die außenpolitischen Fragen nur in einem sehr kleinen Kreis von Personen erörtert wurden, zu dem nicht einmal alle Mitglieder des Politbüros gehörten. Bislang konnte, zweitens, kein einziges Protokoll und keine einzige Notiz einer solchen Sitzung ausfindig gemacht werden. Es ist nicht ausgeschlossen, daß derartige Niederschriften aus Erwägungen der Geheimhaltung einfach nicht angefertigt wurden. Wer konnte unter diesen Bedingungen Tschadajew erlauben, eine solche stenographische Notiz anzufertigen? Selbst wenn, drittens, eine solche Niederschrift angefertigt wurde, wie konnte sie in das persönliche Archiv einer Privatperson gelangen, zumal man die damaligen Bedingungen des »Ausnahmeregimes« in Betracht ziehen muß.

Es gibt noch viele weitere Fragen. Der Inhalt des von Sipols wiedergegebenen Ausschnitts selbst besteht nur aus einzelnen Formulierungen (»irrsinnige« Pläne Hitlers, »Scheindemonstration« über das Treffen selbst, Gewißheit hinsichtlich der Unvermeidlichkeit der Aggression Hitlers in nicht ferner Zukunft, Antwort Stalins über das Fehlen moralischer Normen bei den Hitlerleuten usw.), in denen jede Konkretheit fehlt. Es fällt der propagandistische, keinesfalls sachbezogene Ton der Aussagen auf. All das nimmt den angeführten Auszügen den Charakter der Authentizität, mehr noch: Es weckt in besonderem Maße Zweifel. Der Zweifel wird noch dadurch verstärkt, daß weder im Aufsatz noch im Buch geklärt wird, *wie* das Material an den jetzigen Besitzer gelangte und *wie* vom archivarischen Standpunkt aus dessen Beschaffenheit ist. Handelt es sich um ein handschriftliches oder maschineschriftliches Material, um ein Original oder eine Kopie, ist es von Tschadajew unterzeichnet, ist es von jemandem bestätigt worden usw.? Solange jedenfalls derartige Fragen nicht geklärt werden, stellt das von Sipols Dargelegte nicht mehr als eine Version dar, die ohne Beweis ist.

Kehren wir aber zur Analyse jener Dokumentation zurück, an dessen Authentizität kein Zweifel besteht. Bekanntlich übergab Molotow zehn Tage nach seiner Rückkehr Schulenburg die offizielle sowjetische Antwort auf den deutschen Vorschlag, ein Abkommen über Zusammenarbeit zwischen der UdSSR und den Mächten des Dreierpaktes abzuschließen. Die sowjetische Regierung erklärte sich einverstanden, »grundsätzlich das Projekt eines Paktes der vier Mächte über ihre politische Zusammenarbeit und gegenseitige ökonomische Hilfe« anzunehmen, wofür eine Reihe von Bedingungen gestellt wurden.[97]

Weil entsprechende Dokumente fehlen, bleibt offen, wie dieser Text erarbeitet wurde und welche Ziele der Kreml mit einem solchen Schritt verfolgte. In der Literatur, besonders in der sowjetischen Historiographie, gibt es in dieser Hinsicht unterschiedliche, ja sogar gegensätzliche Bewertungen. Nach einer Version sei das sowjetische Einverständnis mit einem »Pakt der Vier« lediglich eine taktische Finte gewesen, um die Beziehungen zu Berlin nicht zu verschärfen, in Wirklichkeit aber wäre Moskau nicht darauf aus gewesen, einen solchen Pakt abzuschließen.[98]

Wenn man von der Logik der Vorgehensweise der sowjetischen

Seite ausgeht, scheint eher das Gegenteil der Fall gewesen zu sein. Die Führung der UdSSR traf zu diesem Zeitpunkt eine Entscheidung zugunsten einer sehr weitreichenden Übereinkunft mit dem »Dritten Reich« und den beiden anderen Mächten des Dreierpaktes.[99]

Was Molotow im Gespräch am Abend des 25. November 1940 Schulenburg mitteilte, bietet ausreichend Nahrung zum Nachdenken. Erstens fällt die von den sowjetischen Führern betriebene Weiterentwicklung des ihnen von Hitler und Ribbentrop suggerierten Gedankens eines Abkommens zwischen dem Dreierpakt und der UdSSR auf. In der neuen Fassung nimmt diese Idee die Form eines Vertragsentwurfs der vier Mächte an, d. h. ein höheres völkerrechtliches Niveau. Zweitens wird bei der Bezeichnung des Paktes eindeutig der Gegenstand bestimmt – »die politische Zusammenarbeit und gegenseitige ökonomische Hilfe«. Nach beliebigen Kriterien konnte das im Falle eines tatsächlichen Abschlusses eines solchen Paktes nur eins bedeuten – nämlich die Schaffung eines Blocks der vier Mächte, in dem die UdSSR nichtkriegsführendes Mitglied sein würde. Davon zeugt, daß die Erwähnung einer Zusammenarbeit auf militärischem Gebiet fehlt. Damit hätte sich drittens die Lage der UdSSR auf der internationalen Bühne dramatisch verändert – sie hätte den Status eins neutralen Staates verloren.

Unterstellt, daß die Antwort Molotows an Schulenburg die wirklichen Absichten des Kreml zum Ausdruck brachte, bedeutete dies: Die sowjetischen Führung war willens, sich politisch und ökonomisch einem der kriegführenden »imperialistischen« Blöcke anzuschließen und ihre Neutralität aufzugeben.

Unter den Bedingungen des Weltkrieges wäre dies eine qualitative Veränderung gewesen.

In Anbetracht des Fehlens der notwendigen Dokumente bleibt die Frage nach den wirklichen Absichten der sowjetischen Seite weitgehend diskutabel.

Im Zusammenhang damit lenkt folgender, äußerst wesentlicher Umstand große Aufmerksamkeit auf sich: Betrachtet man die Bedingungen, unter denen, wie aus ihrer Antwort vom 25. November hervorgeht, die Regierung der UdSSR bereit war, einen Pakt der vier Mächte abzuschließen, so weichen diese keinen Jota von der einen wie der anderen Vorstellung des ursprünglichen Schemas der sowjetischen Ziele ab, wie sie in den Molotowschen Direktiven für die Berliner Verhandlungen umrissen worden waren.

Der am 25. November von Molotow an Schulenburg übergegebene Vorschlag sah den Abschluß von fünf Geheimprotokollen vor – zu Finnland, zu Bulgarien, zur Türkei, zur Zone der territorialen Richtungsorientierung der UdSSR (Formulierung: »südlich von Batumi und Baku in der allgemeinen Richtung hin zum Persischen Golf«, was sich, wie bereits erwähnt, auf den Iran bezog) und zum Verzicht Japans auf Konzessionen im nördlichen Sachalin.[100]

Auch die letzte Bedingung war nicht neu, obwohl sie bei den Berliner Verhandlungen keine Rolle spielte.

In den Molotowschen Direktiven erschien sie in Gestalt eines Hinweises auf eine Antwort Molotows an Tatekawa, den japanischen Botschafter in Moskau (Punkt 11). Nunmehr wurde diese Frage konkretisiert.[101] So blieben die wesentlichen konkreten Aufgaben weiterhin gültig und wurden erneut im Vorschlag vom 25. November bekräftigt, die darin bestanden, die politische, militärische und wirtschaftliche Kontrolle der UdSSR auf Gebiete auszudehnen, die für sie ein besonderes Interesse darstellten, Aufgaben der Errichtung einer ausgedehnten sowjetischen Einflußsphäre, die der Kreml bereits bei der Vorbereitung des Besuchs Molotows in Berlin in Aussicht nahm, um sie auf dem Wege einer vertraglichen Vereinbarung mit Hitler zu verwirklichen. Dies zeugt eher von der Entscheidung Stalins, mit Berlin in bezug auf einen möglichen Pakt handelseinig zu werden, um zu versuchen, die genannten Ziele zu realisieren. Dies ist um so wahrscheinlicher, als Moskau zum Zwecke ihrer Realisierung zugleich einige begleitende praktische Schritte unternahm, über die noch zu sprechen sein wird.

Wovon konnte die sowjetische Führung in einem solche Falle ausgehen? Wegen des Fehlens von Dokumenten und direkten Zeugnissen muß man zu logischen Schlüssen Zuflucht nehmen, wobei man sich bewußt sein muß, daß sich die Politik nicht immer nach den Gesetzen der Logik vollzieht. Man kann die Vermutung aussprechen, daß Moskau die Zurückhaltung Hitlers auf seine Weise auslegte, nämlich so, daß die UdSSR mit ihren Forderungen Hitler nichts als Gegenleistung anbot. Die Unterbreitung des deutschen Vorschlags eines Beitritts der UdSSR zum Dreierpakt hätte man dann als die Benennung des Preises auffassen können. Man kann auch annehmen, daß man, indem man das Für und das Wider abwog (dieser Prozeß der Entscheidung stand außerhalb der Betrachtungsweise der Forscher), zu dem Schluß gelangte, das Spiel lohne sich. Doch hätte man einen solchen Schluß nur dann ziehen können, wenn man daran glaubte, daß sich die Interessen der UdSSR und Deutschlands einander abstimmen ließen und die

Zusammenarbeit beider Länder den gegenseitigen Bedürfnissen der beiden Regime entspräche. In diesem Falle muß man sich eingestehen, daß die Bemühungen Hitlers, die sowjetische Führung zu desinformieren, erfolgreich war.

Wenn die Sache wirklich so war, muß man annehmen, daß sich Moskau verrechnete, wenn es meinte, der Abschluß eines Paktes der vier Mächte würde zur Schaffung eines geopolitischen Blocks führen, der Europa und Asien vom Atlantischen bis zum Stillen Ozean sowie Japan einschlösse. Ein solcher Block wäre dann wirtschaftlich kaum verwundbar und in militärischer Hinsicht wahrscheinlich unbesiegbar gewesen. Seine reale Kraft hätte sich nicht an der arithmetischen Summe der ihm angehörenden Staaten messen lassen, sondern an seiner geometrischen Progression. Selbst eine maximale Kräfteanstrengung Großbritanniens mit seinem ganzen Empire und die USA zusammen mit allen lateinamerikanischen Ländern hätten kaum diese Macht ausgleichen können. Die ganze globale Kräftekonstellation drohte sich zugunsten dieses Blocks zu neigen. Der ganze afrikanische Kontinent und die restlichen asiatischen Länder wären Beute dieser Paktstaaten geworden. Mit anderen Worten: Falls die rasche sowjetische Antwort vom 25. November die realen Absichten des Kremls widerspiegelte, dann hätte Stalin Hitler den Sieg versprochen, noch dazu mit der Gewährung materieller und menschliche Ressourcen selbst im Falle sich länger hinziehender militärischer Auseinandersetzung.

Als Kehrseite dieses Vorschlags erwies sich das Problem des Platzes der UdSSR im Pakt der vier Mächte. Für diesen Fall begriff Stalin den Preis des von ihm skizzierten Projekts, weshalb er nicht bereit war, auf seine Forderungen zu verzichten und in eine von Hitler abhängige Lage zu geraten. Im Gegenteil war er bestrebt, die UdSSR innerhalb dieses Blocks auf die gleiche Ebene wie Deutschland zu stellen und denselben Status durchzusetzen. Daraus resultierte, wie es scheint, seine feste Entschlossenheit, seine Forderungen auf jeden Fall durchzusetzen – allerdings im gegebenen Rahmen des Paktes der vier Mächte. Vermutlich rechnete er damit, daß Hitler begriffe: Im Vergleich mit dem möglichen Gewinn, den Deutschland aus seinem Sieg im Kriege zöge, seien die Forderungen Stalins bescheiden.

In der sowjetischen Historiographie trifft man die These an, als wäre die am 25. November ausgedrückte sowjetische Zustimmung zum deutschen Vorschlag über die Zusammenarbeit der vier Mächte bewußt mit Bedingungen verbunden wurden, die für

Deutschland unannehmbar gewesen wären.[101] Dokumente, die diese Annahme bestätigen könnten, gibt es jedoch nicht.

Diese Bedingungen entsprachen jedoch jenen praktischen Zielen des Kreml, die bereits in den Molotowschen Direktiven für die Berliner Verhandlungen formuliert worden waren. Lediglich einige Punkte waren konkretisiert worden. In erster Linie betraf das die Türkei und das Problem der Meerengen und – etwas weiter gefaßt – den ganzen Komplex der Balkanprobleme.

Selbstverständlich hatte man in Moskau sehr gut begriffen, daß Deutschland nicht bemüht war, den von der sowjetischen Seite während des Aufenthalts Molotows in Berlin aufgeworfenen Fragen entgegenzukommen. Dies ergibt sich auch aus der kurzen Information über die Ergebnisse des Besuchs, die von Molotow am 17. November an Maiski nach London gesandt wurde. Darin heißt es insbesondere, daß »die Deutschen die Türkei an die Hand nehmen wollen unter dem Vorwand, deren Sicherheit nach dem Muster Rumäniens zu garantieren, und uns wollen sie Honig um den Mund schmieren mit dem Versprechen, die Konvention von Montreux zu unseren Gunsten zu revidieren, wobei man vorschlägt, ihnen in dieser Sache zu helfen«.[103]

Wäre es aber irgendwie gerechtfertigt, sich allein auf diese Feststellung zu verlassen und einen so weitreichenden Schluß zu ziehen, daß die sowjetische Führung zur definitiven Meinung gelangt sei, es wäre gänzlich unmöglich, mit Deutschland in der einen oder anderen Weise zu einem Einvernehmen zu gelangen?

Im Kreml, so kann man annehmen, war man nicht so naiv zu meinen, daß Hitler sofort zu Zugeständnissen bereit wäre. Dementsprechend mußte das Ausbleiben von Ergebnissen des Berlin-Besuchs Molotows, die die sowjetische Seite für notwendig erachtete, nicht unbedingt für Stalin und seine engste Umgebung bedeuten, daß die von ihnen während des Besuchs angestrebten Ziele generell für den deutschen Gesprächspartner inakzeptabel wären. Indem am 25. November diese Ziele erneut formuliert wurden, nahm die sowjetische Führung offenbar an, daß man dieses Mal dank der Verknüpfung dieser Ziele mit der Zustimmung zum Abschluß eines »Paktes der Vier« Hitler so weit interessieren könnte, damit er dennoch auf den von Moskau erwünschten Handel einging.

Im sowjetischen Vorschlag vom 25. November nahmen die Probleme des Balkans und der Schwarzmeer-Zugänge einen wichtigen Platz ein. Es ist nicht ausgeschlossen, daß unter den Gründen, die die Übergabe dieses Vorschlags an die Deutschen veranlaßten, eine besondere Rolle die schwerwiegenden Ereignisse spielten, die auf den Besuch Molotows in Berlin folgten. Es handelte sich um eine Reihe von Besuchen von Staatsoberhäuptern und Regierungschefs in Deutschland, in deren Verlauf Protokolle über den Anschluß dieser Länder an den Dreierpakt unterzeichnet wurden. Am 20. November schloß sich ihm Ungarn an, am 23. November Rumänien, am 24. November die Slowakei.

Hitler hatte – entgegen den Vorstellungen, die er Molotow gegenüber geäußert hatte – eine neue Etappe des Angriffs auf die Interessenssphäre Moskaus eingeleitet. Eine solche Entwicklung der Situation mußte im Kreml tiefe Besorgnis hervorrufen.

Allerdings absolvierte am 18. November als erster von den erwähnten Besuchern der bulgarische König Boris seinen Besuch bei Hitler. Im Verlauf des Treffens wurde der Vorschlag, Bulgarien dem Dreierpakt anzuschließen, unterbreitet. Und obwohl zu diesem Zeitpunkt Bulgarien sich nicht anschloß, erhielt man in Moskau nicht nur die Information, daß Hitler den Bulgaren einen solchen Vorschlag gemacht hatte, sondern auch die Nachricht, der zufolge Sofia die Absicht hege, diesen Schritt in absehbarer Zeit zu tun, und daß Deutschland im Gegenzug bereit sei, die bulgarischen territorialen Ansprüche an Griechenland zu unterstützen, d. h. Bulgarien in den vor dem Versailler Vertrag bestehenden Grenzen wiederherzustellen.[104]

Sofern die Realisierung anderer sowjetischer Pläne auf dem Balkan von der Haltung Bulgariens abhing, wurde, wie aus den nachfolgenden Schritten der sowjetischen Diplomatie hervorgeht, beschlossen, die weitere Entwicklung der Ereignisse zu ihren Gunsten umzukehren, die Konturen der sowjetischen Interessen auf dem Balkan zu markieren. Das expansionistische Vorgehen Deutschlands zwang die sowjetische Führung, sich zu beeilen, um nicht plötzlich vor vollendeten Tatsachen zu stehen.

Noch am 18. November 1940 wurde im Büro des stellvertretenden Volkskommissars für auswärtige Angelegenheiten, W. G. Dekanosow, eine »zufällige« Begegnung Molotows mit dem bulgarischen Gesandten Stamenov organisiert. Molotow interessierte sich dafür, ob denn Bulgarien nach dem Beispiel Rumäniens von Italien oder einem beliebigen anderen Land Garantien erhalten hätte. Er würde, so sagte er, Italien erwähnen, weil während seiner Treffen mit Hitler in Berlin von Bulgarien gesprochen wurde und Hitler eindeutig geantwortet habe, daß man »die Meinung Italiens erfragen müßte«. Molotow unterstrich, daß, falls sich die sowjetische Führung mit der Tatsache konfrontiert sähe, Bulgarien von irgendeiner Macht Garantien für seine Sicherheit erhielte, dies »die sowjetisch-bulgarischen Beziehungen verschlechtern und verderben würde«. Das einzige Land, von dem Bulgarien wirkliche Garantien erhalten könnte, sei die UdSSR. In diesem Zusammenhang erinnerte er daran, daß bereits im Herbst 1939 der bulgarischen Regierung der Vorschlag unterbreitet worden war, einen Vertrag über gegenseitige Hilfe abzuschließen. Wenn Bulgarien nunmehr ihn benötigte, meinte Molotow, »kann es völlig auf uns zählen«.[105]

Danach wurde am 23. November in der sowjetischen Presse eine TASS-Mitteilung über den Anschluß Ungarns an den Dreierpakt veröffentlicht. Darin wurde die Behauptung der deutschen Zeitung »Hamburger Fremdenblatt« dementiert, als wäre dies zustande gekommen »im Zusammenwirken und mit voller Billigung der Sowjetunion«. Eine solche Behauptung, erklärte TASS, »entspricht in keiner Weise der Wirklichkeit«.[106]

Am gleichen Tage gab der Rat der deutschen Botschaft in Moskau, Tippelskirch, dem stellvertretenden Volkskommissar für auswärtige Angelegenheiten, Andrei Wyschinski, gegenüber die Erklärung über den »unangenehmen Eindruck« ab, den die TASS-Erklärung in Berlin erzeugt hätte. Wyschinski, unlängst noch bei den Moskauer Schauprozessen (»Große Tschistka«, 1936-38) als Generalstaatsanwalt der UdSSR der Hauptankläger, entgegnete jedoch auf die Bemerkung von Tippelskirch, daß er keinen Grund für die Einwände der deutschen Seite sähe, weil »die TASS-Erklärung die Wahrheit wieder herstellt«.[107] Indem die sowjetische Führung auf diese Weise kundtat, daß sie die Erweiterung des Dreierpaktes durch die Balkan-Donau-Länder nicht billige, sandte sie gleichzeitig ein Warnsignal sowohl nach Berlin wie nach Sofia.

Im Zuge der nach und nach gesteigerten politisch-diplomatischen Bemühungen des Kremls, die darauf gerichtet waren, eine Anerkennung seiner Ansprüche auf die Kontrolle der von ihm als berechtigt betrachteten Sphäre seiner besonderen Interessen zu erreichen, unternahm die sowjetische Führung am 25. November auch den folgenden äußerst bedeutsamen Schritt – den Vorschlag an Berlin, bei Zustimmung zu den sowjetischen Forderungen einen Pakt der vier Mächte abzuschließen. Die Frage hinsichtlich Bulgariens und der Schwarzmeer-Zugänge, die eine Schlüsselstellung in diesem Vorschlag einnahm, wurde jetzt gestellt erstens in Gestalt von bereits zuvor erhobenen Forderungen Moskaus über »den

Abschluß eines Abkommens über gegenseitige Hilfe zwischen der UdSSR und Bulgarien, das sich entsprechend seiner Lage in der Sicherheitszone der Schwarzmeergrenzen der UdSSR befindet«. Und zweitens haben die – direkt auf die Meerengen bezogenen – Forderungen vom 25. November Details sowjetischer Pläne offengelegt, die zuvor verschwiegen worden waren. Dies betraf die »Einrichtung militärischer und Flottenstützpunkte der UdSSR in der Region des Bosporus und der Dardanellen auf der Basis einer langfristigen Pacht«. In diesem Sinne schlug Molotow die Unterzeichnung einer Protokoll-Vereinbarung zwischen der UdSSR, Deutschland und Italien vor. Diese drei Mächte sollten im Falle, daß die Türkei mit der vorgeschlagenen Regelung einverstanden wäre, deren Unabhängigkeit und territoriale Integrität garantieren. Doch für den Fall der Ablehnung der Türkei sah der sowjetische Vorschlag vor, daß »Deutschland, Italien und die UdSSR sich über die Ausarbeitung und Durchführung notwendiger militärischer und diplomatischer Maßnahmen verständigen, über die ein besonderes Abkommen abzuschließen ist«.[108]

Der über Schulenburg unterbreitete Vorschlag ging einher mit der am gleichen Tage von der sowjetischen Führung unternommenen Aktivität eines unmittelbaren Drucks auf Bulgarien.

Am Morgen des 25. November besuchte der Generalsekretär des Volkskommissariats für auswärtige Angelegenheiten, Sobolew, der am Vorabend in Sofia angekommen war, den bulgarischen Premierminister Filov und danach König Boris und unterbreitete ihnen im Namen der Sowjetregierung den Vorschlag, einen Pakt über gegenseitige Hilfe abzuschließen. Dieser Pakt würde, wie es in der Erklärung hieß, Bulgarien helfen, seine nationalen Bestrebungen nicht nur im westlichen, sondern auch im östlichen Thrakien zu realisieren. »Unter der Bedingung, daß ein Pakt über die gegenseitige Hilfe mit der UdSSR abgeschlossen wird, entfällt der Einwand gegen einen Anschluß Bulgariens an den bekannten Pakt der drei Mächte. Es ist durchaus wahrscheinlich, daß sich in diesem Falle auch die UdSSR dem Pakt der Drei anschließt«, hieß es in dieser Erklärung.[109]

Am gleichen Tage fand eine Zusammenkunft Stalins und Molotows (in Anwesenheit Dekanosows) mit Georgi Dimitroff statt. Das Hauptthema war der Vorschlag an Bulgarien, wobei der Grundtenor der Darlegung Stalins gegen die Türkei gerichtet war. Ganz offen erläuterte er Dimitroff den Zusammenhang zwischen der Forderung, in den Meerengen sowjetische Stützpunkte einzurichten, und den Vorschlägen an Bulgarien. »Offenbar wünschten die Deutschen, daß die Italiener die Meerengen beherrschen, doch sie selbst müssen unsere primären Interessen in diesem Gebiet anerkennen. Die Türken werden wir nach Asien vertreiben, sagte Stalin. – Welche Türkei? Es gibt dort zwei Millionen Grusinier, eine halbe Million Armenier, eine Million Kurden usw. Türken sind es nur 6 – 7 Millionen.«

Daraus zog Stalin den Schluß: »Die Hauptsache ist jetzt Bulgarien. Wird ein solcher Pakt abgeschlossen, wagt es die Türkei nicht, gegen Bulgarien vorzugehen, und die gesamte Lage auf dem Balkan wird anders aussehen.« Er meinte, daß »die Bulgaren, wenn sie unseren Vorschlag nicht annehmen, gänzlich in die Fänge der Deutschen und Italiener geraten und dann untergehen werden«. Stalin war äußerst exakt in der Bestimmung der Unterstützung für die territorialen Ansprüche Bulgariens an die Türkei und gleichermaßen an Griechenland, obwohl letzteres in diesem Gespräch nicht direkt angesprochen wurde. Er nannte: »die Linie Midia–Enos (Gebiet von Orfánion, das westliche Thrakien, Dedeagatsch [griech. Alexandropolis], Dráma und Kavála)«.[110]

Zweifel ruft die Auslegung Stalins hervor, die Deutschen wollten die Meerengen den Italienern überlassen. Hier handelte es sich offenkundig um eine Diskrepanz zur wirklichen Lage der Dinge. Es stellt sich die Frage nach dem Grund. Stalin dürfte in diesem Gespräch mit Dimitroff kaum geheuchelt haben, sonst hätte er ihm nicht exakt die Details der vorgesehenen territorialen Kompensationen für Bulgarien offengelegt. So drängt sich der Schluß hinsichtlich einer Fehleinschätzung der wirklichen Absichten Deutschlands auf, als wäre es nur wenig an Bulgarien und den Meerengen interessiert. Es ist nicht ausgeschlossen, daß gerade eine solche Überzeugung (genauer gesagt: ein solcher Irrtum) dem Dokument mit den sowjetischen Bedingungen für den Abschluß eines Paktes der vier Mächte zugrunde lag. Hieraus hätte sich dann die Beharrlichkeit bei der Verfolgung der gestellten Ziele wie auch in den im Dezember 1940 nachfolgenden Verhandlungen mit der italienischen Diplomatie zu eben diesen Fragen ergeben.[111] Diese Verhandlungen haben nur noch die Ernsthaftigkeit der Absichten Stalins und seiner engeren Umgebung bestätigt.

Nach seinem Gespräch mit Stalin und Molotow sandte Dimitroff sofort ein Telegramm nach Sofia an die Führung der bulgarischen KP über den sowjetischen Vorschlag an die bulgarische Regierung, und zwar mit der Anweisung, in Bulgarien eine Kampagne zur Annahme dieses Vorschlags zu organisieren.[112]

Die bulgarischen Kommunisten waren allerdings übereifrig: In dem von ihnen am 28. November verbreiteten Flugblatt wurde exakt der Umfang der territorialen Ansprüche genannt, die die Sowjetunion zu unterstützen bereit war. Die Kampagne für die Annahme des Vorschlags selbst erfolgte dann auf dieser Grundlage. Molotow erhielt am 28. November vom Bevollmächtigten der UdSSR in Bulgarien, Lawrischtschew, ein Telegramm mit der Wiedergabe des Inhalts dieses Flugblattes, Daraufhin begab er sich voller Zorn zu Stalin, mit dem er offensichtlich dieses Problem erörterte. Und er rief bei Dimitroff an, um ihm seine Empörung über die Einzelheiten in dem verbreiteten Flugblatt auszudrücken, die nicht zur Veröffentlichung vorgesehen gewesen wären.[113] Auf Anweisung Dimitroffs wurden diese Details in den darauffolgenden Materialien nicht mehr erwähnt. Die bulgarischen Kommunisten, die begriffen hatten, daß sie der Sowjetunion einen Bärendienst erwiesen hatten, setzten sodann ihre intensive Kampagne zur Unterstützung eines sowjetisch-bulgarischen Vertragsabschlusses über gegenseitige Hilfe fort.

Auf diese Weise stellten die sowjetischen Aktivitäten, die am 25. November unternommen wurden, einen einheitlichen Komplex dar, der darauf gerichtet war, um a) Deutschland zu veranlassen, den sowjetischen Ansprüchen zuzustimmen; b) die bulgarische Regierung und die politische Elite des Landes für die weitreichende Perspektive territorialer Erwerbungen zu interessieren; c) auf die bulgarischen regierenden Kreise mit Hilfe der bulgarischen kommunistischen Partei Druck auszuüben. Alle drei Hebel wurden gleichzeitig in Bewegung gesetzt.

Das sowjetische Kalkül erwies sich jedoch als falsch – und die unternommenen Aktivitäten blieben ergebnislos. Berlin reagierte auf den Vorschlag vom 25. November überhaupt nicht. Und der sowjetische Vorschlag an Bulgarien, besonders die Bereitschaft zur Unterstützung möglicher territorialer Ansprüche an die Türkei und an Griechenland (im Gebiet von Adrianopolis *(türk. Edirne*, Zugang zum Ägäischen Meer) spielte für die sowjetischen Beziehungen zu den Balkanstaaten eine äußerst negative Rolle, indem es Deutschland reale Trümpfe für antisowjetische Intrigen in die Hand gab. Berlin benutzte diesen Vorschlag sowohl innenpolitisch (»mit Stalin kann man sich nicht einigen«) als auch im diplomatischen Spiel.

Bereits am 30. November erteilte die bulgarische Regierung dem sowjetische Vorschlag eine Absage. Die Begründung lautete, daß schon vor dem Eintreffen des sowjetischen Vorschlags die Verhandlungen über den Beitritt zum Dreierpakt begonnen hätten und es von keiner Seite eine Bedrohung Bulgariens gäbe.[114]

Andererseits war die sowjetische Diplomatie gezwungen, in allen Hauptstädten des Balkans und Europas Gerüchte über eine angebliche sowjetische Unterstützung bulgarischer territorialer Ansprüche als abwegig zu erklären. Besonders negative Auswirkungen hatte die Flugblatt-Panne auf die sowjetisch-türkischen Beziehungen.

Als äußerst bedenklich erwies sich die sowjetische Position im Gespräch Molotows mit dem türkischen Botschafter Aktay in Moskau am 10. Dezember 1940. Molotow rechtfertigte sich, als seien die Vorschläge an Bulgarien unter dem Eindruck gemacht worden, daß es für sich nach Garantien von Seiten Italiens und Deutschlands suchen würde, weil es einen Überfall der Türkei befürchten würde.

Der Botschafter wies derartige Absichten seines Landes zurück. Er gab eine offizielle Erklärung ab, daß »die türkische Regierung keinerlei Aktivitäten ergreift, besonders auf dem Balkan und im Schwarzmeergebiet, wenn sie dazu nicht die Zustimmung seitens der sowjetische Regierung hat«.[115]

Der türkische Außenminister Saraçoğlu lenkte seinerseits mit Hinweis auf dieses Treffen die Aufmerksamkeit des sowjetischen Bevollmächtigten Winogradow darauf, daß die Sowjetunion ihre Verpflichtung (Protokoll von 1929 über die Verlängerung des Nichtangriffspaktes) verletzt habe, die darin bestand, die andere Seite rechtzeitig über Verhandlungen in Kenntnis zu setzen, die mit dem Ziel des Abschlusses politischer Abkommen mit einem der Nachbarstaaten geführt werden würden. Diese Verpflichtung passe nicht zur Mitteilung Molotows über den sowjetischen Vorschlag an Bulgarien. Die Türkei aber müsse z. B. gemäß dieser Verpflichtung die Sowjetunion über ihre Verhandlungen mit Bulgarien nicht informieren (Bulgarien war Nachbar der Türkei, jedoch nicht der UdSSR), dennoch informiere sie über den begonnenen Meinungsaustausch zwischen beiden Staaten im Interesse der Friedenserhaltung in den gegenseitigen Beziehungen.[116]

Die Vorgehensweise Stalins und Molotows erinnert an einen innerparteilichen Kampf, der sich hinter den Kulissen abspielt, indem zeitweilige Verbündete gesucht und der konkurrierenden

Fraktion die eigenen Entscheidungen oktroyiert werden. Indem sie sich auf ein Seilziehen mit Hitler und Ribbentrop einließen, verloren sie aus den Augen, daß für letztere alles nur ein politisches Spiel war, da sie die prinzipielle Entscheidung bereits getroffen hatten. Stalin und auch Molotow waren überzeugt, die sie die andere Seite zwingen könnten, das Spiel nach ihren Regeln zu spielen.

Man muß bedenken, daß die Forscher vorerst nicht über Dokumente verfügen, wie und mit welchen Kalkül die sowjetische Führung über die oben genannten praktischen Schritte entschied. Es ist angebracht, folgende Frage zu stellen: Entspricht eine solche Interpretation dem wirklichen Gang der Dinge? Ein Element des Hypothetischen ist hier selbstverständlich vorhanden. Es ist nicht ausgeschlossen, daß irgendwo sich Materialien finden, die geeignet sind, ein neues Licht auf die hier dargelegten Probleme zu werfen. Der Mechanismus, wie von der sowjetischen Führung Entscheidungen getroffen wurden, zeichnete sich stets durch Geheimhaltung aus. Ebenso kennen wir die Irrtümer in der internationalen Politik wie in der Innenpolitik. Dennoch machen es die jüngsten Publikationen wie auch die Archive, die nunmehr für die Forscher zugänglich sind, möglich, bedeutend breiter die Vorstellungen Stalins, Molotows und ihrer Mitstreiter in dieser Periode zu erfassen. Ihre Handlungen bestätigen meiner Meinung nach gänzlich den Schluß, daß sie bereit waren, in eine neue Etappe der Zusammenarbeit mit den Ländern des Dreierpaktes einzutreten.

Es ist bemerkenswert, daß die sowjetische Führung am 17. Januar 1941, ohne die Antwort aus Berlin auf den Vorschlag vom 25. November abzuwarten, erneut die deutsche Seite an diesen Vorschlag erinnerte. Als Molotow im Gespräch mit Schulenburg diese Frage aufwarf, äußerte er seine Verwunderung über das Ausbleiben einer Antwort.[117]

Es fällt auch auf, daß die Verhandlungen, die die sowjetische Diplomatie vom Dezember 1940 bis in die erste Hälfte 1941 mit Italien und Japan führte, ganz im Rahmen jener Bedingungen verliefen, die am 25. November 1940 auf die Tagesordnung gesetzt worden waren und als Grundlage für einen Pakt der vier Mächte dienen sollten. Es kann sein, daß der Kreml hoffte, durch Italien und Japan – Bündnispartner Deutschlands im Dreierpakt – Einfluß auf Deutschland ausüben zu können.

Von diesem Gesichtspunkt erhält die zu den Maßnahmen vom 25. November parallel laufende Ernennung Dekanosows zum neuen Bevollmächtigten in Berlin – bei Beibehaltung seiner Funktion als stellvertretender Volkskommissar für auswärtige Angelegenheiten der UdSSR – einen besondern Sinn. Es entsteht der Eindruck, daß die sowjetische Führung dort eine besonders zuverlässige Persönlichkeit haben wollte, die die Verhandlungen über den Pakt der vier Mächte und über die mit ihm verbundenen Bedingungen über den diplomatischen Weg hätte fortsetzen können.

Dekanosow wurde speziell für diesen Auftrag vorbereitet. Er gehörte zur sowjetischen Delegation Molotows bei dessen Besuch in Berlin und kannte sich in allen Nuancen der laufenden Verhandlungen aus. Er war auch bei der Übergabe der sowjetischen Antwort vom 25. November an Schulenburg zugegen. In seinem Kabinett und in seiner Anwesenheit war das Treffen Molotows mit dem bulgarischen Botschafter Stamenov am 18. November organisiert worden. Schließlich nahm er am Treffen Stalins und Molotows mit Dimitroff am 25. November teil. Kurz gesagt: Er wußte, worüber in Berlin verhandelt werden sollte.

Bemerkenswert ist eine weitere Tatsache. Sie war zwar unbedeutend, doch für den Kurs, den damals die sowjetische Führung eingeschlagen hatte, symptomatisch. Stalin schenkte Ribbentrop sein Porträt, unter das er selbst mit eigener Hand schrieb: »Dem hochgeehrten Herrn Ribbentrop zur guten Erinnerung. J. Stalin. 26.11.40.«[118] Der Sinn dieser demonstrativen Geste bestand am ehesten im Wunsch, die Rolle Ribbentrops für die Entwicklung der sowjetisch-deutschen Beziehungen zu würdigen. Vielleicht verbarg sich dahinter auch eine Anspielung auf den Wunsch, er möge Moskau zwecks Fortsetzung der politischen Verhandlungen besuchen. Für uns ist diese Geste auch deshalb interessant, weil mit der Übergabe dieses Porträts Dekanosow beauftragt worden war und das Datum der Stalinschen Unterschrift mit dem Zeitpunkt der Abreise des neuen Bevollmächtigten zum Ort seiner Bestimmung zusammenfiel.

Diese Sondermission stieß jedoch auf Schwierigkeiten. »Heute ist der neunte Tag, an dem ich mich in Berlin befinde, doch bin ich, wie Sie wissen, noch nicht von Ribbentrop empfangen worden, und es ist nicht bekannt, auf welchen Tag die Übergabe meines Beglaubigungsschreibens an Hitler festgelegt wird«, beklagte sich Dekanosow in einem Telegramm nach Moskau am 6. Dezember 1940. Dieses Verhalten ihm gegenüber empfand er als »nicht sehr anständig«.[119]

Erst nach einer Intervention Molotows bei Schulenburg empfing Ribbentrop Dekanosow am 12. Dezember. Ribbentrop hat dabei einige Male unterstrichen, daß er in ihm »eine vertrauensvolle Person Stalins und Molotows« sehe, und Dekanosow, der ihm das Porträt Stalins überreichte, erklärte ebenfalls einige Male, daß er sich stets »zur Verfügung Ribbentrops« halte.[120]

Stalins Beglaubigungsschreiben wurde Hitler am 19. Dezember 1940 in der pompösen Atmosphäre der Reichskanzlei übergeben. Dekanosow wiederholte dienstbeflissen den Satz, daß er sich »zur Verfügung des Reichskanzlers« halte und jederzeit zu Gesprächen bereit sei. Er unterstrich, daß er zu allen Fragen der sowjetischen Antwort auf den deutschen Vorschlag Erläuterungen geben könne, aber auch zu anderen Fragen, die bei der deutschen Regierung entstehen könnten. Hitler beschränkte sich auf die Bemerkung, daß dies gut sei und die Verhandlungen, wie vereinbart, auf dem normalen Wege fortgesetzt werden sollten.[121]

In politischer Hinsicht war dieses Gespräch völlig inhaltslos. Und dies hatte Gründe.

Am 18. Dezember 1940 unterzeichnete Hitler, einen Tag vor Übergabe des Beglaubigungsschreiben des sowjetischen Gesandten, die »Direktive Nr. 21 – Plan ›Barbarossa‹«. Er war auf der Grundlage mehrerer vorangegangener Ausarbeitungen zusammengestellt worden und diente, ungeachtet gewisser späterer Korrekturen, dem Abschluß der stabsmäßigen Vorbereitung des Krieges gegen die UdSSR. Gleichzeitig erfolgten der Aufmarsch der Truppen und deren Vorbereitung auf die bevorstehende Intervention. Das ganze Vorhaben stand unter strengster Geheimhaltung. Dennoch waren gewisse Informationen darüber über verschiedene Kanäle wahrnehmbar. Ein Teil von ihnen kam auch der sowjetischen Führung zur Kenntnis, so insbesondere durch Dekanosow.[122] Die deutsche Heeresführung unternahm zahlreiche und vielfältige Maßnahmen zur Desorientierung der sowjetischen Aufklärung wie auch der Aufklärung anderer Länder. Ende 1940 fiel lediglich die Geringschätzung auf, die Berlin den sowjetischen Wünschen und Interessen entgegenbrachte.

Die Mission Sobolews in Sofia und die Unterzeichnung des Planes »Barbarossa« beendeten die erste Etappe der sowjetisch-deutschen Rivalität auf dem Balkan, die in erster Linie noch einen diplomatischen, also Kabinett-Charakter trug. Vom Januar 1941 an nahm diese Rivalität einen offenen politischen Charakter an. In der sowjetischen Literatur wurde dieser Kampf in der Regel als Anstrengungen der Sowjetunion gewertet, keine Ausdehnung des

Krieges auf den Balkan zuzulassen und den Balkanstaaten keinen Vorwand zu bieten, sich dem faschistischen Dreierpakt anzuschließen. Einzelne Elemente einer solchen Politik gab es tatsächlich in den Aktivitäten der sowjetischen Diplomatie; diese führten jedoch nicht nur Historiker in die Irre, sondern auch Zeitgenossen. In englischen diplomatischen Dokumenten jener Zeit kann man z. B. die Klage darüber feststellen, daß die sowjetische Diplomatie nicht begreife, daß Großbritannien und die UdSSR, obwohl sie der deutschen Expansion auf dem Balkan entgegenwirkten, in dieser Frage natürliche Bündnispartner seien.

Derartige Klagen sind das Ergebnis von Mißverständnissen. Neue Dokumente beweisen verhältnismäßig ausreichend, daß Großbritannien (und die es unterstützenden USA) einerseits und die UdSSR andererseits nach unterschiedlichen Paradigmen handelten: Während die britische Diplomatie gegen den faschistischen Block kämpfte, beharrte die Stalinsche Führung fest auf ihren Platz an der Seite dieses Blocks der vier Mächte, und unter bestimmten Umständen innerhalb dieses Blocks.

Es ist verständlich, daß in Anbetracht derart unterschiedlicher Ziele ein gemeinsames Vorgehen beider Staaten nicht erfolgen konnte, wenngleich ihre Aktivitäten auf ein und das selbe gerichtet waren – etwa einen Anschluß Bulgariens an den Dreierpakt zu verhindern.

Der Balkan wurde zur Region, in der die entgegengesetzten Interessen der Sowjetunion und Deutschlands erkennbar aufeinander stießen. Der regionale Charakter der Ereignisse schien das strategische Ausmaß der Gegensätze der beiden Mächte nur zu verschleiern. Der Kreml erwies sich als unfähig, irgend etwas der dramatischen Entwicklung der Ereignisse entgegenzusetzen, die zur völligen Unterordnung des Balkans unter die faschistische »Achse« führten und sodann zum Überfall auf die Sowjetunion.

Fußnoten

1 Als »Seltsamen Krieg« bzw. »Komischen Krieg« bezeichnet man den Zeitabschnitt vom September 1939 (Überfall auf Polen) und dem April/Mai 1940 (Überfall auf Dänemark, Norwegen und Frankreich), in dem es an der Westfront keine bedeutsamen Kampfhandlungen gab. *(Anmerkung d. Hrsg.)*

2 Es handelte sich um einen 1934 zwischen Griechenland, Rumänien, Jugoslawien und der Türkei abgeschlossener Vertrag, der die Landesgrenzen zwischen ihnen festlegte. *(Anmerkung d. Hrsg.)*

3 Dokumenty vnešnej politiki (im folgenden: DVP), Bd. XXIII, Teil 1, Dok. 43, S. 86-88, Dok. 48, S. 98-100, Dok. 51, S. 105 f.. Siehe auch: N. D. Smirnova: Sovjetsko-italjanskie otnošenija 1939-1940. In: Vojna i politika 1939-1940. Moskau 1999, S. 416-429

4 Siehe V. K. Volkow: »Strannaja vojna« i strannye meždunarodnye otnošenija. In: Meždunarodnye otnoš

enija i strany Central'noj i Jugo-vostjosnoj Evropy v načale Vtoroj mirovoj vojny (sentjabr 1939 – avgust 1940). Moskau 1990, S. 7 f.

5 DVP, Bd. XXIII, Teil 1, Dok. 6, S. 14-23
6 Ebd., Dok. 13, S. 32-34
7 Ebd., Dok. 8, S. 25 f., Dok. 26, S. 49-52
8 V. K. Volkov: Sovjetsko-jugoslavskie otnošenija v načal'nyj period Vtoroj mirovoj vojny v kontekste miro-vych sobytyj (1939-1941). In: Sovjetskoe slavjanovedenie. 6/1990, S. 6
9 Smirnova, a. a. O., S. 416-429
10 DVP, Dok. 127, S. 232-233
11 Ebd., Dok. 133, S. 242-244
12 Ebd., Dok. 178, S. 312 f.
13 Gemeint ist der Deutsch-Sowjetische Nichtangriffspakt vom 23. August 1939. *(Anmerkung d. Hrsg.)*
14 Ebd., Dok. 217, S. 312 f.
15 Ebd., Dok. 210. S. 355-358, Dok. 213, S. 360 f.
16 Gemeint sind der Bosporus und die Dardanellen als Verbindung zwischen dem Schwarzen Meer und dem Mittelmeer, für die die UdSSR zumindest freie Durchfahrt gesichert haben wollte. *(Anmerkung d. Hrsg.)*
17 Ebd., Dok. 224, S. 372-374
18 God krizisa: 1938 – 1939. Bd. II, Dokumenty i materialy. Moskau 1990, Dok. 603, S. 321
19 TASS – sowjetische staatliche Nachrichtenagentur. *(Anmerkung d. Hrsg.)*
20 DVP, Dok. 215, S. 363
21 Ebd., Dok. 217, S. 367 f.
22 DVP, Bd. XXIII, Buch 2 (Teil 2), S. 801, Anm. 118
23 G. Gorodetsky: Stafford Cripps Mission to Moscow. 1940-1942. London 1984
24 Archiv des Präsidenten der Russischen Föderation (im folgenden AP RF), F(ond) 45, Op(is') 1, D(elo) 247, L(ist) 2. *(Anmerkung d. Hrsg.)*
25 DVP, Bd. XXIII, Buch 1, Dok. 240, S. 349-400
26 DVP, Bd. XXIII, Buch 2, (Teil 2), S. 805 f., Anm. 132
27 Ebd.
28 Ebd.
29 SSSR – Germania. 1939-1941. Dokumenty i materialy o sovjetsko-germanskich otnošenijach s sentjabrja 1939 g. po ijun' 1941. New York 1983, Dok. 48, S. 67 f.; siehe auch: DVP, Bd. XXIII, Buch 1, Dok. 240, Anm. 142
30 DVP, Bd. XXIII, Buch 2 (Teil 2), S. 807, Anm. 142
31 V. M. Molotov: Vnešnaja politica Sovjetskogo Sojuza. Doklad na zasedanii VII Sessii Verchovnogo Sovjeta Sojuza SSR 1 avgusta 1940 g. Moskau 1940, S. 5
32 AP RF, F. 45, Op. 1, D. 247, L. 11-12
33 DVP, Bd. XXIII, Buch 1, Dok. 255, S. 421 f.
34 Smirnova, a. a. O., S. 424
35 AP RF, F. 82, Op. 24, P(apka) 83, D. 68, L. 113-115
36 DVP, Bd. XXIII, Buch 1, Dok. 254, S. 420 f.
37 Ebd., Dok. 262, S. 431 f.
38 Pravda, 12. Juli 1940
39 AP RF, F. 82, Op. 24, P.83, D. 68, L. 113-115
40 Ebd., L. 120 f.
41 Vengrija i Vtoraja mirovaja vojna: Segretnye diplomatičeskie dokumenty iz istorii kanuna i perioda vojny. Moskau 1962, S. 205 f. Siehe auch: A. I. Puskaš Vengrija v gody Vtoroj mirovoj vojny. Moskau 1966, S. 108-110
42 AP RF, F. 82, Op. 24, P.83, D. 68, L. 121-124
43 Ebd., F. 125, Op. 25, P. 20, D. 32, L. 239
44 N. I. Lebedev: Krach fašisma v Rumynii. Moskau 1976, S. 274-276
45 Ebd., S. 276 f.
46 AP RF, F. 074, Op – net, P. 108, D.142, L. 161 f.
47 Ebd., D. 140, L. 204
48 Ebd., D. 141, L. 7-9. A. Lavriščev (Sofia) – v Moskvu o besede c I. Popovym 31 ijulija 1940 g.
49 Ebd., F. 125, Op. 25, D. 32, P. 20, L. 269-273. Obzor rumynskoj pečati za konec ijulija – načalo avgusta 1940 g.
50 DVP, Bd. XXIII, Buch 1, Dok. 288, S. 461 f.
51 Ebd., Dok. 291, S. 466-468
52 Ebd.
53 Molotov, a. a. O., S. 7, 11 f.
54 Ebd., S. 5

55 Aus der allgemeinen Literatur zu dieser Frage seien nur zwei kollektive Arbeiten sowjetischer und deutscher Historiker erwähnt: russisch: Istorija Vtoroj mirovoj vojny. 1939-1945. Moskau 1973,Bd. 3, S. 231 f. sowie: Der Angriff auf die Sowjetunion. Frankfurt a. M. 1991, S. 38-42

56 Anlaß, sich erneut dieser Frage zuzuwenden, war die Veröffentlichung einiger Bücher des ehemaligen Mitarbeiters der sowjetischen militärischen Aufklärung V. Resun, der seinerzeit in den Westen geflohen war. In diesen Büchern, die unter dem Pseudonym V. Suworow erschienen sind (»Eisbrecher«, »Der Tag X« u. a.), wird die unhaltbare These vom angeblichen präventiven Charakter der deutschen Aggression gegen die UdSSR vertreten. Siehe: G. Gorodeckij: Mif ›Ledokola‹: Nakanune vojny. (Übersetzung aus dem Englischen) Moskau 1995

57 G. Überschär: »Der Pakt mit dem Satan, um den Teufel auszutreiben«: Der deutsch-sowjetische Nichtangriffsvertrag und Hitlers Kriegsabsicht gegen die UdSSR. In: Der Zweite Weltkrieg. Analysen, Grundzüge, Forschungsbilanz. 2. Aufl., München 1990, S. 568-585

58 AP RF, F. 56, Op. 1, D. 1161, L. 66-75

59 DVP, Bd. XXIII, Buch 1, Dok. 302 (Anlage), S. 627-630

60 Ebd., Dok. 326, S. 518 f.; Dok. 329, S. 521 f.; Dok. 340, S. 537. Siehe auch Vengrija i Vtoraja mirovaja vojna, S. 189-219

61 DVP, Bd. XXIII, Buch 1, Dok. 337, S. 533-535

62 Ebd., Dok. 342, S. 539

63 AP RF, F. 074, Op. – net, P.1078, D. 141, L. 30 f. A. Lavriščev (Sofia) – v Moskvu, 21 avgusta 1940 g.

64 DVP, Bd. XXIII, Buch 1, Dok 348, S. 546 f.

65 Ebd., Dok. 367, S, 583-586

66 Ebd., Dok. 398, S. 615-621

67 Ebd., Dok. 361, S. 577 f.

68 Ebd., Dok. 366, S. 581-583

69 Ebd., Dok. 385, S. 606, u. Dok. 387, S. 607 f.

70 Ebd., Dok. 389, S. 608-610

71 Ebd., Dok. 402, S. 627-630

72 1941 god. Bd. 1, Moskau 1998, Dok. 95, S. 181-193

73 Ebd., Dok. 108, S. 216 f.

74 Ebd., Dok. 147, S. 305-310

75 AP RF, F. 45, Op. 1, D. 296, L. 9-20

76 DVP, Bd. XXIII, Buch 1, Dok. 458, S. 699

77 AP RF, F. 56, Op. 1, D. 1161, L. 147-155. Dieses Dokument wurde mehrfach publiziert, siehe DVP, Bd. XXIII, Buch 2 (Teil 1), Dok. 491, S. 30-32

78 Die Donau-Problematik war im Verlaufe des September-Oktober 1940 Gegenstand zweiseitiger sowjetisch-deutscher Verhandlungen. Am 26. Oktober wurde ein gemeinsames Kommuniquè veröffentlicht, in dem die Vereinbarung über die Auflösung der Internationalen Donau-Kommission und der Europäischen Donau-Kommission, die beide in der Zwischenkriegszeit die Schiffahrt im Mündungs- und im Flußbereich der Donau regelten, sowie der Beschluß über die Bildung einer Einheitlichen Donau-Kommission aus Vertretern der UdSSR, Deutschlands, Italiens, Rumäniens, Bulgariens, Ungarns, der Slowakei und Jugoslawiens dargelegt wurden. Sie sollte die Fragen der Schiffahrt im gesamten Donauverlauf von der Mündung bis Bratislava (Slowakei) regeln. Gleichzeitig wurde beschlossen, für den 28. Oktober eine Beratung von Experten der UdSSR, Deutschlands, Rumäniens und Italiens nach Bukarest einzuberufen zwecks Regelung einer vorläufigen völkerrechtlichen Ordnung im meeresnahen Bereich der Donau (von der Mündung bis zur Stadt Brsila). Die sowjetische Regierung ermächtigte zur Teilnahme den Generalsekretär des Volkskommissariats für auswärtige Angelegenheiten Sobolew. Siehe: Izvestia, 26. September 1940.

79 Siehe: N. I. Osiganov: Ustanovlenie germanskogo kontrola nad dunajskim sudochodstvom (aprel'-dekabr' 1940 g.). In: Meždunarodnye otnošenija v novejšee vremja. Swerdlowsk 1966, Teil II, S. 163.

80 DVP, Bd. XXIII, Buch 2 (Teil 1), Dok. 508, S. 60 f.

81 Ebd., Dok. 509, S. 61

82 Ebd. Der Text der Publikation wurde mit dem Original im AP RF verglichen.

83 Ebd.

84 Ebd., Dok. 548, S. 135-137

85 Ebd., Dok. 497, S. 36-41; Dok. 498, S. 41-47; Dok. 505, S. 54 f.; Dok. 507, S. 56-60; Dok. 511, S. 63-71; Dok. 512, S. 72-79

86 Ebd., Dok. 502, S. 50

87 Ebd.

88 Ebd., Dok. 515, S. 80 f.

89 Ebd.

90 V. I. Dašičev: Bankrotsvo strategii germanskogo fašisma. Istoričeskie očerki, dokumenty i materialy. Moskau 1973, Teil 1, Dok. 216, S. 733-736

91 Ebd.

92 Vnešnaja politika SSSR. Sbornik dokumentov. Moskau 1946, Teil IV (1935 – ijun' 1941 g.), Dok. 476, S. 533

93 SSSR – Germania. 1939-1941, Dok. 72, S. 131 f.

94 Meždunarodnye otnošenija i strany Central'noj i Jugo-vostoč noj Evropy nakanune napadenija Germanii na SSSR (sentjabr' 1940 – ijun' 1941 gg.). In: Sovjetskoe slavjanovedenie, 4/1991, S. 9-10 (Materialy »kruglogo stola«, vystuplenie E. L. Valsvoj). Siehe auch: D. Sirkov: Die Außenpolitik Bulgariens. 1938-1941. (bulg.) Sofia 1979, S. 261 f.

95 V. Ja. Sipols: Eščo raz o diplomatičeskoj dueli v Berline v nojabre 1940 g. In: Novaja i novejšaja istoria, 3/1996, S. 158 f.

96 V. Ja. Sipols: Tajny diplomatičeskie: Kanun Velikoj Otečestvennoj. 1939-1941. Moskau 1997, S. 274 f.

97 DVP, Bd. XXIII, Buch 2 (Teil 1), Dok. 548, S. 135-137. Siehe auch: SSSR – Germania, a. a. O., Dok. 73, S. 132 f.

98 Siehe: Sipols, Tajny diplomatičeskie, S. 277

99 Insbesondere wird dieser Standpunkt auch in Arbeiten des Autors vertreten: V. K. Volkov: Sovjetsko-germanskie otnošenija vo vtoroj polovine 1940 g. In: Voprosy istorii, 2/1997, S. 14 f.; ders.: Sovjetsko-germanskoe protivoborstvo na Balkanach vo vtoroj polovine 1940 goda: motivy i charakter. In: Vojna i politika. 1939-1941. Hrsg. A. O. Subar'jan, Moskau 1999, S. 409-412

100 DVP, Bd. XXIII, Buch 2 (Teil 1), Dok. 548, S. 135-137. Siehe auch: SSSR – Germania, a. a. O., Dok. 73, S. 132 f.

101 Im Gespräch mit dem neuen Botschafter Japans in Moskau am 30. Oktober 1940 wurde die Frage des Abschlusses eines sowjetisch-japanischen Nichtangriffspaktes erörtert. Molotow, der darauf Bezug nahm, daß ein solcher Pakt Japan eine Reihe von Vorteilen brächte, stellte die Frage nach der Revision der Pekinger Konvention von 1925. (Siehe: DVP, Bd. XXIII, Buch 2 (Teil 1), Dok. 477, S. 10-12 – Text der Konvention 1925. Siehe auch: Ebd., Bd. VIII, Dok. 30, S. 70-77. Das Protokoll »B« der Konvention sah vor, Japan eine Kohle- und Erdölkonzession auf Nordsachalin einzuräumen). Nach seiner Rückkehr aus Berlin hat Molotow zweimal, am 18. und am 21. November, ausführliche Gespräche zu diesem Thema mit dem japanischen Botschafter geführt (Ebd., Bd. XXIII, Buch 2, (Teil 1), Dok. 533, S. 111-133; Dok. 537, S. 116-120). Anschließend wurden die Verhandlungen fortgeführt.

102 Siehe: Sipols, Tajny diplomatičeskie, S. 277

103 DVP, Bd. XXIII, Buch 2 (Teil 1), Dok. 526, S. 92

104 Ebd., Dok. 535, S. 114 f.; Dok. 542, S. 125

105 Ebd., Dok. 532, S. 109-111

106 Izvestija, 23.9.1940

107 DVP, Bd. XXIII, Buch 2 (Teil 1), Dok. 545, S. 126 f.

108 Ebd., Dok. 548, S.136 f. Im bereits erwähnten Telegramm Molotows an Maiski vom 17. November wird die sowjetische Position in bezug auf die Türkei und die Meerengen anders dargestellt. Dort ist die Rede davon, daß erstens die Türkei unabhängig bleiben müsse, und zweitens, daß »das Regime in den Meerengen verbessert werden kann im Ergebnis unserer Verhandlungen mit der Türkei, nicht hinter deren Rücken« (Ebd., Dok. 526, S. 92) Offenbar war diese Auslegung für den Gebrauch Maiskis in den Gesprächen mit britischen (und anderen) Diplomaten bestimmt, die sich nachdrücklich für den Zustand der sowjetisch-türkischen Beziehungen interessierten.

109 AP RF, F. 3, Op. 64, D. 224, L. 150 f.. Siehe auch: DVP, Bd. XXIII, Buch 2 (Teil 1), Dok. 549, S. 137 f.

110 Georgi Dimitroff: Tagebücher 1933 – 1943. Berlin 2000, S. 320

111 DVP, Bd. XXIII, Buch 2 (Teil 1), Dok. 613, S. 237; Dok. 625, S. 263-266; Dok. 665, S. 363-367; Dok. 689, S. 417 f.

112 Dimitroff, a. a. O., S. 320. Siehe auch: Komintern i Vtoraja mirovaja vojna. Red. K. M. Anderson/A. O. Subar'jan, čast' 1: Do 22 ijunja 1941 g. Moskau 1997, Dok. 127, S. 454 f.

113 Dimitroff, a. a. O., 323; Komintern i Vtoraja mirivaja vojna, a. a. O., Dok. 132, S. 461-463

114 DVP, Bd. XXIII, Buch 2 (Teil 1), Dok. 564, S. 158-161

115 Ebd., Dok. 579, S. 176-178

116 Ebd., Dok. 588, S. 194-196

117 Ebd., Dok. 654, S. 343 f.. Am 23. Januar antwortete die deutsche Regierung, daß sie die sowjetischen Vorschläge mit Italien und Japan erörtere (Ebd., Dok. 660, S. 357)

118 AP RF, F. 45, Op. 1, D. 299, L. 51

119 DVP, Bd. XXIII, Buch 2 (Teil 1), Dok. 574, S. 172

120 Ebd., Dok. 584, S. 183-185

121 Ebd., Dok. 599, S. 213-215

122 1941 god, Kniga 1, Dok. 204, S. 440 f.

II. Der Plan »Barbarossa« als Phantom und als Realität in der Politik Stalins (Frühjahr-Sommer 1941)[1]

Den katastrophalen Niederlagen, die die Rote Armee im Sommer 1941 erlitt und die das Land nach Meinung Aleaxander Solschenizyns seit dem mongolisch-tatarischen Einfall im 13. Jahrhundert nicht mehr erlebt hatte, gingen ungeheure Irrtümer und Fehleinschätzungen der sowjetischen Führung voraus. Sie gingen ganz konkret auf Stalins und Molotows Konto, die alle Fäden der Leitung der internationalen Politik des Staates in den Händen hielten.

Seit dem Februar 1941 sprach man in den diplomatischen Salons Europas und später auch weltweit davon, daß ein Überfall Deutschlands auf die UdSSR bevorstehe. Der Plan mit Namen »Barbarossa« war von Hitler am 18. Dezember 1940 unterschrieben worden. Auch wenn man ihn nicht kannte – gerüchteweise drang die Nachricht bis in die entlegensten Gegenden. Sogar im fernen China und Japan war im Sommer 1941 das ungefähre Datum des bevorstehenden Überfalls bekannt. Bekanntlich funkte Dr. Richard Sorge die Nachricht aus Tokyo nach Moskau.

Der Generalsekretär der Komintern, Georgi Dimitroff, ein recht umsichtiger Mensch, rief am Morgen des 21. Juni 1941 Molotow an. Er trug vorsichtig die Bitte vor, Stalin sprechen zu wollen. Als Grund gab er an zu eruieren, ob es nicht irgendwelche Hinweise für die ausländischen kommunistischen Parteien im Zusammenhang mit der entstandenen Lage gäbe. (Dimitroff galt damals bei der sowjetischen Obrigkeit de facto als Mitglied des Politbüros des ZK der KPdSU, das heißt, des höchsten politischen Organs des Landes.)

Molotow antwortete: »Die Lage ist unklar. Ein großes Spiel ist im Gange. Es hängt nicht alles von uns ab.« Aber immerhin versprach er, mit Stalin zu sprechen und zurückzurufen, wenn sich irgend etwas Besonderes ereigne.[2]

Der Rückruf kam am 22. Juni gegen 7 Uhr, als die Aggression gegen die UdSSR bereits begonnen hatte.

Was war für Molotow und besonders für Stalin einen Tag vor dem Überfall »unklar«?

Und wenn ihrer Meinung nach »nicht alles« von der sowjetischen Führung abhing, bedeutete dies doch, daß auch einiges einiges von ihnen abhängen würde.

Was aber?

Eine Antwort auf diese Fragen zu suchen macht es erforderlich, sich mit den Ursachen ihrer strategischen Fehleinschätzung zu beschäftigen.

Die Nazi-Propaganda rechtfertigte den Einmarsch in die Sowjetunion als Prävention. Man sei einem Überfall zuvorgekommen.

Um die Fehleinschätzung des Kreml zu kaschieren, behauptete die sowjetische Propaganda mit Nachdruck, der Überfall Hitlerdeutschlands sei unerwartet gekommen.

Diese beiden Mythen wurden von beiden Diktatoren gleich am ersten Tag des Krieges in Umlauf gebracht. Beide Darstellungen waren verlogen, falsch und heuchlerisch. Der tatsächliche Grund der deutschen Aggression ist durch die Geschichtswissenschaft bewiesen; die Schlußfolgerungen der Wissenschaftler stimmen in allen wesentlichen Punkten überein.

Gleichwohl wurde in jüngster Vergangenheit erneut die These vom Präventiv-Krieg Deutschlands gegen die Sowjetunion in Umlauf gebracht, weil letztere angeblich im Begriff gewesen sei, Deutschland zu überfallen. Mit dieser Behauptung aus dem Arsenal des psychologischen Krieges sollte der Sowjetunion Aggressivität unterstellt werden. Ein Exponent dieser These ist Resun (Pseudonym Suworow), ein aus der Sowjetunion geflüchteter Militärspion. Er und einige seiner Anhänger in Rußland haben es vermocht, der russischen Geschichtswissenschaft eine Diskussion über den »Präventivkrieg« aufzuzwingen. Diese These rief scharfe Kritik hervor, führte aber dazu, die Aufmerksamkeit auf die Periode zu lenken, die der deutschen Aggression unmittelbar vorausging.[3] Die entscheidende Rolle spielte dabei der Wunsch der russischen Historiker selbst, sich zu diesen komplizierten Fragen, die bislang keine befriedigende Antwort gefunden hatten, Klarheit zu verschaffen.

Die Stalinsche Version vom unerwarteten Überfall wurde schon seit langem einer vernichtenden Kritik unterzogen. Die

Motive dieser so ungeheuerlichen Fehleinschätzung Stalins und deren katastrophale Folgen sind jedoch bis heute nicht ganz klar. Ungeachtet dessen, daß zahlreiche bisher geheime Materialien für die Historiker zugänglich wurden, ist dennoch offenkundig, daß unser Wissen große Lücken aufweist. Es fehlen ganze Komplexe von Dokumenten, die es erlauben würden, den Mechanismus und die Motive aufzudecken, wie in der UdSSR politische Entscheidungen getroffen wurden.

Es ist zu vermuten, daß viele Dokumente noch zu Lebzeiten Stalins vernichtet wurden, daß aber auch manche Vorgänge gar keinen Niederschlag in Dokumenten gefunden hatten. Es ist auch nicht auszuschließen, daß Dokumente weiterhin geheim gehalten werden. Das Interesse an diesen Problemen bleibt jedoch bestehen, um so mehr, als die Haltung Stalins so offensichtlich seinem Charakter widersprach. Dieses blinde Vertrauen zu Hitler stand zu sehr im Gegensatz zu seinem pathologischen Argwohn und seinem ständigen Mißtrauen.

Die irrige Abwartehaltung

Die sowjetischen Führung teilte am 25. November 1940 die Bedingungen eines Beitritts der UdSSR zum Dreierpakt mit und sandte Dekanosow als Botschafter nach Berlin. Er war mit besonderen Vollmachten für Verhandlungen ausgestattet. Danach begann eine Periode des Abwartens. Sie währte einige Monate. Unterdessen setzte die deutsche Seite ihre Operationen auf dem Balkan fort. Sie ignorierte dabei sowohl die Erklärungen als auch die Interessen der sowjetischen Seite. Das verärgerte die sowjetischen Führung. Aufmerksam verfolgte Moskau die Verlegung deutscher Truppen nach Rumänien, die im Januar 1941 begann. Es tauchten Gerüchte auf, daß deutsche Truppenkontingente sich für den Einmarsch in Bulgarien sammelten.

Ihren Standpunkt artikulierte die sowjetische Regierung in einer TASS-Erklärung am 13. Januar 1941. Darin kritisierte man, daß diese Bewegungen ohne Kenntnis und ohne Billigung der UdSSR erfolgen. Weder Deutschland noch Bulgarien hätten diese Frage an die UdSSR herangetragen.[4] Molotow warf dieses Thema auch im Gespräch mit dem deutschen Botschafter in Moskau, Schulenburg, am 17. Januar 1941 auf. Er meinte, daß die Konzentration einer solchen Anzahl deutscher Truppen in Rumänien, die sich auf einen Einmarsch nach Bulgarien mit dem Ziel vorbereiteten, sowohl Bulgarien als auch Griechenland und die Meerengen zu besetzen, führe zum Widerstand Englands und verwandele Bulgarien in eine Zone von Kriegshandlungen. Molotow wiederholte, daß die sowjetische Regierung das Territorium Bulgariens und die beiden Meerengen als eine Zone sowjetischer Sicherheit betrachte. Folglich würde die UdSSR die Anwesenheit ausländischer Streitkräfte dort als Verletzung ihrer Sicherheitsinteressen betrachten.[5]

Molotow erkundigte sich auch, weshalb es bislang keine Antwort der deutschen Regierung auf die sowjetische Note vom 25. November 1940 gebe, obwohl bereits etwa zwei Monate vergangen seien. Das Ausbleiben einer Antwort rufe bei ihm den Eindruck eines »unbegreiflichen Manövers« hervor, während sich die Ereignisse inzwischen in einer »eigenen Ordnung« entwickelten. Es war eindeutig, daß Molotow beide Fragen miteinander im Zusammenhang sah.

Die Antworten auf die von Molotow gestellten Fragen trafen am 23. Januar 1941 ein. Die Auskunft auf die erste Frage lautete, daß die deutsche Regierung sich weiterhin an die Ideen halte, die Molotow während seines Besuchs in Berlin dargelegt habe. Man befinde sich wegen der Ende November von der sowjetischen Regierung geäußerten Gegenvorschläge in Kontakt mit den Regierungen Italiens und Japans. Die deutsche Regierung hoffe, nach Klärung dieser Fragen »in absehbarer Zeit« die Verhandlungen mit der Regierung der UdSSR wieder aufzunehmen.[6]

Molotow nahm die Erklärung zur Kenntnis und bekräftigte die Position Moskaus, nicht zuzulassen, daß das Schwarze Meer in einen Kriegsschauplatz verwandelt würde.

Auf diese Weise wurde die Haltung Deutschlands zur so umrissenen »Zone der Sicherheit« zum Prüfstein, wie ernst es die deutsche Regierung mit ihrem Vorschlag – Beitritt der UdSSR zum Dreierpakt – tatsächlich meinte.

Deshalb zielte die zweite Antwort – Durchmarsch deutscher Truppen durch Bulgarien – darauf, die Aufmerksamkeit auf Griechenland zu lenken. Die Engländer sollten daran gehindert werden, sich in Saloniki festzusetzen. Die deutsche Diplomatie verwies in diesem Kontext auf Erfahrungen aus dem Weltkrieg 1914-18. Der Türkei und der Zone der Meerengen drohe keine Gefahr, erklärte Berlin. Deutsche Truppen würden aus Bulgarien abgezogen werden, sobald die Gründe für ihre Anwesenheit entfielen.[7]

Molotow reagierte sofort. Der Einmarsch deutscher Truppen in

Bulgarien wäre – im Unterschied zur Zone der Meerengen und der Türkei – schon entschieden worden.

Die Sache verhalte sich so, erklärte Schulenburg, daß Berlin nicht sicher sei, ob die Türkei von sich aus etwas gegen Deutschland unternehmen würde.[9]

Somit wurde der sowjetischen Regierung klar, daß Deutschland ihre Interessen mißachtete und diese nicht ins Kalkül gezogen hatte.

Welche Schlußfolgerungen zog die sowjetischen Führung aus diesen Auskünften – eingedenk der Tatsache, daß sie entsprechende Informationen auch über andere diplomatische Kanäle und von den Organen der Aufklärung bekommen hatte?

Dokumente darüber existieren nicht. Ein Urteil kann man sich nur aufgrund indirekter Angaben bilden. So begann die sowjetische Diplomatie nach der Mitteilung, daß Deutschland angeblich mit seinen Verbündeten Gespräche über den Beitritt der UdSSR zum Dreierpakt führe, direkt mit Rom und Tokyo Konsultationen aufzunehmen – und zwar zu jenen Fragen, die in der sowjetischen Antwort vom 25. November 1940 aufgeführt worden waren. Es ging dabei um die Meerengen, wo Italien engagiert war, sowie um die japanischen Erdöl- und Kohlekonzessionen in Nordsachalin. Als Arbeitshypothese kann man annehmen, daß die sowjetische Führung auf diese Weise versuchte, auf Deutschland vermittels seiner Verbündeten Druck auszuüben und es zu veranlassen, Konsultationen mit Moskau zu beginnen und zugleich die reale Lage der Dinge zu klären.

Zuerst wurden Kontakte mit der italienischen Diplomatie – und zwar auf deren Initiative – aufgenommen. Im Dezember 1940 warf Außenminister Ciano gegenüber dem sowjetischen Botschafter in Rom die Frage nach der Verbesserung der Beziehungen zwischen beiden Ländern auf. Italiens sei bereit, die Ansprüche der UdSSR in den sie interessierenden Regionen, den Balkan eingeschlossen, anzuerkennen.[9] Einige Tage später, am 30. Dezember, wurde dieses Thema bei einem Treffen Molotows mit dem italienischen Botschafter Rosso in Moskau erörtert. Bei dieser Gelegenheit wurden alle den Balkan betreffenden Probleme detailliert besprochen, wobei sich Molotow besonders für das Verhältnis Italiens zur Türkei interessierte und was unter der von Italien geäußerten Bereitschaft zu verstehen sei, die »vorrangige Lage der UdSSR im Schwarzen Meer« anzuerkennen.

Molotow begründete das Interesse der UdSSR an den Meerengen (Bosporus, Marmarameer und Dardanellen) damit, daß sein Land in der Vergangenheit mehrfach Aggressionen erlitten habe, die über diese Wege geführt hätten.[10]

Diese Themen wurden sodann noch ausführlicher im Gespräch Molotows mit Rosso am 27. Januar[11] und am 24. Februar[12] erörtert. Die italienische Regierung erklärte ihre Bereitschaft, sich auf eine Revision der Konvention über die Meerengen in dem Sinne einzulassen, daß nur den Schwarzmeer-Staaten − konkret der UdSSR − das Recht der Durchfahrt von Kriegsschiffen einzuräumen wäre, da die Kriegsmarine der anderen Schwarzmeer-Anrainerstaaten ohnehin sehr klein sei. Wenn aber die Türkei an der Seite Englands in den Krieg eintreten sollte, wäre es wenig wahrscheinlich, daß Italien bereit wäre, seinen Standpunkt angesichts der dann veränderten Lage zu überprüfen.

Aus dieser Erklärung war ersichtlich, daß sich Berlin nicht mit Rom über die sowjetischen Vorschläge zur Schaffung einer sowjetischen Militär- und Flottenbasis in der Zone der Meerengen auf der Grundlage eines langfristigen Pachtvertrags verständigt hatte.

Molotow hatte die italienische Seite aber auch nicht über diese sowjetischen Intentionen unterrichtet.

Die Frage des Beitritts der UdSSR zum Dreierpakt wurde im Verlaufe der diplomatischen Kontakte mit Rom nicht aufgeworfen. Es war offensichtlich, daß Deutschland seinen europäischen Verbündeten in dieser wichtigen Frage nicht konsultiert hatte.

Welche Konsequenz wurde daraus gezogen?

Antworten sind in den verfügbaren Dokumenten ebenfalls nicht enthalten.

Die sowjetische Führung verfolgte jedoch ihre Linie weiter, ihre Interessen auf dem Balkan durchzusetzen.

Soweit es in ihren Kräften stand, versuchte sie, den deutschen Ambitionen in Bulgarien entgegenzuwirken. Ihre Aktivität beschränkte sich allerdings auf die Diplomatie und wurde ergänzt durch Empfehlungen an die kommunistischen Parteien auf dem Balkan entsprechend der Linie der Komintern.[13]

Die Situation auf dem Balkan verfolgte Moskau mit außerordentlich großer Sorge. Obwohl im Mittelpunkt ihrer Aufmerksamkeit Bulgarien stand, reagierte sie gleichfalls sensibel auf Ereignisse in der Türkei, in Jugoslawien und Griechenland. Als Botschafter Schulenburg Molotow über die für den nächsten Tag, den 1. März 1941, vorgesehene Unterzeichnung des Abkommens über den Beitritt Bulgariens zum Dreierpakt informierte, antwortete

dieser, daß sich diese Aktivitäten in einer anderen Richtung entwickelten, als es in der sowjetischen Démarche vom 25. November 1940 dargelegt worden war. Die sowjetische Regierung würde
weiterhin diese Positionen vertreten.[14]

Schulenburg suchte auch am nächsten Tag, dem 1. März,
Molotow auf. Die deutsche Regierung habe die Absicht, ihre Truppen in Bulgarien einmarschieren zu lassen – wegen der Meldun-
gen, daß die Engländer die Absicht hätten, in Griechenland zu
landen. Molotow war auf Schulenburgs Mitteilung vermutlich
vorbereitet, denn er erklärte, daß damit die deutsche Regierung die
Sicherheitsinteressen des sowjetischen Staates verletze und sich
Moskau dazu nicht neutral verhalten könne. Und sofern die sowjetische Regierung weiterhin am Standpunkt ihrer Démarche vom
25. November 1940 festhalte, könne die deutsche Regierung nicht
mit einer Unterstützung ihres Vorgehens in Bulgarien seitens der
UdSSR rechnen, um so weniger, als sie Deutschland in dieser Hinsicht am 23. Januar 1941 davor gewarnt habe.[15]

Wie stets in solchen Fällen folgte am 3. März 1941 eine offizielle Erklärung des sowjetischen Außenministeriums an die Adresse
der bulgarischen Regierung. Sie wurde auch in der sowjetischen
Presse veröffentlicht. Die Handlungsweise Bulgariens trage nicht
zur Festigung des Friedens bei, hieß es da, sondern zur Ausdehnung
der Sphäre des Krieges. Deshalb könne die sowjetische Regierung
der bulgarischen Regierung keinerlei Unterstützung mehr gewähren.[16] Während diese Erklärung für die breite Öffentlichkeit
bestimmt war, verschwand die zuvor abgegebene Erklärung an
Deutschland in den Archiven.

Beide Erklärungen zeugten davon, daß die sowjetische Führung keine Illusionen hegte hinsichtlich der Bereitschaft Deutschlands, Moskaus Interessen zu respektieren. Es ist aber nicht ausgeschlossen, daß sie nach wie vor glaubte, Deutschland sei an der
Zusammenarbeit mit der UdSSR, zumindest bis zum Ende des
Krieges mit England, interessiert.

Im Februar 1941 bereiste Donovan, Sonderbotschafter von
US-Präsident Roosevelt, einige Hauptstädte auf dem Balkan. Überall erklärte er, daß die USA gänzlich auf der Seite Englands stünden und Deutschland ohne Zweifel eine Niederlage erleiden werde.
In Sofia warnte er die bulgarische Regierung, den Durchmarsch
deutscher Truppen zu gestatten und und selbst an einem Krieg
gegen Griechenland teilzunehmen.[17]

Gleichzeitig bereiste der britische Außenminister Anthony

Eden den Nahen Osten. Ende Februar 1941 besuchte er Ankara. Dort traf er auch den englischen Botschafter in der UdSSR, Cripps. Vor seinem Abflug in die Türkei machte Cripps am 24. Februar im Gespräch mit Wyschinski – »persönlich von sich aus« – den Vorschlag, Eden solle nach Moskau kommen und sich mit Stalin treffen. Wyschinski äußerte Zweifel, ob in der Kürze der Zeit ein solches Treffen organisiert werden könne, zumal man in den nächsten Tagen beschäftigt sei, weil die Sitzung des Obersten Sowjets eröffnet werde. Dennoch versprach er, diese Anfrage an Stalin heranzutragen.[18]

Am folgenden Tag übergab Wyschinski Cripps die offizielle Antwort der sowjetischen Regierung. Sie lautete: »Gegenwärtig ist nicht die Zeit für Entscheidungen großer Fragen vermittels Treffen mit Führern der UdSSR gekommen, um so weniger, als ein solches Treffen politisch nicht vorbereitet worden ist.«[19]

Wyschinski erklärte sich jedoch mit der Meinung von Cripps einverstanden, daß eine solche Zeit in der Zukunft eintreten könne, daß man aber, so fügte er hinzu, schwerlich in die Zukunft schauen könne.

In Ankara lud Eden am 28. Februar 1941 den sowjetischen Botschafter Winogradow zum Gespräch. Eden zeigte sich mit den Ergebnissen seines Besuchs in der Türkei zufrieden. Es habe »keinerlei schreckliche Geheimnisse« gegeben. Die Gespräche hätten den britischen Glauben an die Loyalität der Türkei bestätigt. Eden habe auch betont, so Winogradow, daß er persönlich stets den Wunsch geäußert habe, die Beziehungen Englands zur UdSSR, soweit dies möglich sei, zu verbessern. »Das ist keine neue Politik«, sagte er und brachte die Hoffnung zum Ausdruck, daß sein Gespräch mit Cripps in Ankara ihm die Möglichkeit bieten werde, diese Frage zu vertiefen. Der sowjetische Botschafter verhielt sich während dieses Zusammentreffens äußerst zurückhaltend.[20]

In diplomatischen Kreisen in Ankara wurde zu jener Zeit sehr lebhaft die Frage erörtert, was sich hinter der Nichtangriffserklärung verbarg, die am 17. Februar 1941 zwischen Bulgarien und der Türkei unterzeichnet worden war.[21]

Diese diplomatische Episode fand in der Weltpresse eine große Resonanz. Eine Ausnahme bildete Moskau. Man schwieg dort – weil man sehr wohl begriffen hatte, was und wer hinter diesem Abkommen stand: die deutsche Diplomatie. Während der Verhandlungen mit dem bulgarischen Premierminister Filov, der bereits dem Durchmarsch deutscher Truppen durch Bulgarien zugestimmt hatte, hatten ihm Hitler und Ribbentrop vorgeschlagen, Gespräche mit der Türkei aufzunehmen und ihr zu versichern, daß es in jedem Fall deren territoriale Integrität wie auch deren »legitime Interessen« achten werde. Die deutsche Diplomatie ging davon aus, daß mögliche militärische Handlungen von Seiten der Türkei oder gegen diese nicht nur das Vorgehen gegen Griechenland erschweren, sondern sich auch nachteilig für die Realisierung des »Barbarossa«-Plans auswirken könnte.[21]

Die ersten bulgarischen Sondierungen erfolgten gleichzeitig mit dem Beginn der deutschen Truppenverlegungen nach Rumänien. In der zweiten Januar-Hälfte gab es in Ankara Stabsgespräche mit den Briten. Die Versuche Londons, Ankara zu stärkerem Widerstand zu animieren, fruchteten so wenig wie die persönliche Botschaft Churchills an den türkischen Präsidenten Ismet Inönü. Das Abkommen gab der Türkei ein gewisses Gefühl der Sicherheit, obwohl ihre regierenden Kreise nicht unbedingt daran glaubten, daß Deutschland die bulgarisch-türkische Deklaration respektieren würde.

Die englische Diplomatie war gezwungen, dem Abkommen gleichfalls zuzustimmen, da sie – mehr als andere – in die laufenden Verhandlungen eingeweiht gewesen war.[23]

Nach dem Besuch Edens in Ankara und nach der Rückkehr von Cripps nach Moskau signalisierte der britische Botschafter an Wyschinski die Besorgnis der türkischen Regierung. Laut Auffassung von Cripps erwarte die Türkei im Falle militärischer Operationen Deutschlands gegen die Türkei, daß die Sowjetunion ihr wohlwollendes Verhältnis zum Land am Bosporus bewahre. Eine analoge Mitteilung erhielt Moskau auch vom sowjetischen Botschafter in Ankara, Winogradow.

Nach kurzfristigen Konsultationen rief Wyschinski den türkischen Botschafter Aktay am 9. März 1941 zu sich und übermittelte ihm die offizielle Antwort der sowjetischen Regierung. »Wenn die Türkei tatsächlich einem Überfall von Seiten irgendeiner ausländischen Macht ausgesetzt werden und gezwungen sein würde, die Unantastbarkeit ihres Territoriums mit Waffengewalt zu verteidigen, dann könnte die Türkei auf der Grundlage des zwischen ihr und der UdSSR bestehenden Nichtangriffspaktes auf ein völliges Verständnis und auf die Neutralität der Sowjetunion rechnen.«[24]

Es fällt auf, daß diese Erklärung nach dem Einmarsch deutscher Truppen in Bulgarien abgegeben wurde, und daß die sowjetische

Führung bereits von der Existenz der Sonderbotschaft Hitlers an den türkischen Präsidenten Inönü Kenntnis besaß. Darin war von der Absicht Deutschlands die Rede, die Unantastbarkeit des türkischen Territoriums zu respektieren.

Diese Erklärung der UdSSR zeugte davon, daß sie ihre Pläne in bezug auf den Balkan korrigierte. Die deutsch-sowjetischen Gegensätze in dieser Region erhielten eine spürbare Ausdrucksform. Beachtung rief aber der Umstand hervor, daß diese Erklärung in der sowjetischen Presse erst am 25. März, das heißt mehr als zwei Wochen später, veröffentlicht wurde, nämlich dann, als die jugoslawische Frage auf der Tagesordnung stand. Gründe für diese Verzögerung sind aus den sowjetischen Dokumenten nicht ersichtlich.

Am 25. März 1941 unterzeichnete die Regierung Jugoslawiens das Protokoll über den Beitritt des Landes zum Dreierpakt. Diesem Akt ging eine längere diplomatische Auseinandersetzung voraus, an der mehrere Seiten teilnahmen. Deutschland rechnete damit, daß nach der – von seinem Standpunkt aus – erfolgreichen Vollendung des Einmarsches deutscher Truppen in Bulgarien – ohne daß es bemerkenswerte Komplikationen gab – Jugoslawien keine andere Wahl hatte. Die sowjetische Führung, die zur amtierenden jugoslawischen Regierung kein Vertrauen besaß, verfolgte dennoch sehr aufmerksam deren Aktivitäten. Bekannt war der Besuch des Prinz-Regenten Pavel am 4. März 1941 in Berlin, wo alle Probleme, die die Balkanhalbinsel betrafen, detailliert erörtert wurden. Die Regierenden Jugoslawiens handelten für sich im Zusammenhang mit dem Anschluß an den Dreierpakt die günstigsten Bedingungen aus. Alle diese Vorgänge sind gründlich in der jugoslawischen, sowjetischen und russischen Geschichtswissenschaft und in der anderer Länder erforscht worden.[25]

Die Sowjetunion lehnte den Vorschlag der englischen Diplomatie ab, der darauf gerichtet war, gemeinsam der Einbeziehung Jugoslawiens in den Dreierpakt entgegenzuwirken. Das bedeutete jedoch nicht, sich herauszuhalten. Die Ereignisse in Jugoslawien entwickelten sich nach einer eigenen Logik. Im Lande existierten beträchtliche Kräfte, die den Absichten der Regierenden ablehnend gegenüberstanden. Sie stützten sich auf die Unzufriedenheit verschiedener Bevölkerungsschichten, besonders in Serbien und Montenegro.

Seit Mitte März befand sich das Land in Aufregung. Die Nachricht über den Beitritt zum Dreierpakt durch die Regierung von Cvetkovic führte zu Straßendemonstrationen. In der Nacht vom

26. zum 27. März 1941 stürzte das Militär die Regierung. General Simović, Kommandierender der jugoslawischen Luftstreitkräfte und Führer der Verschwörung, übernahm nach formeller Proklamation durch den noch minderjährigen König Peter II. die Macht. Doch Hitler hatte die deutsche Militärmaschinerie schon am 27. März in Gang gesetzt.

Die Regierung Simović wandte sich daraufhin an die Sowjetunion mit dem Vorschlag, einen Pakt über gegenseitige Hilfe abzuschließen. Sie entsandte eine Delegation nach Moskau, die der jugoslawische Botschafter in der UdSSR Gavrilović leitete. Die sowjetische Seite nahm diesen Vorschlag an, doch bestand sie darauf, einen Freundschafts- und Nichtangriffsvertrag abzuschließen. Dieser wurde am 5. April 1941, unmittelbar am Vorabend des deutschen Überfalls auf Jugoslawien, abgeschlossen – ungeachtet des Versuchs der deutschen Diplomatie, dies zu unterbinden.[26]

Andererseits verhinderte die Unterzeichnung dieses Vertrages den deutschen Überfall auf Jugoslawien am 6. April 1941 nicht. Nach verfügbaren Informationen rechnete die sowjetische Führung nicht mit einer so raschen Entwicklung der Ereignisse und nährte die Illusion, daß der Vertrag Jugoslawien helfen werde, den Krieg zu vermeiden. Dies war eine der üblichen Fehleinschätzungen Stalins.

Er war ein weiterer Beweis dafür, daß Deutschland die Interessen der UdSSR ignorierte und ungebremst seine Hegemonie auf dem Balkan durchsetzte.

Am 10. April 1941 nahmen deutsche Einheiten Zagreb ein, am 12. April besetzten sie Belgrad. Die Regierung und die Oberste Heeresführung Jugoslawiens flohen und riefen zur Einstellung des Widerstandes auf.

Die sowjetischen Führung hatte eine deutliche Lehre erteilt bekommen. Offiziell reagierte sie nicht auf die Aggression gegen ein Land, mit dem sie gerade einen Vertrag über Freundschaft und Neutralität unterzeichnet hatte. Ihre Reaktion beschränkte sich darauf, daß Wyschinski am 13. April, am Tage des Falls von Belgrad, den ungarischen Gesandten zu sich rief und diesem erklärte, daß die sowjetische Regierung die Teilnahme ungarischer Truppen an der Besetzung des Territoriums Jugoslawiens mißbillige. »Bei der sowjetischen Regierung«, so heißt es in der Note, »ruft der Umstand, daß Ungarn den Krieg gegen Jugoslawien ganze vier Monate, nachdem es mit ihm einen Pakt über ewige Freundschaft abgeschlossen hatte, begonnen hat, einen besonders negativen Eindruck hervor. Es ist nicht schwer zu begreifen, in welcher Lage sich Ungarn befinden würde, wenn es selbst diesem Unglück ausgeliefert wäre und in Teile zerrissen würde, da ja bekanntlich auch Ungarn nationale Minderheiten besitzt.«[27] Diese sowjetische Erklärung wurde am 14. April in der Presse veröffentlicht.

Man kann sie als den Beginn einer neuen Etappe der sowjetischen Politik betrachten.

Das Phantom des Planes »Barbarossa«

Nach Aussagen des jugoslawischen Militärattaches in Berlin, Vauhnik, war seit Anfang Februar 1941 die Vorbereitung auf den Überfall auf die Sowjetunion Thema vertraulicher Gespräche. Das Entscheidende bestand jedoch darin, daß man in Moskau zuverlässige Angaben über die konkreten Pläne des deutschen Oberkommandos, wenn auch in allgemeinen Zügen, erhielt.[28]

Über die Abkühlung der sowjetisch-deutschen Beziehungen sprach man schon seit dem Jahreswechsel 1940/41. Die Vorgänge auf dem Balkan verstärkten die Tendenz. Die Militärattachés verschiedener Länder, die in Deutschland akkreditiert waren, sammelten Informationen über ihre Kanäle.

Oberst Vauhnik war beim Sammeln solcher Indizien besonders erfolgreich. Der Sohn eines slowenischen Pfarrers hatte eine österreichisch-ungarische Militärschule absolviert und während des ersten Weltkrieges in der österreichischen Armee gedient. In Deutschland, wo er seit 1937 arbeitete, besaß er zahlreiche Verbindungen zu deutschen Militärs und zu verschiedenen Schichten der Gesellschaft. Kontakte unterhielt er zu vielen Vertretern anderer Länder, darunter auch zum Apparat der sowjetischen militärischen Vertretung, die Generalmajor Tupikow leitete. Seine eigenen Überlegungen wie auch die von seinen Informanten erhaltenen Hinweise teilte Vauhnik seinen sowjetischen Kollegen mit. Insbesondere übermittelte er ihnen in allgemeinen Zügen die Pläne des deutschen Oberkommandos und die Bildung dreier Armeegruppen sowie die Namen ihrer Befehlshaber. Nach Aussagen von Vauhnik besaßen die Mitarbeiter des sowjetischen Militärattachés selbst ebenfalls analoge Informationen.

Dem deutschen Sicherheitsapparat blieb das auch nicht verborgen. Das Oberkommando der Wehrmacht und das Propaganda-Ministerium von Goebbels arbeitete deshalb systematisch mit Desinformationen. Dieses Thema ist von der internationalen

Geschichtswissenschaft bislang nur stiefmütterlich behandelt worden. Die russische Historiographie beginnt erst jetzt, sich damit zu beschäftigen.[29]

Die sowjetische Führung war vollständig sowohl über die in der deutschen Bevölkerung kursierenden Gerüchte wie auch über die wirklichen Tatsachen informiert. Informationen erhielt sie von den Agenten der Aufklärungsorgane GRU und NKGB[30], von der sowjetischen Diplomatie und den sowjetischen Militärattachés. Die Verwaltung für Aufklärung der Roten Armee verfolgte aufmerksam die Entwicklungen in der deutschen Armee, den Ausbau ihrer Stärke und die Dislozierung der einzelnen Militärgruppierungen. So wurde am 11. März 1941 der sowjetischen Führung eine gründliche Analyse der seit einem halben Jahr erfolgten Veränderungen sowie des Zustandes der deutschen Armee entsprechend dem Stand vom 1. März zur Verfügung gestellt. Festgestellt wurde die Zunahme der Anzahl der Divisionen auf 263 sowie die qualitative Verbesserung der Kampftechnik. Eingeschätzt wurden die einzelnen Teile der Armee – der Bestand an Flugzeugen, Panzern, an Artillerie, der Bau von Befestigungsanlagen und von Flugplätzen. Allerdings enthielt diese Analyse keinerlei Schlußfolgerungen und praktische Empfehlungen.[31]

Ein vom Leiter der Verwaltung der Aufklärung, Generalleutnant Golikow, unterzeichnetes Dokument wurde der sowjetischen Führung am 20. März 1941 übergeben. Es trug den Titel »Aussagen (organisatorische Maßnahmen) und Varianten von Kampfhandlungen der deutschen Armee gegen die UdSSR«. Golikows Papier beginnt mit einem vielsagenden Satz, der letztlich die Lesart des Nachfolgenden vorgibt: »Die Mehrzahl der Agenturmeldungen, die die Möglichkeiten eines Krieges gegen die UdSSR im Frühjahr 1941 betreffen, gehen von anglo-amerikanischen Quellen aus, *deren Aufgabe ohne Zweifel zum jetzigen Zeitpunkt im Bestreben besteht, die Beziehungen zwischen der UdSSR und Deutschland zu verschlechtern«.*[32] *(Hervorhebung Wolkow – d. Hrsg.)*

Es folgt eine gründliche Wiedergabe aller zusammengetragenen Informationen, aus denen einem unvoreingenommene Leser klar werden mußte, daß die Vorbereitung der Aggression gegen die UdSSR sehr weit gediehen war. Die – nach Angaben sowjetischer Agenten – dritte der genannten Varianten eines Überfalls, die vom Februar 1941 stammte, lautete:

»Für den Angriff auf die UdSSR werden drei Armeegruppierungen gebildet: Die erste Gruppierung unter dem Befehl des

Generalfeldmarschalls Bock führt den Hauptstoß in Richtung Petrograd, die zweite Gruppierung unter dem Befehl des Generalfeldmarschalls Rundstedt in Richtung Moskau, und die dritte Gruppierung unter dem Befehl des Generalfeldmarschalls Leeb in Richtung Kiew.«

Damit waren sowohl die Truppenverbände wie auch die Richtungen der Hauptstöße exakt benannt. Richtig waren auch die Namen der Befehlshaber benannt, obwohl Angaben hinsichtlich der Verbände, die sie befehligten, nicht zutreffend waren. Nach den Angaben von Mitte März war der Beginn der Aggression für die Zeit zwischen dem 15. Mai und dem 15. Juni 1941 vorgesehen.

Die Aufklärung und damit der Kreml besaßen damit, wie sich später erwies, alle notwendigen und richtigen Angaben.

Doch wie lautete die Schlußfolgerung General Golikows?

»1. Auf der Grundlage aller oben angeführten Aussagen und möglichen Varianten der Operationen im Frühjahr dieses Jahres meine ich, daß das wahrscheinlichste Datum des Beginns der Operation gegen die UdSSR zu einem Zeitpunkt nach dem Sieg über England oder nach einem für Deutschland ehrenvollen Frieden mit England sein wird. Die Gerüchte und die Dokumente, die von der Unvermeidlichkeit des Krieges gegen die UdSSR im Frühjahr dieses Jahres zeugen, muß man als Desinformation bewerten, die von der englischen und möglicherweise sogar von der deutschen Aufklärung stammen.«[33]

Zwanzig Jahre nach Beendigung des Krieges, als dieses Dokument einem sehr kleinem Kreis von Personen zugänglich gemacht wurde, traf sich der bekannte sowjetische Militärhistoriker Anfilow im Archiv mit Golikow, der inzwischen den Rang eines Marschalls der Sowjetunion besaß und an seinen Memoiren arbeitete. Könne er sich an seinen schriftlichen Bericht an Stalin vom 20. März 1941 erinnern, fragte Anfilow den Marschall.

»Ich erinnere mich gut daran. Denn in ihm waren Fakten dargelegt, die sodann bestätigt wurden.«

»Tatsächlich. Und wie verhielt sich Stalin zu ihnen?«

»Er hat sie ebenso bewertet wie ich.«

»Warum haben Sie den Schluß gezogen, der die Wahrscheinlichkeit der Verwirklichung der dargelegten Pläne Hitlers negierte? Haben Sie selbst diesen Fakten Glauben geschenkt oder nicht?«

»Haben Sie denn Stalin gekannt?«

»Ich habe ihn auf der Tribüne des Lenin-Mausoleums gesehen, als er die Parade abnahm.«

»Nun eben«, erklärte Golikow. »Ich aber habe mich ihm untergeordnet, berichtete ihm und fürchtete ihn. Er hatte sich eine Meinung gebildet, daß Deutschland, solange es nicht den Krieg mit
England beendet, uns nicht überfallen wird. Wir, die seinen Charakter kannten, haben unsere Schlußfolgerungen seinem Standpunkt angepaßt.«[34]

Anfilow fand heraus, daß dieses Dokument damals weder der
Volkskommissar für Verteidigung Timoschenko noch der Chef des
Generalstabes Shukow zu Gesicht bekam. Golikow war direkt Sta-
lin unterstellt und übergab die Information nur diesem.

Es unterliegt keinem Zweifel, daß Timoschenko und Shukow
ebenfalls über Informationen zur Konzentration großer deutscher
Truppenverbände an der sowjetischen Grenze verfügten. Doch
auch sie hatten nach den Säuberungen und Repressionen im
Militärapparat nicht den Mut, ihre eigenen Auffassungen zu vertreten. Das wirft einen bezeichnenden Blick auf den moralischen
Zustand der Armee, der geprägt war von Furcht, Mangel an Initiative, Mißtrauen und Spionage-Manie.

Nach den Repressionen der Jahre 1937/38 gab es im System
der sowjetischen Organe für Staatsicherheit keine Einrichtung
mehr, die in der Lage war, die eingehenden Informationen aus-
zuwerten. Deshalb wurden alle Nachrichten direkt an Stalin weitergeleitet, der sie nach seinem Ermessen bewertete. Die am besten
informierten Leute waren selbstverständlich diejenigen, die dem
Zentrum der Ereignisse am nächsten standen, insbesondere der
sowjetische Botschafter in Berlin, Dekanosow. Er sandte ebenfalls
besorgniserregende Nachrichten nach Moskau. Eine seiner Mit-
teilungen trug Stalin sogar in der Sitzung des Politbüros des ZK
der KPdSU vor. Mikojan erinnerte sich wie folgt: »Stalin sagte,
daß englische Agenten Dekanosow Desinformationen unterju-
beln, um uns zu verwirren, und Dekanosow ist nicht ein so klu-
ger Mensch, um das zu durchschauen.«[35]

Da Stalin nicht einmal seinen eigenen Leuten traute, hielt er die
Informationen, die von Staatsmännern anderer Länder eingingen,
um so weniger für zuverlässig. Als einer der ersten entschied sich
der stellvertretende amerikanische Außenminister Welles, die
Sowjetunion von der drohenden Gefahr in Kenntnis zu setzen.
Am 1. März 1941 sprach er mit dem sowjetischen Bevollmächtigten Umanskij und erläuterte diesem ausführlich, was die amerikanische Administration in Erfahrung gebracht habe. Er betonte
dabei besonders, daß die Informationen, die die USA besaßen,

sich auf Beweise stützten, die keinen Zweifel zuließen. Um mögliche Zweifel des sowjetischen Vertreters zu zerstreuen, hob er ausdrücklich hervor, daß seine Information nicht aus englischen Quellen stammen würden.[36]

Zur gleichen Zeit beauftragte der US-Außenminister Hull den Botschafter in Moskau, Steinhardt, unverzüglich der sowjetischen Regierung diese Kenntnisse zu übermitteln. Am 3. März telegrafierte Steinhardt nach Washington, weshalb er diesen Auftrag nicht erfüllt habe: Ein solcher Schritt fände in Moskau nicht die notwendige Beurteilung.[37] Leider hatte er vollkommen recht. Als Bestätigung kann die Reaktion Stalins auf die Warnung Churchills genommen werden, die jener ihm am 19. April 1941 zukommen ließ. Mikojan erinnert sich, daß Stalin, nachdem er die Botschaft gelesen habe, gelächelt und bemerkt hätte: »Für Churchill ist es von Nutzen, wenn wir so rasch wie möglich in den Krieg hineingezogen würden, aber für uns ist es von Nutzen, uns solange wie möglich außerhalb dieses Krieges zu befinden.«[38]

Was verbarg sich hinter einer solchen manischen Ignoranz?

Hierzu kann man nur Vermutungen anstellen.

Erstens nährte Stalin vielleicht aus der großen Verbreitung des Gerüchts, ein Überfall stünde bevor, seine Skepsis. In der Tat: Was ist das für ein Geheimnis, von dem alle Kenntnis haben? Außer Großbritannien und die USA, die über zahlreiche und vertrauensvolle Informationen verfügten, war auch Jugoslawien auf dem Laufenden. Unterrichtet waren Rumänien, Ungarn, Bulgarien, auch Finnland – das heißt Länder, die Deutschland in die Aggression gegen die UdSSR einzubeziehen beabsichtigte. Darüber hinaus die Exilregierungen der Tschechoslowakei und Polens, die ihre eigenen Informationsquellen besaßen. Und obwohl eine jede dieser Seiten ihre Kenntnisse geheim hielt und diese nur mit den vertrauenswürdigsten Personen austauschten, läßt sich mit Sicherheit sagen, daß das Phantom des Planes »Barbarossa« in Europa umher ging und auch andere Kontinente erreichte. Seit langem ist bekannt, daß eine partielle Verbreitung zuverlässiger Informationen eine Form ist, sie de facto zu dementieren.

Zweitens arbeitete die deutsche Führung notwendigerweise mit Desinformationen, die es Stalin schwer machten zu unterscheiden, was wahr und was unwahr war. Berlin wußte, daß die Vorbereitung eines solchen Unternehmens, das Millionen von Menschen einbezog, nicht unbemerkt verlaufen konnte. Die Verschleierung und die Tarnung waren von unterschiedlicher Natur. Hierzu gehörten das Streuen von Gerüchten vom Mißmut der deutschen Regierung gegenüber der Politik Moskaus, indem sich zwischen beiden Ländern eine beträchtliche Abkühlung zeige. Dies entsprach der Realität, doch wurde dies von den deutschen Quellen in dem Sinne dargestellt, daß die aufgetretenen Meinungsverschiedenheiten geklärt werden müßten bei einem erneuten Treffen auf höchster Ebene, möglicherweise sogar unter Teilnahme der obersten Repräsentanten beider Staaten. Derartige Gerüchte waren schon seit langem im Umlauf. So hatte der 1. Sekretär der deutschen Botschaft in Moskau, Walther, bereits am Vorabend der Reise Molotows nach Berlin im November 1940 im Gespräch mit einem sowjetischen Agenten, während er Fragen der Vorbereitung des Treffens des sowjetischen Gastes berührte, bemerkt, daß er selbst wie auch viele andere Personen in Deutschland der Auffassung wären, Stalin müßte zu Gesprächen mit Hitler nach Berlin kommen. In Berlin würden sich viele Leute über dessen Unentschlossenheit wundern. Walther: »Stalin – er ist die Figur für Hitler. Sobald er in einem Raum erscheint, fühlt man, daß ein bedeutender Mensch eintritt. Einen solchen Eindruck erzeugt unser Führer nicht.«[39] Es ist schwerlich zu sagen, ob eine solch schmeichelhafte Behauptung darauf zielte, sie der sowjetischen Führung zu übermitteln. Ähnliche Überlegungen wurden, wenn auch in zurückhaltender Form, von Zeit zu Zeit auch von anderen Leuten ausgesprochen. Im Frühjahr 1941 wurden in Berlin recht nachhaltig Gerüchte über ein bevorstehendes Treffen zwischen Hitler und Stalin gestreut. Das Kalkül war primitiv, doch es erzeugte die Ansicht: Wenn es schon Gegensätze gibt, dann müsse man sie überwinden, am besten auf dem Wege von Verhandlungen. Die Konzentration deutscher Truppen an der sowjetischen Grenze figurierte in diesem Schema als Mittel, auf die sowjetische Seite Druck auszuüben. Und diese Illusion wurde von deutscher Seite geschickt gefördert.

In jener Situation, in der in Moskau in wachsender Zahl Informationen über einen bevorstehenden Überfall Deutschlands auf die UdSSR eintrafen[40], ergab sich für die sowjetische Führung folgende Alternative: entweder sofort mit der Vorbereitung von Kampfhandlungen zur Abwehr einer künftigen Aggression zu beginnen oder mit diplomatischen Mitteln zu versuchen, den militärischen Konflikt zu verhindern bzw. ihn zumindest eine gewisse Zeit hinauszuzögern. (Stalin glaubte, den Kriegseintritt bis zum Jahre 1942 aufschieben zu können.)

Letztlich entschied Stalin selbst zugunsten der zweiten Variante, obgleich diese die geringsten – um nicht zu sagen überhaupt keine – Chancen besaß. Es wäre allerdings ungerechtfertigt, Stalin allein diese Entscheidung zuzuschreiben. Zusammen mit Stalin trugen nicht nur die anderen Mitglieder der politischen Führung des Landes, in erster Linie Molotow, ihren Teil der Verantwortung, sondern auch das Oberkommando der Roten Armee jener Zeit, namentlich der Volkskommissar für Verteidigung Semjon Timoschenko und der Chef des Generalstabes Georgi Shukow. Sie teilten zumindest in gewissem Maße die irrige Auffassung Stalins, besonders was die militärischen Aspekte anbelangt.

In seinen Memoiren schrieb Shukow, der den Posten des Chefs des Generalstabs am 1. Februar 1941 übernommen hatte und für diese Tätigkeit unzureichend vorbereitet war, daß die oberste militärische Führung sich darüber einig gewesen wäre, ein Krieg zwischen so starken Mächten wie Deutschland und der UdSSR werde entsprechend der klassischen Variante beginnen: nämlich so, daß die Hauptkräfte erst nach einigen Tagen, nach anfänglichen Grenzgefechten, zum Einsatz kämen. Dies würde sowohl auf die UdSSR wie auf Deutschland zutreffen.[41]

Bekannt ist auch die Äußerung Timoschenkos, der die Erfahrungen des Krieges in Europa folgendermaßen beschrieb: »Im Sinne strategischen Schöpfertums hat der Krieg in Europa wohl nichts Neues gebracht.«

Dieses Zitat überlieferte der Militärhistoriker Bobylew. Und er stellte es in den Kontext, daß damals – im Verlaufe von nur zwanzig Monaten – die deutschen Streitkräfte bereits viermal erfolgreich mit strategischen Truppenkonzentration Staaten überrumpelt und überrannt hatten. Doch habe das offenkundig »auf die oberste Militärführung der UdSSR keinerlei Eindruck gemacht und keinen Einfluß auf die Pläne der strategischen Konzentration der sowjetischen Truppen gehabt. Die Mißachtung der Erfahrungen der anderen verwandelte sich in die Tragödie von 1941.«[42]

Daraus läßt sich schließen, daß die Militärführung der UdSSR die Erfahrungen des ersten Weltkrieges nicht sehr weit hinter sich gelassen und die neuen Erfahrungen nicht ausgewertet hatte.

Wie ersichtlich, teilte auch Stalin diese antiquierte Ansicht Timoschenkos. Er gab sich zudem keine Rechenschaft über die Auswirkungen der Repressionen der Jahre 1937/38 auf die Kampffähigkeit der Roten Armee ab, wozu allein die niederschmetternden Erfahrung im Krieg gegen Finnland im Winter 1939/40 hinlänglich Grund gewesen wären. Zwar wurden Anstrengungen zur

Erhöhung der Kampffähigkeit der Roten Armee unternommen – es wurden beispielsweise neue Waffen entwickelt. Die aber wurden nur in geringem Umfang in die Armee eingeführt. Die Industrie arbeitete weiterhin wie zu Friedenszeiten. Im großen und ganzen kann man die Rote Armee 1941 zwar als kampffähig, doch kaum als eine erstklassige Armee bezeichnen. Bei einem rechtzeitigen Aufmarsch hätte sie dem Gegner allenfalls einen würdigen Widerstand entgegensetzen können. Doch allein dieser hätte verhindern können, daß die Armeen Hitlers in den ersten drei Kriegsmonaten derart viel Territorium besetzten konnten, für dessen Befreiung man schließlich drei Jahre brauchte.

Stalin aber glaubte nicht an eine deutsche Aggression vor Hitlers Sieg über England. In blinder Selbstsicherheit ließ er sich daher auf außenpolitische Maßnahmen ein, von denen viele einen zweifelhaften und zweideutigen Charakter besaßen.

Die außenpolitischen Manöver Stalins

Die neue Etappe in der Außenpolitik Stalins, in der viele russische Historiker sogar Züge eines Kurses auf »Befriedung des Aggressors« sehen, begann am 13. April 1941 mit einer theatralischen Episode auf dem Perron eines Moskauer Bahnhofs bei der Verabschiedung des japanischen Außenministers Matsuoka. Dieser hatte am gleichen Tage einen sowjetisch-japanischen Nichtangriffspakt unterzeichnet.

Stalin und Molotow waren völlig unerwartet auf dem Bahnsteig erschienen, was alle Anwesenden verwunderte. Stalin, der den japanischen Minister und dessen Mitarbeiter herzlich begrüßte und ihnen eine angenehme Reise wünschte, erkundigte sich vernehmlich nach dem deutschen Botschafter. Wie Schulenburg anschließend diese Szene beschrieb, trat Stalin an ihn heran, faßte ihn an den Schultern und sagte: »Wir müssen Freunde bleiben, und Sie müssen jetzt alles dafür tun!«

Danach wandte sich Stalin an Oberst Krebs, der die Aufgaben des deutschen Militärattachés wahrnahm, und sagte ihm, nachdem er sich überzeugt hatte, daß er Deutscher sei: »Wir bleiben mit Ihnen in jedem Falle Freunde.«

Schulenburg betonte, daß Stalin absichtlich die Aufmerksamkeit der zahlreichen Anwesenden auf die von ihm an die Adresse der deutschen Diplomaten geäußerten Worte gelenkt hätte.[43]

Diese Äußerungen Stalins widerspiegelten exakt das Wesen der

Linie, die Moskau fortan verfolgte. Es ging darum, einen Konflikt mit Deutschland zu vermeiden.

Zwischen dem 13. April und dem 22. Juni 1941 liegen genau zehn Wochen. In dieser kurzen Zeit gab es derart viele Ereignisse, daß man sie in einige Etappen aufteilen kann.

Die erste Etappe umfaßt genau einen Monat, vom 13. April bis zum 12. Mai 1941. Die zweite – ebenfalls einen Monat – vom 14. Mai bis zum 13. Juni. Und die dritte Etappe reicht vom 14. Juni bis zum 22. Juni 1941.

Der 13. April 1941 war in vieler Hinsicht ein Datum von vielfältiger Bedeutung. Allein schon der sowjetisch-japanische »Pakt über Neutralität«[44] war ein bemerkenswerter diplomatischer Erfolg. Unter anderem regelte er die Frage der japanischen Konzessionen in Nordsachalin im Sinne der sowjetischen Wünsche. Wie die historische Erfahrung zeigte, half dieser Vertrag während des Krieges gegen Deutschland, einem Kampf an zwei Fronten aus dem Wege zu gehen. Stalin war sich ohne Zweifel der Bedeutung dieses Paktes bewußt. Wenngleich die deutsche Propaganda aufgrund einer kurzen Einmischung den Vertrag als ihren Erfolg darstellte, hatte Stalin allen Grund, dem keinen Glauben zu schenken. Nach seiner Reaktion auf dem Bahnhof in Moskau am 13. April zu urteilen, war er geneigt anzunehmen, daß dieser Pakt mit Japan seine Position in möglichen künftigen Verhandlungen mit Deutschland stärke. Bemerkenswert ist, daß der deutsche Botschafter Schulenburg durch den italienischen Botschafter über dessen Gespräche mit Matsuoka genau informiert war. Auf die Frage des italienischen Botschafters, ob bei den Gesprächen mit Stalin die Frage nach dem Verhältnis der Sowjetunion zur Achse *(gemeint war der Dreierpakt Deutschland, Italien, Japan – d. Hrsg.)* aufgeworfen worden wäre, habe »Matsuoka geantwortet, daß Stalin ihm sagte, daß er ein überzeugter Anhänger der Achse und ein Gegner Englands und der USA« sei.[45]

In der sowjetischen Niederschrift des Gesprächs Stalins mit Matsuoka am 12. April 1941 sind diese Worte nicht enthalten. Doch gibt es dort eine andere und recht aufschlußreiche Erklärung. »Gen. Stalin sagt, daß die UdSSR die Zusammenarbeit mit Japan, Deutschland und Italien in großen Fragen für prinzipiell zulässig hält. Dies hat Gen. Molotow Herrn Hitler und Ribbentrop erklärt, als er in Berlin weilte und die Frage stand, den Pakt der Drei in einen Pakt von Vier zu verwandeln.« Der Viererpakt sei nach den Worten Stalins jedoch ein Pakt gegenseitiger Hilfe. Sofern Hitler damals erklärt habe, daß Deutschland einer militärischen Hilfe nicht bedürfe, so »bedeutet das, daß der Viererpakt noch nicht herangereift ist«. In Anbetracht dessen habe Stalin gemeint, daß »nur in dem Falle, daß für Deutschland und Japan die Sache schlecht läuft, die Frage nach dem Pakt der Vier und über die Zusammenarbeit in den großen Fragen steht. Deshalb weist Gen. Stalin darauf hin, wir beschränken uns jetzt auf die Frage der Neutralität mit Japan. Diese Frage ist unbedingt herangereift.«[46]

Es war charakteristisch, daß Stalin hierbei absichtlich dick auftrug. Nie zuvor hatte die Frage des Paktes der Vier als eines Paktes der gegenseitigen Hilfe gestanden. In der sowjetischen Antwort vom 25. November 1940 sind die Bedingungen genannt, zu denen die UdSSR die Frage des Abschlusses eines »Paktes der Vier« in Erwägung ziehen wollte, ohne daß die Frage nach dessen Charakter aufgeworfen worden wäre. Stalin konnte zu jener Zeit, das heißt fast fünf Monate *nach* der sowjetischen Antwort, in Anbetracht des hinhaltenden Schweigens Deutschlands und dessen offener Verletzung der erklärten sowjetischen Interessen in Europa, kaum die Illusion haben, der Abschluß eines solches Vertrages wäre möglich. Offenbar waren seine weitschweifigen Erklärungen für die regierenden Kreise Japans gedacht, möglicherweise auch für eine Übermittlung durch diese an die deutsche Diplomatie. Zumal die sowjetische Diplomatie bereits mit Italien und mit Japan die beide Staaten betreffenden Bedingungen erörtert und dabei bestimmte Ergebnisse erzielt hatte. Eine solche Vorarbeit konnte im Falle künftiger Verhandlungen mit Deutschland nützlich sein.

Tatsächlich begann Stalin nach der Unterzeichnung des Neutralitätspaktes mit Japan, sich aktiv auf Verhandlungen mit Deutschland vorzubereiten, angeregt auch durch die in Deutschland grassierenden Gerüchte. Er hat zweifellos gehofft, er könnte auf Deutschland vermittels dessen Verbündeten im Dreierpakt Einfluß ausüben. Da jedoch der Bildung des Paktes schon in der Anfangsphase der sogenannte Antikominternpakt[47] zugrunde lag, drängte sich auf, sich mit dem Schicksal der Komintern selbst zu befassen, deren Existenz in dieser Beziehung als Hindernis gelten konnte. Stalin war sich bewußt, daß dies eine längerfristige Vorbereitung und die Beachtung einer Reihe von Formalitäten erforderte, um das Gesicht zu wahren. Deshalb führte er bereits eine Woche danach, am 20. April 1941, in einer »nichtoffiziellen Atmosphäre« – während eines Konzertes anläßlich der Dekade der tadschikischen Kultur im Moskauer Bolschoi Theater – ein Gespräch mit Georgi

Dimitroff. Stalin erklärte dort, daß die Komintern unter den neuen Bedingungen ein Behinderung für die Tätigkeit der kommunistischen Parteien werde und neue Formen der Arbeit notwendig wären.[48]

Dimitroff hatte das von Stalin aufgeworfene Problem gleich richtig verstanden. Am folgenden Tag, am 21. April, erörterte er zusammen mit Palmiro Togliatti und Maurice Thorez die Frage, in absehbarer Zeit die Tätigkeit der Komintern als der führenden Instanz der kommunistischen Parteien zu beenden. Den einzelnen kommunistischen Parteien solle die volle Selbständigkeit gewährt und sie in wahrhaft nationale Parteien von Kommunisten umzuwandeln. Anstelle des Exekutivkomitees (EKKI) der Komintern sollte nur noch ein Organ für Information sowie ideologische und politische Unterstützung bestehen. »Beide«, so Dimitroff über Togliatti und Thorez, »meinten, diese Fragestellung sei im Grunde richtig und entspreche völlig der gegenwärtigen Situation der internationalen Arbeiterbewegung.«[49]

Anschließend begannen im engen Kreise eingeweihter Personen Beratungen und Erörterungen. Diese Arbeit dauerte ungefähr drei Wochen. Am 12. Mai 1941 besprach Dimitroff diesen Fragenkomplex mit Shdanow, der im ZK der KPdSU für die ideologische Arbeit verantwortlich und kurz zuvor zum Stellvertreter Stalins im Sekretariat des ZK berufen worden war. Beide stimmten darin überein, daß ein entsprechender Beschluß prinzipiell begründet werden müsse. Die Argumentation müßte so sein, daß der Schritt zu einem Aufschwung der kommunistischen Parteien führe, nicht aber »Grabesstimmung und Unsicherheit« auslöse. Man müsse im voraus alle möglichen Schläge des Gegners in Betracht ziehen. Es entstand die Frage, wer die Initiative ergriffe – die Führung der Komintern oder eine Gruppe kommunistischer Parteien, die einen entsprechenden Vorschlag unterbreitete. Die zweite Variante erschien als die bessere.[50]

Andere Vorschläge und mögliche taktische Vorteile, die dargelegt wurden, erinnern sehr an die Vorgehensweise, die später, im Jahre 1943, mit denselben Zielen realisiert werden sollte. Damals, das heißt am 12. April 1941, sollte es ein großartiges außenpolitisches Manöver von strategischem Ausmaß werden.

Ein weiteres wichtiges Problem betraf den Status Stalins, der bis zu jener Zeit formell kein einziges staatliches Amt ausübte. Die von Stalin angenommene Wahrscheinlichkeit eines Treffens »auf höchster Ebene« setzte jedoch eine gewisse Gleichheit in der Rangord-

nung voraus. Der Posten der Vorsitzenden des Rates der Volkskommissare (das heißt des Premierministers) entsprach dem des
Kanzlers in Deutschland. Durch Beschluß der Plenartagung des
Zentralkomitees der KPdSU vom 4./5. Mai 1941 wurde das entschieden. Die entsprechenden Erlasse des Präsidiums des Obersten
Sowjets der UdSSR wurden sodann in der sowjetischen Presse am
7. Mai 1941 veröffentlicht.[51]

Molotow behielt das Amt des Volkskommissars für Auswärtige
Angelegenheiten, das heißt des Außenministers, und wurde
zugleich zum stellvertretenden Vorsitzenden des Rates der Volkskommissare ernannt.

Die Besetzung der Posten veränderte im realen Leben kaum
etwas. Stalin wie Molotow behielten ihre Büros, nur an den Türen
gab es neue Schilder. Verändert hatte sich lediglich der internationale Status von Stalin.

Die Gerüchte, die die deutsche Seite über ein mögliches Treffen der Führer beider Länder verbreitete, zielten ohne Zweifel auf
die Psyche und den Charakter Stalins. Die deutsche Aufklärung
war ausreichend informiert über seine Ansichten und Stimmungen.
Wie der russische Forscher Višljow feststellte, bestand die besonders hinterhältige Absicht in bezug auf ein angeblich bevorstehendes Treffen darin, dem Kreml eine Abwarteposition aufzuzwingen
und eine trügerische Vorstellung über die Vorgehensweise Deutschlands in der nächsten Zeit zu suggerieren.[52]

Diese Absicht stärkte unfreiwillig die englische Diplomatie in
Gestalt des Botschafters Cripps, der sich am 18. April 1941 mit
Wyschinski traf und ihn bat, Molotow »eine handgeschriebene
Übersetzung ›einer mündlichen Erklärung in schriftlicher Form‹«
zu übergeben.[53]

In der Literatur wird angenommen, daß Cripps die Erklärung
auf eigene Initiative abgab.[54] In Moskau wurde sie jedoch anders
aufgefaßt. Neben der üblichen Darlegung der deutschen Aggres-
sionsabsichten und der möglichen Gefahren für die Sicherheit der
UdSSR wies Cripps in seiner Erklärung erstens auf die Möglichkeit der Verstärkung der englischen Blockade im Falle einer weiteren Entwicklung der sowjetisch-deutschen Zusammenarbeit und
eine Zunahme sowjetischer Lieferungen an Deutschland hin. Und
zweitens – das ist das Wichtigste – lenkte der britische Botschafter
die Aufmerksamkeit auf die Möglichkeit einer Beendigung des
Kriegszustandes zwischen Großbritannien und Deutschland, falls
sich der Krieg zu lange hinziehen sollte. Solche Gedanken würden,

so betonte er, von gewissen Kreisen in Großbritannien geteilt und könnten Anhänger auch in den USA finden. Und schließlich erlaubte er sich, Molotow daran zu erinnern, daß »die Wahrung der Unantastbarkeit der Sowjetunion nicht in direktem Interesse der britischen Regierung liegt, wie das zum Beispiel für die Wahrung der Unantastbarkeit Frankreichs und einiger anderer westeuropäischer Länder zutrifft«.

Es bedurfte keiner besonderen Instruktionen Molotows, um Cripps zu antworten, daß dessen Notiz Aussagen enthielten, die für die UdSSR völlig unannehmbar waren. Wyschinski verwies auf eine ganze Reihe feindlicher Aktionen Englands gegen die Sowjetunion und unterstrich, daß die UdSSR für die Erörterung der gestellten Fragen nicht die entsprechenden Beziehungen zur englischen Regierung besäße.[55]

In der Geschichte der Diplomatie gibt es wenige Beispiele dafür, daß eine vorgetragene Démarche ein Ergebnis erzielte, das so sehr dem widersprach, was mit ihr beabsichtigt war. In Moskau wurde sie übereinstimmend als ein weiterer Versuch gewertet, die UdSSR in einen Krieg mit Deutschland hineinzuziehen oder zumindest die Beziehungen der beiden Länder zu verschlechtern. In dieser Hinsicht erzeugte die Andeutung von Cripps über die Möglichkeit einer deutsch-englischen Friedensregelung den ungünstigsten Eindruck, und sie verstärkte den Wunsch des Kreml, mit Deutschland eine Verbesserung der Beziehungen zu erreichen. Subjektiv wollte Cripps nur aktiv werden. Botschafter Schulenburg war wenige Tage zuvor nach Berlin abgereist, was in diplomatischen Kreisen mit der Annahme verbunden wurde, dies stünde im Zusammenhang mit dem deutsch-sowjetischen Gipfeltreffen.

Einige Diplomaten äußerten sogar die Vermutung, daß die deutschen Forderungen einen ultimativen Charakter haben könnten und es zur Unterzeichnung einer Art »Brester Vertrages«[56] kommen könnte.

Die Gerüchte über bevorstehende Gespräche fanden eine große Verbreitung. Der USA-Botschafter in Moskau, Steinhardt, telegrafierte am 5. Mai 1941 nach Washington, er hätte aus einer zuverlässigen Quelle erfahren, daß »Stalin unlängst einer Person mitgeteilt hat, daß er einen Überfall Deutschlands oder einen Krieg mit Deutschland in diesem Jahr nicht erwartet und daß er ›zufriedenstellende‹ Verhandlungen mit Deutschland voraussieht«.[57]

Der von Stalin eingeschlagene Kurs benötigte eine entsprechende ideologische Begründung. Stalin wählte dafür eine Rede vor den Absolventen der Militärakademien auf einem Empfang im Kreml am 5. Mai 1941. In Anbetracht des Zeitpunktes, zu dem die Rede gehalten wurde, wie auch des Auditoriums konzentrierte sich Stalin vor allem auf die Veränderungen, die in den letzten Jahren in der Armee erfolgten, und auf die Erfahrung, die er angeblich aus dem sowjetisch-finnischen Krieg und aus dem im Gang befindlichen Krieg im Westen zog. Im großen und ganzen handelte es sich um eine überhöhte Einschätzung des Zustands der bewaffneten Kräfte des Landes.

Gleichzeitig befaßte sich Stalin mit den Gründen der deutschen Siege und der Niederlage seiner Gegner. Deutschland, so führte er aus, habe aus seinen alten Fehlern gelernt, während seine Gegner nichts gelernt hätten. Ist die deutsche Armee aber wirklich unbesiegbar? Eine solche Armee gebe es nicht und habe es nie gegeben. Er erinnerte daran, daß Deutschland den Krieg mit der Losung der Befreiung vom Joch des Versailler Friedens begonnen habe. Doch habe sich die Lage inzwischen verändert. Die Losung der Befreiung von Versailles habe sich in eine der Eroberung verwandelt. Solche Losungen seien gefährlich, und mit ihnen werde die deutsche Armee keinen Erfolg haben. Außerdem sei in der deutschen Armee Prahlerei, Selbstzufriedenheit und Überheblichkeit aufgekommen; sie verliere ihren Schwung, den sie zu Beginn des Krieges besessen habe.

Stalin beendete seine Rede mit einem Satz, der dem Stil nach charakteristisch auch für andere seiner Reden war.: »Jeder beliebige Politiker, jeder beliebige Staatsmann, der das Gefühl der Selbstzufriedenheit zuläßt, kann sich plötzlich vor einer unerwarteten Situation befinden, wie sich Frankreich vor der Katastrophe befand.«[58]

Man kann mit Sicherheit sagen, daß Stalin damals nicht vermutete, ganze zwei Monate später selbst in einer solchen Lage zu sein.

Nach seinen eigentlichen Ausführungen wandte sich Stalin noch dreimal an die Anwesenden mit verschiedenen Trinksprüchen, indem er einzelne seiner Gedanken präzisierte. Als Antwort auf einen Trinkspruch, der auf die friedliche Außenpolitik der UdSSR ausgebracht wurde, entschied er sich, eine Korrektur vorzunehmen. »Die Friedenspolitik«, meinte er, »hat unserem Lande den Frieden gesichert. Friedenspolitik ist eine gute Sache. Solange wir unsere Armee nicht umgerüstet und unsere Armee nicht mit der modernen Waffentechnik versorgt hatten, verfolgten wir eine Linie der Verteidigung. Aber jetzt, wo wir unsere Armee erneuert haben, sie mit der Technik für den modernen Kampf ausgerüstet haben, wo wir stark geworden sind – jetzt muß man von der Verteidigung zum Angriff übergehen. Indem wir die Verteidigung unseres Landes betreiben, sind wir verpflichtet, in offensiver Weise zu handeln. Von der Verteidigung gilt es überzugehen zu offensiven Aktionen. Es ist für uns notwendig, unsere Erziehung, unsere Propaganda, Agitation, unsere Presse im offensiven Geiste umzugestalten. Die Rote Armee ist eine moderne Armee, und eine moderne Armee ist eine Armee für den Angriff.«[59]

Dimitroff, der bei diesem Empfang anwesend war, bemerkte, daß Stalin außerordentlich guter Laune gewesen sei.

Es ist verständlich, wenn sich nach der Rede Stalins in der sowjetischen Propaganda im Frühjahr 1941 eine gewisse antideutsche Note bemerkbar machte. Diese zeigte sich jedoch nicht so sehr in der Presse als vielmehr in mündlichen Auftritten und in Lehrmaterialien, die vor allem für die Angehörigen der bewaffneten Kräfte bestimmt waren. In ihnen legte man das Gewicht auf die Notwendigkeit, sich auf Angriffsoperationen vorzubereiten.[60] Daraus folgt jedoch nicht, daß Stalin einen Präventivschlag gegen Deutschland vorbereitete, wie dies einige russische und ausländische Autoren behaupten. In diesen Materialien wurden die Potenzen der sowjetischen Streitkräfte außerordentlich übertrieben dargestellt und die Kampffähigkeit der deutschen Armee verniedlicht. Dies charakterisiert die Besonderheiten der politischen Propaganda der Stalin-Periode, als jede Äußerung des »Woshd« (russ. Führer) nicht selten zur Absurdität gesteigert wurde.

Die realen Stalinschen Gedanken waren eher durch und durch pragmatisch: Innerhalb des Landes mußte man rechtzeitig die Überzeugung von der Folgerichtigkeit der Politik der Führung, die fest auf ihren Positionen stehe, fördern. Keineswegs wollte man im Lande den Gedanken aufkommen lassen, als käme es im Verlaufe der Verhandlungen, die man für die nahe Zukunft annahm, zu unvermeidlichen Zugeständnissen.

Natürlich zog Stalins Rede in Moskau Kreise, um so mehr, als ungefähr anderthalbtausend Personen auf diesem Empfang anwesend waren. Offensichtlich entsprach das dem Kalkül der sowjetischen Führung. Im diplomatischen Korps riefen die Ausführungen ebenfalls großes Interesse hervor, ihre Interpretation fiel sehr unterschiedlich aus. Im allgemeinen wurde sie, besonders nach der Veröffentlichung des Erlasses über die Ernennung Stalins zum Vorsitzenden des Rates der Volkskommissare, als eine Art programmatische Erklärung ausgelegt.

Botschafter Schulenburg schickte am 7. Mai 1941 nach Berlin die Mitteilung von der neuen Funktion Stalins und bemerkte, daß damit die unnatürliche Situation beendet würde, der zufolge sich die Macht des anerkannten und unbestrittenen Führers der Völker der Sowjetunion nicht auf die Verfassung stützte. »Ich bin überzeugt«, schrieb der Botschafter, »daß Stalin seine neue Position dazu benutzt, um sich persönlich in bezug auf die Beibehaltung und Entwicklung der guten Beziehungen zwischen der UdSSR und Deutschland zu engagieren.«[61]

Eine ungewöhnliche Episode trug sich Anfang Mai 1941 in Moskau zu. Schulenburg traf sich mit dem sowjetischen Botschafter in Berlin, Dekanosow, der Ende April zu Konsultationen nach Moskau beordert worden war. Um der Begegnung ein besonderes Gewicht zu geben und die Aufmerksamkeit darauf zu lenken, entschied man sich zu folgendem: Während der Militärparade auf dem Roten Platz am 1. Mai wurde Dekanosow zwischen Stalin und Molotow auf der Tribüne des Lenin-Mausoleums plaziert. Viele Personen, die sich auf der Tribüne befanden, kannten Dekanosow nicht und waren verwundert, wer das denn sein könnte. Nachdem das Geheimnis gelüftet war, erhöhte sich im diplomatischen Korps zwangsläufig die Neugier.

Schulenburg selbst war zuvor aus Berlin mit der Überzeugung zurückgekehrt, daß der Konflikt zwischen Deutschland und der UdSSR unvermeidlich sei. Er gehörte zu den Gegnern eines Krieges gegen die UdSSR[62], und er ließ sich aus patriotischen Beweggründen auf einen Schritt ein, der an ein Staatsverbrechen grenzte. Er lud Dekanosow am 5. Mai 1941 zum Frühstück ein und stellte ihm während des Gesprächs eine Frage nach dem kritischen Zustand der Beziehungen zwischen beiden Ländern. Die Gerüchte über einen bevorstehenden Krieg zwischen ihnen seien »Sprengstoff«, und man müßte sie unterbinden, »ihnen die Spitze nehmen«.

Auf die Frage Dekanosows, woher diese Gerüchte kämen, antwortete er, daß die Quelle jetzt nicht von Bedeutung wäre. »Mit den Gerüchten muß man wie mit Tatsachen rechnen.« Wie das zu machen wäre, darüber habe er bislang nicht nachgedacht.

Im Verlaufe des Gesprächs betonte Schulenburg mehrfach, daß er es »in persönlicher Mission« führe. Er schlug vor, sich noch einmal zu treffen, um diese Frage weiter zu erörtern.[63]

Eine Antwort gab Dekanosow bei ihrem darauf folgenden Treffen am 9. Mai. Am Vorabend war Dekanosow im Beisein

Molotows und Wyschinskis von Stalin empfangen worden. Dieser Empfang dauerte drei Stunden.[64] Über eine Aufzeichnung dieses Gesprächs verfügen die Forscher nicht (möglicherweise wurde keine gemacht), doch ist anzunehmen, daß das versammelte Quartett gründlich den Zustand der deutsch-sowjetischen Beziehungen und eine Antwort an Schulenburg auf dessen Vorschlag beraten hat. Eben so muß man die Idee einschätzen, die sie Dekanosow einredeten, ein gemeinsames Kommuniqué zu veröffentlichen, in dem man darauf hinweisen könnte, daß die Gerüchte über einen heranreifenden Konflikt zwischen beiden Ländern »keine Grundlage haben und von Elementen, die der UdSSR und Deutschland feindselig gesinnt sind, verbreitet werden«.

Gleichzeitig entwickelte Dekanosow die Argumentation, daß die sowjetische Regierung keinen geringeren Grund habe, mit Deutschland unzufrieden zu sein. Schulenburg hatte gegen den Vorschlag Dekanosows dem Wesen nach keine Einwände, meinte aber, daß dies ein langsamer Weg sei, während man schnell handeln müsse. Er schlug vor, die Berufung Stalins an die Spitze der sowjetischen Regierung dafür zu nutzen, daß dieser in diesem Zusammenhang einer Reihe von Staaten, die der UdSSR gegenüber freundschaftlich gesonnen wären, Briefe schickt und in ihnen seine Bereitschaft erklärt, auch künftig eine freundschaftliche Politik ihnen gegenüber zu verfolgen. Im Brief an Hitler könne die Frage der sich ausbreitenden Gerüchte berührt und vorgeschlagen werden, eine gemeinsame Deklaration zu verabschieden. Schulenburg war überzeugt, daß der Führer auf den Brief Stalins antworten werde. So könne man die Frage lösen.

Schulenburg brachte seine Zuversicht zum Ausdruck. »Wenn Stalin sich mit einem Brief an Hitler wendet, schickt Hitler für den Kurier ein Sonderflugzeug, und die Sache geht sehr schnell vonstatten«, meinte er.

Da Dekanosow aber auf seinem Vorschlag bestand, schlug Schulenburg in Anbetracht der Eile vor, sich ein weiteres Mal zu diesem Thema zu treffen.[65]

Zu ihrem Treffen am 12. Mai 1941– es sollte ihr letztes sein – schrieb Dekanosow: »Ich sprach mit Stalin und Molotow über den Vorschlag Schulenburgs, Briefe mit dem Erfordernis auszutauschen, die Gerüchte über die Verschlechterung der Beziehungen zwischen der UdSSR und Deutschland zu unterbinden. Stalin wie auch Molotow sagten, daß sie im Prinzip gegen einen solchen Briefaustausch keine Einwände haben, doch meinen sie, daß der Briefaustausch nur zwischen Deutschland und der UdSSR durchgeführt werden soll. Weil die Zeit meines Aufenthaltes zu Ende ist und ich heute nach Deutschland ausreisen muß, meint Stalin, daß Herr Schulenburg über Inhalt und Text der Briefe sich mit Molotow verständigen sollte, ebenso über ein gemeinsames Kommuniqué.«[66]

In seiner Antwort betonte Schulenburg erneut, daß er mit Dekanosow in persönlicher Mission gesprochen habe, ohne dafür irgendwelche Vollmachten besessen zu haben. Deshalb könne er die Gespräche in Moskau mit Molotow nicht fortsetzen. Es wäre gut, wenn sich Stalin spontan, von sich aus mit einem Brief an Hitler wenden würde, oder Molotow selbst sollte im Gespräch mit ihm dieses Thema aufwerfen. Oder Dekanosow könne, falls er dazu in Moskau die Sanktion erhalte, in Berlin von Weizsäcker oder Ribbentrop einen entsprechenden Vorschlag unterbreiten. Schulenburg betonte am Ende des Gesprächs noch einmal, daß er keine Vollmacht besäße, derartige Vorschläge zu machen, und er bat darum, ihn nicht auszuliefern.[67]

Am gleichen Abend war Dekanosow noch einmal von Stalin empfangen worden.[68] Doch sind keine Spuren von Hinweisen, die ihm von Stalin gegeben wurden, erhalten geblieben.

Diese bemerkenswerte Episode fand damals keine Fortsetzung, obwohl das von Schulenburg vorgeschlagene Schema die Möglichkeit geboten hätte, wenigstens eine ernsthafte Sondierung der tatsächlichen deutschen Absichten vorzunehmen, und zwar noch rechtzeitig. Was hat das verhindert? Warum wurde die Angelegenheit Molotow übertragen und Dekanosow nicht in Moskau zurückgehalten, um die begonnenen Gespräche fortzuführen, selbst insgeheim gegenüber der offiziellen deutschen Seite?

Die Reaktion der sowjetischen Führung auf diese Gelegenheit, die ohne Übertreibung völlig außergewöhnlich war, wurde von der Forschung bisher nicht ausreichend untersucht.

Nach Meinung des prominenten Generals der damaligen sowjetischen Aufklärung, Pjotr Sudoplatow, war die Reaktion der sowjetischen Führung völlig falsch. Sie ließ nicht den Gedanken gelten, daß Schulenburg auf eigene Initiative und ohne Sanktion aus Berlin handelte. Seine singuläre Auffassung wurde verstanden als Standpunkt einflußreicher politischer Kreise in Deutschland. Man hoffte im Kreml, daß dort nun Anstalten gemacht werden würden zur Vorbereitung einer Begegnung mit der deutschen Führung auf höchster Ebene.[69] Die Annahme erwies sich als irrig.

Am 8. Mai 1941 brach Moskau völlig unvermittelt die diplomatischen Beziehungen zu Belgien, Norwegen und Jugoslawien ab. Die von den deutschen Truppen besetzten Länder hätten dadurch ihre Souveränität verloren, hieß es.[70] Im diplomatischen Korps in Moskau beurteilte man diese Maßnahmen als erste außenpolitische Schritte der »Regierung Stalin« im Geiste der Freundschaft zu Deutschland. Zu gleicher Zeit wurde entschieden, diplomatische Beziehungen mit der antibritischen Regierung des Irak, die die Unterstützung Deutschlands genoß, herzustellen.

Solche Maßnahmen ordneten sich in den oben beschriebenen Kurs ein, der die Zeichen einer Politik der »Versöhnung« trug. Somit kann man feststellen, daß dieser Kurs im ersten Monat seiner Durchsetzung (13. April bis 12. Mai) recht deutliche Umrisse und ein entsprechendes taktisches Profil erhielt. Jetzt aber begann ein Zufall wirksam zu werden, der dem ursprünglich konzipierten Vorhaben die Grundlage entzog und dieses in eine andere Richtung drängte. In Moskau wurde bekannt, daß Rudolf Heß in England gelandet war.

Der Flug von Heß nach England

Heß stand Hitler sehr nahe. Er war sein Stellvertreter in der NSDAP, Reichsminister ohne Zuständigkeitsbereich und Mitglied des Reichsverteidigungsrates. Am 10. Mai 1941 flog er nach England. Diese Aktion ist bis heute umstritten, der Hintergrund noch nicht aufgeklärt. Zahlreiche Dokumente sind bis heute den Forschern nicht zugänglich. Keines der Bücher über die Geschichte des zweiten Weltkrieges übergeht den »Fall Heß«. Dennoch existieren wenig spezielle Untersuchungen, und dies sind vor allem Zeitschriftenbeiträge[71] oder Kapitel in verschiedenen Monographien oder Memoiren. Uns interessiert besonders die Frage, wie der »Fall Heß« auf die Politik der Sowjetunion am Vorabend der deutschen Aggression wirkte.

Sowohl Deutschland wie auch England wahrten zwei Tage lang das Schweigen. Erst am späten Abend des 12. Mai wurde in Deutschland die Aktion von Heß mitgeteilt. Es hieß, er habe »im Zustand geistiger Verwirrung« gehandelt.

Am folgenden Tag informierte Churchill das Parlament, Heß

sei in Schottland mit einem Flugzeug gelandet. Mehr nicht. Sowohl London als auch Berlin breiteten darüber den Mantel des Schweigens.

Stalin wähnte seine Befürchtungen bestätigt, daß hinter den Kulissen ein Komplott zwischen Deutschland und England auf Kosten der UdSSR ausgehandelt werde. Von der sowjetischen Aufklärung und der Diplomatie forderte er, im wörtlichen Sinne »die Ohren zu spitzen«, um genaue Informationen zu erhalten.

Bereits am 14. Mai teilte die Auslandsaufklärung des Volkskomitees für Staatssicherheit einige Einzelheiten mit: Heß sei unweit der Besitzung von Lord Hamilton, der zur sogenannten Cleveland-Clique gehörte, gelandet. Als erster habe ihn der Vertreter des Foreign Office, Kirk Patrik, aufgesucht, dann sei Heß in Gewahrsam genommen worden. Heß habe Patrik erklärt, Vorschläge für einen Frieden zu überbringen. Doch sei der Inhalt der Vorschläge vorerst nicht bekannt.[72] Er wurde auch in den folgenden Tagen nicht ermittelt.

Das Foreign Office hatte entschieden, die ganze Angelegenheit, die sie mit dem Schleier der Geheimhaltung umgab, für eigene Zwecke auszunutzen und verbreitete Falschinformationen. Der Hauptadressat der Desinformation war die Sowjetunion, die man ermuntern wollte, eine offenere antideutsche Position einzunehmen.[73]

Der »Fall Heß« bewies wie kein anderes Ereignis, daß die Auseinandersetzung in der internationalen Arena sich nicht auf der Ebene zweiseitiger Beziehungen (England-Deutschland oder Deutschland-Sowjetunion) beschränkte, sondern sich im Dreieck von Kräften abspielte, zu denen Großbritannien (mit den USA, die es immer mehr unterstützte), Deutschland mit seinen Verbündeten im Dreierpakt und seinen Satelliten sowie die Sowjetunion gehörten. Die Kräfteverteilung in diesem Dreieck war ungleich. Die Vereinigung zweier Kräfte gegen die dritte Kraft verhieß ein Übergewicht im Weltkonflikt. (Das bewies später die Bildung der Antihitlerkoalition durch Großbritannien, USA und UdSSR.)

Eigentlich stellte die Lage in Frühjahr/Sommer 1941 keine neue Erscheinung dar. Eine solche Situation ließ sich bereits kurz vor dem Kriege, das heißt im Sommer 1939, feststellen; allerdings verschärfte sie sich nach der Niederlage Frankreichs und aktualisierte sich zum Sommer 1941. Hitler wollte die Situation überwinden durch eine Zerschlagung der UdSSR mittels Blitzkrieg. Das Kalkül war abenteuerlich und, wie die späteren Ereignisse bewiesen, nicht zu verwirklichen. Stalin war bemüht, den deutschen Überfall zu verhindern oder zumindest hinauszuschieben. Es ist nicht ausgeschlossen, daß er in tiefster Seele daran glaubte, einen Vertragsabschluß mit dem Dreierpakt zu erreichen, konkret mit Deutschland. So hätte sich der Krieg sehr lange, eigentlich auf unbestimmte Zeit hinziehen können.

Stalin hatte nicht begriffen, daß der deutschen Seite eine solche Überlegung fremd war, doch die Zeit arbeitete gegen sie. Sie war überdies nicht bereit, sich in sowjetische Abhängigkeit zu begeben und va banque zu spielen. Berlins Politik war zwar abenteuerlich, aber nicht völlig unlogisch.

Stalin verdächtigte zudem England, konkret Churchill, ein doppelte Spiel zu treiben. Er befürchtete ein englisch-deutsches Komplott, das Deutschland freie Hand im Osten geben würde. Stalin war gänzlich von dem Gedanken eingenommen, daß England unbedingt die UdSSR in einen Krieg hineinziehen wollte, damit Deutschland von Großbritannien abließe. Heß nährte diesen Argwohn.

Der Volkskommissar für Verteidigung Timoschenko und der Chef den Generalstabs Shukow erarbeiteten unter dem Eindruck der Rede Stalins vor den Absolventen der Militärakademien am 5. Mai 1941, in der dieser über die Notwendigkeit der Vorbereitung der Armee auf Angriffsoperationen sprach, einen Plan für einen Präventivschlag. Im Prinzip handelte es sich dabei um einen Versuch, Stalin zu veranlassen, die Armee in Kriegsbereitschaft zu versetzen. Diese Aufgabe war dem Stellvertreter der Operativen Abteilung des Generalstabes, Generalmajor Wasilewski, übertragen worden, der den Entwurf am 15. Mai vorlegte. Ohne ihn zu unterschreiben, begaben sich Timoschenko und Shukow zu Stalin, der sie am 19. Mai in seinem Kreml-Kabinett empfing Stalin soll ausgerastet sein. »Seid ihr von Sinnen, wollt ihr die Deutschen provozieren?« Als sich Timoschenko und Shukow auf seine Rede beriefen, warf er ihnen empört vor: »Ich habe so gesprochen, um die Anwesenden zu ermutigen, über den Sieg nachzudenken, nicht aber über die Unbesiegbarkeit der deutschen Armee.«

So wurde der Plan begraben.[74]

Die unzureichende Kampffähigkeit der sowjetischen Truppen zeigte ein Ereignis, das ernsthafte Folgen hatte. Im Mai 1941 verletzte eine deutsche Ju 52 laut Pawel Sudoplatow – damals Kapitan 1. Ranges, also Oberst der Staatssicherheit – den Luftraum des Landes und landete, unbemerkt von der Luftabwehr, auf dem Moskauer

Zentralflughafen in der Nähe des Dynamo-Stadions.[75] Im Kreml rief
das eine große Aufregung hervor. Generalleutnant a. D. Sudoplatow konnte das Datum nicht genau angegeben, doch aller Wahrscheinlichkeit nach geschah der Vorfall in der letzten Maidekade –
kurz danach gab es Entlassungen, Verhaftungen und Erschießun-
gen. So wurden Ende Mai/Anfang Juni der Chef der Luftstreitkräfte, General Rytschakow, der Chef der Luftabwehr, General
Stern, aber auch Hunderte ihrer Untergebenen verhaftet. Die Welle
der Repressionen erfaßte auch andere Kader. Verhaftet wurde ferner der Chef des an das Baltikum angrenzenden Militärbezirks,
General Loktionow, und eine Gruppe seiner Untergebenen, der
Volkskommissar für Verteidigungsindustrie, Wannikow, und eine
Reihe führender Leute des Wissenschaftlichen Forschungsinstitutes
für Verteidigungstechnik, wobei jede Verhaftung als deren Folge
weitere Maßnahmen in den betreffenden Bereichen nach sich zog.
Am 23. Juni – das heißt am zweiten Tag nach dem deutschen Überfall – wurde General Merezkow, vormals Chef des Generalstabes,
verhaftet und in der Lubjanka[76] gefoltert. Sie alle wurden –Wannikow und Merezkow ausgenommen, die auf Anordnung Stalins frei-
gelassen wurden – erschossen. Vermutlich verhinderte nur der Krieg,
daß wie üblich Schauprozesse abgehalten wurden.

Unterdessen tobte ein psychologischer Krieg der Desinformation, der von den Geheimdiensten und besonderen Einrichtungen
geführt wurde. Nach Auskunft Sudoplatows verwies etwa die
Hälfte der Materialien geheimdienstlichen Charakters auf die
Unvermeidlichkeit des Krieges mit Deutschland. Viele Informationen ließen allerdings darauf schließen, daß der militärische Konflikt davon abhängen würde, wie es Deutschland gelinge, seine
Beziehungen zu England zu regeln.

Von dort trafen besorgniserregende Nachrichten ein. Der
bekannte sowjetische Agent Kim Philby teilte mit, daß das britische Kabinett Pläne ausarbeite, Spannungen zwischen Deutschland
und der UdSSR mit dem Ziel zu erzeugen, zwischen ihnen einen
militärischen Konflikt anzuzetteln. Philby berichtete auch, daß in
den USA Gerüchte über einen nahen Krieg zwischen Deutschland und der UdSSR umliefen. Diesen zufolge würde dieser Krieg
mit einem sowjetischen Präventivschlag gegen Südpolen beginnen. Solche Gerüchte verbreiteten englische Agenten angeblich
auch in Deutschland, um unter der deutschen Militärführung entsprechende Befürchtungen zu erzeugen. »Die Mappe mit diesen
Materialien wurde von Tag zu Tag immer umfangreicher«, so Sudo-

platow, der später die besonderen Einsatzkräfte des KGB für Auslandsoperationen befehligte.[77]

Auch die deutschen Dienste beteiligten sich. Man streute die Nachricht über ein bevorstehendes Treffen Hitlers mit Molotow. Hitler wolle angeblich nach Danzig kommen, von da aus mit einem Schiff aufs offene Meer fahren und sich auf einem sowjetischen Schiff mit dem sowjetischen Außenminister treffen. Dann wieder sollte es eine Begegnung Hitlers mit Stalin geben, bei der Hitler angeblich die Frage nach der Übergabe der Ukraine zur Pacht an Deutschland wie auch andere Forderungen stellen würde. Die Gerüchte enthielten sogar Einzelheiten, zum Beispiel wo die Tribüne errichtet werde und welche Werkstätten den Auftrag zur Herstellung der Staatsflagge der UdSSR und der Fähnchen zur Begrüßung Stalins erhalten hätten.[78]

Stolz schrieb Goebbels am 25. Mai 1941 in sein Tagebuch: »Bzgl. Rußland ist es uns gelungen, einen großartigen Nachrichtenschwindel aufzuziehen. Man weiß im Ausland vor lauter Enten überhaupt nicht mehr, was falsch und was richtig ist. Das ist die Atmosphäre, die wir brauchen.«.[79]

Die zweite und entscheidende Phase der Desinformation begann auf Anordnung des Stabschefs des Oberkommandos der Wehrmacht, Generalfeldmarschall Wihelm Keitel, vom 22. Mai 1941. Sie sollte »mit besonderer Überzeugungskraft« realisiert werden. In der Anordnung Keitels hieß es, es gelte, »den Aufmarsch Barbarossa als groß angelegtes Täuschungsmanöver erscheinen zu lassen und hierzu die Angriffsvorbereitungen gegen England mit besonderem Nachdruck fortzusetzen. Als Grundsatz gilt: Je näher der Angriffstag heranrückt, mit desto gröberen Mitteln kann […] zu Täuschungszwecken gearbeitet werden […] Alle Anstrengungen werden vergeblich bleiben, wenn die eigene Truppe von dem bevorstehenden Angriff überzeugt ist und dies in die Heimat ausstreut. Demgegenüber muß in den Ostverbänden das Gerücht von der ›Rückendeckung gegen Rußland‹ und von dem ›Ablenkungsaufmarsch im Osten‹ leben bzw. müssen die Truppen an der Kanalküste an echte Vorbereitungen glauben.«[80]

In Übereinstimmung mit dieser Verfügung wurde bei den Truppen im Westen der Ausnahmezustand ausgerufen. Einige Tage vor dem Überfall auf die UdSSR erhielten einigen Einheiten im Osten Einsatzbefehle für den Westen, jeglicher Briefverkehr während der Truppenverschiebung wurde ihnen untersagt. Die Folge war eine neue Welle von Gerüchten über die Möglichkeit einer Landung auf den britischen Inseln.[81] Leider lassen die publizierten sowjetischen Dokumente nicht erkennen, inwiefern diese Gerüchte bis zur sowjetischen Führung vordrangen und welche Schlüsse daraus gezogen wurden. Immerhin ist anzunehmen, daß wenigstens einige Gerüchte zur Kenntnis genommen wurden.

Dies war jedoch nur ein geringer Teil der Täuschungsmanöver.

Neben dem Oberkommando der Wehrmacht stand in der vordersten Reihe das Propagandaministerium. Am 31. Mai 1941 schrieb Goebbels in sein Tagebuch: »Das Unternehmen Barbarossa rollt weiter. Jetzt setzt die erste große Tarnungswelle ein.[82] Der ganze Staats- und Militärapparat wird mobil gemacht. Über die wahren Hintergründe wissen nur ein paar Leute Bescheid. Ich muß das ganze Ministerium auf die falsche Fährte setzen, selbst auf die Gefahr hin, am Ende, wenn es umgekehrt abrollt, an Prestige zu verlieren. Also los!«[83]

Die täglichen Tagebucheintragungen von Goebbels beweisen seinen Eifer, den Gerüchten mehr Wirkung zu verleihen, obwohl nicht alle seine Aktionen Widerhall fanden. So versammelte er am 5. Juni 1941 die leitenden Mitarbeiter seines Ministeriums und teilte ihnen in einer geschlossenen Beratung vertrauensvoll mit, daß in drei bis fünf Wochen der Überfall auf England stattfinden werde. Bei der Durchführung dieser Operation werde die Erfahrung der Luftlandeaktion auf der Insel Kreta während des Balkankrieges genutzt.[84]

Nach Abstimmung mit Hitler und Keitel lancierte er den Beitrag »Kreta, ein Beispiel« in der Berliner Ausgabe des »Völkischen Beobachters«, der am 13. Juni erschien. Die Ausgabe wurde sofort konfisziert. Die Inszenierung dieses »Skandals« war aus Sicht von Goebbels ein voller Erfolg. Selbst im Propagandaministerium waren alle davon überzeugt, daß ihrem Chef ein ernsthafter Fehler unterlaufen sei. In seinem Tagebuch hielt Goebbels fest, daß ihn der Führer der Deutschen Arbeitsfront deshalb kontaktiert habe. »Dr. Ley ruft an. Er ist ganz darauf reingefallen. Ich lasse ihn in diesem Glauben.«[85] Hitler beglückwünschte Goebbels, General Jodl, Chef des Führungsstabes im OKW, war geradezu begeistert. Der Artikel sorgte in der Tat geraume Zeit für große Verwirrung.

Moskau demonstrierte nach außen weiterhin Ruhe, obwohl die Spannung wuchs. Botschafter Schulenburg berichtete am 24. Mai nach Berlin, daß die sowjetische Außenpolitik nach wie vor auf die Verhinderung eines Konfliktes mit Deutschland gerichtet sei. Nach Meinung des Botschafters »zeigt sich das in der Haltung, die die sowjetische Regierung in den letzten Wochen eingenommen hat, im Ton der sowjetischen Presse, die alle Ereignisse, die Deutschland betreffen, in einer Form darstellt, die keine Einwände hervorruft, und in der Einhaltung der wirtschaftlichen Abmachungen, die mit Deutschland abgeschlossen wurden.«[86]

Der Krieg der Gerüchte erhielt Anfang Juni 1941 neue Nahrung, als der englische Botschafter Cripps zu Konsultationen nach London zurückbeordert wurde. Am Vorabend seiner Abreise aus Moskau hatte er in nichtoffizieller Form Wyschinski gesagt, daß er möglicherweise nicht nach Moskau zurückkehren werde.[87] Es versteht sich, daß man dies in Moskau mit der Möglichkeit in Verbindung brachte, es solle irgendeine Abmachung zwischen Deutschland und England erreicht werden, wovor Mitte April Cripps selbst in dem für Molotow bestimmten Memorandum gewarnt hatte. Fast gleichzeitig mit der Abreise von Cripps wurde auch der amerikanische Botschafter Vainant zu Konsultationen nach Washington gerufen.

Während man in Berlin und im ganzen Reich, aber auch in den westlichen Ländern, weiterhin die Version von einer Landung in England forcierte, verbreitete man im Osten verstärkt das Gerücht von einem wahrscheinlichen sowjetischen Präventivschlag gegen Deutschland. Obwohl diese Gerüchte in keiner Weise durch Tatsachen gestützt waren, dienten sie dazu, die Kampfbereitschaft der im Osten konzentrierten Truppen auf dem notwendigen Niveau zu halten.

Unter diesen Bedingungen erfolgte ein äußerst rätselhafter Schritt seitens der Sowjetunion.

Was steckte hinter der TASS-Mitteilung vom 13. Juni 1941?

Am frühen Morgen des 13. Juni, ungefähr gegen fünf Uhr Berliner Zeit, wurde der »Völkische Beobachter« mit dem Artikel von Goebbels (»Kreta, ein Beispiel«) eingezogen. Elf Stunden später, gegen 18 Uhr Moskauer Zeit, übertrugen die sowjetischen Radiosender eine TASS-Mitteilung, die am 14. Juni in der gesamten sowjetischen Presse veröffentlicht wurde.

Das Ziel der Mitteilung bestand darin, die Gerüchte über einen unmittelbar bevorstehenden Krieg zwischen der UdSSR und Deutschland zurückzuweisen. Dabei verbindet, genauer gesagt, identifiziert die Mitteilung diese Gerüchte mit der Ankunft des englischen Botschafters in Moskau, Cripps, in London.[88] In der Meldung werden diese Gerüchte aufgezählt:

»1. Angeblich hätte Deutschland an die UdSSR Ansprüche territorialen und wirtschaftlichen Charakters gestellt, und es liefen gegenwärtig Verhandlungen zwischen Deutschland und der UdSSR über den Abschluß eines neuen, engeren Paktes zwischen ihnen;

2. Angeblich hätte die UdSSR diese Ansprüche abgelehnt, so daß Deutschland als Folge seine Truppen an der Grenze zur UdSSR mit dem Ziel des Überfalls auf die UdSSR konzentriere;

3. Die Sowjetunion ihrerseits würde sich verstärkt auf einen Krieg mit Deutschland vorbereiten und Truppen an dessen Grenzen konzentrieren.«[89]

Wenngleich sich hinter dem ersten Gerücht tatsächlich nichts verbarg, so führte der Gebrauch des Konjunktivs im zweiten und dritten Falle weg von der Realität, weil tatsächlich Truppenkonzentrationen an der gemeinsamen Grenze stattfanden, obwohl dies bei weitem nicht symmetrisch und mit gleichen Kräften geschah.[90]

Es fällt besonders auf, daß in der Mitteilung von der »offensichtlichen Unsinnigkeit dieser Gerüchte« die Rede war. Aus diesem Grunde bevollmächtigten »verantwortliche Kreise« in Moskau TASS zu erklären, wie es heißt, daß »diese Gerüchte eine plump fabrizierte Propaganda von Kräften sind, die der UdSSR und Deutschland feindselig gesinnt sind und an einer weiteren Ausdehnung und weiteren Entfesselung des Krieges interessiert sind«.

Die bekannten Fakten zeugen aber davon, daß diese Gerüchte keineswegs unsinnig waren. Im Gegenteil, hinter den Gerüchten über die Konzentration von Truppen, in erster Linie deutscher Truppen, verbargen sich nachgewiesene Tatsachen, über die übrigens auch die »verantwortlichen Kreise« in Moskau verfügten.

Lediglich das Verhältnis zu diesen Tatsachen war von ihrer Seite unverantwortlich.

Einem jeden dieser Gerüchte wurde eine entsprechende Interpretation in Übereinstimmung mit den Themen der Aufzählung gegeben. »1. Deutschland hat der UdSSR keinerlei Ansprüche vorgetragen und schlägt auch keinen neuen, engeren Pakt vor, so daß es auch keine Verhandlungen zu diesem Thema geben kann.« Dies entsprach der Realität – allerdings mit der Einschränkung, daß die sowjetische Seite deutsche Vorschläge erwartete und bereit war, sie zu erörtern.

Sie war über etwas ganz anderes besorgt, nämlich über das Ausbleiben derartiger Vorschläge.

Von größtem Interesse ist die Auslegung des zweiten Gerüchts: »2. Nach Kenntnissen der UdSSR hält sich Deutschland ebenso unverbrüchlich an die Bedingungen des sowjetisch-deutschen Nichtangriffspaktes wie die UdSSR, so daß nach Auffassung der sowjetischen Kreise die Gerüchte über die Absicht Deutschlands, den Pakt zu brechen und die UdSSR zu überfallen, völlig unbegründet sind, während die Verschiebung der deutschen Truppen, die nach der Operation auf dem Balkan frei geworden sind, in östliche und nordöstliche Regionen Deutschlands, wie man annehmen muß, andere Motive besitzt, die keinen Bezug zu den sowjetisch-deutschen Beziehungen haben.«

Der Ton dieses Punktes ruft einen begründeten Zweifel hervor. Das Wichtigste aber besteht in folgendem: Weshalb nahm die sowjetische Seite die Aufgabe auf sich, die Motive der deutschen Handlungsweise zu erklären?

Und über welche Kenntnisse verfügte sie?

So hätte man vielleicht die Antwort formulieren können, wenn man von deutscher Seite irgendwelche Zusicherungen bekommen hatte. Ansonsten ist es unverständlich, daß die UdSSR für Deutschland die Gewähr übernahm und sich für dessen Reputation verbürgte.

Dies war im diplomatischen Umgang ein seltener, um nicht zu sagen: ein präzedenzloser Vorgang.

Im Gegensatz dazu stellte die sowjetische Aufklärung eine ausreichende Anzahl unwiderlegbarer Beweise über die Vorbereitung Deutschlands auf den Überfall auf die UdSSR vor. Und dies war eben ohne Zweifel der zentrale Punkt der TASS-Mitteilung.

Die Behandlung des dritten Gerüchts (die UdSSR habe sich an die Bedingungen des sowjetisch-deutschen Nichtangriffspaktes gehalten und beabsichtige, sich auch weiterhin daran zu halten, so daß die Gerüchte über ihre Vorbereitung eines Krieges gegen Deutschland verlogen und provokativ seien) entsprach nur zur Hälfte der Realität – daß nämlich die UdSSR sich nicht auf einen Präventivschlag vorbereitete.

Die Vorbereitung dieses Krieges war aber im Gange. Selbst Stalin war sich vermutlich bewußt, daß es nicht gelingen werde, einem Krieg gänzlich aus dem Wege zu gehen. Eine andere Frage war es, daß er sich sicher schien, den Krieg, wenn schon nicht zu verhindern, zumindest hinausschieben zu können. Darin bestand seine

Fehleinschätzung. Der dieser Mitteilung angefügte vierte Punkt über die Einberufung der Reserveeinheiten stellte einen Versuch dar, die teilweise und völlig unzureichende Mobilisierung der Reservisten zwecks Auffüllung der Armee zu verschleiern. Dem Obersten Kommando der sowjetischen Streitkräfte kann man nur den Vorwurf machen, ungenügende Maßnahmen zur Vorbereitung der Abwehr der deutschen Aggression ergriffen zu haben. Es war aber Stalin, der den obersten Militärführern die Hände band.

In dieser TASS-Meldung sind alle wesentlichen Elemente des Stalinschen Kurses im Frühjahr/Sommer 1941, seiner Politik der »Befriedung« enthalten. Umso erstaunlicher ist es, daß sie von der sowjetischen Historiographie kaum beachtet wurde.

Das Bemühen, diesen Kurs als eine Form der Sondierung darzustellen, um die Reaktion Berlins auf die Probe zu stellen, ist kaum zu begründen, weil die negativen Folgen der TASS-Mitteilung offensichtlich waren. Die Meldung machte alle propagandistischen Anstrengungen, die im Frühjahr 1941 unternommen worden waren, zunichte.

Alle Zeitgenossen, alle Autoren von Memoiren, die über die Anfangsetappe des Krieges berichteten, sind sich darin einig, daß die TASS-Mitteilung die Armee moralisch entwaffnet habe. Die Wachsamkeit der Kommandoebenen habe nachgelassen und die Selbstzufriedenheit zugenommen.

Es ist kaum möglich, daß erfahrene Politiker wie Stalin und Molotow dies nicht zu begreifen vermochten. Ein solches Dokument wie die TASS-Mitteilung konnte nur mit ihrer Billigung erscheinen, zumal der Stil und der allgemeine Geist recht deutlich auf Stalin als Verfasser hinweist (zumindest auf seine gründliche redaktionelle Bearbeitung). Eine rationale Erklärung des Umstands, wie diese Nachricht zustande kam, wurde bisher nicht entdeckt. Besonders unverständlich ist, worauf sich die Sicherheit gründete, mit der die sowjetische Seite sich über die Absichten Deutschlands äußerte?

Der Form nach hätte diese Mitteilung das Ergebnis der gemeinsamen Arbeit, eine Sache in der Art einer gemeinsamen Erklärung, sein können, über die Dekanosow mit Schulenburg am 9. Mai 1941 in Moskau gesprochen hatte. Damals hatte Dekanosow Schulenburg direkt gesagt, daß er sich mit Stalin getroffen und dieser die Idee einer solchen gemeinsamen Erklärung gebilligt hätte. Kann es sein, daß damals Textentwürfe für eine solche Erklärung gemacht wurden, welche einen Monat später verwandt wurden?

Andererseits hatte Schulenburg den Austausch von Briefen zwischen Hitler und Stalin vorgeschlagen. Stalin wird mit seinem exzellenten Gedächtnis kaum diesen Vorschlag vergessen haben. Über einen solchen Briefaustausch wissen wir jedoch nichts.

Heißt das aber, daß es ihn nicht gegeben haben konnte?

Immerhin existieren einige Spuren von einem Briefwechsel zwischen Hitler und Stalin. Bekanntlich stand Hitler im Briefwechsel mit den Führern aller Staaten, mit denen er Kontakte aufgenommen hatte. Und Stalin bildete hierin keine Ausnahme.

Dem Abschluß des sowjetisch-deutschen Nichtangriffspaktes ging zwischen den beiden Diktatoren ein Austausch von Briefen voraus. Diese Briefe sind veröffentlicht.[91]

Bekannt ist auch ein Glückwunschtelegramm Hitlers, das er Stalin anläßlich seines 60. Geburtstages am 21. Dezember 1939 gesandt hatte.[92]

Es ergibt sich die Frage: Erhielt auch Hitler von Stalin ähnliche Telegramme im April 1940 und 1941?

Hat er auf diese geantwortet?

Hat Hitler Stalin auch am 21. Dezember 1940 einen solchen Glückwunsch geschickt?

Das diplomatische Protokoll ist sehr streng, und eine Abweichung von ihm ist mit Folgen verbunden. Zieht man die Beziehungen beider Länder in jener Zeit in Betracht, so kann man sich schwer das Ausbleiben entsprechender Botschaften vorstellen. Es könnte sich allerdings um persönliche Briefe gehandelt haben, in denen neben den protokollarischen Momenten auch andere Sujets berührt worden sein könnten. Das würde erklären, warum sie nicht publiziert wurden.

Dies wäre allerdings nur eine logische Überlegung. Die Logik kann aber in bezug auf eine solche Frage kein Beweis sein. Dennoch darf man sie nicht ganz ausschließen.

Es existieren aber indirekte Zeugnisse darüber, daß es im Juni 1941 einen Briefaustausch zwischen Stalin und Hitler gegeben haben könnte, die allerdings einer genauen Prüfung bedürfen. Die Rede ist von einer Mitteilung, die Marschall Shukow gegenüber dem sowjetischen Schriftsteller Konstantin Simonow 1965/1966 machte. Shukow habe erzählt, daß Stalin, als 1941 der sowjetischen Seite die Konzentration starker deutscher Truppenverbände in Polen bekannt geworden war, »sich mit einem persönliche Brief an Hitler wandte, um ihm mitzuteilen, daß wir davon Kenntnis haben, daß uns das verwundert und bei uns den Eindruck erweckt, daß sich Hitler anschickt, gegen uns Krieg zu führen. Als Antwort schickte Hitler Stalin einen Brief, ebenfalls einen persönlichen, wie er im Text betonte, daß unsere Informationen der Wahrheit entsprechen, daß in Polen tatsächlich starke Truppenverbände konzentriert sind, daß er aber, wohl in der Überzeugung, dies würde außer Stalin niemanden bekannt werden, erklären müsse, daß die Konzentration seiner Truppen in Polen nicht gegen die Sowjetunion gerichtet ist, daß er bereit ist, den abgeschlossenen Pakt streng einzuhalten, wofür er mit seiner Ehre als Regierungschef sich verbürgt. In Polen sind aber seine Truppen für andere Ziele zusammengezogen worden. Das Territorium West- und Mitteldeutschlands ist starken englischen Bombardierungen ausgesetzt und wird von den Engländern aus der Luft gründlich überwacht. Deshalb war er gezwungen, starke Truppenkontingente nach dem Osten zu verlagern, um die Möglichkeit zu haben, sie hier in Polen unentdeckt umzurüsten und umzugruppieren. Wie ich verstanden habe, hat Stalin diesem Brief Glauben geschenkt«, schlußfolgerte Shukow.[93]

Simonow war aber nicht der einzige Mensch, dem Marschall Shukow diese Information mitgeteilt hat. Zu diesem Thema hat er sich etwa zu gleicher Zeit, im Jahre 1966 also, auch gegenüber dem Historiker und Journalisten Lew Besymenski geäußert, dem er einige Details mitteilte, die er entweder Simonow nicht sagte oder denen dieser einfach keine Aufmerksamkeit schenkte. So sei nach Besymenskis Aussage Shukow zu Stalins gerufen worden. Dieser habe am Tisch gesessen und die Tischlade geöffnet, daraus ein Blatt Papier entnommen und mit der Bemerkung Shukow gereicht: »Lesen Sie!«

Nach Auskunft Shukows habe es sich um einen Brief Stalins an Hitler gehandelt, der die sowjetischen Besorgnisse zum Ausdruck gebracht hätte. Danach habe Stalin aus derselben Tischlade ein anderes Blatt Papier hervorgezogen und ebenfalls Shukow zum Lesen gegeben. Dies sei der Antwortbrief Hitlers gewesen. Wie sich Shukow gegenüber Besymenski äußerte, hätte er sich aufgrund der weit zurückliegenden Zeit nicht mehr an die genauen Formulierungen erinnern können, die diese beiden Briefe enthielten. Doch habe Shukow hinzugefügt, daß er, als er am 14. Juni 1941 die »Prawda« aufschlug und dort die TASS-Mitteilung sah, in ihr exakt die Argumentation Hitlers wiedergegeben gefunden hätte.[94]

Schließlich gibt es noch einen dritten Zeugen, der eine entsprechende Erklärung Marschall Shukows festgehalten hat. Es handelt sich um die Journalistin Rshewskaja. In ihrer Erzählung »An jenem Tag, im Spätherbst«[95] gibt sie die Worte Marschall Shukows wieder, die de facto das wiederholen, was dieser Besymenski gesagt hatte, doch in einer etwas anderen Version: Hitler habe Stalin belogen, und dieser habe ihm aufs Wort geglaubt. Stalin habe keinen Krieg führen wollen und sei bereit gewesen, sich auf Zugeständnisse einzulassen.

Alles in allem bieten diese Zeugnisse ein ausreichend klares Bild, und sie würden das Vorhandensein eines Briefwechsels der beiden Diktatoren unmittelbar am Vorabend des deutschen Überfalls auf die UdSSR bestätigen. Zumindest würden sie die Geschichte der TASS-Mitteilung vom 13. Juni 1941 als eines direkten Resultats ihres Briefaustauschs enthüllen. Nimmt man diese Vermutung als Arbeitshypothese, so erweist sich, daß die TASS-Mitteilung lediglich der sichtbare Teil eines Eisbergs war. Der Hauptteil blieb unter der Wasseroberfläche, für den Beobachter nicht erkennbar.

Was aber blieb unsichtbar? Kann man annehmen, daß parallel zu dieser Mitteilung über den geheimen Kanal eine neue Botschaft Stalins an Hitler ging (möglicherweise mit dem Vorschlag eines Treffens), und daß dieser eben in den letzten Tagen vor der deutschen Aggression darauf eine Antwort erwartete, während die TASS-Mitteilung als Verschleierung und als eine Art Vorbereitung der öffentlichen Meinung auf eine neue Wende in den Ereignissen diente?

Demnach wartete und hoffte Stalin. Und er wartete umsonst und fühlte sich als unbarmherzig betrogen.

Hat eine solche Hypothese eine Daseinsberechtigung? Als Hypothese ja. Doch tauchen im Zusammenhang mit ihr viele Fragen auf.

Shukow nicht zu glauben – dafür gibt es keinen Grund. Er wird wohl aber kaum der einzige Mensch sein, dem Stalin seinen Brief an Hitler und dessen Antwort gezeigt haben dürfte. Wie aber verhielt es sich damals mit Molotow? Immerhin war er die Person, die das größte Vertrauens Stalins genoß und ihm am nächsten stand. Und er lebte sehr lange, um einige Geheimnisse seiner und der Stalinschen Politik lüften zu können. In seinen Gesprächen mit dem Schriftsteller F. I. Tschujew, die publiziert worden sind, erwähnt er diesen Brief mit keinem Wort. Im Gegenteil, Molotow verteidigte später den mit der Veröffentlichung der TASS-Mitteilung verbundenen Zweck, indem er ihn einen »sehr verantwortungsvollen Schritt« nannte. Dies war eine eindeutige Rechtfertigung des dama-

ligen politischen Kurses. »Dieser Schritt«, so Molotow, »war darauf
gerichtet, war davon diktiert und dadurch gerechtfertigt, um den
Deutschen keinerlei Anlaß zu bieten, ihren Überfall zu rechtfertigen. Wenn wir unsere Truppen bewegt hätten, hätte Hitler unver-
hohlen gesagt: Seht, sie haben ihre Truppen schon in Bewegung
gesetzt! Hier habt ihr die Aufnahmen, hier habt ihr die Aktivitäten.«[96]

Übrigens trug Molotow dieselbe Verantwortung für das Scheitern der Politik wie Stalin selbst. Und er vermochte die Geheimnisse zu wahren. Es ist nicht ausgeschlossen, daß noch einige weitere Personen über die Ereignisse informiert waren. Doch kein
anderer hat sich in irgendeiner Weise geäußert, oder aber er erlebte
nicht mehr die Zeit, als man darüber sprechen konnte.

Es entsteht die Frage, über welchen Kanal dieser Briefwechsel
hätte laufen können? Viele Personen, die Stalin nahe standen und
sein Vertrauen genossen, wie zum Beispiel Dekanosow oder der
Resident der Aufklärung des NKGB in Berlin, Kobulow, sind Ende
1953 in Verbindung mit der Berija-Affäre[97] erschossen worden, so
daß sie ihre Geheimnisse mit ins Grab nahmen.

Ebenso wie die sowjetische Linie ist die deutsche nicht aufgeklärt. Die Diktatoren vermochten ihre Geheimnisse zu wahren.

Die Suche nach Spuren ihres Briefaustauschs sollte jedoch
fortgesetzt werden. Es ist jedoch nicht ausgeschlossen, daß die
Briefe von einer Seite, möglicherweise aber auch von beiden Seiten, vernichtet wurden. Als Beispiel kann man die Vernichtung
der Originale der Geheimprotokolle zum Ribbentrop-Molotow-
Pakt durch die deutsche Seite in Erinnerung bringen. Sie blieben
auf deutscher Seite nur als Mikrofilm erhalten und wurden den
Alliierten wie auch der internationalen Öffentlichkeit nur
dadurch bekannt, daß die Person, die mit der Vernichtung auch
der letzten Spuren beauftragt worden war, den Befehl nicht aus-
führte.

Das Ende des »Spiels«

Die TASS-Mitteilung vom 13. Juni 1941 wurde in der deutschen
Presse nicht publiziert. Dennoch erwarteten Stalin und Molotow
bis zuletzt irgend eine Reaktion.

Wendet man sich erneut dem Gespräch Molotows mit Tschujew zu, muß man aufmerksam dessen Reaktion auf ein Buch von
Bereshkow[98] – der Titel des Buches wird von Molotow nicht

genannt – zur Kenntnis nehmen, in dem die Frage nach der TASS-Mitteilung berührt wird. Im Interesse der Genauigkeit soll die ganze Passage zitiert werden.

»Das war meiner Meinung nach von Stalin ausgedacht«, sagte Molotow. »Bereshkow macht Stalin den Vorwurf, daß es für eine solche Mitteilung keine Veranlassung gegeben hätte. Dies war ein diplomatisches Spiel. Selbstverständlich ein Spiel. Es gelang nicht. Nicht jeder Versuch führt zu guten Ergebnissen, doch der Versuch selbst sah nichts Schlechtes vor. Bereshkow schreibt, daß dies naiv war. Es war nicht Naivität, es war vielmehr eine bestimmte diplomatische Vorgehensweise, eine politische Vorgehensweise. Im gegebenen Falle ist daraus nichts geworden, doch handelte es sich nicht um etwas Unannehmbares und Unzulässiges.«

Er fügte dem noch hinzu, daß es ein Versuch war, die deutsche Seite dahin zu bringen, sich zu erklären. Das Ausbleiben einer deutschen Reaktion habe gezeigt, so betonte Molotow, daß die Deutschen gegenüber der sowjetischen Seite eine verlogene Linie verfolgten. »Daß man uns dafür einen Vorwurf macht, halte ich für eine Gemeinheit. Die TASS-Mitteilung war als letztes Mittel notwendig.«[99]

Es sei angemerkt, daß Molotow der einzige Mensch war, der in der reichhaltigen sowjetischen und russischen Literatur, in der diese Frage aufgegriffen wurde, sich dafür entschied, diesen Stalinschen Schritt als »weise« zu verteidigen.

In dem Zitat sind Auslassungen und der Versuch enthalten, die Aufmerksamkeit zu steuern.

Erstens: In diesem Ausschnitt wird nicht ein einziges Mal der Name Hitler erwähnt. Weshalb? Wenn es nämlich eine Sondierung gewesen wäre, hätte man sich in erster Linie an ihn selbst gewandt. Zweitens: Molotow erweckte den Eindruck, als würde er sich nicht an alle Umstände des Erscheinens dieser Mitteilung erinnern. »Das war meiner Meinung nach von Stalin ausgedacht«, sagte er.

Hier ist die Frage erlaubt: Aber wer konnte – außer ihm – die Sanktion für einen solchen Schritt geben?

Dies, drittens, ist wohl das Entscheidende: Molotow bestreitet wütend die Auffassung Bereshkows, daß Stalin keine Veranlassung für eine solche TASS-Mitteilung gehabt habe. Die Tatsache der Verneinung selbst bestätigt, daß dennoch gewisse Gründe, und zwar offenbar sehr gewichtige, für diesen Schritt existierten. Doch welche das waren, darüber schweigt Molotow sich aus. Er behauptet sogar, daß man diese TASS-Mitteilung nicht verurteilen dürfe und »sich über sie lustig zu machen nicht gerechtfertigt wäre«.[100] Man kann also den Schluß ziehen, daß Molotow sehr gut wußte, wovon die Rede war, aber es entschieden ablehnte, sich Tschujew zu offenbaren.

Eine besondere Pikanterie dieses »Spiels« ergibt sich aus dem Umstand, daß am 10. Juni 1941 Hitler den Tag des Überfalls bestimmte. Das OKW unterrichtete unverzüglich alle Befehlshaber der Truppen, die auf den Einmarsch vorbereitet wurden. In dem von General Halder unterzeichneten Befehl hieß es sinngemäß, daß als Beginn der Operation »Barbarossa« der 22. Juni vorgesehen ist. Der Vormarsch der Landstreitkräfte und das Eindringen der Flugzeuge in den sowjetischen Luftraum sollte 3.30 Uhr erfolgen. Zwecks Bestätigung des Befehls sollte am 21. Juni 13 Uhr den Truppen das Code-Wort »Dortmund« übermittelt werden, was bedeutete, zur unmittelbaren Durchführung des Befehls überzugehen. Für alle Fälle sei auch das Code-Wort »Altona« genannt, das bedeutete, den Beginn der Operation zu verschieben. Dies hielt Halder allerdings für wenig wahrscheinlich, weil man sich dann, wie er erläuterte, bereits in voller Kampfbereitschaft befände.[101] Bekanntlich maß die deutsche Führung dem Faktor der Überraschung eine besondere Bedeutung bei, um für den Erfolg des »Blitzkrieges« die günstigsten Bedingungen zu sichern. Und dafür unternahmen die Deutschen alles, was in ihren Kräften stand.

Goebbels, der sich wegen seines Artikels »Kreta, ein Beispiel« noch immer im Zustand der Euphorie befand, notierte am 16. Juni in sein Tagebuch: »Gestern: Rußland-Deutschland – großes Thema. Man glaubt dem Tass-Dementi nicht. Rätselt daran herum, aber das gelingt in keiner Weise. Wir bewahren eisiges Schweigen. Eine Klarheit ist also für die Gegenseite nicht zu erlangen. Unterdes aber gehen die militärischen Vorbereitungen ununterbrochen weiter.« Man nehme an, daß die Quelle aller Gerüchte London sei.[102]

Die Unterstellung, man wolle Berlin aus dem Bau locken, war weniger auf London als auf Moskau bezogen. Daraus läßt sich schließen, daß selbst Goebbels nicht in alle Pläne des Führers eingeweiht war.

Mitte Juni 1941 erreichten die von den deutschen Diensten verbreiteten Gerüchte über einen bevorstehenden Besuch Stalins oder Molotows in Berlin ihren Höhepunkt. Gleichzeitig kolportierte man die Nachricht von großen Truppenverschiebungen nach dem

Westen, um damit zur Insel überzusetzen. Dem Chor schloß sich auch Ribbentrop an. Während des Treffens mit dem italienischen Außenminister Ciano in Venedig am 15. Juni 1941 äußerte er sich neben anderen Fragen auch zu den Beziehungen zur UdSSR. Ciano notierte: »Die russisch-deutschen Beziehungen haben sich in letzter Zeit ernsthaft verschlechtert, und zwar wegen der massiven Truppenkonzentration, die die sowjetische Regierung an der Grenze durchführt. Unter diesen Bedingungen ist es mehr als wahrscheinlich, daß die Sache bis zur Krise führt. Der Führer wird sich aller Wahrscheinlichkeit nach zu Monatsende mit einigen Fragen an Rußland wenden, die einen ultimativen Charakter tragen werden. Wenn diese abgelehnt werden, wird Deutschland ein Mittel finden, um von sich aus Gerechtigkeit durchzusetzen.«[103] Aus diesen Bemerkungen Ribbentrops schloß Ciano, daß Hitler bereits den Entschluß gefaßt habe, in Kürze die Sowjetunion zu überfallen. Er vermutete allerdings nicht, daß dies schon in wenigen Tagen geschehen werde.

Ausgeschlossen ist nicht, daß Ribbentrop diese Erklärung mit der Absicht abgab, daß sie Moskau erreichen werde. Davon könnte auch die Tatsache zeugen, daß am selben Tage Ribbentrop noch den deutschen Botschaftern in Tokio, Budapest und in Rom Order gab, die Regierungen dieser Länder über die Absicht Deutschlands in Kenntnis zu setzen. Im Telegramm an den deutschen Gesandten in Budapest hieß es: »Im Hinblick auf die starke Anhäufung russischer Truppen an der deutschen Ostgrenze werde der Führer voraussichtlich bis spätestens Anfang Juli gezwungen sein, das deutsch-russische Verhältnis eindeutig zu klären und hierbei gewisse Forderungen zu stellen.«[104] Diese Formulierungen sollten den Gedanken nähren, das übliche diplomatische Procedere würde eingehalten und irgendwelche Verhandlungen durchgeführt.

Die nachfolgenden Ereignisse bezeugen, daß Stalin und Molotow mit einem solchen Gang der Ereignisse rechneten und annahmen, daß sie noch einige Zeit gewinnen würden. Mit anderen Worten: Die Desinformation hatte ihr Ziel erreicht.

Am wenigsten ließen sich die englischen Politiker von den deutschen Gerüchten beeindrucken. Am Sonntag, dem 15. Juni 1941, ließ Churchill dem sowjetischen Botschafter Iwan Maiski die Informationen zukommen, die die englische Aufklärung über den bevorstehenden deutschen Überfall besaß. (Die Engländer hatten den Code [»Operation Ultra«] geknackt, den die Wehrmacht für ihre interne Nachrichtenübertragung benutzte)[105]

Am Montag um 15 Uhr rief Cadogan, Stellvertreter des britischen Außenministers, Maiski zu sich und übermittelte ihm konkrete Angaben über die deutschen Pläne und Truppenverschiebungen.[106] Der äußerst besorgte Maiski beeilte sich, darüber sofort nach Moskau zu berichten.[107]

Die Reaktion der sowjetischen Führung auf diese Information ist unbekannt.

Die deutsche Seite setzte zielstrebig ihre Desinformation fort. Als der sowjetische Botschafter in Berlin am 18. Juni den Staatssekretär im Außenministerium, Ernst von Weizsäcker, aufsuchte, sah er auf dessen Schreibtisch eine Karte des Irak liegen. Auf Dekanosows Frage, was an Neuigkeiten zu vernehmen sei, habe von Weizsäcker geantwortet, die Karte des Irak sei durch eine von Syrien zu ersetzen. Die Franzosen – gemeint war die Regierung Petain in Vichy[108] – habe Deutschland gebeten, die Bombardements der englischen Flotte auf die Küsten Syriens zu begrenzen.[109]

Von Weizsäcker lenkte also die Aufmerksamkeit des Botschafters auf den Nahen Ostens, was sich in die Gerüchte über die bevorstehende Operation gegen England einfügte.

Die Zeit verstrich jedoch, ohne daß von deutscher Seite irgendwelche offiziellen Aktivitäten zu beobachten waren. Die besorgniserregenden Signale über den Vormarsch deutscher Truppen in Richtung auf die sowjetischen Grenzen nahmen zu und erzeugten Alarmstimmung. Am Mittwoch, dem 18. Juni 1941, ergriff die sowjetische Führung die Initiative. Molotow versuchte, per Telefon Hitler zu erreichen.[110] Der Versuch scheiterte.

In seinen Tagebuchaufzeichnungen vermerkte von Weizsäcker für diesen Tag, daß die Hauptsorge der deutschen Obrigkeit darin bestehe, »Stalin keine Möglichkeit zu bieten, im letzten Moment durch eine freundliche Geste die Karten durcheinander zu bringen«.[111]

Mit der militärischen endete auch die diplomatische Vorbereitung für den Überfall auf die UdSSR. Der letzte Schritt erfolgte am 18. Juni in Ankara. Der deutsche Botschafter von Papen und der türkische Außenminister unterzeichneten einen zweiseitigen Vertrag über territoriale Integrität und Freundschaft. Zugleich wurde eine Vereinbarung über die Wiederherstellung der Eisenbahnverbindung zwischen der Türkei und den Ländern des faschistischen Blocks unterzeichnet.

In der sowjetischen Literatur hat sich die Auffassung festgesetzt, daß dieser Vertrag die Veränderung der außenpolitischen

Orientierung der Türkei zum Ausdruck brachte. Diese habe dadurch eine deutlich antisowjetische Ausrichtung erhalten.[112]

In der Tat verbargen die türkischen Regierenden in den Verhandlungen, die im Mai 1941 begonnen hatten, nicht ihre antisowjetische Stimmung. Für den Fall eines russisch-deutschen Konflikts deuteten die türkischen Politiker an, auf der deutschen Seite zu stehen. Im Gespräch mit Papen äußerte Saraçoğlu: Nach der Rückkehr Stalins zur alten zaristischen Politik gegenüber dem Balkan und den Meerengen »müsse die Türkei Rußland wieder als ihren unversöhnlichen Gegner betrachten«. Gleicher Auffassung war auch der türkische Präsident Inönü, dem Papen Mitte Mai eine neue Botschaft Hitlers übergeben hatte. Mehr noch: In diesem Zusammenhang boten sie der deutschen Seite ihre Vermittlerrolle bei der Regelung der deutsch-englischen Beziehungen unter der Bedingung an, daß die Sicherheit Englands garantiert und Deutschland freie Hand in Mittel- und Osteuropa zugestanden werde. Saraçoğlu versicherte Papen in der Hoffnung auf Deutschlands Sieg: »Sie würden der Menschheit einen Dienst erweisen, wenn Sie das gegenwärtige Rußland zerschlagen und damit den Bolschewismus ein für alle Male unschädlich machen.«[113]

Dem Beobachter war klar, daß Deutschland mit dem Abschluß dieses Vertrages die Vorbereitung des Balkans als Aufmarschgebiet für den Krieg gegen die UdSSR beendete. Entsprechende Abmachungen gab es mit Rumänien, Ungarn und Finnland.

Am 19. Juni 1941 informierte der türkische Botschafter in Moskau, Aktay, Molotow über den Abschluß des deutsch-türkischen Paktes. Dieser antwortete völlig unerklärlich, daß ihm die Position der Türkei verständlich sei, weil dieser Vertrag ihr Frieden und Ruhe sichere. Auf die Frage von Aktay nach seiner Einschätzung der internationalen Lage antwortete Molotow, daß »es gegenwärtig viele Unklarheiten hinsichtlich der Frage gibt, wie sich die nächsten Ereignisse entwickeln werden. Die Sowjetunion hat keinen Grund zur Beunruhigung. Von diesem Gesichtspunkt gibt es in der internationalen Situation keinerlei neue Momente.«[114]

Die Antwort entsprach ganz offensichtlich nicht der realen Stimmung Molotows und war eher für eine mögliche Weiterleitung an die Deutschen berechnet. Hatte Berlin aber derartige Versicherungen aus Moskau nötig?

Immerhin war selbst die sowjetische Führung zu diesem Zeitpunkt zu dem Schluß gelangt, daß ihr »Spiel« keinerlei Resultate zeitigte. Weshalb führte es Moskau unverändert fort?

Am 19. Juni 1941 gab der Volkskommissar für Verteidigung Timoschenko den Befehl, Flugplätze sowie militärische Einheiten und andere militärische Objekte zu tarnen. Auf die Bitte der Kommandos der Militärbezirke und der Armeestäbe, die Truppen in Kampfbereitschaft zu versetzen, reagierte man abschlägig. Sowohl der Volkskommissar für Verteidigung als auch der Chef des Generalstabs gaben die von Stalin sanktionierte kategorische Anweisung, maximale Vorsicht walten zu lassen, um die Deutschen nicht zu einem militärischen Konflikt zu provozieren.

Erst in später Stunde des 21. Juni erhielten sie den Befehl, die Truppen in Kampfbereitschaft zu bringen.[115]

Doch war das viel zu spät. Die Hauptmasse der Divisionen wurde erst durch die feindliche Luftwaffe und durch Artilleriebeschuß in Alarmbereitschaft versetzt.

Stalin und Molotow hofften bis zum letzten Moment auf irgendein Wunder. Wie sonst läßt sich die Auskunft Molotows an Dimitroff am Morgen des 21. Juni erklären: »Die Lage ist unklar. Ein großes Spiel ist im Gange.«

Selbst am frühen Morgen des 22. Juni 1941, als Botschafter Schulenburg Molotow die Mitteilung über die Kriegserklärung an die Sowjetunion überbrachte und in Moskau bereits seit einigen Stunden Nachrichten über den Vormarsch deutscher Truppen und die Bombardierung einer Reihe sowjetischer Städte eintrafen, gab Stalin nicht seine Zweifel auf. Handelt es sich nicht etwa um eine Provokation deutscher Generale?

Wolkogonow meint in seinem Buch über Stalin, daß die entschiedene Weigerung Stalins, sich am ersten Tage des Krieges mit einer Botschaft an das Volk zu wenden, von der Hoffnung diktiert gewesen sei, daß es gelänge, in zwei bis drei Wochen die Lage an der Front zu stabilisieren und erste Erfolge zu erringen. Dann erst habe er dem Volke »erscheinen« wollen.[116]

Ein Wunder aber trat nicht ein. Die Tragödie war im Gange. Für die Fehler und Fehleinschätzungen der Führer mit ihrer manischen Starrheit und ihrer blinden Selbstsicherheit bei der Verfolgung ihres einmal festgelegten Kurses mußte das ganze Land teuer bezahlen.

Selbst im Gespräch mit dem deutschen Botschafter Schulenburg, der in Begleitung der Botschaftsrates Hilger 5.30 Uhr am Morgen des 22. Juni in den Kreml gekommen war, hielt Molotow an diesem Wunderglauben fest.

Während bereits die Bomben fielen und die Panzer über die

Grenze rollten übergab Schulenburg das Telegramm mit der Erklärung der deutschen Regierung, daß die sowjetische Truppenkonzentration für sie nicht hinnehmbar sei. Die sowjetische Niederschrift des Gesprächs, das in bezug auf den Inhalt sehr komprimiert ist, hat nur einen Teil festgehalten. So wird Molotow, nachdem er den Inhalt der Note gehört hatte, wie folgt zitiert:

»Gen. Molotow fragt, was die Note bedeutet. Schulenburg antwortet, daß es sich seiner Meinung nach um den Beginn des Krieges handelt.«[117]

Wodurch war eine solche Formulierung hervorgerufen, die unter diesen Bedingungen mehr als seltsam war?

Des weiteren erklärte Molotow im Namen der sowjetischen Regierung, daß »die deutsche Regierung bis zur letzten Stunde keinerlei Ansprüche an die sowjetische Regierung gerichtet hat«, daß »die deutsche Armee ihren Überfall auf die Sowjetunion durchführt ohne jeglichen Anlaß und Grund«.

Von gleicher Irrationalität war auch Molotows abschließende Frage: »Was bedeutete für Deutschland der Nichtangriffspakt, wenn er so leicht gebrochen wird?«

Schulenburg antwortete, daß er »dem Gesagten nichts hinzuzufügen hat«.[118]

Der Inhalt der Niederschrift gibt – ungeachtet der Zurückhaltung in der Form – durchaus die seelische Verfassung Molotows an diesem Morgen wider.

Einige interessante Einzelheiten berichtet Botschaftsrat Hilger, der diesem Gespräch beiwohnte, in seinem Buch, das nach dem Kriege erschien. Nach seiner Aussage nannte Molotow, indem er seiner Entrüstung Ausdruck verlieh, das Vorgehen Deutschlands einen nie da gewesenen Präzedenzfall. Die in der Note enthaltene Beschuldigung der deutschen Regierung, die Sowjetunion würde an der Grenze Truppen konzentriert haben, nannte Molotow einen »leeren Vorwand«, weil diese Truppen sich dort aufgrund der Sommermanöver befänden. Wenn die Reichsregierung dagegen etwas einzuwenden gehabt hätte, so zitiert Hilger Molotow, hätte sie der Sowjetregierung dies nur mitzuteilen brauchen und diese hätte für Abhilfe Sorge getragen. »Das haben wir nicht verdient.« Mit diesen Worten habe Molotow seine Erklärung beendet.[119]

Es ist anzunehmen, daß Molotow nicht unvorbereitet in dieses Gespräch gegangen war, obwohl es auch Elemente des Spontanen gegeben haben mag. Seine Erklärung, die offenbar mit Stalin abgestimmt war oder wenigstens auf der Grundlage eines zwischen ihnen zuvor erörterten Standpunktes fußte, bildete nicht nur den Hauptteil der während der Zusammenkunft mit Schulenburg gemachten Vorwürfe. Sie wurde in der Rundfunk-Erklärung am Mittag des 22. Juni 1941 wiederholt. Indem Molotow an den Nichtangriffspakt erinnerte, betonte er, daß »während der ganzen Zeit der Gültigkeit dieses Vertrages die deutsche Regierung kein einziges Mal Grund hatte, der Sowjetunion auch nur eine einzige Reklamation wegen Nichterfüllung des Vertrages vorzubringen« und bis zur letzten Minute auch nicht vorgebracht hätte. Die Formulierung darüber, daß es keinerlei Reklamationen gab, wiederholte Molotow in der Erklärung mehrmals.[120]

Dieser Umstand hatte bei ihm als einem Menschen, der in seinen Erwartungen betrogen worden war, offenbar eine besondere Empörung ausgelöst,

Der Preis für die Fehleinschätzung Stalins und seiner engeren Umgebung erwies sich als unglaublich hoch. Die Folgen der politischen Fehleinschätzung wurden noch verstärkt durch die militärstrategischen Fehleinschätzungen. Weder die politische noch die militärische Führung mußte wegen des Überfalls überrascht sein. Daß sie es offenkundig dennoch war, offenbarte ihr völliges Versagen. Das Ausmaß begann sich bereits am Ende der ersten Woche des Krieges abzuzeichnen: Minsk war gefallen, fast die ganze sowjetische Luftwaffe am Boden zerstört – mehr als 1.200 Flugzeuge allein am ersten Tag des Krieges. (Man wird an das spätere Pearl Harbor erinnert.)[121]

Am ersten Tag wurde die Funktion der Truppenführung außer Kraft gesetzt. Unterbrochen wurde die Verbindung zwischen den Stäben und den Einheiten. Der rasche Vormarsch der Panzerkeile, die auf keinerlei ernsthaften Widerstand stießen, führte zur Einkesselung großer Armeegruppierungen. Die völlige Luftherrschaft vergrößerte das Chaos besonders im Mittelabschnitt der Front.

Der Überraschungsfaktor war für die Soldaten und für die mittlere Kommandoebene eine bittere Realität, ebenfalls für die Bevölkerung. Das Land erwies sich psychologisch und moralisch als völlig unvorbereitet auf einen Krieg mit Deutschland. Die Schockwirkung der ersten Niederlagen verband sich mit der Erinnerung an die Stalinschen Repressionen der Jahre 1936-1939. Nicht vergessen waren die Schäden, die durch die Kollektivierung Anfang der 30er Jahre verursacht worden waren. Das alles verdichtete sich zu einer moralisch-politischen Krise, die von der sowjetischen Historiographie verschwiegen wurde und auch in der heutigen russischen Geschichtswissenschaft nicht untersucht wird.

Diese Krise erfaßte auch Teile der Armee, führte zu Resignation und Defätismus. In den besetzten Gebieten kam es zur Kollaboration mit der Wehrmacht. Die Krise wurde jedoch rasch überwunden.

Die entscheidende Rolle dabei spielten aber nicht die Anstrengungen der sowjetischen Macht- und der Strafverfolgungsorgane, sondern die bestialische Besatzungspolitik der deutschen Faschisten in den eroberten Territorien sowie die unmenschliche Behandlung der Kriegsgefangenen[122], die massenhafte Ermordung von Gefangenen und Zivilisten, die Ausplünderung der Bauernschaft usw. Diese Tatsachen, die sehr schnell im ganzen Lande bekannt wurden, zerstreuten bereits zum Herbst 1941 alle Zweifel hinsichtlich der wirklichen Ziele der deutschen Okkupanten. Haß, verknüpft mit unterschiedlichen Ausmaßen von Furcht, bestimmte für eine lange Zeit das Verhältnis zum Feind.

Diese nationalen und psychologischen Folgen der faschistischen Politik erleichterten es der Stalinschen Führung, die Front und das Hinterland zu konsolidieren. Es ermöglichte ihr, den Krieg ohne Rücksicht auf die Höhe der Verluste fortzusetzen.

Der Faktor der strategischen Überraschung spielte für die sowjetischen Niederlagen in der ersten Etappe des Krieges eine gewaltige Rolle. In den ersten vier Monaten verlor die Armee einen beträchtlichen Teil ihres Kaderbestandes, bedeutende Reserven an Waffen und Munition.

Unter den Militärfachleuten herrscht Einigkeit darüber, daß die rechtzeitige Herstellung der Kampfbereitschaft der Truppen es der deutschen Armee nicht erlaubt hätte, weiter als bis zur Linie am Dnepr vorzudringen, selbst nicht unter maximalem Einsatz. Und erneut stellt sich alte Frage: Warum hat Stalin bis zum letzten Moment gezögert, den Befehl zu geben, die Truppen in Kampfbereitschaft zu versetzen? Von welchen Überlegungen und Tatsachen ließ er sich leiten – außer von seinem Wunsch, den Beginn des Krieges hinaus zu schieben?

Für einen obersten politischen Führer ist das Vermögen unumgänglich, nicht nur die Tatsachen zu analysieren, sondern auch die unterschiedlichen Kombinationsmöglichkeiten in deren Gesamtheit in Betracht zu ziehen. Nur auf einer solchen Grundlage ist es möglich, Prognosen über die künftige Entwicklung der Ereignisse zu treffen. Die Kunst der Führung besteht vor allem in der Kunst der Voraussicht. Ein Prognostiker war Stalin jedoch nicht. Davon zeugt seine ganze politische Biographie. Man kann ihn als einen nicht schlechten Taktiker bezeichnen, doch er war ein schlechter Stratege. Sein Kalkül gründete sich auf einer einfachen arithmetischen Logik, während in Umbruchsituationen der Geschichte zumindest ein algebraisches Denkvermögen vonnöten ist. Letzteres besaß er aber nicht, obwohl er häufig das Wort »Dialektik« im Munde führte. Unter den Bedingungen eines totalen Herrschaftssystems ist die Fehlentscheidung des Führers eine Tragödie für das Land. Deshalb waren für derartige Fehlentscheidungen nicht einfach nur die persönlichen Unzulänglichkeiten Stalins verantwortlich (dasselbe gilt für seine Umgebung), sondern das autoritärbürokratische System, das sich in der Sowjetunion herausgebildet und das Stalin auf den Gipfel der administrativen Pyramide befördert hatte.

Die Tragödie der ersten Kriegstage zeigte sich in verschiedenen Aspekten sowjetischer Politik der Nachkriegsperiode, in den Zeiten der Konfrontation der beiden politisch-militärischen Systeme. Im militär-strategischen Denken erzeugte sie außerordentlich hohe Maßstäbe für die Bewertung der Sicherheit des Landes, überhöhte Kriterien der Grenzen der Kampfbereitschaft unter Friedensbedingungen, eine allergische Reaktion auf die Möglichkeit der Wiederholung des strategischen Überraschungsfaktors. Der letzte Umstand erhielt einen besonderen Sinn nach dem Aufkommen der Atomwaffen und der interkontinentalen Raketen. Und viele westliche Politiker, die in den Jahren des Kalten Krieges sich freimütig über die Möglichkeit eines atomaren Erstschlags äußerten, vermochten sich nicht vorzustellen, welche Ängste ihre Worte in der Sowjetunion auslösten und wie diese nicht nur in der Führung, sondern auch im sowjetischen Volke aufgenommen wurden.

Die hier angeführten Überlegungen erschöpfen bei weitem nicht alle Aspekte der behandelten Probleme. Der vorliegende Beitrag ist eher ein Versuch, bestehende »weiße Flecken« in unserem Wissen über jene zehn Wochen aufzuhellen, die dem deutschen Überfall auf die Sowjetunion vorausgingen. Viele Überlegungen sind dem Mangel ausreichender dokumentarischer Zeugnisse und eindeutig bewiesener Fakten geschuldet. Ich hoffe darauf, daß die hier ausgesprochenen Vermutungen und Hypothesen dem weiteren Verständnis dieser Periode dienen, das äußerst wichtig ist, um den ganzen Verlauf des Großen Vaterländischen Krieges zu begreifen.

Fußnoten

1 Dieses Kapitel ist eine Erstveröffentlichung, in der russischen Fassung des Buches also nicht enthalten. Da W. K. Wolkow in diesem Kapitel eine Reihe von Vermutungen ausspricht, die sich für ihn deduktiv aus den zuweilen sehr lückenhaften Quellen ergeben, legt er Wert auf die Feststellung, daß diese Vermutungen als Beitrag zu einer Diskussion verstanden werden sollen. *(Anmerkung d. Hrsg.)*

2 Georgi Dimitroff: Tagebücher 1933-1943. Berlin 2000, S. 392

3 Eine Reihe von Überlegungen zu diesem Problem und ein Verzeichnis der entsprechenden Literatur in: Nakanune napadenija Germanii: Vneš njaja i vnutrennjaja politika SSSR v pervoj polovine 1941 goda (Materialy kruglogo stola'). In: Slavjanovedenie, 6/2002

4 DVP, Bd. XXIII, 2. Buch, Teil 1, Dok. 645, S. 327

5 Ebd., Dok. 654, S. 343 f. Im Bestand Molotows des Präsidentenarchivs (AP RF) ist diese Erklärung getrennt von der Niederschrift des Inhalts des gesamten Gesprächs im Ganzen aufbewahrt . Siehe AP RF, F. 3, Op. 64, D. 675, L. 130

6 DVP, a., a., O., Dok. 660, S. 355 ff.

7 Ebd.

8 Ebd. Wie im vorherigen Falle werden diese beiden Antworten der deutschen Regierung, die Schulenburg am 23. Januar 1941 übergeben hatte, im Bestand Molotows in einer gesonderten Mappe als selbständige Dokumente getrennt, ohne die Niederschrift des gesamten Gespräches, im Ganzen aufbewahrt. Siehe AP RF, F. 3, Op. 64, D. 675, L. 133 u. L. 134 f.

9 DVP, a., a., O., Dok. 613, S. 237

10 Ebd., Dok. 625, S. 265 f.

11 Ebd., Dok. 665, S. 363-367

12 Ebd., Dok., 689, S. 417 f.

13 So beschäftigte sich z. B. schon am 14. Januar 1941 das Sekretariat des EKKI der Komintern mit der Frage der deutschen Truppenverschiebung nach Bulgarien. Der KP Bulgariens wurde empfohlen, »eine Massenbewegung gegen die Errichtung eines Besatzungsregimes im Lande und gegen die Plünderung der ökonomischen und Lebensmittelressourcen zu entfalten und dabei bewußt jegliche unbedachte und provokative Aktionen sowie bewaffnete Konflikte zu vermeiden«. Siehe: Komintern i Vtoraja mirovaja vojna. Teil 1 (bis 22. Juni 1941). Moskau 1994, Dok. 143, S. 485 ff.
An jenem Tage sandte Dimitroff an Stalin einen Brief mit der Darlegung dieser Entscheidung. Stalin reagierte sofort. In der Nacht vom 14. zum 15. Januar 1941 (um 2 Uhr in der Nacht) rief er bei Dimitroff an und billigte die Position der Komintern, um den Deutschen die Okkupation Bulgariens nicht zu erleichtern. Dabei habe er betont, daß die Kommunistische Partei nicht als Helfer der Sowjetunion agieren dürfe, sondern im eigenen Namen auftreten müsse. Er versprach, die sowjetische TASS-Erklärung vom 13. Januar, die die bulgarische Regierung verschwiegen hatte, in bulgarischer Sprache per Radio zu übertragen.

14 DVP, a., a., O., Dok. 699, S. 434 ff.

15 Ebd., Dok. 703, S. 443 f. Der Text der Erklärung Molotows wird getrennt von der Niederschrift des Gesprächs mit Schulenburg aufbewahrt, und zwar mit der Anmerkung, daß ihm dieses Dokument am 1. März 1941 ausgehändigt wurde. Auf diesem Dokument befindet sich auch eine Anmerkung gleichfalls vom 1. März, daß das Dokument an Stalin weitergeleitet wurde und daß auch Wyschinski und Sobolew (damals Generalsekretär des Volkskommissariats für Auswärtige Angelegenheiten) mit ihm bekannt gemacht wurden. So war der Kreis der eingeweihten Personen sehr klein. Siehe AP RF, F. 3, Op. 64, D. 675, L. 138

16 DVP, a., a., O., Teil 2, Dok. 705, S. 448

17 Ebd., Dok. 661, S. 358

18 Ebd., Dok. 688, S. 416 f

19 Ebd., Dok. 691, S. 419 f.

20 Ebd., Dok. 696, S. 419 f.

21 Siehe: D. Sirkov: Die Außenpolitik Bulgariens. 1938-1941. (bulg.) Sofia 1979, S. 247

22 Ph. W. Fabry: Balkan-Wirren 1940-1941. Darmstadt 1966, S. 105-107

23 Diese Informationen stammen vom türkischen Botschafter in Moskau, Aktay, der am 20. Februar 1941 extra Wyschinski aufgesucht hatte. – DVP, Ebd., Teil 1, Dok. 686, S. 413 f. Hierüber äußerte sich am 18. Februar 1941 ganz direkt auch der bulgarische Botschafter dem sowjetischen Botschafter P. Dekanosow in Berlin gegenüber. Siehe DVP, a., a., O., Dok. 680, S. 401-404

24 DVP, a., a., O., Teil 2, Dok 713, S. 464 f.

25 Zum gegenwärtigen russischen Standpunkt und zu der Literatur und den Archivmaterialien, über die heute die Forscher verfügen, siehe: L. Ja. Gibianskij: Jugoslavija pered licom fašistskoj agressii i Sovetskij Sojuz. In: Vostočnaja Evropa meždu Gitlerom i Stalinym 1939-1941. Moskau 1999, S. 403-501

26 DVP, a., a., O., Dok. 746, S. 518-521

27 Ebd., Dok. 769, S. 553

28 V. Vauhnik: Nevidna fronta. Lubliana 1972, S. 141-152

29 Siehe z. B.: O. V. Višljow: Nakanune 22 ijunja 1941 goda. Dokumental'nye očerki. Moskau 2001

30 GRU – Glavnoe Razvetyvatelskoe Upravlenie (Hauptverwaltung der Aufklärung des Volkskommissariats für Verteidigung); HKGB – Narodnyj Komisariat Gosudarstvennoj Bezopasnosti (Volkskommissariat für Staatssicherheit). *(Anmerkung d. Hrsg.)*

31 1941 god. Dokumenty. V dvuch knigach. Kniga 1. Moskau 1998, Dok. 316, S. 746-759

32 Unterstreichung im Dokument selbst

33 1941 god, a. a. O., Dok. 327, S. 776-781

34 V. A. Anfilov: Groznoe leto 41 goda. Moskau 1995, S. 86

35 A. I. Mikojan: Tak bylo. Razmyśdenija o minuvĕm. Moskau 1999, S. 377

36 Vestnik MID SSSR. Moskau, 7/1990, S. 78

37 Foreign Relations of the United States. Diplomatic Papers. 1941. Vol. 1. Washington, 1958. S. 702-713, 715.

38 Mikojan, a., a., O., S. 377

39 AP FR, F. 3, Op. 64, D. 674, S. 198 f. – Berija an Stalin vom 1. November 1940

40 Außer den oben genannten Dokumentenbänden siehe auch: Organy gosudarstvennoj bezopasnosti SSSR v Velikoj Oteĉestvennoj vojne. Sbornik dokumentov. Bd. 1: Nakanune. Buch 2: 1. Januar – 21. Juni 1941. Moskau 1995

41 G. K. Shukov: Vospominanija i razmyčdenija. 11. Aufl., Moskau 1992, S. 355; diese Feststellung findet sich auch in der deutschen Ausgabe: G. K. Shukow: Erinnerungen und Gedanken. Berlin 1976, S. 333

42 P. N. Bobylew: Tošku v diskussii stavit' rano. In: Oteĉestvennaja istorija. Moskau 1/2000, S. 45 f.

43 SSSR – Germanija 1939-1941. Dokumenty i materialy o sovetsko-germanskich otnoĉenijach c sentjabrja 1939 g. po ijul' 1941 g. Sostavitel': Ju. Fel'_tinskij. Moskau 1983, Dok. 93, S. 157

44 Text des Paktes in: DVP, a., a., O., Teil 2, Dok. 773, S. 565-567

45 SSSR – Germanija 1939-1941, a. a. O., Dok. 93, S. 157

46 DVP, a. a. O., Dok. 772, S. 560-565

47 Der Antikominternpakt war am 25. November 1936 zwischen Deutschland und Japan abgeschlossen worden; 1937 schloß sich Italien ihm an. *(Anmerkung d. Hrsg.)*

48 Dimitroff, Tagebücher, S. 374 f..

49 Ebd., S. 375

50 Ebd., S. 386 f.

51 Izvestija, 7. Mai 1941

52 O. Višljow: Desinformacionnaja politika Gitlera nakanune napadenija na SSSR. In: Rossija XXI, (Moskau) 3/2002, S. 96-113

53 DVP, a. a. O., Dok. 785, S. 595 ff. Siehe auch Anm. 238 dieses Bandes, S. 826-829

54 G. Gorodetsky: Stafford Cripps' Mission to Moscow, 1940 – 1942. Cambridge Univ. Press, 1984. S.126

55 DVP, a. a. O., Dok. 785, S. 595 ff.

56 Gemeint ist der Friedensvertrag von Brest-Litowsk zwischen Sowjetrußland und Deutschland vom 3. März 1918, der zwischen beiden Ländern den ersten Weltkrieg beendete und mit Zugeständnissen Sowjetrußlands erkauft wurde. *(Anmerkung d. Hrsg.)*

57 Foreign Relations of the United States, 1941. Vol. 1. P. 141

58 1941 god., a. a. O., Kniga 2, Dok. 437, S. 158-162. Verwendet wurde für diese Publikation der Text, der für den fortlaufenden Band der Werke Stalins vorgesehen war, der jedoch nie erschienen ist.

59 Ebenda. Dieser kanonisierte Text wurde durch einige andere Aufzeichnungen ergänzt, die von Teilnehmern zwar kurz, aber exakt gemacht worden waren. Es gibt aber einige Abweichungen. Nach seiner Aussage hatte Stalin direkt gesagt: »Außerdem beginnen die deutschen Führer bereits an Größenwahn zu leiden. Sie glauben, sie könnten alles, ihre Armee sei stark genug, und es sei nicht notwendig, sie weiter zu vervollkommnen.« Den abschließenden Satz des Auftritts von Stalin auf dem Empfang hat Dimitroff in seinem Tagebuch hervorgehoben, was offenbar entweder die exakte Zitierweise oder die genaue Wiedergabe des Sinns bedeutet: »Unsere Politik des Friedens und der Sicherheit ist gleichzeitig eine Politik der Kriegsvorbereitung. Es gibt keine Verteidigung ohne Angriff. Man muß die Armee im Geist des Angriffs erziehen. Man muß sich auf den Krieg vorbereiten.« G. Dimitroff, Tagebücher, S. 382

60 V. A. Nevežin: Vystuplenie Stalina 5 maja 1941 g. i povorot v propagande. Analiz direktivnych materialov. Im Sammelband: Gotovil li Stalin nastupatel'nuju vojnu protiv Gitlera? Nezaplanirovannaja diskussija. Sbornik materialov. Moskau 1995, S. 147-166

61 SSSR – Germania, a. a. O., Dok. 99, S. 162

62 Bekannt ist seine Verbindungen mit den Oppositionsgruppen von Politikern gegen Hitler und seine Anteilnahme an der Verschwörung 1944. Nach dem Urteil des faschistischen Gerichts wurde er im November 1944 hingerichtet.

63 DVP, a. a. O., Dok. 814, S. 654-657

64 Posetiteli kremlevskogo kabineta I. V. Stalina. žurnal (tetradi) zapisi lic, prinjatych pervym gensekom. 1924 – 1953. In: Istoričeskij archiv, 2/1996, S. 46

65 DVP, a. a. O., Dok. 823, S. 664-667

66 Dieser Text mit der Überschrift »Zajavleno t. Dekanosovym g. Sulenburgu 12 maja 1941 goda« (»Herrn Schulenburg erklärt durch Gen. Dekanosov am 12. Mai 1941«) befindet sich handschriftlich auf einer Seite mit dem Vermerk »Sekretnyj archiv« (»Geheimarchiv«) in: AP RF, F. 3, Op. 64, D. 675, L. 174. Bemerkenswert ist, daß er in der selben Mappe wie der Text der TASS-Mitteilung vom 13. Juni 1941 (als Ausschnitt aus der Prawda vom 14. Juni 1941) aufbewahrt wird, getrennt voneinander lediglich durch ein Blatt. Der Text der Erklärung Dekanosows wurde in leicht redigierter Form gänzlich in das offizielle Protokoll seines Gesprächs mit Schulenburg vom 12. Mai 1941 aufgenommen.

67 DVP, a. a. O., Dok. 828, S. 675 ff.

68 Posetiteli kremlevskogo kabineta, a. a. O., S. 47

69 P. Sudoplatov: Raznye dni tajnoj vojny i diplomatii. 1941 god. Moskau 2001, S. 167

70 DVP, a. a. O., Dok. 820, S. 661 ff.

71 Von den Beiträgen in russischer Sprache seien genannt: M. Gus: Tajnaja missija Gessa. In: Voenno-istorič eskij žurnal, 9/1960; F. D. Volkov: Neudavšisja pryčok Rudolfa Gessa. In: Novaja i novejšaja istoria, 6/1968; G. Gorodeckij: Kanun vojny: Stalin i delo Gessa. In: Voprosy istorii, 11-12/1992. Der Aufsatz von G. Gorodezki, Professor an der Universität Tel Aviv, ist eine geringfügig erweiterte Fassung seines zuvor in England publizierten Aufsatzes: G. Gorodetsky: The Hess affair and anglo – soviet relations on the eve of »Barbarossa«. In: English Historical Review, London, April 1986. Im wissenschaftlichen Apparat der genannten Aufsätze finden sich Verweise auf die vorhandenen Quellen und die verfügbare Literatur.

72 1941 god, a. a. O., Dok. 467, S. 200 f. Über das unverminderte Interesse Stalins an der »Sache Heß« in einer Zeit, als sie bereits ihre Aktualität verloren hatte, zeugt, daß er auch später mehrfach darauf zurückkam, selbst noch in den Jahren des Krieges mit Deutschland, indem er bemüht war, in Gesprächen mit den Alliierten der Antihitlerkoalition Einzelheiten zu erfahren.

73 Gorodeckij, a. a. O., S. 164

74 V. Anfilov: Dolgij put' k Berlinu. In: Nezavisimaja gazeta, 8. Mai 1999. Die Erinnerung G. Shukows hat der Militärhistoriker Anfilow mit den Worten wiedergegeben, die Shukow im Gespräch mit ihm am 26. Mai 1965 in dessen Landhaus Sosnovka bei Moskau gebraucht hatte. Zu jener Zeit konnte Shukow seine Gedanken in Ruhe darlegen, wobei er selbst diesen Plan kritisierte. Es sei gut, meinte er, daß Stalin mit ihnen damals nicht übereinstimmte. Andernfalls hätte bei dem Zustand, in dem sich die sowjetischen Truppen befanden, eine viel größere Katastrophe eintreten können als die, die die Truppen an der Südwestfront im Mai 1942 erlitten.

75 P. Sudoplatov: Specoperacii. Lubjanka i Kreml. 1930-1950 gody. Moskau 1999, S. 181. Diese Geschichte erinnert irgendwie an die Landung des Sportfliegers Mathias Rust aus der BRD am 28. Mai 1987 auf dem Wasilewski-Hang in der Nähe des Kreml. Damals hat dieser Vorfall ebenfalls die Ablösung der Obersten Führung der Streitkräfte nach sich gezogen.

76 Die »Lubjanka« war das berüchtigte Gefängnis der sowjetischen Sicherheitsorgane in Moskau.

77 Sudoplatov, S. 177. In die von Sudoplatow erwähnten Mappe mit dem Code-Wort »Schwarze Berta« kamen auch die Materialien der in Großbritannien tätigen KGB-Gruppe (»Cambridge Spy Network«)

78 A. S. Jakuševskij: »Barbarossa« v ocenke nemcev: podgotovka napadenija i pervye mesjacy vojny. Moskau 1993, S. 43

79 J. Goebbels: Die Tagebücher. Sämtliche Fragmente. München, 1998. Teil 1. Bd. 9. Dezember 1940-Juli 1941 S. 335

80 Der Fall Barbarossa. Dokumente zur Vorbereitung der faschistischen Wehrmacht auf die Agression gegen die Sowjetunion (1940 – 1941). Berlin, 1970. S. 259 f..

81 Jakuševskij, a. a. O., S. 44

82 Wie ersichtlich, war die Reihenfolge der Etappen der Desinformation bei Goebbels und Keitel nicht dieselbe, obwohl deren Wirkung synchronisiert war.

83 Goebbels, a. a. O., S. 346

84 Jakuševskij, a. a. O., S. 45

85 Diese Episode ist in der russischen Literatur mit den Untersuchungen von Jakuševskij (»Barbarossa« v ocenke nemcev) und Višljov (Nakanune 22 ijunja 1941 goda) gut erforscht.

86 SSSR – Germanija, a. a. O., Dok. 102, S. 165

87 Gorodeckij, a. a. O., S. 164

88 DVP, a. a. O., Dok. 861, S. 735

89 DVP, a. a. O., Dok. 861, S. 735

90 Da der Autor sich nicht die Aufgabe stellt, die militärische Seite dieser Frage zu beleuchten, die in den verfügbaren Literatur recht gut behandelt wird, verweist er den Leser auf die folgende verallgemeinernde Arbeit russischer Historiker: Velikaja Otečestvennaja vojna 1941-1945. Vojenno-istoričeskie očerki. V 4-ch knigach. Kn. 1: Surovye ispytanija. Moskau 1998

91 God krizisa 1938 – 1939. Dokumenty i materialy. V 2-ch tomach. T. II: 2 ijunja 1939 g. – 4 sentjabrja 19939 g. Moskau 1990, Dok. 582, S. 302, Dok. 583, S. 303

92 Das Glückwunschtelegramm Hitlers an Stalin vom 21. Dezember 1939, veröffentlicht in der »Prawda« vom 23. Dezember 1939, hat folgenden Wortlaut: »Herrn Josif Stalin. Anläßlich Ihres Geburtstages bitte ich Sie, meine aufrichtigsten Glückwünsche antgegenzunehmen. Ich verbinde hiermit meine besten Wünsche, wünsche Ihnen persönlich und auch den Völkern der freundschaftlich verbundenen Sowjetunion eine glückliche Zukunft. Adolf Hitler«. Das in der »Prwada« am 25. Dezember 1939 veröffentlichte Antworttelegramm Stalins lautete so: »Dem Führer des Deutschen Staates, Herrn Adolf Hitler. Ich bitte Sie, meine Erkenntlichkeit für die Gratulation und Dankbarkeit für Ihre guten Wünsche an die Adresse der Völker der Sowjetunion entgegenzunehmen. J. Stalin«.

93 K. Simonov: Glazami čeloveka mojego pokolenija. Razmyčdenija o I. V. Staline. Moskau 1989, S. 350 f.

94 L. A. Bezymenskij: Gitler i Stalin pered schvatkoj. Moskau 2000. S. 472 (deutsch: Lew Besymenski: Stalin und Hitler. Das Pokerspiel der Diktatoren. Berlin 2002, S. 431) Siehe auch: Lew Besymenski. Der Sowjetische Nachrichtendienst. In: Der Deutsche Angriff auf die Sowjetunion 1941: die Kontroverse um die Präventivkriegsthese. Hrsg. G. R. Überscher und L. Besymenski. Darmstadt 1998, S. 112.

95 Erstmals war diese Erzählung in der Zeitschrift Znamja, Moskau 1986, S. 169, veröffentlicht worden. Nach Auskunft der Verfasserin lag das Manuskript 21 Jahre lang auf Eis. Später wurde die Erzählung in das Buch: E. M. Rž evskaja: Izbrannoe. Povesti, rasskazy, zapiski. V 2-ch tomach. T. 2: Večernij razgovor. Moskau 2001, S. 298, aufgenommen.

96 Sto sorok besed s Molotovym iz dnevnika F. Tschujeva. Moskau 1991, S. 42 f. (in diesem Ausschnitt faßte Tschujew einige Äußerungen Molotows aus den Gesprächen mit ihm in der Zeit von Dezember 1969 bis Juni 1983 zusammen. Siehe ebd., S. 46

97 L. P. Berija war Mitglied des Politbüros des ZK der KPdSU, Innenminister und Vertrauter Stalins, verantwortlich für die Welle der Repressionen. Nach Stalins Tod wurde er als Gegner des Kurses von N. S. Chruschtschow am 23. Dezember 1953 hingerichtet. *(Anmerkung d. Hrsg.)*

98 W. M. Bereshkow war einer der Dolmetscher Stalins und Molotows bei deren Gesprächen mit Deutschen 1939/40; danach bekleidete er verschiedene verantwortliche Funktionen im Außenministerium. In der Nachkriegszeit schrieb er einige Bücher über die sowjetische Außenpolitik, vornehmlich gestützt auf seine Erinnerungen.

99 Sto sorok besed s Molotovym, a. a. O., S. 42 f.

100 Ebd.

101 1941 god, a. a. O., Dok. 536, S. 340 f.: Anordnung des Oberkommandierenden des deutschen Heeres zur Festlegung des Datums des Überfalls auf die Sowjetunion vom 10. Juni 1941.

102 Goebbels, a. a. O., S. 376. Zwei Tage früher, am 14. Juni, hatte er in sein Tagebuch geschrieben: »Russen scheinen noch gar nichts zu ahnen. Jedenfalls marschieren sie so auf, wie wir es nur wünschen können: direkt massiert, eine leichte Gefangenenbeute. Allerdings kann das OKW nicht mehr allzu lange tarnen...« Ebd. S. 371

103 Tajni archivi grafa Ciano (1936 – 1942). Zagreb, 1952. S. 471. (Die Geheimarchive des Grafen Ciano - serbokroatisch)

104 Akten zur Deutschen Auswärtigen Politik, 1918 – 1945. (im folgenden ADAP). Serie D. 1937 – 1945. Bd. XII. Dok. 631

105 Die englische Regierung hatte noch 29 Jahre lang alle ihre Kenntnisse von dieser Operation geheim gehalten und das Geheimnis erst 1974 gelüftet. Danach erschien zu diesem Thema eine Reihe von Büchern. Siehe: Lewin R. Ultra goes to War. 1978; Calvocoressi P. Top Secret Ultra. 1980; Hinsley F.H. and Stripp A/ (eds). Codebreakers: The Inside Story of Bletchley Park. 1994.

106 The Diaries of Sir Alexander Cadogan, 1938-1945. London 1971, S. 388. Iwan Maiski schrieb in seinen Memoiren über dieses Treffen, als Cadogan das Kabinett betrat, habe er gesagt: »Ich habe Ihnen im Auftrage der Regierung Seiner Majestät eine wichtige Mitteilung zu machen. Nehmen Sie sich bitte Papier und notieren Sie, was ich Ihnen sage.« Cadogan fügte hinzu, daß Churchill bitte, »alle diese Informationen dringend der Sowjetregierung mitzuteilen«. Maiski übermittelte den ihm diktierten Text noch am selben Tag nach Moskau. Aus irgendeinem Grunde datiert er jedoch in seinen Erinnerungen, daß dieses Treffen am 10. Juni 1941 stattgefunden habe. Siehe: I. M. Maiski: Memoiren eines sowjetischen Botschafters, Berlin 1975, S. 641 (russ. Ausgabe: I. M. Majskij: Vospominanija sovetskogo posla. Vojna 1939-1943. Moskau 1965, S. 136 f.). Dies widerspricht den Dokumenten. Gorodezkij meint, daß dies kein zufälliger Fehler wäre, sondern der beabsichtigte Versuch Maiskis, die Verantwortung von sich abzuweisen, daß er eine Falschmeldung über die Lage in Großbritannien nach Moskau übermittelt hätte, und den Vorwurf zurückzuweisen, es habe ihm an Objektivität gefehlt. Siehe: Gorodeckij: Kanun vojny, S. 166.

107 DVP, a. a. O., Dok. 864, S. 739

108 Es handelte sich um die Regierung von Pierre Laval, die nach der Besetzung Frankreichs durch die deutschen Truppen und nach Abschluß eines Waffenstillstands mit Deutschland in einem unbesetzten Teil des Landes mit Vichy als Hauptstadt residierte. Staatschef war H. Ph. Pétain. *(Anmerkung d. Hrsg.)*

109 DVP, a. a. O., Dok. 868, S. 743 ff.

110 Goebbels notierte am 21. Juni 1941 in seinem Tagebuch: »Molotow hat um einen Besuch in Berlin nach-
gesucht, ist aber abgeblitzt. Naive Zumutung. Das hätte ein halbes Jahr früher geschehen müssen.«
(Goebbels, a. a. O., S. 391) Es ist bemerkenswert, daß Goebbels dies am 21. Juni schrieb. Dieses Datum
läßt darauf schließen, daß es wahrscheinlich nicht nur einen Versuch Molotows gab, sich telefonisch mit
Berlin verbinden zu lassen, sondern möglicherweise mehrere.

111 Vidjov: Nakanune 22 ijunja 1941, a. a. O., S. 59, Anm. 230

112 Istorija vtoroj mirovoj vojny. 1939-1945. V 12-ch tomach. T. 3, Moskau 1974, S. 273; SSSR i Turcija.
1917-1979. Red. M. A. Gasratjan i P. P. Moiseev. Moakau 1981, S. 168 f.

113 ADAP, Serie D, Bd. XII, Dok. 514, S.676-681

114 DVP, a. a. O., Dok. 872, S. 747 f.

115 Velikaja Otečestvennaja vojna, a. a. O., Kniga 1, S. 119 f.

116 D. A. Volkogonov: Triumf i tragedija. Političeskij portret I. V. Stalina. V 2-ch knigach. Kn. 2, čast' 1.
Moskau 1989, S. 156 f.

117 DVP, a. a. O., Dok. 876, S. 753 f.

118 Ebd.

119 G. Hilger Wir und der Kreml. Deutsch-sowjetische Beziehungen 1918-1941. Erinnerungen eines deutschen Diplomaten. Frankfurt a/M, 1964. S. 312 f.

120 1941 god, a. a. O., kniga 2, Dok. 610, S. 434 f.

121 Der Überfall auf die UdSSR wurde später verglichen mit dem Überraschungsangriff japanischer Flugzeuge auf Pearl Harbor, den Flottenstützpunkt der USA auf Hawaii, am 7. Dezember 1941, bei dem ein
Großteil der amerikanischen Pazifikflotte zerstört wurde. Die USA, die bis dahin am Krieg nicht teilgenommen hatten, erklärten daraufhin Japan und Deutschland den Krieg. *(Anmerkung d. Hrsg.)*

122 In der sowjetischen historischen Literatur wird generell keine Zahl der sowjetischen Kriegsgefangenen ind
Kriegstoten angegeben. Die Mehrzahl der Rotarmisten fiel während der ersten Monate des Krieges, in
der Zeit vor der Schlacht um Moskau. Nach deutschen Quellen wurden in dieser Zeit mehr als vier Millionen Soldaten gefangengenommen. Die meisten von ihnen kamen in deutschen Lagern infolge von
Hunger und Krankheiten um, viele wurden erschossen. Nach Angaben des sowjetischen Generalstaats-
anwaltes Rudenko haben die deutschen Faschisten allein in den okkupierten sowjetischen Gebieten
während des Krieges 3,9 Millionen sowjetische Kriegsgefangene ermordet. Siehe: Velikaja Otečestvennaja
vojna 1941 – 1945. Eciklopedija. Moskau 1985, S. 157

III. Zu den Ursprüngen der Konzeption vom »sozialistischen Lager«

Mit der Oktoberrevolution war aus Sicht der Bolschewiki der erste Schritt zur Weltrevolution gegangen. Es wurde erwartet, daß ihr Beispiel zumindest einige der entwickelten Länder erfassen würde, in deren Folge eine internationale Diktatur des Proletariats, die »die einen entscheidenden Einfluß auf die ganze Weltpolitik auszuüben könne«, wie Lenin meinte.[1] Mit diesem Ziel war 1919 die Komintern[2] als eine einheitliche internationale kommunistische Partei, bestehend aus nationalen Sektionen, gegründet worden. Die Orientierung auf die Weltrevolution wurde auch beibehalten, als Anfang 1920 klar wurde, daß Sowjetrußland allein bleiben würde. Obwohl dem erzwungenen Übergang zur Neuen Ökonomischen Politik (NÖP)[3], die als zeiteiliger Rückzug verstanden wurde, in außenpolitischer Hinsicht der Übergang zum Kurs auf »friedliche Koexistenz« zwischen unterschiedlichen gesellschaftspolitischen Systemen folgte, bedeutete das keinen Paradigmenwechsel. Das strategische Ziel blieb – auf den Sieg sozialistischer Revolutionen in anderen Ländern hinzuwirken. Geändert wurden nur die Konzepte, die Vorstellungen über die Formen und das Tempo.

Der Mythos von einer bevorstehenden Weltrevolution existierte fortan nicht nur in der Theorie und der Ideologie, sondern auch in der Praxis des Staatsaufbaus und in den Aktivitäten der sowjetischen Führung. Das Dogma von der Auseinandersetzung zweier gesellschaftspolitischer Systeme nahm den Charakter einer Staatspolitik an. Für die sowjetischen Führer galt die internationale Arena als eine der entscheidenden Fronten des Klassenkampfes zwischen Proletariat und Bourgeoisie. Die Unterstützung revolutionärer Bewegungen in der ganzen Welt wurde in den Rang einer heiligen Verpflichtung des ersten sozialistischen Staates erhoben. Die Tätigkeit der Komintern und die nach ihren Direktiven handelnden kommunistischen Parteien wurden großzügig von der sowjetischen Regierung finanziert.

Der Überfall auf die UdSSR am 22. Juni 1941 stellte die sowjetische Führung vor eine völlig neue außenpolitische Aufgabe – die
Schaffung einer breiten Antihitler-Koalition. Die Regierungen
Großbritanniens und der USA signalisierten ihre Bereitschaft, mit
der UdSSR zusammenzuarbeiten und sie in ihrem Kampf gegen
Deutschland und den faschistischen Block zu unterstützen. Dazu
mußten zunächst die gemeinsamen militärischen Anstrengungen
koordiniert werden. Dann jedoch mußten die Kriegsziele, der Charakter einer politischen Friedensordnung und die Prinzipien der
Sicherheit in der Nachkriegsperiode bestimmt werden.[4]

Die politischen Pläne der UdSSR umriß Stalin erstmals in allgemeiner Form in einer Rede am 3. Juli 1941. Ein Ziel des Krieges des sowjetischen Volkes sei die »Hilfe für alle Völker Europas,
die unter dem Joch des deutschen Faschismus leiden«.[5] Das betraf
auch die osteuropäischen Länder. Am gleichen Tage sandte das
Volkskommissariat für auswärtige Angelegenheiten der UdSSR
dem Botschafter Iwan Maiski ein Telegramm nach London, in
dem es ausdrücklich hieß, daß die Sowjetunion für die Wiederherstellung der Tschechoslowakei und Jugoslawiens eintrete.
Zugleich sei man auch für die Herstellung eines unabhängigen
polnischen Staates in den Grenzen Nationalpolens.[6]

Die Sowjetunion schloß sich im September 1941 der Atlantik-Charta an, die Mitte August 1941 bei dem Treffen Roosevelts
und Churchills unterzeichnet worden war und anfangs eine zweiseitige Deklaration Großbritanniens und der USA über die
Kriegsziele darstellte. In ihr fanden der antifaschistische Charakter des Krieges und die demokratischen Prinzipien für Nachkriegs-
regelungen Ausdruck. Der nachfolgende Beitritt aller Staaten,
die sich später in den Vereinten Nationen zusammenschlossen,
verlieh der Atlantik-Charta den Charakter internationaler Rechts-
normen.

Was machten zu dieser Zeit die Komintern, die kommunistischen Parteien, und wie fanden sie in der außenpolitischen Planung
der Sowjetunion Berücksichtigung?[7] Seit dem ersten Tage des deutschen Überfalls auf die UdSSR begriffen die Kommunisten den
Krieg als Signal eines kompromißlosen Kampfes gegen den Faschismus. Angesichts der bis dahin von Moskau praktizierten Außenpolitik, nicht zuletzt aufgrund der engen Beziehungen zu Hitlerdeutschland, die bis zur Auslieferung von deutschen Kommunisten
reichte, gab es reichlich Irritationen. Nun aber schien die Lage klar,
die Front war gezogen.

Bereits wenige Stunden nach dem Überfall, gegen sieben Uhr des 22. Juni 1941, wurde Georgi Dimitroff in den Kreml gerufen, wo er von Stalin persönlich folgende Anweisung erhielt, die er verkürzt in seinem Tagebuch darlegte: »Die Komintern soll vorerst nicht öffentlich auftreten. – Die Parteien vor Ort entfalten eine Bewegung zur Verteidigung der UdSSR. Die Frage der sozialistischen Revolution ist nicht aufzuwerfen. Das sowjetische Volk führt einen vaterländischen Krieg gegen das faschistische Deutschland. Es geht um die Zerschlagung des Faschismus, der eine Reihe von Völkern versklavt hat und danach strebt, auch andere Völker zu versklaven.«[8]

Am selben Tage fand eine Sitzung des Exekutivkomitees der Kommuninistischen Internationale (EKKI) und ihrer leitenden Mitarbeiter statt, auf der Dimitroff das Aktionsprogramm darlegte. Dieses gründete sich auf einige Postulate.

Erstens habe sich der Charakter des Krieges verändert. Nach dem Überfall Deutschlands auf die UdSSR habe er sich aus einem imperialistischen Kriege um die Neuverteilung der Welt in einen Befreiungskrieg verwandelt, in einen Kampf gegen den von Deutschland geführten Raub- und Eroberungskrieg. Daraus ergebe sich die Forderung nach einem Zusammenschluß aller Länder und aller politischen Kräfte, die gegen Hitlerdeutschland auftreten.

Zweitens führe die Sowjetunion einen vaterländischen Krieg gegen die faschistische Barbarei. Eine grenzenlose Kampagne zur Unterstützung der Sowjetunion entfalten! Keinesfalls den Krieg des faschistischen Deutschlands gegen die Sowjetunion als einen Krieg zwischen einem faschistischen (kapitalistischen) und einem sozialistischen System betrachten.

Drittens richtet sich der Hauptstoß jetzt gegen den Faschismus. Die Völker der besetzten Länder für einen nationalen Befreiungskampf mobilisieren! Die Propaganda soll offensiv sein. Gleichzeitig ist hervorzuheben, daß die Sowjetunion niemandem die sozialistische Ordnung aufzwingen will.[9]

Selbstverständlich wurden diese Thesen mit der Zeit weiterentwickelt; sie erhielten neue Elemente, doch sie blieben während der ganzen Zeit der Komintern in Kraft, und in der Propaganda überlebten sie diese sogar.

Indem sich die Komintern selbst im Hintergrund hielt, entfaltete sie mit den nationalen kommunistischen Parteien eine aktive Propaganda zur Schaffung einer einheitlichen Front jener Staaten, die den Faschismus zum Feind hatten. Hierbei sagte man sich entschieden von früheren Orientierungen los, sofern sie diese Aufgabe behinderten. Wo auch immer Worte über die »Weltrevolution« durchklangen, wurden sie entschieden als leeres Geschwätz unterbunden, das nur Hitler diene.[10] Aus der Propaganda verschwanden Bezüge zum proletarischen Internationalismus. Bislang völlig unübliche Wendungen wie *slawische Solidarität im gemeinsamen Kampf gegen den deutschen Faschismus* fanden Eingang in die Terminologie. Die zuvor von der Komintern aufgelöste Partei der polnischen Kommunisten wurde wieder hergestellt, jedoch unter dem Namen »Arbeiterpartei«, die formell nicht mit der Komintern verbunden war.

In den Jahren des Krieges erwies sich die Komintern als ein wichtiges und oft auch effektives Instrument der sowjetischen Außenpolitik. Ihre Propaganda, die die sowjetische Führung bestimmte, wurde von einem Netz spezieller Radiostationen in den jeweiligen Landessprachen verbreitet. Durch die Komintern erteilten Stalin und seine Umgebung den kommunistischen Parteien Anordnungen.

Eine beachtliche Rollte spielten die kommunistischen Parteien in den Ländern Europas, die besetzt waren. In der Regel waren sie in die nationalen Widerstandsbewegungen eingebunden. Die von ihnen entwickelten Programme vereinigten Aufgaben des Kampfes für die nationale Befreiung und die Wiederherstellung der Staatlichkeit mit Aufgaben zur Veränderung des Charakters der Macht, grundlegender Veränderungen in der gesellschaftspolitischen Struktur und der Außenpolitik ihrer Länder nach dem Kriege. In einigen Ländern Osteuropas (in Polen, Jugoslawien, Griechenland) gerieten sie sehr schnell in einen Konflikt mit politischen Strömungen, die sich auf die Exilregierungen und auf die Westmächte orientierten.

Es überrascht nicht, daß die ersten alarmierenden Stimmen über die Gefahr einer *Sowjetisierung* der osteuropäischen Länder aus den Reihen der Exilregierungen und von politischen Kräften innerhalb dieser Länder kamen, die sie unterstützten.[11]

Das Problem der Nachkriegs-Weltordnung gewann noch während der Auseinandereinandersetzungen auf dem Kontinent zunehmend an Raum. Die größten Aktivitäten entwickelten die Exilregierungen Polens, der Tschechoslowakei, Jugoslawiens und Griechenlands, die in England arbeiteten. Nach dem deutschen Überfall auf die Sowjetunion forcierten sie ihre Anstrengungen. Auf einer Konferenz von Alliierten, die Ende September 1941 in London stattfand, wurde eine polnisch-tschechoslowakische Deklaration über die Absichten beider Exilregierungen proklamiert. Beide Staaten wollten nach dem Kriege eine Konföderation bilden.

Unter englischer Schirmherrschaft begannen Verhandlungen zwischen der jugoslawischen und der griechischen Regierung über die Schaffung eines Balkanbundes als Bestandteil der europäischen Nachkriegsordnung.

Die Diskussionen waren von antisowjetischen Stimmungen überschattet. Dies ließ sich besonders deutlich beim rechten Flügel der polnischen Emigration feststellen, der für das Vorgehen der Exilregierungen den Ton angab und seinen Wunsch nicht verbarg, die Sowjetunion möge aus dem politischen Leben Europas ausgeschlossen werden.[12]

In seiner Rede anläßlich des 24. Jahrestages der Oktoberrevolution am 6. November 1941 versuchte Stalin die Ängste und Befürchtungen zu zerstreuen. Er erklärte, daß die Sowjetunion »keine solchen Kriegsziele hat und haben kann, wie die Eroberung fremden Territoriums und die Unterdrückung fremder Völker«, daß sie nicht vorhabe, irgend jemandem ihren Willen oder ihre Ordnung aufzuzwingen, daß sie niemandem erlaube, sich im Zusammenhang mit der Hilfe für deren Befreiungskampf gegen die Hitler-Tyrannei in die inneren Angelegenheiten anderer Völker einzumischen.[13]

Im Briefwechsel zwischen Stalin und Churchill wurden Fragen zur Organisation des Friedens nach dem Kriege gleichfalls aufgeworfen. Ihre Erörterung wurde während des Moskau-Besuchs des britischen Außenministers, Anthony Eden, Mitte Dezember 1941 fortgesetzt. Bei dieser Gelegenheit skizzierte Stalin zum ersten Mal die allgemeinen Konturen einer europäischen Nachkriegsordnung, wie er sie sich vorstellte. Als eines der wichtigen Elemente dieser Ordnung nannte er die Anerkennung der Westgrenze der Sowjetunion vom Juni 1941. Die übrigen Elemente betrafen die Wiederherstellung der Unabhängigkeit der Länder, die von faschistischen Mächten versklavt worden waren, sowie eine Reihe von Überlegungen zur deutschen Frage, die nicht über den Rahmen gewöhnlicher diplomatischer und geopolitischer Vorstellungen hinausgingen.[14]

Die englische Seite wich jedoch einer Erörterung dieser Vorstellungen aus.

Am 7. Dezember 1941 überfiel Japan Pearl Harbor. Damit traten die USA in den Krieg ein. Das beschleunigte die Formierung der antifaschistischen Koalition. Am 1. Januar 1942 unterzeichneten in Washington die Vertreter von 26 Staaten, die sich von nun an *Vereinte Nationen* nannten, eine gemeinsame Deklaration, die zu einem kollektiven Abkommen über Zusammenarbeit im Kampf gegen den faschistischen Block werden sollte.[15] Die Sowjetunion gehörte zur ersten Troika der Staaten der Antihitlerkoalition, die den Kurs und das politische Gesicht der Gemeinschaft bestimmten.

In dieser Koalition gab es das traditionelle Bündnis zwischen Großbritannien und den USA. Die UdSSR schloß sich ihm mit einem sowjetisch-englischen Bündnisvertrag (26. Mai 1942)[16] und einem sowjetisch-amerikanische Abkommen über die Prinzipien gegenseitiger Hilfe während des Krieges (11. Juni 1942)[17] an.

Am Wesen der Beziehungen änderte das nichts. Die Verträge fixierten bereits bestehende Beziehungen zwischen diesen Staaten und gaben ihnen eine gewisse völkerrechtliche Grundlage. Die Westmächte beeilten sich jedenfalls nicht, zur Entlastung der Sowjetunion die Zweite Front in Europa zu eröffnen – das geschah erst im Juni 1944. Sie waren vorerst auch nicht geneigt, mit der Sowjetunion die Fragen der Nachkriegsregelung zu erörtern.

In den herrschenden Kreisen der Westmächte und in den Exilregierungen hingegen wurden bereits Pläne einer europäischen Nachkriegsordnung erörtert. Im britischen Foreign Office stand das Thema seit Anfang des Krieges auf der Tagesordnung. In den USA arbeitete ein Rat für Außenpolitik daran, im Januar 1942 wurde ihm eine extra geschaffenen Konsultativkommission zu den Nachkriegsproblemen angeschlossen. Die außenpolitischen Ämtern der USA und Großbritanniens tauschten ihre Ansichten dazu aus.[18]

Die sowjetische Führung bildete Ende Januar 1942 beim Volkskommissariat für auswärtige Angelegenheiten eine spezielle Kommission zur Vorbereitung diplomatischer Materialien zur Nachkriegsordnung Europas, Asiens und anderer Weltteile.[19] Doch dieses Organ erwies sich als sehr wenig effektiv; seine Tätigkeit reduzierte sich im wesentlichen auf die Zusammenstellung von Material, das die anderen Länder ausgearbeitet hatten. Binnen eines Jahres trat die Kommission nur zweimal zusammen.

Die weitere Entwicklung der Ereignisse machte deutlich, daß die Ausarbeitung sowjetischer Pläne für die Nachkriegsordnung nicht im Volkskommissariat für auswärtige Angelegenheiten, sondern im Kreml erfolgte. Diese Pläne kamen pragmatisch zustande, ohne irgendwelche Spuren in Dokumenten der obersten Regierungs- und Parteiorgane zu hinterlassen. Über Einzelfragen wurde entschieden, sobald sie auftraten.

Vom Beginn des Vaterländischen Krieges gestalteten sich die Beziehungen zu den Ländern Osteuropas (Polen, Tschechoslowakei, Griechenland, Jugoslawien) auf zwei Ebenen – mit ihren Exilregierungen und mit den Widerstandsbewegungen (unter ihnen wiederum mit den Strömungen, die von den Kommunisten geführt wurden). Das Verhältnis zu den Exilregierungen, bei denen ein sowjetischer Bevollmächtigter (Bogomolow) akkreditiert worden war, unterschied sich von Land zu Land.

Die engsten Beziehungen bestanden zur tschechoslowakischen Regierung mit Edvard Beneš an der Spitze. Moskau lehnte die 1938 in München beschlossene Teilung der Tschechoslowakei ab. Die Erklärung über den Wunsch der UdSSR, die Tschechoslowakei nach dem Krieg in den Grenzen vor dem Münchener Abkommen als unabhängigen und souveränen Staat wiederherzustellen, schuf eine positive Grundlage für Kontakte.

Die polnische Exilregierung nahm gegenüber Moskau eine feindselige Haltung ein. Sie war – was nicht ganz unverständlich ist – nicht bereit, die sowjetische Westgrenze anzuerkennen, wie sie in Übereinstimmung mit dem sowjetisch-deutschen Geheimprotokoll von 1939 (bis zum deutschen Überfall auf die Sowjetunion) durch die Besetzung polnischen Staatsgebietes zustande gekommen war.

Im Dezember 1941 besuchte General Sikorski, Premierminister der polnischen Exilregierung, die sowjetische Hauptstadt. Nach seiner Rückkehr rief Sikorski in London im Bericht an die Regierung dazu auf, alles zu unternehmen, damit die westlichen Verbündeten »die polnischen Rechte im Osten« voll unterstützen, wobei er darauf bestand, daß »die sowjetisch-polnische Grenze die Grenze der westlich-christlichen Zivilisation bleiben muß«.[20]

Sikorski gehörte zu den relativ gemäßigten polnischen Politikern, die die Zerschlagung Hitlerdeutschlands ohne die Sowjetunion für unmöglich hielten. Ein bedeutender Teil der polnischen Emigration hingegen nahm eine harte antisowjetische Position ein und lehnte jede Zusammenarbeit mit der UdSSR ab. Deshalb war es nicht verwunderlich, wenn die sowjetische Diplomatie die polnische Exilregierung sehr bald als wichtigste Quelle der antisowjetischen Aktivitäten in den Reihe der Verbündeten in der Antihitlerkoalition sah.

Die sowjetische Diplomatie lehnte entschieden Pläne zur Bil-

dung diverser Konföderationen und Vereinigungen in Zentral-
und Osteuropa ab. Besonders scharfen Widerspruch provozierte
die am 19. Januar 1942 veröffentlichte Deklaration über die beabsichtigte Bildung einer polnisch-tschechoslowakischen Konföderation.

Das Wichtigste bestand nach Aussagen sowjetischer Diplomaten darin, die Bildung eines antisowjetischen Blocks in Osteuropa
zu verhindern.[21] Die Sowjetunion verfolgte darum mit großem
Mißtrauen alle zwei- und mehrseitigen Treffen von Exilregierungen, die sich mit der Nachkriegsordnung beschäftigten.

Was aber wollte die Sowjetunion? Wie sollte Europa, besonders
Osteuropa, nach dem Kriege aussehen? Diese Frage wurde besonders intensiv nach der Rückkehr Edens aus Moskau erörtert. In
seinen Gesprächen mit den Exilregierungen beschrieb der britische Außenminister Moskaus Haltung. Er habe den Eindruck,
daß Moskau großen Wert darauf lege, daß ihre Westgrenze von
1941 anerkannt werde.

Die von der tschechoslowakischen Diplomatie im Januar 1942
zusammengestellten Informationen machten ferner deutlich, daß
nach Ansicht der Briten die sowjetische Regierung ganz Ost-, Zen-
tral- und Südosteuropa als wichtige Sphäre ihrer Interessen betrachtete. Zwischen den slawischen Völkern bestünden Blutsbande.
Deshalb würden die Truppen der Roten Armee nicht an der sowjetischen Grenze haltmachen, sondern bis zu jener Demarkationslinie vorrücken, die von den Verbündeten festgelegt werden wird.[22]

Beneš äußerte am 21. Januar 1942 im Gespräch mit Eden die
Überzeugung, daß in Frankreich nach dem Kriege eine Revolution
stattfinden werde und eine solche Entwicklung auch in anderen
Ländern nicht auszuschließen sei. In diesem Zusammenhang
berührten sie die Frage nach dem Zusammenhang der Politik Moskaus mit der Komintern und dem Kommunismus überhaupt.
Eden meinte, er habe in Moskau den Eindruck gewonnen, daß Stalin nicht mit einer Bolschewisierung Deutschlands rechne und
nach dem Krieg weniger an der Komintern interessiert sein werde.[23]

Überlegungen zur künftigen Rolle der Komintern stellten viele
englische Politiker an. Im Mai 1942 erkundigte sich der Stellvertreter des Sekretärs des Foreign Office, Sargent, bei Beneš, ob denn
die Sowjetunion nicht ganz Europa, vor allem Osteuropa, mit Hilfe
der Komintern revolutionieren wolle.[24]

1942 bangte die sowjetische Führung um ihr eigenes Überle-
ben. Auf der internationalen Bühne bemühte sie sich um die Fes-

tigung der Antihitlerkoalition und um die Errichtung der zweiten Front im Westen. Ferner unterstützte sie die Widerstandsbewegungen in den besetzten Ländern Europas. Diese Bewegungen entwickelten sich überall – bei aktiver Teilnahme der Kommunisten. In einer Reihe zentral- und südosteuropäischer Länder standen die Kommunisten an ihrer Spitze. Selbstverständlich unterhielten sie Kontakte zur Komintern, die ihnen nachdrücklich untersagte, Losungen zu benutzen, die über den Rahmen des nationalen Befreiungskampfes hinausgingen. Die Bildung von Volksfronten und Nationalkomitees hingegen war mit der Ausarbeitung von Programmen verknüpft, in denen die Aufgaben des antifaschistischen Kampfes sich mit Forderungen nach der Durchführung von demokratischen Reformen und auch nach der Veränderung der außenpolitischen Ausrichtung in der Nachkriegszeit verflochten. Dadurch sollten Bedingungen geschaffen werden, die faschistische Aggressionen künftig unterbinden sollten.

In einigen Fällen geriet die Widerstandsbewegung in Konflikt mit Kräften, die sich auf die Exilregierung orientierten. Besonders ausgeprägt war das in Jugoslawien, wo die Partisanen gezwungen waren, auch gegen die Tschetniks zu kämpfen. Das waren Anhänger der exilierten königlichen Regierung, die mit der deutschen Besatzungsmacht kollaborierten.

1943 brachte die Wende des Krieges. Im Winter wurde eine ganze Armee in Stalingrad zur Kapitulation gezwungen. Im Sommer endete im Kursker Bogen die gewaltigste Panzerschlacht der Geschichte mit einer Niederlage der Wehrmacht. In Nordafrika besiegten die Briten die deutschen und die italienischen Truppen. Danach war es möglich, die Zeitachse zu bestimmen, wann Hitlerdeutschland und seine Verbündeten endgültig besiegt sein würden.

Der Umbruch im Kriegsverlauf fiel zusammen mit beträchtlichen Veränderungen in den internationalen Beziehungen. Die gewachsene militärische Stärke der Sowjetunion und ihre wichtige Rolle im Kampf gegen Hitlerdeutschland und den faschistischen Block zwangen die Westmächte, die sowjetischen Auffassungen zu grundlegenden internationalen Problemen, insbesondere zu Fragen der Nachkriegsordnung, ernst zu nehmen. Moskau hatte plötzlich mehr Gewicht in der internationalen Arena.

Die Komintern reagierte auf die sich vollziehende Wende mit der Empfindlichkeit eines Seismographen. Am 10. Februar 1943 faßte ihr Exekutivkomitee den Beschluß »Über die Aufgaben der

Propaganda im Zusammenhang mit der grundlegenden Wende im Krieg«.[25] Vorausgegangen waren organisatorische Veränderungen, die der Tätigkeit der Komintern einen offensiven Charakter verlieh.[26] Sie folgten den Plänen und Absichten der sowjetischen Führung.

Im April 1943 wurden bei Katyn westlich von Smolensk in Massengräbern die Leichen von etwa 4.000 erschossenen polnischen Offizieren entdeckt. Die sowjetische Führung bestritt übrigens bis 1990 ihre Verantwortung und lastete wider besseren Wissens den Deutschen den Massenmord an – Dokumente aus dem ehemaligen Präsidialarchiv der UdSSR mit den Unterschriften Stalins und weiterer Politbüromitglieder, darunter Molotow, Woroschilow und Kaganowitsch, beweisen, daß sie am 5. März 1940 dem NKWD Weisung zur Erschießung polnischer Offiziere und Zivilisten erteilte. Der im Kreml angeordneten Massenexekution fielen etwa 21.000 polnische Kriegsgefangene zum Opfer.

Diese Entdeckung schien die Politik jener Polen, die auf Abgrenzung zu Moskau und auf Konfrontation setzte, als begründet zu rechtfertigen. Allerdings – das gehört auch in den an Widersprüchen reichen Kontext – hatte die polnische Exilregierung am 30. Juli 1941 ein Bündnis mit der Sowjetunion geschlossen, das die Aufstellung einer polnischen Armee aus 80.000 Kriegsgefangenen unter General Anders ermöglichte.

Auf dem Gebiet des besetzten Polens hingegen war ein ganzes Netz konspirativer Organisationen aktiv, die ständige Kontakte zur Exilregierung unterhielten. Diese Westorientierung veranlaßte zwei Mitglieder der von Moskau liquidierten polnischen kommunistischen Partei, Wasilewskaja und Lampe, sich im Februar 1943 mit einem Brief an Molotow zu wenden. In ihrem Schreiben meinten sie vor der Gefahr warnen zu müssen, daß Polen in eine »antisowjetische Bastion« verwandelt werden könnte.

Der Brief enthielt den Vorschlag, eine »zentrale Organisation für polnische Angelegenheiten« zu schaffen. Sie sollte vorhandene Kader sammeln, neue gewinnen und erziehen sowie die gesamte praktische Tätigkeit unter der polnischen Bevölkerung leiten.[27]

In der zweiten Februarhälfte 1943 empfing Stalin Wasilewskaja, den einen Absender. Das nährt den Verdacht, daß die Idee für dieses Schreiben und die intendierten Schritte nicht unbedingt polnischen Ursprungs waren.

Bei diesem Treffen mit Stalin wurde der Beschluß gefaßt, ein solches Zentrum mit dem Namen »Vereinigung der polnischen

Patrioten« ins Leben zu rufen. Man begann umgehend, also Ende Februar 1943, mit der Realisierung. Gleichwohl wurde die Gründung des Zentrums erst im Juni 1943 bekanntgegeben.[28]

Zeitgleich mit dem Brief und dem Treffen, nämlich am 25. Februar 1943, erklärte die polnische Exilregierung, daß sie die sowjetische Westgrenze nicht anerkenne und Polen in den Grenzen vom 1. September 1939 fordere.

Diese Erklärung stieß in Moskau auf eine äußerst negative Bewertung. In einer am 3. März 1943 veröffentlichten TASS-Mitteilung hieß es, daß diese Linie der Exilregierung nicht nur Polen schwäche, sondern auch »die einheitliche Front der slawischen Völker im Kampf gegen den Feldzug Hitlers«.[29]

Am 25. April 1943 – nach Entdeckung der Verbrechen von Katyn[30] und entsprechend scharfen Reaktionen – brach Moskau die Beziehungen zur polnischen Exilregierung ab.

Der Abbruch der Beziehungen wurde begleitet von einem Briefaustausch zwischen Stalin und Churchill. Im Schreiben vom 21. April 1943, in dem Stalin Churchill über den bevorstehenden Schritt informierte, warf er der polnischen Regierung »Vertrauensbruch« vor. Sie habe die Bündnisbeziehungen mit der UdSSR abgebrochen und würde zu einer feindlichen Position übergehen.[31] Die Bemühungen der englischen Diplomatie, die sowjetischen Reaktionen abzuschwächen, blieben ergebnislos.

Churchill versprach, »die notwendige Ordnung in die polnische Presse in Großbritannien zu bringen«, und er äußerte die Hoffnung hinsichtlich der Wiederherstellung der Beziehungen zur polnischen Exilregierung, deren Zusammensetzung, so meinte er, verbessert werden müsse. Gleichzeitig bezog er sich auf eine von der deutschen Propaganda verbreiteten Nachricht, daß auf dem Territorium der UdSSR eine polnische Regierung organisiert werde, die für sich reklamierte, die einzige rechtmäßige politische Führung Polens zu sein. »Wir wären natürlich nicht in der Lage, eine solche Regierung anzuerkennen und würden unsere Beziehungen zu Sikorski fortsetzen«, erklärte Churchill und damit seine Ablehnung für die keineswegs aus der Luft gegriffene Vorstellung.[32]

Der Abbruch der Beziehungen zur polnischen Exilregierung konfrontierte die sowjetische Führung zum ersten Male mit dem politischen Problem, welche Nachbarn die Sowjetunion künftig haben werde. Polen spielte dabei eine Schlüsselrolle. Der aktuelle Vorgang war daher eine Art Katalysator bei der fälligen Ausarbeitung eines sowjetischen Planes für die Nachkriegsordnung – wenn schon nicht für ganz Europa, so doch zumindest für dessen östlichen Teil. Von nun an wurde die militärstrategische Planung mit der politischen Planung verbunden. Ihre Absichten offenzulegen war die sowjetische Führung aber nicht bereit. Vielmehr war sie bestrebt, sie weiterhin zu verschleiern, dies jedoch in einer Form, von der Moskau annahm, sie sei für die Westalliierten in der Antihitlerkoalition hinnehmbar. Den Beginn der neuen politischen Linie glaubte man mit Aktivitäten kenntlich machen zu müssen.

So entschied die sowjetische Führung, um eine positive internationale Resonanz zu erhalten, die Kommunistische Internationale zu liquidieren!

Wie aus dem Tagebuch des Generalsekretärs des Exekutivkomitees (EKKI) der Komintern, Georgi Dimitroff, hervorgeht, erhielt er von Molotow eine entsprechende Anweisung am 8. Mai 1943.[33] Drei Tage später schickten schickten Dimitroff und Manuilski an Stalin und Molotow den Entwurf einer Entschließung über die Auflösung der Komintern. Am Abend dieses 11. Mai wurden beide von Stalin empfangen, um den Text zu erörtern. Nachdem Stalin den Entwurf gebilligt hatte, folgten mehrere Sitzungen des Präsidiums des EKKI, bei denen vor allem Fragen der Prozedur des bevorstehenden Ereignisses beraten wurden. Die gesamte Arbeit wurde von Stalin mit größter Aufmerksamkeit begleitet, wobei er Korrekturen und Präzisierungen in das geplante Dokument einbrachte. Stalin drängte auf Eile.

Am 21. Mai fand eine Sitzung des Politbüros des Zentralkomitees der KPdSU[34] statt, auf der der endgültige Text der Entschließung der Komintern-Führung bestätigt wurde. Schließlich veröffentlichte die »Prawda« am 22. Mai 1943 den Beschluß des EKKI-Präsidiums über die Auflösung der Komintern.[35]

Die nachfolgende Billigung dieser Entscheidung durch die Sektionen, d. h. der kommunistischen Parteien der verschiedenen Länder, besaß nur noch protokollarischen Charakter.

Nach der Erledigung aller Formalitäten erklärte das EKKI-Präsidium am 8. Juni 1943 alle ihre Aktivitäten und die Auflösung aller zentralen Organe der Komintern für beendet.

In den veröffentlichten Beschlüssen des EKKI-Präsidiums wurde die Auflösung damit begründet, daß die Komintern als zentralisierte Form der Vereinigung aufgehört hatte, den Aufgaben der kommunistischen Parteien, die unter verschiedenen Bedingungen wirkten, gerecht zu werden.[36]

Stalin aber, der am 28. Mai 1943 auf die Frage des Korrespondenten der Reuter-Agentur nach der Auflösung antwortete, erwähnte dieses Argument nicht einmal. Er bezeichnete die Auflösung als einen zeitgemäßen Schritt. Damit werde die Lüge widerlegt, Moskau würde sich »in das Leben anderer Staaten einmischen und sie ›bolschewisieren‹«. Zweitens entlarve das die Verleumdung, daß »die kommunistischen Parteien der verschiedenen Länder angeblich nicht im Interesse ihres Volkes tätig wären, sondern gemäß einem Befehl von außen«. Drittens erleichtere das »die Arbeit der Patrioten« im Hinblick auf die Vereinigung der fortschrittlichen Kräfte ihrer Länder »in einem einheitlichen national-demokratischen Lager«. Viertens befördere dieser Schritt »die Arbeit der Patrioten aller Länder« im Hinblick auf die Vereinigung aller friedliebenden Völker in einem einheitlichen internationalen Lager für den Kampf gegen den Hitlerismus und darüber hinaus die Herstellung der »Freundschaft der Völker auf der Grundlage der Gleichberechtigung«.[37]

Alle Argumente Stalins reduzierten sich praktisch darauf, daß die Sowjetunion bestrebt war, den Westalliierten die Furcht vor Moskau zu nehmen. Das waren die wirklichen Gründe für die Auflösung der III., der Kommunistischen Internationale – die andere, von der auf Stalins Weisung liquidierten Komintern verbreitete Lesart richtete sich lediglich nach innen.

Es war offensichtlich, daß dieses Stalinsche Manöver zum Erfolg führte. Wie die beiden – von der bulgarischen Historikerin Toschkowa veröffentlichten – Memoranden zeigen, welche vom amerikanischen Amt für strategische Dienste (des Vorgängers der CIA) für Präsident Roosevelt erarbeitet worden waren, unternahmen die westlichen Analytiker große Anstrengungen, um den ihnen vorgeworfenen Knochen in ein »logisch begründetes« Skelett einzuordnen. Ein solcher Eindruck wird auch durch den Umstand bestätigt, daß das erste Memorandum – »Russische Kommentare zur Auflösung der Dritten Internationale« – gegen Ende Mai vor allem auf der Grundlage der »zuverlässigen« Gespräche mit verschiedenen sowjetischen Vertretern in den USA zusammengestellt wurde.

Durch das ganze Memorandum zieht sich die These, Moskau habe der Idee der »Weltrevolution« entsagt, was durch die Auflösung der Komintern garantiert würde. Die Komintern habe folglich dadurch ihre Bedeutung verloren und brächte der UdSSR mehr Schaden als Nutzen. Ihre Auflösung sei ein Beweis für die Loyalität der UdSSR als Bündnispartner nicht nur in der Kriegszeit, sondern auch in der Nachkriegszeit, ein Beweis dafür, daß

»Moskau nicht die Besitzergreifung fremder Territorien plant, um sie in die Sowjetunion einzuverleiben. Stalin wünscht in den nationalen Grenzen Rußlands zu verbleiben«. Nach Meinung der Autoren des Memorandums würde Moskau sich damit zufrieden geben, »wenn freundschaftlich gesinnte Regierungen in den Nachbarstaaten gebildet werden: in Polen, Finnland, Ungarn, Rumänien und auf dem Balkan, wobei diese Länder nicht unbedingt kommunistische sein müssen«.

Als Beispiel, das den allgemeinen Tendenzen der sowjetischen Politik entsprechen würde, wurde die Deklaration des Verbandes der polnischen Patrioten und der Gruppe, die sich um die in Moskau herausgegebene Zeitung »Freiheitliches Polen« scharte, angeführt, wo von der Errichtung einer »parlamentarischen Ordnung« im befreiten Polen die Rede war.[38]

In dem anderen Memorandum, das vom 14. Juni datiert, wurden diese Gedanken wiederholt, wobei die Notwendigkeit unterstrichen wurde, »tiefgreifende Veränderungen im russischen Kommunismus« anzuerkennen. Das Wesentliche dieser Wandlungen bestünde nach Auffassung der amerikanischen Autoren in der Absage an die Reinheit der kommunistischen Ideologie im Namen des Vaterlandes und der Verteidigung der nationalen Sicherheit.[39]

Diese Schlüsse stimmten mit den Auffassungen Roosevelts überein. Archivdokumente, die W. L. Malkow ausfindig gemacht hat, zeugen davon, daß nicht lange vor der Auflösung der Komintern der US-Präsident Stalin die Frage hinsichtlich der Wünschbarkeit eines solchen Schrittes gestellt hatte, dessen Durchsetzung seiner Meinung nach der beste Beweis für die Bereitschaft der Sowjetunion wäre, eine echte Partnerschaft mit den westlichen Alliierten einzugehen. Die von Stalin ergriffene Maßnahme entsprach folglich diesen Erwartungen.[40]

Schlußfolgerungen, die denen in den beiden amerikanischen Memoranden sich ähnelten, dienten als Grundlage der weiteren Kontakte der USA und auch Großbritanniens zur Sowjetunion in bezug auf die Probleme der europäischen Nachkriegsordnung.

In der Diskussion, die seit langem in der wissenschaftlichen Literatur über die wirklichen Gründe der Auflösung der Komintern geführt wird, wurde ein sehr wesentlicher Umstand außer acht gelassen: Diese Aktion Stalins war nicht nur ein großes politisches und propagandistischen Manöver, sondern zugleich die erste organisatorische Maßnahme auf dem Wege zur konkreten Konzipierung der Nachkriegsordnung.

Es ging um die Pläne, in welchen den Konzepten zur Bildung einer Reihe von Staaten ein bestimmter Platz eingeräumt wurde, wo Kommunisten an die Macht gelangen könnten. Daß solche Aussichten realistisch waren, zeichnete sich seit Frühjahr1943 ab. Im Mai wurde auf sowjetischem Gebiet die polnische Kosciuszko-Division gebildet. Es folgte die Konstituierung eines tschechoslowakischen Korps. Später wurden auch andere nationale Verbände gebildet.

Seit Ende Mai wurden zielstrebig Ideen zur Schaffung antifaschistischer Komitees für Deutschland, Rumänien, Italien etc. erarbeitet. Es betraf vornehmlich Länder, in denen es keine organisierte, von Kommunisten geführte Widerstandsbewegungen gab.[41] Die vorgesehenen Komitees sollten aus »Vertretern der Gesellschaft« bestehen, d. h. aus den Führern der einen oder anderen kommunistischen Partei sowie aus »angesehenen antifaschistischen Kriegsgefangenen«.[42] (Verwiesen sei auf die Bildung des Nationalkomitees »Freies Deutschland« [NKFD] am 12./13. Juli 1943 bei Moskau.)

Die Tatsache, daß Dimitroff entsprechende Gespräche mit den einzelnen kommunistischen Parteien führte, offenbarte, daß die Auflösung der Komintern nicht zur Beendigung ihrer Tätigkeit führte. Dieses Konzept zielte auf die Übernahme der Macht durch politische Gruppierungen (Volksfront) mit Kommunisten an der Spitze. Es stützte sich sowohl auf pragmatische Erwägungen wie auf theoretische Positionen.

Die Bedingungen für die Verwirklichung der neuen Konzeption wurden durch den Rahmen der Antihitlerkoalition und von programmatischen Erklärungen ihrer Teilnehmer erheblich eingeschränkt. Es war offensichtlich, daß auch nach dem Ende des zweiten Weltkrieges das Staatensystem, wie es sich nach dem ersten Weltkrieg und mit der Versailler Friedensordnung herausgebildet hatte, im wesentlichen bestehen bleiben würde. Der Kampf um das politische Regime in jedem Land würde von der inneren Kräftekonstellation und den internationalen Begleitumständen abhängen. Die Komintern – als vermeintliches Zentrum der Weltrevolution – war in diesem Kontext eher abschreckend und mußte als störend gelten. Und dieses Hindernis war beseitigt worden.

Wie jedoch aus den jüngsten Forschungen hervorgeht, die sich auf Archivmaterialien stützen, trug die Auflösung der Komintern in vieler Hinsicht allenfalls deklarativen Charakter, der taktisch-propagandistischen Zielen diente. De facto wirkte der Apparat des

EKKI unter der Leitung Dimitroffs zumindest bis zum Kriegs-
ende ohne Einschränkung weiter. Er fungierte als besonderes Element im Apparat des ZK der KPdSU. Die Leitung erfolgte durch
die Abteilung für Auslandsinformation des ZK der KPdSU, die im
September 1943 eingerichtet wurde. Formell stand anfangs Tscher-
bakow, Kandidat des Politbüros und Sekretär des ZK der KPdSU,
an der Spitze dieser Abteilung, Dimitroff war sein Stellvertreter. Im
Juli 1944, nach Reorganisation der Abteilung, übernahm Dimitroff
ihre Leitung.

Diese Abteilung und die ihr zugeordneten Institutionen mit
sogenannten besonderen Aufgaben (Nr. 205, 100, 99) wie auch die
Auslandsbüros der kommunistischen Parteien übernahmen den
Hauptteil der Kader des Apparates des EKKI mitsamt ihren Aufgaben. Auf diese Weise blieb das alte System von Verbindungen mit
den kommunistischen Parteien bestehen.[43]

In diese Periode fällt also nicht nur der Prozeß der Herausbildung einer Konzeption vom »sozialistischen Lager«, sondern auch
der Beginn ihrer Realisierung.

Ein Problem bestand in seiner theoretischen Fundierung, deren
Begründung sich aus der Auffassung *vom Beginn der zweiten Etappe
der allgemeinen Krise des Kapitalismus* ergab. Die einzelnen Phasen
der Ausarbeitung dieser Konzeption lassen sich verfolgen am Beispiel der Artikel, die in der Zeitschrift »Krieg und Arbeiterklasse«[44],
die an die Stelle der theoretischen Zeitschrift der Komintern trat.
Es war ganz selbstverständlich, daß der alte Begriff der »Weltrevolution« nirgendwo und niemals wieder Erwähnung fand. Für jeden
Kommunisten war aber klar, daß die zweite Etappe der allgemeinen
Krise des Kapitalismus zugleich die zweite Etappe in der Entwicklung der proletarischen Revolutionen darstellte.

Zur gleichen Zeit wandte sich die sowjetische Führung entschieden gegen jene westlichen Pläne, insbesondere in bezug auf
Osteuropa, die aus Moskauer Sicht den Interessen der UdSSR ent-
gegenstanden und die geeignet zu sein schienen, die vom Kreml
anvisierte Ausdehnung des »Sphäre des Sozialismus« auf andere
Länder zu erschweren.

In diesem Kontext hatte die Moskauer Konferenz der Außenminister der UdSSR, der USA und Großbritanniens im Oktober
1943 große Bedeutung. Dort lehnte die sowjetische Seite Projekte
von Föderationen und Konföderationen entschieden ab – sofern
sie unter englischer Schirmherrschaft standen und von Exilregierungen der Länder Zentral- und Südosteuropas vorgeschlagen wor-

den waren. Darauf zielte die sowjetische Regierung mit der Erklärung »Die Zukunft Polens, der Donau- und Balkanländer, einschließlich der Frage der Föderationen«. Darin wurden entsprechende Projekte als Versuch charakterisiert, die antisowjetische Politik eines »Cordon sanitaire« neu zu beleben.

Moskau stellte diesen Plänen seine These von der Wiederherstellung der Unabhängigkeit und Souveränität der kleinen Staaten entgegen. Das sei eine der wichtigsten Bedingungen für einen dauerhaften Frieden in Europa nach dem Krieg.[45]

In dieser Idee kam die Hoffnung zum Ausdruck, daß es wenigstens in den osteuropäischen Ländern im Zuge der Zerschlagung Deutschlands und seiner Satelliten gelingen möge, Bedingungen für die Übernahme der Macht durch die Kommunisten oder für die Errichtung von Regimes, in denen diese eine bedeutsame Rolle spielen, zu schaffen.

Jugoslawien und Polen nahmen in diesen Gedankenspielen einen besonderen Platz ein. Im Falle Jugoslawiens unterstützte die UdSSR die von den Kommunisten geführte machtvolle Volksbefreiungsbewegungen, die im Lande zum vorherrschenden militärisch-politischen Faktor geworden war. Im Falle Polens hingegen ergriff Moskau Partei für die eindeutige Minderheit, die nur von einem sehr begrenzten Teil der polnischen Gesellschaft unterstützt wurde. Die polnische und die jugoslawische Frage hatten aber einen gemeinsamen Nenner: In beiden Fällen ging es darum, welches politische Regime im Lande nach der Befreiung von der faschistischen Okkupation errichtet werden würde. Bis zum Sommer 1944 trug die Auseinandersetzung darüber diplomatischen Charakter. Doch seit Mitte 1944, als die sowjetischen Truppen die Grenzen der UdSSR überschritten hatten, änderte sich die Situation grundlegend.

Die sowjetische Diplomatie hatte bis dahin große Anstrengungen unternommen, um in außenpolitischer Hinsicht das Vorrücken der sowjetischen Truppen auf das Territorium der osteuropäischen Staaten vorzubereiten. Bereits im Dezember 1943 war der sowjetisch-tschechoslowakische Vertrag über Freundschaft, gegenseitige Hilfe und Zusammenarbeit für die Zeit nach dem Kriege abgeschlossen worden. Er war der erste Vertrag dieser Art, den die UdSSR mit einem Land in Zentral- und Südosteuropa schloß. Im Mai 1944 wurde mit der Exilregierung ein Abkommen über die Beziehungen zwischen dem sowjetischen Oberkommando und der tschechoslowakischen Administration nach der Besetzung des Territoriums der Tschechoslowakei durch sowjetische Truppen vereinbart. Er galt als Muster für ähnliche Abkommen mit dem Polnischen Komitee der Nationalen Befreiung im Juli und dem Komitee der Nationalen Befreiung Jugoslawiens im September 1944. Diese Abkommen nutzte die UdSSR, um die internationalen Positionen dieser Organe als faktische provisorische Regierungen ihrer Länder zu bekräftigen.

Den osteuropäischen militärischen Formationen, die sich in der UdSSR gebildet hatten, so vor allem den polnischen, tschechoslowakischen und rumänischen Einheiten, wurde eine besondere Bedeutung in dem Sinne beigemessen, daß sie als maßgebliche Faktoren die Herstellung neuer, für Moskau wünschenswerter Regimes fördern sollten. In politischer Hinsicht verkörperten sie *Volksfronten* unter der Führung der Kommunisten, die bereit waren, zur Befreiung ihrer Länder beizutragen. Nach sowjetischen Angaben verfügten im Juni 1944 diese osteuropäischen Formationen zusammen genommen über 103.500 Kämpfer.[46]

Um sowjetische Positionen durchzusetzen, wurden auch innerhalb der Antihitlerkoalition entsprechende Vereinbarungen angestrebt. Nach der Kapitulation Italiens im September 1943 versuchten einige von Deutschland abgefallene Satellitenstaaten mit den Westmächten zu verhandeln, ohne dabei die UdSSR einzubeziehen. Ende 1943, insbesondere im Zusammenhang mit der Moskauer Konferenz der Außenminister der UdSSR, der USA und Großbritanniens und sodann in der ersten Hälfte des Jahres 1944, setzte die UdSSR in Verhandlungen mit den westlichen Partnern durch, daß ihre führende Rolle bei der Festlegung der Bedingungen für den Kriegsaustritt Rumäniens und Ungarns sowie Finnlands anerkannt wurde.

Vorgesehen war damit auch, daß die sowjetischen Truppen in diese Länder vorrückten, was im Spätsommer und Herbst 1944 tatsächlich geschah. Anfang September 1944 erklärte die UdSSR Bulgarien den Krieg, was ihr die Möglichkeit bot, das Land mit der Roten Armee zu besetzen und auch dort ihren bestimmenden Einfluß geltend zu machen.[47]

Das Phänomen, das in der sowjetischen Literatur in politisch-propagandistischer Weise als »Befreiungsmission der sowjetischen Streitkräfte« bezeichnet wird, besaß einen vielschichtigen Charakter. Vom militärischen Standpunkt handelte es sich in fast allen Fällen um die unausweichlichen Folgen der Anstrengungen zur Zerschlagung des faschistischen Blockes, Das war das Ziel der gesamten Antihitlerkoalition. Die überwiegende Mehrheit der Soldaten und Offiziere der sowjetischen Streitkräfte war überzeugt, die Länder Zentral- und Südosteuropas vom faschistischen Joch zu befreien. Was sie objektiv ja auch taten. Große Teile der Bevölkerung dieser Länder, vor allem jener, in denen deutsche Besatzungstruppen gewütet hatten, hießen die sowjetischen Truppen als Befreier willkommen.

Dies aber ist nur ein Teil der Wahrheit. Der andere Teil bestand darin, daß zusammen mit der Roten Armee auch das politische System der Sowjetunion kam und umgehend vor Ort zu installieren versucht wurde. Die Befreiungsmission brachte sogleich die Machtergreifung der kommunistischen Parteien und der von ihnen geführten politischen Blöcke (der Nationalen und Volksfronten) mit sich oder führte zur Besetzung solcher Positionen, die ihnen den Weg zur Macht eröffneten. Im Gefolge der Truppen kamen die sowjetischen Organe der Strafverfolgung: SMERSCH[48], die Organe der Staatssicherheit, die Truppen des NKWD[49] usw. Sie verfolgten nicht nur jeglichen Widerstand im Hinterland der sowjetischen Truppen und säuberten es präventiv von »unerwünschten Elementen«. Sie vermittelten den unter der Ägide der UdSSR geschaffenen Organen der neuen Macht in den befreiten Ländern auch ihre Erfahrungen. Und die an die Macht gelangten einheimischen Kommunisten übernahmen sehr rasch diese Erfahrungen, zumal sie selbst über die doktrinären Prinzipien und über die politische Praxis verfügten, die in der kommunistischen Bewegung üblich waren. Über der politischen Ordnung der »Volksdemokratien« legte sich sofort der Schatten des Autoritarismus.

Moskau und die osteuropäischen kommunistischen Parteien, die mit dessen Hilfe oder aus eigener Kraft (Jugoslawien und Albanien) an die Macht gelangt waren, unternahmen sofort alles, um allseitige Verbindungen herzustellen und die zwischenstaatliche Zusammenarbeit untereinander zu entwickeln.

Unter den konkreten Bedingungen der abschließenden Etappe des zweiten Weltkrieges ging es in erster Linien um die militärisch-politische Kooperation im Kampf gegen Hitlerdeutschland und deren Satelliten. Dieser Kurs verlieh den neuen Regimes großes Gewicht. Er wurde von der UdSSR zur Herstellung ihrer Schirmherrschaft im Rahmen der Antihitlerkoalition genutzt, und er erlaubte diesen Regimes, eine militärische Stärke zu erringen, die gleichzeitig ihrer Machtsicherung diente. Diese Prozesse entwickelten sich sehr schnell und führten zu grundlegenden Veränderungen in der Konstellation der politischen Kräfte in den zentral- und osteuropäischen Länder.

Bezeichnend waren die Ereignisse in Polen. Das im Juli 1944 unter unmittelbarer Beteiligung der Sowjetunion gebildete *Polnische Komitee der nationalen Befreiung* (PKNO) erhielt in jenem Teil Polens, das die sowjetischen Truppen von der faschistischen Okkupation befreit hatten, die administrative Macht übertragen. Die sowjetische Militärpräsenz sicherte diese Macht, deren Aktionsradius in dem Maße wuchs, wie das Land von den Hitlertruppen befreit wurde. Das neue Regime war in den Schlüsselfragen seiner Politik vom Willen und von den Entscheidungen Moskaus völlig abhängig. Die polnische Exilregierung und ihre ausgedehnten Untergrundstrukturen im Lande erwiesen sich in dieser Situation als machtlos, um die Positionen des Komitees der nationalen Befreiung zu erschüttern. Zur Jahreswende 1944/45 formierte sich das Komitee in eine Provisorische Regierung um. Auch die Westalliierten vermochten nichts dagegen auszurichten. Ihre diplomatischen Bemühungen waren nicht geeignet, jene militärisch-politische Realität zu verändern, die mit dem Vorrücken der sowjetischen Truppen entstand.[50] Nach und nach erlangte das von den Kommunisten beherrschte Regime auch eigene Grundlagen. Zu ihnen gehörte maßgeblich die neue polnische Armee, deren Gerüst die in der UdSSR formierten militärischen Einheiten bildeten. Indem diese polnische Armee aufgefüllt und von der Sowjetunion ausgerüstet wurde, nahm sie zusammen mit sowjetischen Truppenteilen an der Befreiung des polnischen Territoriums teil und verwandelte sich in eine mächtige und akzeptierte Kraft.

Der im August 1944 begonnene Vormarsch der Roten Armee in die Donau-Balkan-Richtung führte zum Zusammenbruch des faschistischen Rumäniens. Nachdem die Sowjetunion am 5. September 1944 Bulgarien den Krieg erklärt hatte, kam in diesem Lande eine Volksfront-Regierung an die Macht. Auf der Tagesordnung stand die Frage nach der Befreiung Jugoslawiens. Unter den gegebenen Bedingungen entwickelte sich auf dem Balkan sehr rasch die Zusammenarbeit UdSSR-Jugoslawien-Bulgarien. Ende September fanden in Moskau mehrere Treffen und Beratungen statt, an denen Stalin sowie weitere sowjetische Führer, Josip Broz-Tito und Georgi Dimitroff teilnahmen. Eines der wichtigen Ergebnisse dieser Verhandlungen war der Beschluß über die Belgrader Operation, die sowjetische Truppen gemeinsam mit der Volksbefreiungsarmee Jugoslawiens und bulgarischen Militäreinheiten in Angriff nehmen sollten. Diese Operation endete mit der Befreiung Belgrads am 20. Oktober 1944 sowie des östlichen Teils Jugoslawiens.

Zu gleicher Zeit begann auch die Befreiung Albaniens, das von den deutschen Besatzungstruppen überhastet aufgegeben wurde.

In Rumänien, Bulgarien und sodann Ungarn wurden alliierte Kontrollkommissionen eingerichtet, in denen die sowjetischen Vertreter die entscheidende Rolle spielten. Sie überwachten nicht nur die Einhaltung der Waffenstillstandsbedingungen, sondern de facto auch die allgemeine Entwicklung der Lage in diesen Ländern, die ehemals Satelliten Deutschlands waren.

Als Folge dieser Entwicklung zeichneten sich bereits zu Beginn des Jahres 1945 ganz klar die politischen Ergebnisse des Krieges hinsichtlich der Länder Zentral- und Südosteuropas ab. Dort entstand eine Sphäre sowjetischer Kontrolle und der Errichtung von Regimes mit vorherrschender und zum Teil ausschließlicher Machtstellung der Kommunisten bzw. einer Tendenz der Ausdehnung ihres Einflusses.

Dies beunruhigte die Westmächte, vor allem Großbritannien. Dies um so mehr, als die Hoffnungen auf einen raschen Sieg nach der Eröffnung der zweiten Front bereits im Herbst 1944 verflogen waren. Dem deutschen Oberkommando war es gelungen, den Vormarsch der Westalliierten aufzuhalten und in den Ardennen zur Gegenoffensive überzugehen.

In Italien waren die alliierten Truppen an der sogenannten »Goten-Linie« gleichfalls gestoppt worden. Die sowjetischen Truppen hingegen begannen am 12. Januar 1945 den Angriff in Richtung auf die deutsche Reichshauptstadt.

Dies war die Lage in Europa, als Anfang Februar 1945 in Jalta die Führer der UdSSR, der USA und Großbritanniens zusammentrafen. Die Konferenz machte deutlich, daß sie – wie auch immer die Verhandlungen verliefen – nicht in der Lage waren, die absehbaren Ergebnisse des Krieges zu korrigieren.

Der Streit entzündete sich an den Problemen, die die Länder Zentral- und Südosteuropas betrafen. In bezug auf Polen beschloß die Konferenz, daß die dort operierende Provisorische Regierung unter Einbeziehung von Politikern aus dem Exil reorganisiert werden müsse. In bezug auf Jugoslawien verständigten sich die Teilnehmer der Konferenz, die Verwirklichung der Ende 1944 erzielten Vereinbarung zwischen dem sich etablierenden kommunistischen Regime und der Exilregierung zu beschleunigen. Sie sah vor, eine vereinte Regierung zu bilden, Emigrantenkreise und deren Anhänger im Lande in das provisorische Parlament aufzunehmen und ihnen die Teilnahme am politischen Leben im befreiten Jugoslawien zu erlauben.

Die Regierungsbeteiligung von Persönlichkeiten und Gruppierungen, die in Opposition zu den Kommunisten standen, erwies sich praktisch als illusorisch und konnte den Charakter der bestehenden Ordnungen nicht erschüttern. Die diplomatischen Bemühungen der Westalliierten, das sowjetische Monopol zumindest in den alliierten Kontrollkommissionen abzuschwächen und so der zunehmenden Etablierung der Kommunisten entgegenzuwirken – vor allem in Rumänien und Bulgarien – waren nicht von Erfolg gekrönt. In Rumänien endete die langwierige politische Krise mit der Bildung der ersten »volksdemokratischen Regierung« am 6. März 1945.

Der stellvertretende Außenminister Großbritanniens, Sargent, kam in einem Memorandum vom 13. März 1945 bei der Einschätzung der Lage in Zentral- und Südosteuropa zu dem Schluß, daß in Rumänien und Bulgarien »kommunistische und totalitäre Regierungen« errichtet worden seien. Ähnlich würden sich, so meinte er, die Ereignisse in Ungarn, Polen und der Tschechoslowakei entwickeln. Zugleich konstatierte er, daß Großbritannien nicht über Möglichkeiten verfüge, auf den Charakter der innenpolitischen Entwicklung der genannten Länder einzuwirken.[51]

Die sowjetische Führung unter Stalin setzte zielstrebig ihre Anstrengungen fort, ihre Konzeption der Errichtung und Festigung von Regimes der »Volksdemokratie« sowie des Zusammenschlusses dieser Länder in einem einheitlichen Lager durchzusetzen.

In der abschließenden Etappe des Krieges wurde diese Konzeption vermittels des Abschlusses von Verträgen über Freundschaft, gegenseitige Hilfe und Zusammenarbeit für die Zeit nach dem Kriege mit Jugoslawien (11. April) und mit Polen (21. April 1945) verwirklicht. Diese Verträge bildeten die Grundlage sowohl für eine Reihe ähnlicher Verträge der UdSSR mit anderen »volksdemokratischen«Ländern als auch für Verträge dieser Länder untereinander. Auf diese Weise formierte sich das System von vertraglich-rechtlichen Beziehungen zwischen Ländern, die sodann eine weitere Entwicklung erfuhren und später das »sozialistische Lager« in Europa begründeten.

Zur Zeit der Unterzeichnung des sowjetisch-jugoslawischen

Vertrages fand am 11. April 1944 in Moskau ein bemerkenswertes Gespräch zwischen dem Mitglied einer jugoslawischen Delegation, Djilas, und Stalin statt. Laut Djilas erklärte Stalin sehr offenherzig: »Dieser Krieg unterscheidet, sich von allen vorangegangenen: Wer das Territorium besetzt, der errichtet dort seine eigene Gesellschaftsordnung. Jeder führt sein System ein, wohin er seine Armee führt. Anders kann es auch nicht sein.«[52] Es gibt keinen Grund, dem Zeugnis von Djilas nicht zu glauben. Stalins Erklärung widerspiegelte wohl ziemlich präzise die Intentionen der sowjetischen Führung am Ende des Krieges.

Bereits an der Schwelle zwischen Krieg und Frieden trat eine Gruppe von Ländern – mit der UdSSR an der Spitze – in die internationale Arena, die ihrem Wesen nach einen militärisch-politischen Block darstellte. Dieser Block verfügte von Anfang an über eine recht hohe Fähigkeit zu gemeinsamen Aktionen nicht nur im bewaffneten Kampf gegen Hitlerdeutschland, sondern auch in der internationalen Politik. Dies zeigte sich schon im Sommer 1945 beim Agieren in der soeben gegründeten UNO und wenig später bei der Vorbereitung und Durchführung der Pariser Friedenskonferenz 1946.

Die Basis der Beziehungen innerhalb dieser Gruppe waren die Wechselbeziehungen zwischen den kommunistischen Parteien, die an der Macht waren, und der Sowjetunion, dem traditionellen Zentrum der kommunistischen Bewegung seit Gründung der Komintern.

Fußnoten

1 W. I. Lenin: Polnoe sobr., soc. Bd. 41, S. 165, deutsch: W. I. Lenin: Werke. Bd. 31, Berlin 1959, S. 136

2 Komintern – (III.) Kommunistische Internationale (1919-1943), von Lenin in Moskau gegründet. Die I. Internationale (Internationale Arbeiterassoziation - IAA) war 1864 von Marx und Engels in London begründet und 1876 in Philadelphia aufgelöst worden. 1889 konstituierte sich in Paris unter Leitung von Engels die II. Internationale, die praktisch 1914 im Feuer des Weltkrieges unterging. Als Antwort auf die Bildung der Komintern gründeten sozialistische Parteien 1921 die II½. Internationale, die sich 1923 in Hamburg mit der fortbestehenden II. Internationale zur Sozialistischen Arbeiter-Internationalen vereinte. Die Sozialistische Internationale vorwiegend sozialdemokratischer Parteien besteht fort - neben einer IV. trotzkistischen Internationale.

3 NÖP – Neue Ökonomische Politik. Sie war der Versuch in Sowjetrußland, in den 20er Jahren mit der Revitalisierung von Elementen der kapitalistischen Marktwirtschaft die Wirtschafts- und Versorgungskrise zu überwinden. Sie ersetzte den »Kriegskommunismus«. *(Anmerkung d. Hrsg.)*

4 Siehe: V. K. Volkov: U istokov sovjetskoj programmy poslevoennogo ustrojstva mira v Evrope (1941-1943 gg.). In: Novaja i novečaja istoria, 6/1984

5 Vnešnaja politika Sovjetskogo Sojuza v period Otečestvennoj vojny: Dokumenty i materialy. Bd. 1: 22 ijunja 1941 g. – 31 dekabrja 1943 g. Moskau 1946, S. 34

6 Sovjetsko-anglijskie otnošenija vo vremja Velikoj Otečestvennoj vojny. 1941-1945 gg.: Dokumenty i materialy. Bd. 1, Moskau 1983, Dok. 11, S. 69

7 Auffassungen von der Komintern als einem der Instrumente zur Durchsetzung sowjetischer Außenpolitik

sind in der historischen Literatur weit verbreitet. Die Absicht Stalins ist zwar bekannt, schon im Frühjahr 1941 die Komintern aufzulösen, sie wurde jedoch bisher nicht in erforderlichem Maße erforscht. Seine Überlegungen hatte er Dimitroff am 20. April 1941 im Beisein anderer Mitglieder des Politbüros des ZK der KPdSU mitgeteilt, und zwar nach einem Konzert im Moskauer Bolschoi Theater. Dimitroff hat in seinem Tagebuch wie folgt die Überlegungen Stalins wiedergegeben: »Die Frage nach der Weiterexistenz der KI in nächster Zeit und nach neuen Formen der internationalen Verbindungen und der internationalen Arbeit unter den Bedingungen des Weltkrieges ist klar und deutlich gestellt worden.« (Georgi Dimitroff: Tagebücher 1933-1943. Berlin 2000, S. 374 f.). Die mit einer möglichen Beendigung der Tätigkeit der Komintern und ihrer Führungsorgane verbundenen Fragen wurden von Dimitroff mit D. S. Manuilski am 12. Mai 1941 und am selben Tage im ZK der KPdSU mit A. A. Shdanow beraten. Bei der Aufzählung der Vorzüge, die sich aus einem solchen Schritt ergeben würden, nannte Dimitroff in erster Linie: » Alle Antikominternpakte verlieren ihre Grundlage«. (Ebd., S. 387) Diese Bemerkung wie auch selbst der Zeitpunkt des Aufwerfens einer solchen Perspektive verdeutlicht, daß Stalin in dieser Zeit noch immer die Illusion hatte, der Abschluß eines neuen Abkommens mit den faschistischen Mächten wäre möglich, und daß er bereit war, die Komintern in seinem Handel mit den Nazis aufzulösen. Doch zu diesem Zeitpunkt erwies sich dies als nicht erforderlich.

8 Dimitroff, Tagebücher, S. 393
9 Komintern i Vtoraja mirovaja vojna. Red. K. M. Anderson, A. O. Subarjan, II: Posle 22 ijunja 1941 g., Moskau 1998, Dok. 2, S. 93-96
10 Ebd., S. 8
11 D. Brandes: Die Gefahr der Sowjetisierung und die Exilregierungen. In: Sowjetisches Modell und nationale Prägung. Kontinuität und Wandel in Ostmitteleuropa nach dem Zweiten Weltkrieg. Hrsg. H. Lemberg. Marburg 1991, S. 21-30
12 Siehe: Volkov, U istokov, a. a. O., S. 49 f.
13 Vnešnaja politica, a. a. O., S. 49
14 Sovjetsko-anglijskie otnošenija, a. a. O., Dok. 75, S. 184-187; Dok. 76, S. 188-192; SSSR i germanskij vopros. 1941-1949. Dokumenty iz Archiva vnešnej politiki Rossijskoj Federacii. V 2-ch t. Moskau 1996, T. 1: 22 ijunja 1941 g. – 8 maja 1945 g., Dok. 11, S. 124-135; Dok. 12, S. 135 f.; Dok. 13, S. 136-139; Dok. 14, S. 139-141
15 Vnešnaja politica, a. a. O., S. 194
16 Sovjetsko-anglijskie otnošenija, a. a. O., Dok. 107, S. 237-240
17 Sovjetsko-amerikanskie otnošenija vo vremja Velikoj Otešestvennoj vojny. 1941-1945 gg.: Dokumenty i materialy. V 2-ch t., Moskau 1984, T. 1: 1941-1943, Dok. 106, S. 198-202
18 Volkov, U istokov, a. a. O., S. 46 f. u. 54
19 SSSR i germanskij vopros, a. a. O., Dok. 18, S. 146-148
20 E. Duraczyčski: Prśd Polski na uchodśtwie. 1939-1945. Warschau 1993, S. 145 f.
21 Ceskoslovensko-sovŝtské vztahy v diplomatickĉh jedánich. 1939-1945. Dokumenty. Dil 1 (bŝezen 1939 – ŝerven 1943). Prag 1998, Dok. 139, S. 296-298; Dok. 141, S. 301 f.; Dok. 149, S. 312 f.; Dok. 151, S. 315 f. usw.
22 Ebd., Dok. 125, S. 264-267
23 Ebd., Dok. 132, S. 281 f.
24 Ebd., Dok. 166, S. 339 f.
25 Komintern i Vtoraja mirovaja vojna, Dok. 120, S. 323-327
26 Georgi Dimitroff, Tagebücher, a. a. O., S. 643 ff. (Eintragungen für den 29. Januar, den 4. u. 6. Februar 1943)
27 Duraczyčski, S. 229 f.
28 Vnešnaja politica, S. 397-400
29 Ebd., S. 449-451
30 Heute ist die volle Verantwortung der Stalinschen Führung für die Erschießung der polnischen Offiziere im Frühjahr 1940 dokumentarisch bewiesen. Über diesen verbrecherischen Akt existiert eine umfangreiche Literatur. Es sei lediglich auf ein Buch in russischer Sprache verwiesen: N. Lebedava: Katyn': prestuplenie protiv šelovešestva. Moskau 1994
31 Perepiska Predsedatelja Sovjeta Ministrov SSSR s Prezidentami SŝA i Prem'er-ministrami Velikobritanii vo vremja Velikoj Otešestvennoj vojny. 1941-1945 gg. Moskau 1957, T. 1, Dok. 150, S. 119 f.
32 Ebd., Dok. 154, S. 123 f.
33 Dimitroff, Tagebücher, S. 688
34 Es wurde in der deutschen Übersetzung durchweg der spätere Name der Partei, also KPdSU, benutzt, obwohl sie ihren Namen änderte und sich zu jener Zeit noch Vsesojuznaja Kommunistiĉeskaja Partija (Bolŝeviki) nannte.
35 Dimitroff, a. a. O., S. 688
36 Kommunistiĉeskij international, 5-6/1943, S. 8-10

37 Vnešnaja politica, S. 104 f.

38 V. Toškova: Amerikanische Dokumente zur Außenpolitik der UdSSR bis 1943. (bulgarisch) In: Istoriešeski pregled., Sofia 8/1991, S. 100-113

39 Ebd.

40 Siehe: L. Ja. Gibianskij: Nekotorye neizučennye problemy istorii Kominterna. In: Komintern: opyt, tradicii, uroki. Moskau 1989, S. 162 f.

41 Auf Italien trifft diese Einschränkung so nicht zu. In der italienischen Widerstands- und Befreiungsbewegung stellten die Kommunisten die stärkste Komponente und die führende Kraft dar. Allerdings traten sie für die Einheit aller antifaschistischen Kräfte im Rahmen des Zentralen Komitees der Nationalen Befeiung und der entsprechenden territorialen Komitees ein. *(Anmerkung d. Hrsg.)*

42 Komintern i Vtoraja mirovaja vojna, S. 67

43 Gibianskij, S. 164; ders.: Kak voznik Kominform: Po novym archivnym materialam. In: Novaja i noveš aja istoria, 4/1993, S. 104

44 Russ.: Vojna i rabočij klass

45 Sovjetskij Sojuz na meždunarodnych konferencijach perioda Velikoj Otečestvennoj vojny. 1941-1945 gg. Sbornik dokumentov. T. 1: Moskovskaja konferencija ministrov inistrannych del SSSR, SŠA, Velikobritanii (19-30 oktjabrja 1943 gg.). Moskau 1978, Dok. 95, pril. (Anlage) 7, S. 355 f.

46 Istorija Vtoroj mirivoj vojny. 1939-1945 gg. T. 9, Moskau 1978, S. 17

47 Ausführlicher siehe: L. Ja. Gibianskij: Sovjetskij Sojuz i soglašenija o peremirii c Rumyniej, Bolgariej i Vengriej. In: Edudes balkaniques, 1/1984

48 SMERSCH war der sowjetische Abwehrdienst während des zweiten Weltkrieges. Die Bezeichnung ist die Abkürzung von »Cmert' špionov« (»Tod den Spionen«). *(Anmerkung d. Hrsg.)*

49 NKWD (Narodnyj Komitet vnutrennich del) – sowjetischer Inlandgeheimdienst. *(Anmerkung d. Hrsg.)*

50 Ausführlicher zur Errichtung der neuen Macht in Polen siehe: A. V. Karpov: Sovjetskij Sojuz i vozniknovenie »narodnoj vlasti« v Pol'še. In: U istokov »socialističeskogo sodružestva«. Moskau 1995, S. 23-36; und I. S. Jašborovskaja: »Soglasobat' so Stalinym« (Sovetsko-polskie otnošenija i problemy vnutrennego ustrojstva Pol'ši v konce 1943 – našale 1945 g., ebd., S. 37-75

51 L. Woodward: British Foreign Policy in the Second World War. Vol. III, London 1971, S. 564 f.

52 M. Djilas: Gespräche mit Stalin. Stuttgart o. J., S. 139

IV. Die deutsche Frage aus der Sicht Stalins (1947-1952)[1]

Ungeachtet der vielen Bücher, die zur »deutschen Frage« in den Jahren des »kalten Krieges« geschrieben wurden, sorgen einige Aspekte weiterhin für Auseinandersetzungen. Der größte Teil betrifft die Motive der sowjetischen Politik, insbesondere die wirklichen Ansichten Stalins zur deutschen Frage und zu den realen Zielen, die er sich stellte. Die in den vergangenen Jahrzehnten in der Sowjetunion, in der DDR und in anderen ehemaligen sozialistischen Staaten erschlossenen Archivmaterialien haben hinsichtlich dieser Probleme keine vollständige Klarheit erbracht.

Unter den Publikationen sind besonders zwei hervorzuheben: Wilfried Loths »Stalins ungeliebtes Kind. Warum Moskau die DDR nicht wollte«[2], 1994 auf deutsch und 1998 auf englisch erschienen, und die des amerikanischen Historikers Naimark »The Russians in Germany: A History of the Soviet Zone of Occupation. 1945-1949«[3], 1995 in Großbritannien verlegt. Beide Bücher besitzen eine gute dokumentarische Basis.

Beide Autoren waren auch an der Publikation von zwei Dokumentenbänden beteiligt, die, wie anzunehmen war, Antwort hätten geben sollen auf viele der von ihnen gestellten Fragen. So veröffentlichte Loth 1994 zusammen mit Rolf Badstübner die politischen Aufzeichnungen Wilhelm Piecks, die dieser über Verlauf und Ergebnisse der Treffen der SED-Führung mit Stalin und anderen sowjetischen Führern in den ersten Nachkriegsjahren gemacht hat.[4] Naimark wiederum hat 1998 mit dem deutschen Historiker Bonwetsch und dem russischen Historiker Bordjugow die Dokumente einer der führenden Verwaltungen der Sowjetischen Militäradministration in Deutschland, der Propaganda-(Informations-) Abteilung herausgegeben.[5] Die Forscher verfügten über Dokumente, von denen sie früher nur träumen konnten. Ihre Arbeiten wurden mit neuen Fakten angereichert; viele Urteile erhielten eine sichere dokumentarische Grundlage. Gleichzeitig wurde klar, daß nicht wenige der früheren Auffassungen von Vereinfachungen zeugten, zu gradlinig waren und nicht immer der Realität gerecht wurden.

Jedoch: Weder die von Loth noch die von Naimark gesichteten Dokumente waren von erstklassiger Bedeutung. Sie gestatten kein endgültiges Urteil über die wirkliche Strategie Stalins in der deutschen Frage.

Loth konstatierte dessen Befürwortung der Idee eines einheitlichen demokratischen Deutschlands und meinte, daß die Gründung der DDR das Ergebnis sowohl der Politik der Westmächte war, die prinzipiell die Bildung eines westdeutschen Separatstaates verfolgten, wie auch das Ergebnis des von Stalin hervorgebrachten Systems. Mit anderen Worten: Bei der DDR habe es sich um ein »ungeliebtes Kind« gehandelt.

Naimark hingegen stellte heraus, daß die Sowjetunion zunächst keinen Plan für ihre Besatzungspolitik in der sowjetisch besetzten Zone besessen habe. Die sowjetische Militäradministration in Deutschland hätte keine konzeptionellen Direktiven gehabt. Sie habe sich von Grundprinzipien der kommunistischen Ideologie und von praktischen Erfahrungen der jeweils Verantwortlichen leiten lassen. »Sehr vieles von den Ansichten Stalins zu Ostdeutschland wissen wir noch nicht«, schlußfolgerte er.[6]

Die Arbeiten von Loth und Naimark sind die bedeutendsten verallgemeinernden Forschungen, die seit der Öffnung der ostdeutschen und sowjetischen Archive publiziert wurden. Gleichzeitig erschienen auch andere Aufsätze und Bücher zu spezifischen Problemen, darunter auch solche von russischen Autoren.[7]

Adam B. Ulam veröffentlichte Anfang 1999 ein Resümee der vorliegenden Forschungen. In seinem Aufsatz kam er erneut zu dem Schluß, daß die Motive der sowjetischen Politik in der entscheidenden Periode des »kalten Krieges« unklar blieben, insbesondere jene, die 1948/49 zur Blockade Westberlins und zur »Stalin-Note« vom 10. März 1952 führten. Ihre Deutungen befänden sich noch immer im Rahmen der »Folklore des kalten Krieges«. Er hege jedoch die Hoffnung, daß die Handlungsmotive Stalins eine Klärung auf der Grundlage neuerer Materialien erhalten könnten, die vorerst für die Forscher nicht zugänglich sind.[8]

Zu den schwer zugänglichen Dokumenten gehören die Niederschriften über die Gespräche Stalins mit den den Führern der SED und der DDR zwischen 1947 und 1952. Diese befinden sich im Präsidenten-Archiv der Russischen Föderation. Einige Auszüge sind bekannt.[9] Jedoch ermöglicht nur die Kenntnisnahme aller Papiere, die wirklichen Position Stalins in der deutschen Frage zu erfassen.

Die Bemerkungen und Aufzeichnungen von Pieck während der Gespräche und danach wurden 1994 publiziert.[10] Sie geben generell den Inhalt der Debatte korrekt wieder. In Piecks Darstellung spielten jedoch Nuancen in Stalins Ansichten kaum eine Rolle, eine Reihe von Details und der konkrete Verlauf der Gespräche wurden von ihm nicht wiedergegeben. Dies läßt sich leicht erklären: Pieck war bemüht, die für ihn als politischen Führer wichtigsten Gedanken, die konkreten Formulierungen und Empfehlungen festzuhalten. Die protokollarischen Niederschriften der Gespräche hingegen wurden von Berufsdiplomaten angefertigt. Es ist anzunehmen, daß sie, wenn nicht von Stalin selbst, so doch von seinen engsten Mitstreitern und Helfern durchgesehen und korrigiert wurden. Sie widerspiegeln authentischer und präziser die Gedanken Stalins, in einigen Fällen öffnen sie den Vorhang vor den tatsächlichen Motiven seiner politischen Linie.

Die Gespräche Stalins mit den SED-Spitzen ähneln in vieler Hinsicht analogen Treffen mit Führern anderer osteuropäischer kommunistischer Parteien und Länder. Sie alle erinnern an Pilgerreisen Gläubiger zu heiligen Orten. Das Kreml-Orakel verfügte über die eigenartige Gabe, auf seine Gesprächspartner einzuwirken, indem es sie mit seiner Aufmerksamkeit, der Einfachheit seiner Erscheinung, seiner politischen Erfahrung nahezu mystisch beeindruckte. Den Eindruck, den Stalin bei seinen Gästen hinterließ, ist vielfach bezeugt. Mit offenkundig schauspielerischer Begabung vermochte er ihnen das Gefühl zu vermitteln, daß er zu den Instruktionen, die er in Gestalt von Ratschlägen erteilte, erst im Verlaufe des gemeinsamen Gedankenaustausches gekommen sei.

Laut Besucherbuch von Stalins Kremlkabinett fanden im letzten Kriegsjahr und in der Nachkriegszeit, das heißt von 1944 bis 1952, etwa 140 Treffen und Gespräche mit einzelnen Persönlichkeiten sowie mit Partei- und Regierungsdelegationen der Länder Osteuropas und der sowjetischen Besatzungszone in Deutschland (der späteren DDR) bei Stalin statt.[11] Nicht berücksichtigt sind hierbei Empfänge und Gespräche in

Stalins Datsche in Kunzewo[12] und andernorts, die nicht erfaßt werden können.

Die meisten Begegnungen hatte Stalin mit polnischen Besuchern, insgesamt 59.

Jedes Treffen hatte oft einen beträchtlichen, zuweilen zwingenden Einfluß auf die Entscheidung in diesem oder jenem Land, mithin hatte jedes Gespräch zumeist eine langfristige Wirkung. Die Treffen waren ein Element der Sowjetisierung Osteuropas und damit der Konsolidierung des sowjetischen Blocks. Umso verwunderlicher, daß vermutlich fast jedes zweite Gespräche nicht protokolliert wurde und keinerlei Spuren in den Archiven hinterließ – bis auf den Eintrag im Besucherbuch.

Eine ähnliche Praxis läßt sich in der Tätigkeit anderer sowjetischer Führer beobachten.[13]

Im Besucherbuch des Kabinetts Stalins sind folgende Zusammenkünfte mit Ostdeutschen vermerkt:

4. Juni 1945 – Ulbricht, Ackermann, Sobottka.[14] Anwesend waren Molotow und General Serow. Das Gespräch dauerte 1 Std. 45 Min. (18.45-20.30).

7. Juni 1945 – Pieck, Ulbricht, Ackermann, Sobottka. Anwesend waren Molotow, Dimitroff und Malenkow. Das Gespräch dauerte ungefähr 4 Std. (21.35-1.30).

19. Juni 1945 – Ulbricht. Anwesend waren Molotow, Galjakow, Garschenin, Afanasjew, Wyschinski. Das Gespräch dauerte 1 Std. 20 Min. (1.40 – 3.00).

2. Februar 1946 – Ulbricht, Oelßner. Anwesend waren Molotow, Malenkow, Shdanow und Wolkow. Das Gespräch dauerte 2 Std. 40 Min. (20.20 – 23.00).

31. Januar 1947 – Pieck, Grotewohl, Ulbricht, Fechner, Oelßner. Anwesend waren Molotow, Suslow, Semjonow und Dolmetscher Wolkow[15]. Das Gespräch dauerte ungefähr 3 Std. (21.05 – 24.00).

26. März 1948 – Pieck, Grotewohl, Oelßner. Anwesend waren Molotow, Shdanow, Malenkow, Korotkewitsch[16] und Semjonow. Das Gespräch dauerte 2 Std. 30 Min. (19.00 – 21.30).

18. Dezember 1948 – Pieck, Grotewohl, Oelßner. Anwesend waren Molotow, Semjonow und Dolmetscher Korotkewitsch. Das Gespräch dauerte 3 Std. 40 Min. (20.05 – 23.45).

26. Dezember 1949 – Ulbricht. Anwesend waren Malenkow (kam mit zehnminütiger Verspätung) und Dolmetscher Korotkewitsch. Das Gespräch dauerte 1 Std. 15 Min. (22.30 – 23.45).

4. Mai 1950 – Pieck, Grotewohl, Ulbricht, Oelßner. Anwesend waren Malenkow, Mikojan, Berija, Bulganin, Tschuikow, Semjonow. Das Gespräch dauerte 3 Std. 15 Min. (22.00 – 1.15).

1. April 1952 – Pieck, Grotewohl, Ulbricht, Oelßner. Anwesend waren Molotow, Malenkow, Mikojan, Bulganin, Semjonow. Das Gespräch dauerte 2 Std. 10 Min. (21.00 – 23.10).

7. April 1952 – Pieck, Grotewohl, Ulbricht, Oelßner. Anwesend waren Molotow, Malenkow, Mikojan, Bulganin, Semjonow. Das Gespräch dauerte 1 Std. 15 Min. (22.05 – 23.20).

Aus der Literatur ist bekannt, daß eine Delegation in gleicher Zusammensetzung (Wilhelm Pieck, Otto Grotewohl, Walter Ulbricht, Fred Oelßner) vom 16. bis zum 28. September 1949 in Moskau weilte, das heißt unmittelbar vor der Proklamierung der DDR.[17] Für Loth handelte es sich hierbei um ein Zusammentreffen mit Stalin, indem er sich auf das ostdeutsche Archiv bezieht. Das ist zu bezweifeln. In jener Zeit befand sich Stalin außerhalb Moskaus im Urlaub.[18] Natürlich ist es denkbar, daß ein Teil der Delegation (Pieck war erkrankt und ans Bett gefesselt) an Stalins Urlaubsort im Süden gereist sein konnte. Wahrscheinlicher jedoch ist, daß die Delegation mit anderen sowjetischen Führern sprach, die Stalins Meinung übermittelten. Somit läßt sich meiner Meinung nach nicht mit Gewißheit sagen, ob es Mitte September 1949 ein Treffen einer deutschen Delegation mit Stalin gegeben hat oder nicht.

Laut Besucherbuch fanden elf Treffen mit ostdeutschen Politikern statt, darunter lediglich drei mit Walter Ulbricht und acht mit Delegationen in nahezu gleicher Zusammensetzung. Die Protokolle von sechs dieser Treffen (31. Januar 1947, 26. März und 18. Dezember 1948, 4. Mai 1950, 1. April, 7. April 1952) befinden sich im Präsidenten-Archiv in gesonderten Mappen. Sie unterlagen der persönlichen Zuständigkeit Stalins.[19] Insgesamt umfassen sie etwa 150 maschinegeschriebene Seiten.

In vier Fällen wird angegeben, daß die Notizen von Semjonow verfaßt wurden (in einem Fall zusammen mit Korotkewitsch). In zwei Fällen ist der Verfasser nicht angegeben. Doch man kann vermuten, daß es ebenfalls Semjonow war. Er nahm an allen Treffen teil. Das Fehlen von Notizen über die anderen Zusammenkünfte kann bedeuten, daß nicht protokolliert wurde, obwohl auch nicht ausgeschlossen ist, daß einzelne Dokumente in anderen »Sondermappen« aufbewahrt werden, die entweder noch nicht aufgefunden wurden oder für die Forscher bisher noch immer nicht zugänglich sind.

Dennoch erlauben die vorhandenen Aufzeichnungen einen besseren Einblick in Stalins Auffassungen zur deutschen Frage und auf die Motive einzelner seiner Entscheidungen.

Die Aufzeichnungen der erwähnten Treffen werden bedauerlicherweise durch keine begleitenden Dokumente oder Materialien ergänzt. Und bei der Einschätzung einzelner Aussagen Stalins muß berücksichtigt werden, daß es zu seinem Charakter gehörte, seine tatsächlichen Pläne und Absichten nicht einmal der näheren Umgebung zu offenbaren.

Die Dokumente stammen aus der Zeit von 1947 bis 1952, das heißt aus der Anfangsperiode des kalten Krieges. Die Auffassungen Stalins zur deutschen Frage nahmen jedoch schon in den Jahren des Krieges gegen Hitlerdeutschland und während der Konferenzen der »Großen Drei« Gestalt an. Es ist bekannt, daß Stalin die Absichten der Westalliierten nicht teilte, Deutschland zu teilen. Gleichwohl fanden diese Absichten im sowjetischen Außenministerium durchaus Unterstützung. Zu den stärksten Anhänger einer solchen Idee gehörten Litwinow und Maiski, zwei Stellvertreter des Außenminister. Sie hatten ähnliche Pläne vorgelegt.[20]

Stalin sprach sich allerdings nicht direkt gegen eine Aufteilung Deutschlands aus, als Roosevelt und Churchill dieses Thema erstmals in Teheran anschnitten. Er deutete lediglich indirekt an, daß dies nicht zwangsläufig passieren müsse. Er sagte wörtlich: »Es gibt keine derartigen Maßnahmen, die die Möglichkeit der Vereinigung Deutschlands ausschließen könnten.«[21] Aus dieser zurückhaltenden Äußerung läßt sich schließen, daß er diese Problematik im Kontext mit der allgemeinen Regelung der internationalen Verhältnisse in Europa sah.

Zur Konferenz von Jalta im Februar 1945 hatte sich die sowjetische Position noch nicht endgültig herausgebildet. Die USA und Großbritannien verlangten weiterhin die Aufteilung Deutschlands. Die sowjetische Diplomatie stimmte der Aufnahme einer entsprechenden Formulierung in die Kapitulationsbedingungen Deutschlands zu, indem sie diese Frage zur Prüfung an eine spezielle dreiseitige Kommission unter der Leitung Antony Edens überwies.[22] Es ist bezeichnend, daß sich Stalin in Jalta zu dieser Frage nicht defintiv äußerte, obwohl er Bereitschaft signalisierte, den Alliierten entgegenzukommen. Ihn interessierten mehr die Kapitulationsbedingungen und ob irgendeine deutsche Zentralregierung zulässig sei. Er stelle diese Frage, sagte er, um zu klären, was die drei Mächte vorhaben, damit man von der raschen Entwicklung der Ereignisse nicht überrascht werde.[23]

Der Übergang vom Krieg zum Frieden blieb nicht ohne Einfluß auf die sowjetischen Position in der deutschen Frage. Diese Veränderungen waren selbstverständlich mit dem Namen Stalins verbunden und fanden Ausdruck in Problemen, die sich aus der Einrichtung des sowjetischen Besatzungsregimes in Ostdeutschland und aus der Vorbereitung eines erneuten Treffens der »Großen Drei« ergaben. Zu diesem Zweck kam am 25. Mai 1945 Harry Hopkins, Roosevelts perönlicher Berater, nach Moskau. In jener Zeit traf sich Stalin dreimal mit den deutschen KPD-Führern. Im Präsidenten-Archiv liegen keine Dokumente von diesen Begegnungen vor. Die Position Stalins läßt sich aus den Aufzeichnungen Piecks und aus dem Tagebuch Dimitroffs, der am 7. Juni 1945 Gesprächsteilnehmer war, ablesen.

Dimitroff war nach der Auflösung der Komintern 1943 Leiter der Abteilung Auslandsinformation im ZK der KPdSU geworden. Er war verantwortlich für die Beziehungen der sowjetischen Führung zu den anderen kommunistischen Parteien. Am 4. Juni 1945 vermerkte er in seinem Tagebuch: »Ulbricht ist aus Berlin in Moskau eingetroffen.«[24] Da der Besuch der Delegation mit der Reaktivierung der Tätigkeit der KPD und der Ausarbeitung einer programmatischen Orientierungen für Nachkriegsdeutschland im Zusammenhang stand, fand deshalb nach dem Gespräch mit Stalin ein Treffen mit Georgi Dimitroff statt. Für den 6. Juni 1945 notierte er in seinem Tagebuch: »Pieck, Ulbricht, Ackermann, Sobottka – bei mir. Ich sah ihren Entwurf eines Aufrufs des ZK der KPD an das deutsche Volk und den Vorschlag zur Schaffung einer Partei der Werktätigen in Deutschland durch […][25]. Ich habe den redigierten Text an Stalin geschickt.«[26]

Am 7. Juni 1945 war Dimitroff beim Treffen Stalins mit der deutschen Delegation zugegen. Die Begegnung fand am Abend[27] statt und dauerte etwa vier Stunden.

Einige Zeilen im Tagebuch Dimitroffs veranschaulichen das Wesentliche dieses Gesprächs:

»Treffen bei Stalin (und Molotow). Wir berieten den Entwurf des Aufrufs der KPD. Es wurden wesentliche Veränderungen eingefügt. (Es nahmen teil Pieck, Ulbricht, Ackermann, Sobottka).

Stalin schlug vor: mit Bestimmtheit erklären, daß im gegebenen Moment die Einführung des sowjetischen Systems in Deutschland nicht richtig ist, notwendig ist die Errichtung einer antifaschistischen demokratischen parlamentarischen Ordnung.

Die KP schlägt einen Block der antifaschistischen Parteien mit einer einheitlichen Plattform vor.

Nicht zu lobend über die Sowjetunion sprechen usw.«[28]

Aus dieser kurzen Niederschrift werden die wichtigsten Grundzüge des Stalinschen Herangehens an die deutsche Frage am Vorabend der Potsdamer Konferenz der »Großen Drei« sichtbar. Faktisch handelte es sich um das Programm zur Bildung einer Art Volksfront in Deutschland. Dieses Programm beschränkte sich nicht auf die Grenzen der sowjetischen Besatzungszone.

Obwohl die Frage der Einheit Deutschlands nicht direkt gestellt worden war, spielte sie indirekt durchaus eine Rolle. In den Formulierungen Stalins, wie sie Dimitroff wiedergab, schien sichtbar die Linie der Komintern durch, die diese in der ersten Phase des Krieges nach dem Überfall Deutschlands auf die Sowjetunion vertreten hatte. Sie erinnerte an die Anweisungen, die damals den kommunistischen Parteien der westlichen Staaten erteilt worden waren.[29]

Der Komintern-Stil, wie er auch in den Anweisungen und Vorschlägen an die Adresse der deutschen Kommunisten zur deutschen Frage zum Ausdruck kam, spielte auch weiterhin in den Gesprächen Stalins mit den Führern der SED eine Rolle.

Notizen vom Gespräch Stalins mit Ulbricht am 19. Juni 1945, am 2. Februar 1946 und am 26. Dezember 1949 ließen sich im Präsidenten-Archiv nicht ermitteln. Alle nachfolgenden Treffen hingegen sind dokumentiert.

Die Materialien und Dokumente vom Treffen Stalins mit Führern der SED am 31. Mai 1947 wurden von Bonwetsch und Bordjugow 1947 publiziert.[30] Der Vergleich dieser Publikation mit dem von Semjonow angefertigten Protokoll des Gesprächs zeigt, daß beide den Gesprächsinhalt exakt wiedergaben. Doch die Darstellung der behandelten Probleme unterscheidet sich in ihrer Ausführlichkeit. Die Publikation gibt den Verlauf des Treffens in großen Blöcken wieder (Vortrag Grotewohls, Bemerkungen Molotows, Rede Stalins, verschiedene Fragen und Bemerkungen). In der Publikation wird die Position der deutschen Delegation zu verschiedenen Problemen (zu ihnen waren von deutscher Seite im voraus drei Dokumente übergeben worden) ausführlicher dargestellt. Das Protokoll Semjonows hingegen gab den Verlauf des Gesprächs exakter wieder, die Rede Stalins brachte er im Wortlaut. Insgesamt lieferte diese Niederschrift die Grundlage für die Rekonstruktion der Absichten und Pläne Stalins zur Lösung der deutschen Frage. Diese war eine der zentralen Fragen in seinem globalen strategischen Plan (im Osten gehörte hierzu noch Japan und China).

Stalin war offenkundig über den sich abzeichnenden Kurs der Westmächte besorgt. Dieser zielte seit Sommer 1946 auf eine Vereinigung der britischen und der amerikanischen Besatzungszone zu einer Bizone und in der Perspektive auf die Schaffung eines separaten Gebildes in Westdeutschland. Diese Befürchtung wurde durch die Tagungen des Rates der Außenminister in Paris (25. April bis 12. Juli 1946) und in New York (4. November bis 12. Dezember 1946) bestätigt.

Bei der Vorbereitung der planmäßigen Tagung des Rates der Außenminister in Moskau (März 1947) testete Stalin die Möglichkeiten, seine geostrategischen Absichten in Europa zu verwirklichen. Im Zentrum stand die Etablierung eines neutralen Deutschlands, das heißt eines Staates, der kein politisches Bündnis mit den Westmächten eingehen und darum als eine Art Pufferzone zwischen ihnen und der Sowjetunion und ihrer Interessensphäre in Osteuropa fungieren sollte.

In Stalins Bewußtsein hatte sich die Erinnerung an die Weimarer Republik festgesetzt, die Ausgangspunkt seiner Planung war. Die Verwirklichung dieses Vorhabens setzte allerdings die Bildung eines einheitlichen Deutschlands und einer deutschen Zentralregierung sowie den Abschluß eines Friedensvertrages mit Deutschland zwingend voraus. In einem solchen Friedensvertrag sollten die entsprechenden Punkte fixiert werden.

Stalin war bereit, für die Realisierung dieses Planes große Zugeständnisse zu machen.

In einem neutralen Deutschland durften beispielsweise keine ausländischen Truppen stehen – das hieß: auch keine sowjetischen. Stalin war bereit, sie abzuziehen.

Die Westmächte waren dazu nicht bereit.

Draufhin brachte Stalin als scheinbaren Trumpf die Einheit Deutschlands ins Spiel. Er glaubte, daß die nationalen und patriotischen Gefühle des deutschen Volkes stärker als alle Spaltungstendenzen sein würden. Stalin hielt sich für einen Kenner und Theoretiker der nationalen Frage und war überzeugt, damit Erfolg zu haben. Das war das Maximalprogramm. Die SED-Führung erhielt zwar keine Direktive, aber Stalin instrumentalisierte sie für eben diesen Zweck.

In diesem Zusammenhang ist ein Aspekt bemerkenswert, der in der Publikation von Bonwetsch und Bordjugow fehlt, aber im Protokoll Semjonows vorhanden ist. Indem Stalin die SED-Führung auf den Kampf um die Einheit Deutschlands und die Bildung einer zentralen deutschen Regierung orientierte, die einen Friedensvertrag hätte unterzeichnen können, interessierte er sich für die Konstellation der politischen Kräfte und Strömungen in Deutschland. Er war bemüht zu ergründen, was mit den einfachen Mitgliedern der NSDAP geworden war. Das Nazireich war zerschlagen, die Nazipartei aufgelöst worden. Grotewohl informierte bei dem Treffen am 31. März 1947 über die Lage in der sowjetischen Besatzungszone, wo tiefgreifende demokratische Reformen und eine ernsthafte Arbeit zur Entnazifizierung erfolge. In den westlichen Zonen hingegen würden die Besatzungsmächte derartige Reformen behindern, Faschisten und Reaktionäre würden offen in Schutz genommen. Dazu Semjonow im Protokoll:

»Gen. Stalin fragt: ›Gibt es in Deutschland viele faschistische Elemente? Im prozentualen Verhältnis? Welche Kraft stellen sie dar? Kann man das annähernd sagen? Insbesondere in den westlichen Zonen?‹«[31]

Der anschließende Meinungsaustausch offenbarte, daß die SED-Führung keine Kenntnisse dazu besaß, was Stalin zu weiteren Fragen veranlaßte: Gäbe es ein bedeutendes Übergewicht ehemaliger Nazis bei einer Volksbefragung? Gibt es unter ihnen kluge Leute, gute Organisatoren? Kann man sie spalten? Auf die letzte Frage antwortete Grotewohl, daß man dies mit einer Volksbefragung machen könnte. »Gen. Stalin bemerkt: ›Vor der Abstimmung!? Zum Beispiel hat die sowjetische Zone ihre Faschisten. Kann man ihnen nicht erlauben, ihre Partei unter einem anderen Namen zu organisieren? Um sie nicht den Amerikanern zuzutreiben? Gen. Stalin sagt, daß sie (die Führer der SED) hinsichtlich der Faschisten einen Kurs auf deren Vernichtung betrieben. Möglicherweise muß man diesen Kurs durch einen anderen Kurs ergänzen – auf deren Gewinnung, um nicht alle ehemaligen Nazis in das Lager des Gegners zu treiben?‹«

Das Aufwerfen dieser Probleme brachte die Führer der SED sichtbar in Verlegenheit. Es folgten Einwände von Grotewohl und Pieck, daß ein solcher Kurs der SED von den werktätigen Massen im Westen nicht verstanden werden würde, daß dies unmöglich sei, obwohl sie die nominellen Nazis von den aktiven Nazis unterschieden. Stalin wurde noch deutlicher: Er wollte ein Sammel-

becken, seinetwegen auch eine eigenständige Partei für die Mit-
läufer und Parteigänger des Dritten Reiches. Statt sie zu verprellen,
sollten sie auf diese Weise für ein neues Deutschland (und seine
Pläne) gewonnen werden. Semjonow notierte:

»Gen. Stalin erläutert, daß er nicht im Sinn hatte, ehemalige
Faschisten für die SED zu gewinnen. Sie werden sich darauf nicht
einlassen. Er, Gen. Stalin, spricht darüber, um sie anzuregen, ihre
eigene Partei mit dem Ziel zu organisieren, daß sie im Block mit
der SED zusammenarbeitet.

Pieck weist darauf hin, daß viele ehemalige Nazis in der
sowjetischen Besatzungszone bereits in die bürgerlichen Parteien
eintreten – in die CDU und in die LPD.

Gen. Stalin sagt, daß man für die ehemaligen Nazis irgendeine Partei schaffen muß, die Patrioten und nichtaktive Elemente
aus der ehemaligen NSDAP an sich ziehen würde. Dann würden
sie nicht befürchten, daß die Sozialisten sie vernichten. Die ehemaligen Faschisten leben in Furcht. Man muß sie neutralisieren.
Dies ist ein Problem der Taktik. Darin besteht nichts Unprinzi-
pielles, nichts Prinzipienloses. Und verfolgt man im Verhältnis zu
den ehemaligen Faschisten eine andere Linie, dann wird sie zu
guten Ergebnissen führen.

Pieck sagt, daß die Nazis in der sowjetischen Zone für die
bürgerlichen Parteien gestimmt haben.

Gen. Stalin antwortet, daß dies unzweifelhaft ist. Die Nazis
befürchten, daß wir sie vernichten werden. Doch man hat sie
schon genügend vernichtet. Man soll denjenigen Erleichterung
bieten, die sich nicht verkauft haben und die man in eine Koalition lenken kann. Man darf nicht vergessen, daß die Elemente
des Nazismus nicht nur in bourgeoisen Schichten lebendig sind,
sondern auch innerhalb der Arbeiterklasse und im Kleinbürger-
tum.

Pieck äußert Zweifel, wie die sowjetische Militärverwaltung
in Deutschland eine solche Partei erlauben kann.

Gen. Stalin lächelt. Er, Gen. Stalin, bemüht sich, damit eine solche Partei erlaubt werde. Sie könnte man ›National-demokrati-
sche Partei« oder irgendwie anders nennen. Es geht nicht um den
Namen. Doch den alten Namen zu geben lohnt nicht. So könnte
man das Lager spalten, daß sich um die Amerikaner und Engländer schart. Jetzt flößen sie allen Furcht ein, als würden in der
sowjetischen Zone alle sitzen und vernichtet werden. Wir aber
sagen, das ist die Unwahrheit. Sie haben sogar ihre eigene Partei

organisiert! Möglicherweise könnte man das einrichten. Hierbei ist nichts Unzulässiges.«

Im Verlauf der weiteren Diskussion ergänzte Stalin seine Auffassung mit weiteren Präzisierungen, indem er auf die Besorgnisse von Grotewohl, Oelßner und Pieck antwortete, insbesondere auf die Bemerkung Piecks, daß die SED für eine strenge Entnazifizierung im Westen eintrete, wo die bösartigsten Reaktionäre aus der ehemaligen nazistischen Partei auf leitenden Posten säßen.

»Gen. Stalin sagt, daß nicht von Reaktionären die Rede ist. Reaktionäre darf man nicht in die neue Partei lassen, sondern nur Patrioten und nichtaktive Faschisten. Die Rede ist von Arbeitern, Intellektuellen, Bauern. Dann kommen sie wieder zu sich und fassen Mut. Es ist notwendig, daß die ehemaligen Faschisten keinen anderen Weg gehen. Diese Frage ist zu lösen. Die Frage ist interessant. In der faschistischen Partei befanden sich viele Leute aus dem Volk. Wenn natürlich die SED meint, daß die Frage noch nicht reif ist, so weiß sie das besser. In diesem Falle wird er, Gen. Stalin, schweigen und diese Frage zurückziehen. Aber vielleicht ist die Frage doch herangereift? Man muß nachdenken. Gen. Stalin versichert, daß er, Stalin, nicht für die Reaktion ist. Abwegiges gibt es hier nicht. Man muß sie in eine neue Partei lassen. Aber in bezug auf die Westzonen ist die Position der SED richtig.«[32]

Die Überlegungen Stalins zeigen, wie stark er an der Einheit Deutschlands (als Bedingung für einen Friedensvertrag) und für die Verwandlung des Landes in einen neutralen Staat interessiert war. Zur Durchsetzung seines »Maximalprogramms« forderte er die SED auf, nicht zuzulassen, daß die Losung von der Einheit Deutschlands aus den Händen der SED in die Hände der Bourgeoisie übergehe. Er schlug vor, »so rasch wie möglich in Westdeutschland eine SED« zu bilden.

Für den Fall jedoch, daß es nicht gelingen würde, eine gesamtdeutsche Regierung zu konstituieren, die in der Lage wäre, einen Friedensvertrag abzuschließen, wie es die Sowjetunion auf der Moskauer Außenministerkonferenz anzustreben beabsichtigte, besaß Stalin einen »Minimal-Plan«. Doch er bezeichnete ihn als »zweite Etappe« und erläuterte ihn nicht im Detail. Beim Treffen am 31. Januar 1947 erklärte er nur kurz den deutschen Genossen: »Falls die erste Etappe uns nicht gelingen wird, so ist das gut. Falls es nicht gelingen wird, dann werden wir zur Vereinigung der deutschen Verwaltung in der Sowjetischen Zone übergehen.«[33]

Das hieß offensichtlich Schaffung einer deutschen Administration oder Regierung in Ostdeutschland. Stalin unterließ aber eine Konkretisierung. Das legt den Schluß nahe, daß er nicht die Verantwortung für eine Spaltung übernehmen wollte. Er zog es vor, den Westmächten diesen Part zu überlassen. Stalins Taktik in der Deutschlandpolitik läßt sich nicht anders als verschlagen bezeichnen: Er ließ den Westmächten stets den Vortritt und folgte ihnen nach.

Das nächste Treffen Stalins mit Pieck und Grotewohl fand am 26. März 1948 statt. In den verflossenen 14 Monaten hatte sich die Lage in Europa verändert. Die Außenministerkonferenzen in Moskau (10. März bis 24. April 1947) und in London (25. November bis 15. Dezember 1947), die sich mit der deutschen Frage befaßten, endeten ergebnislos. Die sowjetischen Vorschläge zur Wiederherstellung der wirtschaftlichen Einheit Deutschlands und zur Bildung irgendeines politischen Organs, mit dem die Siegermächte einen Friedensvertrag hätten schließen können, wurden von den Westmächten entweder abgelehnt oder blockiert. Die Truman-Doktrin (März 1947) und der Marshall-Plan (Juni 1947) hatten weitreichende Folgen. Die Westmächte gingen dazu über, einen westdeutschen Separatstaat zu bilden. Sie begannen die Vorbereitung einer Währungsreform in ihren Besatzungszonen als Schritt zur endgültigen Ausgrenzung der Ostzone.

Die Verstärkung des Gegensatzes von West und Ost hatte Auswirkungen auf die Politik der Sowjetunion und der osteuropäischen Länder. Im September 1947 wurde das Kominformbüro[34] gegründet. Shdanow hatte in seinem Referat auf der ersten Sitzung die Konzeption von den »zwei Lagern« in der internationalen Arena formuliert.

In Griechenland dauerte der Bürgerkrieg an.[35]

Im Februar 1948 erfolgte in der Tschechoslowakei de facto ein Staatsstreich, als die dortige KP eine Regierung unter Klement Gottwald bildete.

Mitte März 1948 brach der sowjetisch-jugoslawische Konflikt aus[36], der kurz danach zur ersten Krise innerhalb der sowjetischen Blocks führte.

Der kalte Krieg fesselte Kräfte und drückte allen internationalen Problemen seinen Stempel auf – in erster Linie der deutschen Frage. Vor diesem politischen Hintergrund fand am 26. März 1948 das nächste Treffen Stalins mit den SED-Führern statt.

Zunächst bemühte sich Stalin, das Gespräch in einem freundschaftlichen Ton zu führen. Nach dem Dank Piecks für den Empfang und die von der sowjetischen Militärverwaltung gewährte Hilfe begann der Wortwechsel.

»J. W. Stalin fragt, erweist die Militärverwaltung tatsächlich Hilfe oder ist das nur ein Kompliment.

Pieck und Grotewohl sagen, daß sie wirkliche Hilfe erhalten.

Stalin fragt scherzhaft erneut – das heißt, sie unterdrücken euch nicht nur, sondern sie helfen auch?

Pieck bestätigt das lächelnd ...«[37]

Im Verlaufe des Gesprächs erläuterte Pieck die politischen Fragen und Grotewohl die ökonomischen, obwohl sich beide Themen überschnitten. Angemerkt wurde die Verschärfung der Widersprüche zwischen den Alliierten in allen Aspekten der deutschen Frage. Die SED, bemerkte Pieck, führe einen Kampf gegen den Marshall-Plan und gegen die Schaffung eines westdeutschen Staates. Er erinnerte an zwei Tagungen des Volkskongresses. Der zweite Kongreß habe anläßlich des Jahrestages der Revolution von 1848 stattgefunden und beschlossen, eine Unterschriftensammlung durchzuführen. Diese sollte ein Votum für eine Volksbefragung sein, bei der über die Einheit Deutschlands geurteilt werden sollte.

Stalin interessierte sich dafür, wer aus dem Westen zu diesem Kongreß gekommen sei, und welche bekannten Persönlichkeiten, etwa Sozialdemokraten, in den Volksrat eingetreten wären.

Bei Fragen, die die westlichen Besatzungszonen betrafen, widmete Stalin besondere Aufmerksamkeit dem Zustand der KPD und der Möglichkeit ihres Zusammenschlusses mit wenigstens einem Teil der Sozialdemokraten.

Die Argumente Piecks, daß Schumacher entschieden gegen eine solche Einheit auftrete und aus der SPD jeden ausschließe, der für eine Einheit mit den Kommunisten eintrete, überzeugten ihn nicht.

»Stalin fragt, gibt es denn irgendeine Opposition bei den Sozialdemokraten?

Pieck antwortet, zustimmend. Sie wird sich um so mehr entwickeln, wie es klarer wird, daß die SPD der Arbeiterbewegung Schaden zufügt. Schumacher seinerseits bemüht sich, dem vermittels Verleumdung der Kommunisten entgegenzuwirken.

Stalin sagt, daß er etwas anderes meint. Wenn es im Westen auch eine Einheitspartei gäbe, wäre das besser. Sinnvoll ist, von den Kommunisten das Etikett zu tilgen, das viele ängstigt. Das wäre gut. Für eine solche Vereinigung würde es ausreichen, wenn wenigstens einige Sozialdemokraten in die vereinte Partei eintreten würden.

Pieck erklärt, daß sie sich von einer Einheitspartei losgesagt haben, als der Vorwurf erhoben wurde, daß die SED die umbenannte KPD ist.

Stalin bemerkt, daß, wenn es irgendeine Opposition in der SPD im Westen gibt, es möglich sein müßte, sie in eine Einheitspartei aufzunehmen und die Vereinigung herzustellen. Ist das etwa unmöglich?«[38]

Pieck und Grotewohl entgegneten, daß die westlichen Besatzungsmächte eine solche Vereinigung verbieten würden. Sie untersagten selbst gemeinsame Versammlungen von Sozialdemokraten und Kommunisten. Das wurde von Molotow bestätigt. Das veranlaßte Stalin jedoch nicht, sich zu korrigieren. Er legte nach.

»Stalin sagt, – ›aber wenn sich die Kommunisten als Arbeiterpartei erklären, wie sie es in Polen gemacht haben!‹

Pieck sagt, daß man darüber nachdenken muß, doch erfordert das die Erlaubnis der Besatzungsmächte, die das untersagen können.

Stalin sagt, daß man es versuchen muß. Das wäre nicht schlecht.«[39]

Im weiteren erkundigte sich Pieck nach der Übergabe des *Deutschlandssenders* an die SED. Dieser könne in ganz Deutschland gehört werden. Nach einer Reihe von klärenden Fragen und Antworten der Anwesenden (Molotow, Semjonow) stimmte Stalin dem Ansinnen zu. Er meinte sogar, daß man »zwei Sender zur Verfügung stellen sollte, damit die SED ihre Sendungen über ganz Europa ausstrahlen kann«.

Eines der interessantesten Momente des Gesprächs bestand in einem kurzen Wortwechsel zum Westteil Berlins. Pieck hatte darauf hingewiesen, daß dort die Machtorgane der westlichen Besatzungsmächte die Tätigkeit der SED behinderten. In der Niederschrift werden die Ausführungen Piecks und die Antwort Stalins wie folgt wiedergegeben:

»Im Oktober dieses Jahres, bemerkte Pieck, werden in Berlin neue Wahlen stattfinden. Pieck glaubt nicht, daß die Wahlen für die SED besser ausfallen werden als im Jahre 1946. Sie wären froh, wenn man die Alliierten aus Berlin weghaben könnte.

Stalin bemerkt – na los, versuchen wir es mit gemeinsamen Anstrengungen – vielleicht vertreiben wir sie.«[40]

Dieses Thema wurde nicht vertieft, zumindest findet sich nichts in den Aufzeichnungen.

Im Lichte der nachfolgenden Ereignisse – drei Monate später

begann die Blockade der Westsektoren – erhält diese Bemerkung ein anderes Gewicht. Die Kürze der Replik zeugt zudem eher davon, daß beide Seiten durchaus Vorstellungen hatten, ohne ins Detail zu gehen. Das Thema war viel zu wichtig, um seine Behandlung auf wenige Worte zu beschränken. Mangels anderer Zeugnisse bleibt nur, die Tatsache dieser Fragestellung zu konstatieren.

Die Erörterung ökonomischer Fragen, die Grotewohl dargelegt hatte, ging in die Erörterung der Lage in Ostdeutschland über. Grotewohl wies auf die völlige Unklarheit bezüglich der völkerrechtlichen Situation Deutschlands hin. Er monierte das Fehlen einer gemeinsamen Regierung. Unterdessen würden in Westdeutschland Maßnahmen zur Reorganisation des Wirtschaftsrates unternommen, faktisch sei eine separate Regierung gebildet worden. Er schloß daraus, daß es notwendig sei, die ökonomische Basis in der sowjetischen Zone zu organisieren.

Trotz Hervorhebung vieler konkreter ökonomischer Aspekte entging Stalins Aufmerksamkeit nicht deren politische Seite. Keineswegs zufällig fragte er: »Gibt es in der Sowjetzone eine deutsche Polizei? In wessen Händen ist sie? Wer befehligt sie?«

Es ist wenig wahrscheinlich, daß Stalin darüber nicht informiert gewesen wäre. Es handelte sich eher um eine Formalität. Bei der Erörterung der Frage nach den Kadern der Polizei, nach ihrer Bewaffnung und nach dem Rat Stalins, sie zu stärken und zu entwickeln, erklärte der Ko-Vorsitzende der SED:

„Grotewohl sagt, daß hinsichtlich der weiteren Entwicklung der sowjetischen Zone sie keine separaten Maßnahmen zur staatlichen Abtrennung der Zone durchführen wollten, bevor solche Maßnahmen nicht im Westen unternommen werden.

Stalin bemerkt, daß es bei uns dieselbe Politik gibt. Es ist eine richtige Politik.

Grotewohl sagt, daß sie im Zusammenhang damit die Bildung eines Parlaments und einer Regierung in der Sowjetzone aufschieben.«

Stalin billigte diese Haltung, ergänzte aber: »Ihr müßt dennoch einige Surrogate oder besser, Keime (Embryonen) eines gesamtdeutschen Parlaments und einer gesamtdeutschen Regierung schaffen.«[41]

Sodann sprach er über den ökonomischen Zustand der Zone, über die Reparationen (»Bemühen sich denn die Deutschen, die Reparationen zu bezahlen?«) und versprach, die wirtschaftlichen Beziehungen der sowjetischen Zone mit den osteuropäischen Ländern in Ordnung zu bringen und sie zu entwickeln. Dann kehrte er jedoch zu seinem zentralen Problem zurück.

„Stalin stellt noch eine Frage. Er sagt, daß es gut wäre, wenn irgendein Organ des Volkskongresses eine Verfassung für Deutschland ausarbeiten und diese sowohl in West- wie in Ostdeutschland zur Diskussion stellen würde. Diese Verfassung dürfte nicht zu demokratisch sein, um nicht Leute abzustoßen, doch müßte sie ausreichend demokratisch sein, damit sie von den besten Elementen des Westens und des Ostens angenommen werden könnte. Das wäre sehr gut. Die ganze Bevölkerung muß man für die Diskussion der Verfassung gewinnen. Dies schafft eine psychologische Grundlage für die Herstellung der Einheit Deutschlands."[42]

Die Antwort Piecks, daß der Volksrat eine Verfassungskommission gewählt habe, ebenso eine Kommission für einen Friedensvertrag, für Wirtschaftfragen usw., befriedigte Stalin offenkundig nicht.

»Stalin bemerkt, daß eine Kommission für einen Friedensvertrag eine formale Frage ist. Doch die Ausarbeitung einer Verfassung hält er, Stalin, für einen der wichtigsten Hebel zur Vorbereitung der deutschen Bevölkerung auf die Einheit. Man darf nicht fortwährend Äußerungen zur Einheit wiederholen. Man hört sie einige Male, aber dann sind sie allen über. Man muß einen konkreten Plan vorgeben und die Bevölkerung in die Ausarbeitung dieses Dokuments einbeziehen. Das muß man rasch tun. Es handelt sich nicht darum, eine Verfassung durchzusetzen. Dies wird nicht so bald geschehen. Man muß sie zum Hebel für die Vorbereitung der Massen auf die Einheit Deutschlands machen. Die Engländer und Amerikaner werden bemüht sein, die Deutschen zu kaufen, sie in eine privilegierte Lage zu versetzen. Dagegen gibt es ein Mittel – den Verstand der Leute auf die Einheit vorzubereiten. Die Verfassung ist ein sehr gutes Mittel, ein ausgezeichnetes Mittel.

Pieck sagt, daß sie das bereits 1946 im Rahmen der Linie der Partei versucht haben.

Stalin sagt, daß es nicht darum geht. Die Kommission muß die Verfassung ausarbeiten, und der Kongreß berät und billigt sie; danach wird sie dem Volk unterbreitet. Dies wird ein langwieriger Prozeß sein. Wenn er einige Jahre in Anspruch nimmt, dann gewinnt Ihr davon. Wenn der Verstand der Leute auf diese Idee vorbereitet sein wird, dann ist die Einheit nicht zu zerstören. Dann werden die Amerikaner kapitulieren müssen. Wenn Ihr diesen Rat annehmt, wird es gut sein.

Grotewohl erklärt, daß auch sie dieser Meinung sind und dies die Möglichkeit für eine konkrete Agitation bietet. Stalin stimmt zu. Das ganze Volk erwartet dies, und es erhält Material. Und kein Amerika kann damit etwas anfangen. Auf diesem Wege bindet Ihr die ganze Bevölkerung an den Kongreß. Die Autorität des Kongresses muß man erhöhen. Stalin sagt, daß die Vereinigung nicht sofort kommen wird. Für die Einheit muß man streiten durch Agitation und Propaganda.«[43]

Stalin behielt also seine Linie konsequent bei: deutsche Einheit und Abschluß eines Friedensvertrages. Dieser Kurs wurde auch nicht dadurch beeinflußt, daß ihn die Entwicklung dazu zwang, in diesem Gespräch der inneren Entwicklung Ostdeutschlands, seiner politischen und ökonomischen Ordnung, mehr Aufmerksamkeit zu widmen als vielleicht von ihm beabsichtigt.

Der nächste Besuch einer Delegation der SED-Führung bei Stalin erfolgte am 18. Dezember 1948. Die Gespräche widerspiegelten die veränderten Bedingungen. Inzwischen hatte es eine separate Währungsreform in den westlichen Besatzungszonen gegeben und Ende Juni 1948 die Blockade Westberlins begonnen. Die Westsektoren wurden über eine Luftbrücke der Westalliierten versorgt. Das alles führte zur Akzentverschiebung und erforderte Schritte in Richtung einergrößeren Aufmerksamkeit auf die inneren Prozesse und Perspektiven Ostdeutschlands.

In der Niederschrift des Gesprächs finden sich bemerkenswerterweise keinerlei Informationen zur Blockade Westberlins. Dieses Thema wurde während des Treffens am 18. Dezember offenkundig überhaupt nicht berührt. Man sprach nicht über die Ursachen, sondern nur über die Folgen, die aber nicht als die Folgen eigener Politik benannt wurden.

Stalin hielt unverändert an seiner früheren Betrachtungsweise hinsichtlich der Einheit Deutschlands fest. Nur so lassen sich die »Empfehlungen« an die Führung der SED verstehen, auf die noch eingegangen wird.

Es ist zu vermuten, daß die Sowjetunion die Situation um Berlin (West) verschärfte, weil sie die Währungsreform in den westlichen Besatzungszonen nutzen wollte, um die Frage nach der Einheit Deutschlands zu aktualisieren. 1949 erschien in Moskau eine Dokumentensammlung »Die Sowjetunion und die Berlin-Frage«[44], die in diesem Zusammenhang eine größere Beachtung verdiente. Alle Zeugnisse widerspiegelten die Linie Stalins, den Westmächten sein Konzept zur Lösung der deutschen Frage aufzuzwingen und die Bildung einer separaten Regierung in Westdeutschland zu verhindern. Diese Position vertrat Stalin auch gegenüber den Botschaftern der USA, Englands und Frankreichs am 2. und 23. August 1948 in Moskau.[45]

Die Blockade Westberlins wurde selbstverständlich nicht ohne persönliche Anweisung Stalins verhängt – und er hatte sich verkalkuliert. Die Westmächte nutzten sie gleichsam als Katalysator zur Schaffung eines westdeutschen Staates. Das heißt: Nicht Stalin diktierte den Gang der Dinge in Deutschland, sondern die Gegenseite.

Wie üblich begann das Gespräch mit Informationen über die Lage in Deutschland im allgemeinen und in der sowjetischen Zone im besonderen. Pieck erklärte, in Berlin existierten mittlerweile zwei Stadtregierungen (Magistrate), und es fände ein Währungskrieg statt. Die westlichen Besatzungsmächte seien fest entschlossen, Westdeutschland in einen militärischen Brückenkopf gegen die Sowjetunion zu verwandeln. Die Kommunistische Partei dort sei weiterhin schwach, ihr fehle es an politischer und ideologischer Klarheit. Die SED selbst habe keine einheitliche Politik für Ost- und für Westdeutschland. In letzter Zeit, so Pieck, wurde den SED-Führern offiziell untersagt, in die Westzonen einzureisen. Doch die Aufgabe der Partei bestehe darin, eine noch breitere Basis für den Kampf um die Einheit Deutschlands zu schaffen.

Stalin erkundigte sich, wie die Führer der SED die Unzulänglichkeiten der KPD im Westen zu überwinden hofften. Pieck wies auf die Notwendigkeit hin, noch engere Beziehungen der SED-Führung zu den Kommunisten Westdeutschlands herzustellen und dorthin auch Instrukteure zu schicken. Diese Absicht löste bei Stalin Widerspruch aus.

»Gen. Stalin fragt, ob es denn richtig ist, sich mit den Vertretern der KPD zusammenzutun und offiziell die Verbindungen zu ihnen zu deklarieren.

Pieck antwortet auf diese Frage verneinend. Doch weist er darauf hin, daß von ihnen eine ›Arbeitsgemeinschaft‹ von SED-KPD hergestellt wurde.

Gen. Stalin fragt erneut, ob eine solche Taktik richtig ist, wenn eine enge und offene Verbindung der Kommunisten der Westzonen und der Ostzone unterhalten wird.

Pieck antwortet, daß es sich um eine Sache der Notwendigkeit handelt.

Gen. Stalin erläutert, daß er nach der Taktik fragt. Ist denn eine solche Taktik notwendig? Bei Aufrechterhaltung einer offenen und zur Schau getragenen Verbindung der SED mit Westdeutschland werden die Kommunisten als russische Agenten betrachtet. Um diese Waffen den Händen der Feinde zu entreißen, muß man offiziell die Verbindungen zwischen SED und KPD der Westzonen abbrechen. Die Kommunisten Westdeutschlands müssen dort selbst das Nichtvorhandensein der Verbindungen deklarieren. Das wird besser sein.«[46]

Das aufgeworfene Problem beschäftigte Stalin offenkundig seit geraumer Zeit. Denn nach dem Austausch einiger Repliken mit Pieck und Ulbricht kam er erneut auf die Beziehungen zwischen den Kommunisten im Osten und im Westen Deutschlands zu sprechen.

»Gen. Stalin sagt, daß die bisherige Taktik der Unterhaltung offener Verbindungen von KPD und SED sich gegen uns gewendet hat; und mit dieser Taktik muß man Schluß machen. Gen. Stalin fragt, kann man das nicht so machen, daß einige gute Kommunisten im Westen in die SPD eintreten und sich vom Kommunismus lossagen, und sodann von innen her beginnen, die SPD aufzusplittern? Ist eine solche Taktik zulässig? Gen. Stalin meint, daß die deutschen Kommunisten allzu offen ihren Kampf führen. Die alten Teutonen sind nackt in den Kampf gegen die Römer gezogen, und sie erlitten eine Niederlage. Gen. Stalin scheint es, daß ihn die deutschen Kommunisten in dieser Hinsicht ein wenig an die Teutonen erinnern, da sie allzu direkt ihren Kampf führen. Diese Vorgehensweise erfordert jedoch viele Opfer und führt nicht immer zum Ziel. Man muß sich tarnen, weil sonst ein angespannter Kampf unter sehr komplizierten Bedingungen stattfindet.«[47]

Stalin nannte als Beispiel die ungarischen und polnischen Kommunisten, die ihre Leute in andere Parteien entsandten, was zwar ein Trick sei, sich aber im politischen Kampfe als nützlich erweise. Nach seiner Auffassung seien die deutschen Kommunisten selbstverständlich nicht weniger klug und »elastisch« als die Ungarn und die Polen. »Gen. Stalin unterstreicht, daß wir es mit solchen Feinden zu tun haben, wo eine solche List zulässig ist. In Zeiten des Krieges wendet man sie an. Und bei uns vollzieht sich ein wirklicher Krieg. Die Erfahrung lehrt, daß derartige Tricks notwendig sind. Es ist nicht immer vorteilhaft, sich nackt in den Kampf zu begeben. Mut ist eine gute Sache. Doch im Krieg sichert Mut allein keine guten Erfolge.«[48]

Bei dem Treffen am 18. Dezember 1948 in Moskau weckten die sozialpolitischen Aspekte der Wirtschaftspolitik der SED Stalins besondere Aufmerksamkeit. Er lehnte Piecks Idee ab, einen Weg der Enteignung der Privatbetriebe und der Einschränkung kapitalistischer Elemente mittels Steuerpolitik und anderer Maßnahmen zu beschreiten.

»Gen. Stalin sagt, daß er nicht ganz mit der von Pieck dargelegten Politik einverstanden ist. Vorerst ist keinerlei Enteignung notwendig; die Sache ist nicht herangereift. Es sind auch keinerlei Zwangsmaßnahmen nötig, die sich direkt gegen die kapitalistischen Elemente richten. Ihr schwächt Euch auf diese Weise. Der Weg zu einer Volksdemokratie ist noch zu früh. Man muß noch abwarten. Erforderlich jedoch ist ein Gesetz gegen Spekulationen. Einzelne Spekulanten sind zu bestrafen, aber die ganze Gruppe von Kapitalisten nicht anzutasten. Das gefällt auch den Arbeitern und auch den Bauern. Die fürchten, ihre Arbeit zu verlieren, wenn als Folge der Enteignungen die Privatbetriebe schließen werden. Ein Gesetz gegen Spekulationen als Maßnahme einer gewissen Einschränkung der Kapitalisten wird populär sein.

Der Vorschlag zur Organisation von speziellen Abteilungen und zur Einbeziehung der Privatbetriebe in den Planungssektor ist ebenfalls nicht von Nutzen. Die Kontrolle über die Privatbetriebe muß man anders durchführen. In Deutschland ist die Lage kompliziert, zum Sozialismus kann man nicht geradewegs gehen, sondern im Zickzack. Darin besteht die Besonderheit der Aufgabe. Wenn Ihr die Grundlagen einer Volksdemokratie verwirklichen würdet, dann würde die Koalition auseinanderbrechen und sich die Zahl der Anhänger Schumachers unter den Arbeitern vergrößern.

Auf dem Lande sind jene Kulaken[49], die ihre Naturalabgaben leisten, nicht anzurühren, aber jene, die sie nicht leisten, sind auf individuelle Weise zur Verantwortung zu ziehen; im äußersten Fall kann man ihr Eigentum konfiszieren, wofür möglicherweise das entsprechende Gesetz ein wenig zu verschärfen ist. Im übrigen ist es besser, sich der Enteignung zu enthalten, jedoch zwangsweise das Land und das Inventar derer zu staatlichen Preisen aufzukaufen, die die Pflichtabgaben nicht erfüllen.«[50]

»Gen. Stalin fährt fort, daß man jetzt die Aufmerksamkeit des deutschen Volkes nicht auf diese Fragen lenken soll, die sich in den Ländern der Volksdemokratie stellen, sondern auf Fragen nach der Einheit Deutschlands, nach dem Friedensvertrag, nach Preissenkungen, nach der Erhöhung der Löhne, nach besserer Ernährung.

Dies wird ganz Deutschland vereinen, und darin besteht die Hauptsache. Eben zu diesen Fragen ist die gesamte Arbeit zu leisten, und darüber muß man genügend Lärm machen. Die Kapitalisten gilt es auf gesetzlicher Grundlage zu zwicken.«[51]

Die Begründung seines Standpunktes verband Stalin erneut mit allgemeinen Darlegungen zur deutschen Frage. Er ließ Piecks Einwand nicht gelten, daß die Lage in Westberlin eine andere sei. Ihm gehe es um die Ostzone. Darum schlage er »für die sowjetische Zone ›eine opportunistische Politik‹ vor [...] Im gegenteiligen Fall wird das Bündnis der demokratischen Kräfte auseinanderbrechen und der Einfluß Schumachers und seiner Herren auch unter den Arbeitern sich verstärken. Das Volk wird davon keinen Nutzen haben.«

Im Verlaufe des Gesprächs wiederholte Stalin seine These, den Weg zum Sozialismus »nicht direkt, sondern zickzackförmig und auf Umwegen [zu gehen], weil die Bedingungen in Deutschland bedrückend sind und eine vorsichtigere Politik erfordern. Gen. Stalin bemerkte scherzend, daß er deshalb im gegebenen Fall in seinen alten Tagen zu einem Opportunisten geworden ist.«[52]

Im Zentrum der Diskussion jedoch stand die von Pieck gestellte Frage nach der Bildung einer deutschen Regierung in Berlin für den Fall, daß eine westdeutsche Regierung gebildet werde.

»Gen. Stalin stellt fest, daß Ihr nicht Initiatoren der Spaltung Deutschlands sein wollt, und das ist völlig verständlich. Wenn aber im Westen eine separate westdeutsche Regierung gebildet wird, dann muß man auch in Berlin eine Regierung bilden.

Gen. Molotow äußert Zweifel, ob man diese denn eine Zonenregierung nennen muß. Nach Meinung des Gen. Molotow ist es besser, sie als Provisorische Deutsche Regierung zu benennen.

Pieck stimmt zu.

Gen. Stalin meint, daß es zweckmäßiger ist, sie Provisorische Deutsche Regierung zu nennen. Das wird ein Hinweis darauf sein, daß die Regierung nur für die Zeit gebildet werde, solange die Vereinigung Deutschlands nicht stattgefunden hat.

Weiter fragt Gen. Stalin, fürchten denn die Führer der SED, daß sie bei Wahlen nicht die Mehrheit erringen. Kann hierbei die SMAD[53] helfen und anordnen, daß es eine einheitliche Wahlliste gibt?

Grotewohl bemerkt, daß dies nicht wünschenswert ist, weil es einen unguten Einfluß auf den Westen haben wird. Besser ist es, sich im Block ohne direkte Einmischung der Administration zu verständigen.

Gen. Stalin sagt, daß eine Regierung, die nicht gewählt wurde, nicht von Nutzen ist. Falls im Westen Wahlen stattfinden werden, dann muß es auch in der Ostzone Wahlen geben. Andernfalls wird man im Westen schreien, daß die Regierung in der Ostzone undemokratisch ist, was Euch in eine schlechte Lage versetzen wird.

Pieck sagt, daß die LPD möglicherweise nicht auf eine gemeinsame Liste des Blocks eingehen wird.

Gen. Stalin fragt, wie wollt Ihr eine nichtgewählte Regierung zusammensetzen?«[54]

Es folgten Überlegungen zum Deutschen Volksrat, zur Möglichkeit der Schaffung einer Volkskammer aus Vertretern der Landtage, zur Rolle der Deutschen Wirtschaftskommission, zu deren voraussichtlichem Zusammenwirken. Stalin warf auch die Frage auf, wie man der Regierung eine demokratische Legitimation geben könne, sofern die Wahlen um zwei Jahre verschoben würden?

Ulbricht schlug vor, daß die Regierung von der Volkskammer gebildet und sodann vom Deutschen Volksrat bestätigt werden sollte. Offenbar stellte dieser Vorschlag Stalin zufrieden.

»Gen. Stalin resümiert, daß auf diese Weise die Regierung eine Zonen-Regierung sein wird, aber die Bestätigung von einem nationalen Organ erhalten wird.

Grotewohl fragt, ob die Regierung aus Beamten bestehen wird, oder ob es nötig sein wird, in sie verantwortliche Vertreter der Partei[55] einzubeziehen.

Gen. Stalin sagt, daß an der Regierung die wichtigsten führenden Persönlichkeiten der Partei beteiligt sein müssen. Die Regierung soll Autorität besitzen, in ihr sollen Autoritätspersonen vertreten sein, andernfalls wird man sagen, daß es sich nicht um eine wirkliche Regierung handelt, weil die wichtigsten Persönlichkeiten nicht in sie eingetreten sind.«[56]

Faktisch wurde im Dezember 1948 in Moskau durch Stalin die Prozedur der Bildung einer ostdeutschen Regierung festgelegt, wie sie zehn Monate später, im Oktober 1949, vollzogen wurde.[56a]

Beim Treffen mit Stalin am 18. Dezember 1948 wurde jedoch nicht nur die mögliche Bildung einer Provisorischen Regierung in der Sowjetischen Besatzungszone erörtert, sondern auch deren Exekutivorgane – einschließlich jener Einrichtungen, die die staatliche Integrität und Souveränität sichern sollten.

Pieck schlug vor, bei der Kriminalpolizei Organe der Staatssicherheit zu schaffen. Ulbricht unterstützte diesen Vorschlag. Nach einigen Fragen zwecks Präzisierung stimmte Stalin zu und sagte, daß »das gut wäre«.

Zugleich interessierte er sich dafür, ob man aus der bereits bestehenden Polizei eine Armee machen könne. Ulbricht antwortete zustimmend. Aus 20.000 kaserniert untergebrachten Polizisten und Grenzpolizisten ließe sich eine Armee entwickeln.

Stalin schien das zu wenig zu sein. »Es ist so vorzugehen, daß alle 84.000 Polizisten der Ostzone zu unteren und mittleren Offizieren werden, und dann wird man die Polizei zu einer Armee entwickeln können«, forderte er ziemlich apodiktisch.[57]

Den SED-Führern war selbstverständlich klar, welchen Platz der neue Staat in der internationalen Arena einnehmen würde. Doch war die Frage noch ungeklärt, wie die politische Verzahnung mit dem sowjetischen Lager erfolgen würde. Und welche Rolle sollte die SED dort spielen? Ende Januar 1949, in vier Wochen, würde in Berlin eine Parteikonferenz stattfinden.

Pieck stellte die Frage, ob die SED nicht in das Kominformbüro der kommunistischen und Arbeiterparteien aufgenommen werden sollte.

»Gen. Stalin fragt, ob es für die SED nützlich ist, jetzt in das Informbüro einzutreten.

Pieck antwortet, daß es für sie nicht ganz klar ist und sie sich mit Gen. Stalin beraten möchten.

Gen. Stalin sagt, daß es seiner Meinung nach besser ist, ein wenig zu warten, und er fragt Molotow nach dessen Meinung.

Molotow sagt, daß es zu früh ist, dies zu tun. Man muß dem Informbüro der kommunistischen Partei[en][58] die Möglichkeit geben, sich zu festigen. Jetzt gibt es viele Erklärungen von Parteien anderer Länder hinsichtlich der Aufnahme in das Informbüro, dem nachzukommen, sei vorerst nicht möglich.

Gen. Stalin stimmt dem zu und weist gleichzeitig darauf hin, daß die SED besser ihre Selbständigkeit im Verhältnis zu Moskau hervorhebt.

Pieck bemerkt lächelnd, daß man ihnen in dieser Hinsicht ohnehin nicht glaubt.

Gen. Stalin sagt, daß man den Feinden nicht neue Argumente liefern soll. Vorerst ist es besser zu warten, aber dann ist es selbstverständlich angebracht, in das Informbüro einzutreten.«[59]

Das Treffen im Dezember 1948 war eines der längsten, das Stalin mit der SED-Führung hatte.

Bei der Erörterung der deutschlandpolitischen Probleme war aber auch noch nie so deutlich geworden, wie groß inzwischen die Kluft zwischen Stalins Ziel (Friedensvertrag mit einem einheitlichen Deutschland) und der Realität geworden war.

Viele Aspekte in seinen Aussagen beweisen, daß in Stalins Bewußtsein ein »Maximalprogramm« und ein »Minimalprogramm« nebeneinander existierten. Beide Intentionen waren bei ihm gleichzeitig präsent, ungeachtet dessen, daß sie in einem gewissen Grade alternativ waren. Es scheint, daß ihm ihre Gegensätzlichkeit nicht bewußt war.

Als Realpolitiker begriff er, daß seine strategische Absicht bei den Westmächten nicht auf Zustimmung stieß. Er verfolgte trotzdem dieses Ziel weiter und suchte nach Mitteln, sie zu zwingen, seiner Idee eines Friedensvertrages mit einem einheitlichen Deutschland bei Abzug aller Besatzungsmächte zu folgen. Das erwies sich mehr und mehr als Illusion.

Zugleich stimmte Stalin einer (sozialistischen) Umgestaltung in Ostdeutschland und der Bildung der DDR zu, wenngleich er betonte, dabei nicht den Weg der »Volksdemokratie« zu gehen. Und er weigerte sich, die Verantwortung für eine mögliche Teilung zu übernehmen. Stalin glaubte offenbar, daß das deutsche Volk eine Spaltung seines Landes nicht hinnehmen würde.

In den folgenden Gesprächen Stalins mit den Führern der SED nahm die Gründung der DDR im Oktober 1949 gebührenden Platz ein. Der Wechsel der Tonart und des Charakters der erörterten Fragen kam sehr deutlich während des Treffens am 4. Mai 1950 zum Ausdruck. Die Dokumente vermitteln den Eindruck, als habe Stalin sein »Maximalprogramm« in die Zuständigkeit der sowjetischen Diplomatie delegiert. Er hingegen konzentriere sich nur noch auf die Erörterung innerer Entwicklungsprobleme der DDR und die Integration des Landes in den sowjetischen Block.

Ende Juli 1950 sollte der III. Parteitag der SED stattfinden. Die deutsche Delegation schlug daher vor, dessen Vorbereitung auf die Tagesordnung zu setzen. Die Hauptfrage betraf den Fünfjahrplan zur Entwicklung der Volkswirtschaft der DDR. Ulbricht, der darüber auf dem Parteitag referieren sollte, informierte Stalin. Ulbricht machte dabei unmißverständlich deutlich, daß man »den Fünfjahrplan nur in dem Falle durchführen kann, wenn die Koordinierung und gegenseitige Hilfe zwischen der DDR und der Sowjetunion sowie den Ländern der Volksdemokratie gewährleistet wird.

Wir bitten darum, so Ulbricht, die DDR in den Rat für gegenseitige Wirtschaftshilfe zwecks Erfahrungsaustausch über den Aufbau der Wirtschaft und die Koordinierung der wirtschaftlichen Anstrengungen aufzunehmen.«[60]

Er betonte auch die Notwendigkeit der Aufnahme von Verhandlungen über den Abschluß von Handelsverträgen der DDR mit der Sowjetunion und den Ländern der Volksdemokratien für einen Zeitraum von fünf Jahren.

Stalin entsprach beiden Bitten. Nach einem Meinungsaustausch mit den anwesenden Mitgliedern des Politbüros des ZK der KPdSU entschied er, alle Beschränkungen auf den Gebieten der Wirtschaft und der Wissenschaft, die die Sowjetische Kontrollkommission erlassen hatte, aufzuheben.

Sodann warf er selbst die Frage nach den Reparationen auf. Ein Teil sei bereits bezahlt, erklärte Stalin und signalisierte Bereitschaft, den restlichen Teil um die Hälfte zu kürzen und die Zahlungen auf die nächsten 15 Jahre zu strecken.

»Gen. Stalin sagt, daß dies das Budget und den Fünfjahrplan der Deutschen Demokratischen Republik erleichtern wird und es erlaubt, das Lebensniveau ihrer Bevölkerung zu erhöhen.«[61]

Ulbricht griff diesen Gedanken auf und schlug vor, diese Entscheidung in der Propaganda zu nutzen. »Den politischen Effekt muß man zum Teil auf das Konto der SED nehmen«, meinte er.

Auf Vorschlag von Molotow wurde entschieden, daß sich die SED mit der Bitte um eine Verringerung der Reparationsleistungen, ohne eine konkrete Summe zu nennen, an die Regierung der DDR wende. Diese wiederum solle diesen Wunsch an die sowjetische Regierung herantragen. So sollte quasi die Note einen nationalen, staatspolitischen Charakter erhalten.

Grotewohl informierte im weiteren über die *Nationalen Front des demokratischen Deutschland.* Diese verfolge »drei prinzipielle Fragen – die demokratische Einheit Deutschlands, der Abschluß eines Friedensvertrages und der Abzug der Besatzungstruppen«.[62] Grotewohl bemerkte selbst, daß diese Forderungen nichts Neues enthielten, es war schließlich Stalins »Maximalprogramm«. Da die Nationale Front in Westdeutschland als von den Kommunisten inspiriert betrachtet werde, so Grotewohl, sei entschieden worden, dort *Komitees zur Verteidigung des Friedens* zu bilden. Diese operierten unabhängig von der Nationalen Front.

Die SED entfalte »den Kampf gegen die Theorie der ›Neutralität‹ Deutschlands im Kampf der zwei Lager, weil diese Theorie den Kampf des deutschen Volkes für Frieden und Demokratie beeinträchtigt. Das Anwachsen der Bewegung für Frieden bietet der SED die Möglichkeit, dem deutschen Volke die Sowjetunion als stärkste Macht und als Bollwerk des Friedens nahezubringen«.[63]

(Grotewohl und die SED-Spitze balancierte natürlich auf einem dünnen Seil. Auf der einen Seite kämpfte man gemäß Stalins Linie für ein neutrales Deutschland – auf der anderen Seite erforderte die Integration ins östliche »Lager« zwangsweise eine eindeutige Parteinahme und damit die Ablehnung einer Neutralität. – *Anmerkung d. Hrsg.*) Grotewohls Ausführungen zur *Nationalen Front* und zu den *Komitees zur Verteidigung des Friedens* hatten – nicht ganz unbeabsichtigt – die sensiblen Saiten der Stalinschen Seele zum Klingen gebracht.

»Gen. Stalin sagt, daß das gut ist. Das Wichtigste besteht aber darin, eine breite Friedenskampagne durchzuführen. Deutschland erinnert sich gut an den Krieg und erlitt viel durch ihn. Die Deutschen wollen keinen Krieg. Wenn man in Deutschland eine breite Friedenskampagne entfaltet, so wird die Bewegung des deutschen Volkes für Frieden den Amerikanern nicht die Möglichkeit geben, Westdeutschland zum Vorstoß gegen Ostdeutschland zu drängen. Die Deutschen stehen jetzt vor zwei Wegen: Krieg oder Frieden. Die Amerikaner sind bemüht, Deutschland in einen Krieg hineinzuziehen, indem sie die Sache so darstellen, daß dies das einzige Mittel ist, ein starkes Deutschland wieder herzustellen. Die Friedenskampagne zeigt, daß der Weg des Krieges zur Zerstörung Deutschlands führt, und daß der einzige Weg zur Herstellung eines starken Deutschlands im Frieden und in der Zusammenarbeit zwischen den friedliebenden Völkern besteht. Wenn die gesamte deutsche Bevölkerung in die Kampagne des Kampfes für Frieden einbezogen wird, dann werden die Pläne der USA, Deutschland in einen Krieg einzubeziehen, zunichte gemacht.«[64]

Stalins Ausführungen enhielten eine gehörige Portion Propaganda. Dennoch muß man konstatieren, daß sie einen bestimmten Teil seiner wirklichen Gedanken widerspiegeln. Dies wird auch vom weiteren Verlauf der Erörterungen zur Lage in Westdeutschland bestätigt.

Grotewohl charakterisierte die Bonner Regierung als eine Dienerin ausländischer Imperialisten. Die bürgerlichen Parteien seien sich im wesentlichen einig im Antikommunismus und in der Bildung eines Separatstaates. Die Arbeiterbewegung hingegen sei gespalten und schwach, die Lage der KPD schlecht. Im weiteren sprach er über den Verfall der Kultur in Westdeutschland. Ganz im Gegensatz dazu stünde die Entwicklung in der DDR, wo energische Maßnahmen zur Erhaltung und Entwicklung der deutschen Nationalkultur ergriffen würden. Er informierte auch über die Demontage von Industriebetrieben in Westdeutschland und brachte seine Überzeugung zum Ausdruck, daß es der DDR gelingen werde, die Überlegenheit ihrer Gesellschaftsordnung zu beweisen. Eines der größten Hindernisse sehe er jedoch darin, daß eine ausreichende Erhöhung der Löhne der Arbeiter unterbliebe.

Diese Bemerkung provozierte einen Meinungsaustausch und zur Empfehlung Stalins und anderer sowjetischer Führer, die Löhne um mindestens 10 Prozent zu erhöhen – ohne jedoch zu sagen, wie diese Lohnsteigerung finanziert werden sollte.

Obgleich Grotewohls Beschreibung der Situation in Westdeutschland nicht frei von propagandistischen Überzeichnungen und Wunschvorstellungen war, widersprach ihm Stalin entschieden. Allerdings nicht mit einem Appell zum Realismus. Stalin redete sich die Lage schön.

»Gen. Stalin sagt, daß er hier den Vortrag des Gen. Grotewohl vernommen hat. Grotewohl hat die Stimmungen und das Kräfteverhältnis in Westdeutschland analysiert. Er, Gen. Stalin, denkt, daß dort die Sache besser bestellt ist, als das aus dem Vortrag Grotewohls hervorgeht.

Denn Grotewohl urteilt auf der Grundlage von Stimmungen in einzelnen Organisationen – Parteien, Gewerkschaften und in der Presse. Urteilt man über das Kräfteverhältnis nach der Stimmungslage in den Parteien und in den nicht parteigebundenen Organisationen, ist möglicherweise das Bild, das Grotewohl gezeichnet hat, richtig. Doch nach der Stimmungslage der Organisationen darf man nicht über die Stimmung des Volkes urteilen. Er, Gen. Stalin, könnte darüber sprechen, wie es in der bolschewistischen Partei vor der Revolution war.«

Der Exkurs in die Geschichte, so glaubte Stalin, würde die Kluft zwischen den Führern und den wirklichen Stimmungen des Volkes demonstrieren. Ohne in seiner Abgehobenheit zu begreifen, daß dies auch für ihn galt, fuhr er belehrend fort:

„Ich glaube, sagte Gen. Stalin, daß die Stimmung der Volksmassen in Westdeutschland eine andere sein muß, als es die westdeutschen gewerkschaftlichen und Parteiorganisationen erkennen lassen. Weshalb? Weil alle Aktivitäten der Amerikaner eben in folgende Richtung gehen – langfristige Besetzung, Unterbindung eines Friedensvertrages, Demontage, Massenarbeitslosigkeit, Verbleib der Arbeiter und ihrer Familien ohne Mittel zum Leben. Die Amerikaner und Engländer sind es selbst, die, ohne es zu wollen, das deutsche Volk lehren, Widerstand zu leisten. Wünscht Ihr denn, daß sich jetzt alles radikal ändert und alle sich erheben? Das wird nicht sein. Die Bevölkerung Westdeutschlands fürchtet die Amerikaner. Das muß man in Betracht ziehen. Doch beginnt die Bevölkerung zu erwachen.

Gen. Stalin sagt, daß er den westdeutschen Kommunisten den Rat geben würde, ihre innere organisatorische Tätigkeit fortzusetzen. Mit den einfachen Leuten Verbindung zu halten und zu festigen. Weniger Lärm zu machen. Mehr zu erklären. Das Volk würde sich vielleicht erheben, doch es fürchtet sich, schweigt; und manchmal ist ein solches Schweigen des Volkes bedrohlicher als offene Demonstrationen. Deshalb darf man nicht nur das sehen, was aus den Reden der Politiker hervorgeht. Man muß das sehen, was mit bloßen Augen nicht zu sehen ist. Im Volke existiert und verstärkt sich der Haß gegen die Imperialisten, die jetzt in Westdeutschland eher als Okkupanten, wenn nicht als Imperialisten angesehen werden. Deshalb ist es um die Perspektive Westdeutschlands besser bestellt, als das im Vortrag Grotewohls ausgeführt wurde. Gen. Stalin meint, daß dies sich unweigerlich zeigen wird. Dies ist kein Vorwurf an Grotewohl. Er, Gen. Stalin, wünscht, daß unsere Genossen in Deutschland nicht nur auf das zählen, was sichtbar ist, sondern auch auf das, was nicht sichtbar ist, aber doch unten existiert.«[65]

Stalins weltfremde »Analyse« fand bei keinem der Anwesenden Widerspruch. Nicht erst aus heutiger Distanz werden Stalins Illusionen offensichtlich. Doch dieses System von Auffassungen hatte sich bei ihm schon lange zuvor herausgebildet. Es war die Grundlage der von ihm verfolgten Linie in der deutsche Frage. Gerade dieses System von Vorstellungen erklärt meiner Ansicht nach viele seiner Aktivitäten, darunter auch die ansonsten nicht erklärbare Geschichte der Note vom 10. März 1952.

Im weiteren Verlauf des Treffens im Mai 1950 wurde auch über die Rückkehr von Kriegsgefangenen, die Vorbereitung des III. SED-Parteitages im Juli und die Veränderung ihres Statuts gesprochen. Erörtert wurde ferner die Wahlordnung für die Volkswahlen an 15. Oktober, bei denen die Volkskammer, Länder- und Kommunalparlamente neu bestimmt werden sollte. Erstmals sollte über gemeinsame Kandidatenlisten der Nationalen Front angestimmt werden. Die Behandlung dieser Themen trug aber einen recht routinemäßigen Charakter.

Auch das machte sichtbar, daß die DDR ein Bestandteil des sowjetischen Blocks wurde.

Im Gegenzug dazu standen die Aktivitäten der sowjetischen Diplomatie. In der deutschen Frage dominierte im Verlauf der Jahre 1950-1952 das Bestreben, die Einbeziehung Westdeutschlands in den westlichen Militärblock zu verhindern. Darauf zielte die Beratung der Außenminister der acht »sozialistischen« Länder in Prag am 20./21. Oktober 1950.[66] Die von ihnen angenommene Gemeinsame Erklärung enthielt Vorschläge zum sofortigen Abschluß eines Friedensvertrages, zur Herstellung der Einheit Deutschlands, zur Bildung eines gesamtdeutschen Verfassungsgebenden Rates auf der Grundlage einer paritätischen Regierung Ost- und Westdeutschlands, damit den Deutschen selbst die Möglichkeit gegeben werde, bei der Vorbereitung des Friedensvertrages mitzuwirken.[67] Die sowjetische Führung hielt an ihrer Absicht unverändert fest und bekundete sie ganz offen: Neutralisierung und Entmilitarisierung Deutschlands, Abzug der ausländischen Streitkräfte, Herstellung der staatlichen Einheit.

Der sowjetischen Diplomatie gelang die Einberufung einer erneuten Tagung der Außenminister der vier Siegermächte. Die Westmächte stimmten der Durchführung einer Vorbereitungsberatung der stellvertretenden Minister zu. Diese fand vom 5. März bis zum 21. Juni 1951 in Paris statt, ohne daß sie Resultate erbrachte.

Das Scheitern war den USA, Großbritannien und Frankreich zuzuschreiben. Diese nahmen konsequent Kurs auf die Einbindung der Bundesrepublik Deutschland in ihr Verteidigungssystem. Ende November 1951 vereinbarten die Westmächte in einem Generalvertrag die Integration Westdeutschlands in eine Europäische Verteidigungsgemeinschaft (EVG). Diese sollte ein Bestandteil der NATO werden.

Unter diesen Bedingungen kam es zur sowjetischen Note an die Regierungen der drei Westmächte vom 10. März 1952.

Die sogenannte Stalin-Note zur Regelung der deutschen Frage ging weiter, als alle bisherigen Vorschläge.

War Stalins Angebot ehrlich gemeint oder von taktischen Überlegungen diktiert?

Es gibt keine Dokumente, die diese Frage eindeutig bejahen oder klar verneinen. Stalin liebte es nicht, seine Überlegungen offen und ehrlich zu Papier zu bringen.

Auch die Notizen über seine Gespräche mit den Führern der SED geben keine unmittelbare Antwort. Unzweifelhaft ist nur eines: Stalins vorangegangene Überlegungen zur deutschen Frage, die Einschätzung der Lage in Westdeutschland und das Beharren auf der staatlichen Einheit Deutschlands standen nicht im Widerspruch zum Inhalt der Note vom 10. März 1952.

Ein weiteres Treffen Stalins mit den Führern der SED fand am 1. April 1952 statt. Eine Woche zuvor, am 25. März 1952, hatten die Westmächte die Vorschläge abgelehnt hatten, die in der sowjetischen Note vom 10. März enthalten waren. Natürlich stand diese Absage im Mittelpunkt des sowjetisch-deutschen Gipfels. Das Gespräch begann mit Fragen der deutschen Seite. Pieck formulierte sie in drei Komplexen, von der jeder aus mehreren Teilen bestand.

»Die erste Gruppe von Fragen, so Pieck, betrifft die Lage in Deutschland, die einerseits im Zusammenhang mit den Vorschlägen der sowjetischen Regierung über die Grundlagen eines Friedensvertrages mit Deutschland und andererseits im Zusammenhang mit der Militärpolitik der Westmächte entstanden ist. Welche Aufgaben ergeben sich hieraus für die SED und die Regierung der DDR?«

Pieck merkte an, daß die sowjetischen Vorschläge eine breite Massenbewegung in Deutschland ausgelöst und für die Adenauer-Regierung eine schwierige Lage geschaffen hätten. Sodann bat er Stalin um die Meinung zu folgenden Problemen: »Erstens. Welches sind die Perspektiven in bezug auf den Abschluß eines Friedensvertrages mit Deutschland, wird eine Tagung der vier Mächte zustande kommen, welche Ergebnisse sind von der Tagung zu erwarten?

Zweitens. Zur Durchführung gesamtdeutscher freier Wahlen ohne Einmischung der UNO. Wir müssen eine Massenbewegung für den Kampf um solche Wahlen entfalten und dabei den Sturz der Adenauer-Regierung erreichen.

Drittens. Auf welche Weise soll die Partei weiterhin den Kampf in Westdeutschland führen?«

Das wichtigste, so meinte Pieck, sei die Herstellung der Einheit der Arbeiterklasse. Er entwickelte seine Überlegungen zu diesem Problem, die er mit den üblichen, bereits gestellten Aufgaben zur

Stärkung der KPD und der Entwicklung einer Massenbewegung verband.

»Die zweite Gruppe von Problemen, führte Pieck weiter aus, ergibt sich aus den Aufgaben, die im Zusammenhang mit dem Abschluß des Generalvertrages stehen, der vermutlich von den Westmächten und der Bonner Regierung im Mai dieses Jahres unterzeichnet wird?« Pieck forderte auf, alle Möglichkeiten zu nutzen, um den Abschluß dieses Vertrages zu verhindern.

»Die dritte Gruppe von Fragen, so Pieck weiter, ist damit verbunden, welche militärische Verteidigung die Deutsche Demokratische Republik aufgrund der Bedrohung aus dem Westen organisieren muß?« Die in der DDR vorhandene Polizei sei schwach und schlecht bewaffnet.[68]

Während dieses Gesprächs, das zeitlich bedeutend kürzer ausfiel als die vorhergehenden – es dauerte zwei Stunden und zehn Minuten – schlug Stalin vor, die allgemeine Erörterung der deutschen Frage, der Lage in Westdeutschland und der Perspektiven des Generalvertrages auf das zweite Treffen zu verschieben, das eine Woche später, am 7. April, stattfinden sollte.

Es ist schwer zu sagen, weshalb er diese Entscheidung traf. Es mag sein, daß der 72jährige Stalin einfach müde und geschwächt war und er seinem Alter Tribut zollte.

Wahrscheinlicher aber ist es wohl, daß er Zeit brauchte, um die neue Situation zu überdenken und die eigene Position auszuarbeiten oder zu präzisieren.

Beim Treffen am 7. April trug er dann, wie gewohnt, viele Fragen zu den zu aufgeworfenen Problemen vor.

Im ersten Gespräch widmete Stalin seine Aufmerksamkeit besonders der Bildung einer Armee in der DDR. Das Thema hatte Pieck bereits zu Beginn des Gesprächs aufgeworfen, danach griff er es erneut im Zusammenhang mit der schlechten Bewaffnung der Volkspolizei auf.

Auf die Klage Ulbrichts, daß es aufgrund von Viermächtebestimmungen verboten sei, Waffen in der DDR zu produzieren, bemerkte Stalin: »Ihr habt Eure Rechte schlecht verstanden. Ihr habt das volle Recht, Eure Polizei zu unterhalten, sie gut zu bewaffnen und auszubilden.« Stalin wiederholte, daß die DDR das volle Recht besäße, Waffen für die Volkspolizei zu produzieren.[69]

Es folgte ein recht eigenartiger Wortwechsel.

»Gen. Pieck sagt, daß das sehr gut ist. Pieck fragt, ob es nötig ist, in der Deutschen Demokratischen Republik Schritte zur Schaffung einer deutschen Armee zu unternehmen.

Gen. Stalin sagt – nicht Schritte, sondern die Armee muß man schaffen. Was sind denn Schritte?

Gen Pieck sagt, daß dafür Waffen hergestellt werden müssen.

Gen. Stalin bemerkt, daß die Westmächte in Westdeutschland alle Bestimmungen verletzen und das tun, was ihnen genehm ist.

Gen. Pieck sagt, daß man für die Schaffung einer Armee eine entsprechende Agitation in der DDR entfalten und den Unterschied zwischen jener Armee, die in Westdeutschland geschaffen wird, und der nationalen Armee in Ostdeutschland aufzeigen muß.

Gen. Stalin sagt, daß man die Armee ohne Aufsehen, ohne Agitation schaffen muß. Nachdem sie geschaffen sein wird, kann man das lauthals verkünden.«[70]

Konkrete Ausführungen zur Bildung einer DDR-Armee wurden in einer besonderen Ergänzung zur Niederschrift über das Gespräch vom 1. April 1952 gemacht.

Auf die weiteren Fragen Stalins antwortete sodann Ulbricht. Die DDR verfüge über den Kern einer Armee in Gestalt von 24 Einheiten der kasernierten Volkspolizei (KVP). Jede könnte zu einer Division ausgebaut werden. (Zum besseren Verständnis soll hier die in der sowjetischen Armee übliche Struktur genannt sein: Drei Züge bilden eine Kompanie [etwa 100 Mann]. Drei bis vier Kompanien ein Bataillon, drei Bataillone ein Regiment, drei Regimenter einer Division, also rund 3.000 Mann. Ulbricht sprach also von etwa 70.000 bis 80.000 Mann unter Waffen. – *Anmerkung d. Hrsg.*)

»Gen. Stalin sagt, daß Sie richtige Divisionen bilden müssen, die im Feld auszubilden sind, die unter feldmäßigen Bedingungen üben. Gen. Stalin fragt, kann man das in Deutschland machen oder nicht?

Gen. Grotewohl sagt, daß dies von der Zeit abhängen wird. Vor der Schaffung einer Armee in Westdeutschland wird das schwer sein.

Gen. Stalin sagt, je schneller, desto besser.

Gen. Grotewohl spricht erneut von der Notwendigkeit, die Ereignisse in Westdeutschland zu berücksichtigen.

Gen. Stalin sagt, daß man jetzt im Westen glaubt, Ihr seid völlig unbewaffnet, daß es Euch an Kräften mangelt und daß man Euch schnell vereinnahmen kann. Solange sie so denken, werden sie nicht gesprächsbereit sein. Sie ziehen nur die Macht in Betracht. Wenn bei Euch irgendeine Armee erscheint, wird man mit Euch anders reden – man wird Euch anerkennen und lieben, weil alle die Macht lieben.«[71]

Stalin plädierte für eine Wehrpflicht und daß es gut wäre, eine Armee aus 9 bis 10 Korps oder 30 Divisionen zu haben.[72] »Wenn Ihr sie haben werdet, werden wir ebensoviel von unseren aus der DDR in die Sowjetunion zurückziehen. Für Euch wird es leichter sein, Eure eigene Armee zu unterhalten.« Während Stalin im weiteren seine Überlegungen präzisierte, fügte er hinzu, daß »das von ihm zur zahlenmäßigen Zusammensetzung der Armee Gesagte einen Zukunftsplan darstellt. Vorerst besteht keine Möglichkeit, so viele Truppen zusammenzustellen«.[73]

Einen bedeutenden Teil des Gesprächs nahm die Wirtschaftsentwicklung der DDR ein. Stalin erklärte die Bereitschaft der Sowjetunion, die Hälfte der in ihrem Besitz befindlichen SAG-Betriebe an die DDR zu verkaufen. Später sollte auch die andere Hälfte abgegeben werden.

Die Mitglieder der deutschen Delegation beschäftigten sich mit der Arbeit einzelner Wirtschaftszweige, insbesondere mit der Landwirtschaft. In diesem Zusammenhang führten sie Klage über die Sabotagetätigkeit, die von Westberlin aus gegen die DDR betrieben werde, und die hohe Fluktuation von Intellektuellen. Deren Weggang in den Westen erfüllte die SED-Führung mit erkennbarer Sorge.

Insgesamt trug das Gespräch am 1. April 1952 gewissermaßen vorläufigen Charakter. Auf die von der deutschen Seite gestellten Fragen antwortete Stalin beim Treffen am 7. April. Offenkundig hatte er intensiv nachgedacht.

Er begann das Gespräch mit einer Erklärung. Obwohl einiges aus dieser Erklärung 1994 bereits publiziert wurde[74], ist es für ein vollständiges Bild angebracht, die Erklärung ausführlich darzulegen.

»Gen. Stalin sagt, daß W. Pieck im vorigen Gespräch im Zusammenhang mit dem Vorschlag eines Friedensvertrages sowie der Politik der Amerikaner und Engländer in Deutschland die Frage nach den Entwicklungsperspektiven Deutschlands gestellt hat. Gen. Stalin meint, welche Vorschläge wir zur deutsche Frage auch immer machen werden, die Westmächte werden mit uns nicht einverstanden sein und jedenfalls aus Westdeutschland nicht abziehen.

Zu glauben, daß ein Kompromiß zustande käme oder daß die Amerikaner das Projekt des Friedensvertrages akzeptieren würden, würde bedeuten, sich zu irren.

Den Amerikanern ist die Armee in Westdeutschland nötig, um

Westeuropa in den Händen zu behalten. Sie sagen, sie hätten dort die Armee gegen uns *(die Sowjetunion – d. Hrsg.)*. In Wirklichkeit besteht dort die Bestimmung ihrer Armee darin, Europa zu halten. Die Amerikaner beziehen Westdeutschland in den Atlantik-Pakt ein. Sie schaffen westdeutsche Truppen. Adenauer sitzt in der Westentasche der Amerikaner. Alle ehemaligen Faschisten und Generale – ebenfalls.

In der Tat formiert sich in Westdeutschland ein selbständiger Staat. Und Ihr müßt Euren eigenen Staat organisieren. Die Demarkationslinie zwischen West- und Ostdeutschland muß als Grenze betrachtet werden – und zwar nicht als eine einfache Grenze, sondern als eine gefährliche Grenze. Den Schutz dieser Grenze muß man verstärken.

In der ersten Linie ihres Schutzes werden Deutsche stehen, und in der zweiten Linie ihres Schutzes werden wir russische Truppen postieren. Viel zu frei bewegen sich in der Deutsche Demokratische Republik Agenten westlicher Mächte. Sie können zu äußersten Maßnahmen schreiten und Euch erschlagen oder den Gen. Tschuikow *(Oberkommandierender der sowjetischen Besatzungstruppen in Deutschland – d. Hrsg.)*. Damit muß man rechnen. Deshalb braucht man einen starken Grenzschutz.

Dann, so führte Gen. Stalin weiter aus, wollen wir die Militärkommandanturen wiederherstellen. Auch unsere Truppen müssen einen gesicherten Schutz haben. Und Ihr braucht dies, selbst werdet Ihr stärker.

Gen. Stalin fragt, kommen Euch diese Vorschläge entgegen?«[75] Nachdem Stalin die volle Zustimmung der deutschen Gesprächspartner erhalten hatte, teilte er mit, daß die Sowjetunion bereit sei, für die künftige Armee der DDR die notwendige Bewaffnung zur Verfügung zu stellen, Artillerie und Panzer eingeschlossen. (In diesem Zusammenhang sei die Bemerkung Stalins zur »Demarkationslinie« besonders herausgestellt. Er nannte sie eine »gefährliche Grenze« und forderte: »Den Schutz dieser Grenze muß man verstärken.« Das heißt: Moskau, nicht Ostberlin, veranlaßte das später kritisierte Grenzregime und dessen Folgen. – *Anmerkung d. Hrsg.*)

Nach dem Armee-Komplex wandte sich Stalin einem anderen Thema zu. Er erging sich in langwierigen Überlegungen über die Schädlichkeit der Gleichmacherei in der Entlohnung und begründete die Notwendigkeit einer hohen Bezahlung von Ingenieuren und generell von Intellektuellen. Er belehrte die deutsche Seite, welche Politik in der Landwirtschaft zu verwirklichen sei, wie Maschinen-Ausleihstationen (MAS) zu schaffen und Produktionsgenossenschaften zu organisieren seien. Erneut forderte er, die Kulaken[76] vorerst nicht anzurühren.»Ich habe festgestellt, sagt Gen. Stalin, daß Ihr in Eurer Politik die Bauern nicht besonders schätzt. Wenn das stimmt, so muß mit einer solchen Lage Schluß gemacht werden.«[77] Es handelte sich um abstrakte Belehrungen, die sehr von der sowjetischen Wirklichkeit abwichen, um Instruktionen für den sozialistischen Aufbau in der DDR. So haben sie die Mitglieder der deutschen Delegation auch verstanden:

»Gen. Ulbricht sagt, daß dies seine Konsequenzen hat. Bisher haben wir in der DDR davon gesprochen, daß wir für ein demokratisches Deutschland eintreten, und wir haben eine Reihe von Maßnahmen nicht durchgeführt, die man durchführen muß bei einer Entwicklung in Richtung zum Sozialismus. Wir haben auch niemals davon gesprochen, daß wir zum Sozialismus gehen.

Gen. Stalin sagt, daß das richtig war.

Gen. Ulbricht fragt, werden wir nach der tiefen Spaltung Deutschlands diese frühere Taktik fortsetzen müssen?

Gen. Stalin sagt, daß ein Geschrei über den Sozialismus anzustellen auch jetzt nicht nötig ist. Doch Produktionsgenossenschaften – sie sind ein kleines bißchen Sozialismus. Die volkseigenen Betriebe sind auch Sozialismus.

Gen. Ulbricht sagt, daß wir bisher darüber nicht gesprochen und nicht darauf hingewiesen haben, daß die volkseigenen Betriebe sozialistisch sind. Wir haben die in der DDR entstehenden gesellschaftlichen Verhältnisse ein wenig verschleiert.

Gen. Stalin sagt, daß diese Maskierung Euch behilflich war, die Mittelschichten Westdeutschlands nicht zu erschrecken.« Etwas später fügte er hinzu: »Obwohl in Deutschland zwei Staaten geschaffen werden, soll man vorerst nicht lauthals von Sozialismus sprechen.«[78] (Bekanntlich beschloß die 2. Parteikonferenz der SED drei Monate später [9.-12. Juli 1952] den »umfassenden Aufbau des Sozialismus« in der DDR. Weil dieser Beschluß nahezu überfallartig Parteiaktivisten und -funktionären zur Abstimmung vorgelegt wurde, kamen einige Historiker zu dem Schluß, namentlich Ulbricht habe damit Stalin unter Druck setzen wollen. Mit dessen Note vom 10. März wäre, so die Lesart, die DDR zur Disposition gestellt worden. Eine solche Preisgabe habe Ulbricht nicht hinnehmen wollen und deshalb die Flucht nach vorn angetreten. Eine »sozialistische DDR« als Teil eines Ostblocks hätte Moskau gesichert und nicht in ein neutrales, von Besatzungstruppen freies Deutschland entlassen. Eine solche Annahme scheint, nach Kenntnis der zitierten Stalin-Protokolle, eher unwahrscheinlich. – *Anmerkung d. Hrsg.*)

Während Stalin auf Fragen der Landwirtschaft zurückkam und riet, zu Beginn einige Produktionsgenossenschaften (Kolchosen) zu bilden und dann die dort gemachten Erfahrungen in der Partei zu diskutieren, verdrehte er den Bibelspruch »Am Anfang war das Wort«. »Lächelnd bemerkte Gen. Stalin, daß zuerst die Tat war und danach das Wort.«[79]

Am Ende des Gesprächs kam die deutschen Delegation erneut auf die Perspektiven Deutschlands zu sprechen. »Gen. Grotewohl sagt, daß sie hinsichtlich der Einschätzung der Lage in Westdeutschland und der Politik der USA völlig mit der Meinung des Gen. Stalin übereinstimmen. Er, Grotewohl, möchte fragen, ob Gen. Stalin damit rechnet, daß man im gegenwärtigen Moment unsere Argumentation zu den Fragen der Einheit Deutschlands und den offiziellen Standpunkt der Regierung der DDR zur Frage der Herstellung der Einheit Deutschlands verändern muß.

Gen. Stalin antwortet verneinend. Man muß die Propaganda für die Einheit Deutschlands fortsetzen. Das hat eine große Bedeutung für die Erziehung des Volkes in Westdeutschland. Diese Waffe befindet sich jetzt in Euren Händen, sie muß man alle Zeit in den eigenen Händen behalten. Auch wir werden fortfahren, Vorschläge zu den Fragen der Einheit Deutschlands zu unterbreiten, um die Amerikaner zu entlarven.«[80]

Das Treffen am 7. April 1952 sollte das letzte sein, das Stalin mit Führern der SED hatte. Es war auch das kürzeste – es dauerte lediglich 75 Minuten.

Beide Begegnungen im April 1952 offenbarten Veränderungen im Herangehen Stalins an die Lösung der deutschen Frage. Es muß als wahrscheinlich gelten, daß diese Korrekturen Folge der Ablehnung der sowjetischen Note vom 10. März 1952 durch die Westmächte waren. Die sich abzeichnenden Veränderungen nahmen offenbar noch nicht ihre endgültige Gestalt an. Die Zeit hatte ihm sicher nicht ausgereicht, sie in endgültiger Weise zu formulieren.

So sprach Stalin wie nie zuvor mit solcher Bestimmtheit von *zwei deutschen Staaten*. Nie zuvor hatte er der SED-Führung derart deutlich die Aufgabe gestellt, einen eigenen Staat zu schaffen. Obwohl er schon im Dezember 1948 die Möglichkeit einer

Staatsgründung in Erwägung gezogen hatte und deren Konstituierung im Oktober 1949 nicht ohne seine Zustimmung geschehen war, hatte es dennoch im Stalins Denken eine Änderung gegeben. Es drängt sich die Frage auf, weil er selbst dazu die Auskunft schuldig blieb: Wie stellte er sich die Herstellung der staatlichen Einheit Deutschlands unter den gegebenen Bedingungen der Zweistaatlichkeit vor? Welche Gestalt hätte sie annehmen sollen? In welchem Maße widerspiegelte die sowjetische Note vom 10. März Stalins wirkliche Auffassungen?

Es ist anzunehmen, daß zudem Enttäuschung über das Ausbleiben einer Massenbewegung in Westdeutschland für die Einheit des Landes durchschimmerte. Es ist nicht ausgeschlossen, daß ihm langsam die Tatsache bewußt wurde, daß seine Erwartung einer nationalen Bewegung des deutschen Volkes für die Einheit des Landes sich als unbegründet erwies.

Stalin zeigte sich politisch enttäuscht. Und vielleicht war er auch persönlich betroffen: Er, der sich als Kenner und Theoretiker der nationalen Frage verstand, hatte sich offenkundig geirrt. Wer gesteht sich schon gern freiwillig Fehler ein?

Fortan verschob er die Akzente. Seine These von der staatlichen Einheit Deutschlands benutzte er bislang als Instrument im Kampf um die öffentliche Meinung in Deutschland – nunmehr wurde es eine Waffe der Propaganda zur Entlarvung des amerikanischen Imperialismus.

Mit der gebotenen Vorsicht schließe ich aus allem, was ich weiß, daß die Note vom 10. März 1952 für Stalin mehr darstellte als nur ein einfaches diplomatisches Manöver. Ihm verbliebenen noch elf Monate. Die Zeit reichte nicht aus, deutlicher die sich bei Stalin abzeichnenden Veränderungen zu artikulieren.

Die Kenntnisnahme des Inhalts der Gespräche Stalins mit der SED-Spitze zwingt zum Nachdenken über die generellen strategischen Intentionen des »Führers der Völker«. Ohne Zweifel war die deutsche Frage ein fester Bestandteil der geostrategischen Pläne von Stalin, von denen eingangs die Rede war. Waren sie aber realistisch? Zeichneten sie sich dadurch aus, daß – wie beim Schachspiel – einige Züge voraus berechnet und die möglichen Reaktionen des Gegners kalkuliert waren? War diese Zwecksetzung kompatibel mit anderen Zielen und auch mit den außenpolitischen Konzepten anderer Großmächte? All das kommt einem in den Sinn, wenn man bedenkt, daß die deutsche Frage das zentrale Problem des kalten Krieges in Europa war.

Der Versuch, die allgemeine Herangehensweise Stalins zu skizzieren, macht es erforderlich, einige Bemerkungen über ihn als Strategen zu verlieren. Alle, die seinen Lebensweg und seine politischen Aktivitäten erforscht haben, kommen zu dem Schluß, daß er ein schlechter Stratege war. Alle seine großen Entscheidungen, die den Charakter strategischer Wenden besaßen, führten zu beachtlichen Fehlern und Niederlagen. In der Innenpolitik betraf das die Entscheidung über die Kollektivierung der Landwirtschaft, von der sich das Land bis heute nicht erholt hat.

Das betraf seine der Komintern gegebene Orientierung hinsichtlich einer herannahenden Weltrevolution Ende der 20er Jahre.

Das betraf seine Fehlkalkulation hinsichtlich des Verhältnisses zu Hitlerdeutschland, die zur Unterschätzung der Gefahr des faschistischen Überfalls auf die Sowjetunion im Sommer 1941 führte und wofür das Volk mit gigantischen Opfern und Verlusten bezahlte.

Zu Stalins gravierenden Fehlern gehört auch das Herangehen an die deutsche Frage und alle daraus resultierenden Implikationen.

Die Ursachen seiner großen strategischen Fehlentscheidungen sind in erster Linie sein Dogmatismus, seine Überzeugung von der Richtigkeit der marxistisch-leninistischen Theorie und sein Glauben an die eigene Unfehlbarkeit. Dabei zeichnete sich Stalin durch eine große Hartnäckigkeit im Verfolgen eines einmal festgelegten Kurses aus. Er war bestrebt, seinen Willen anderen aufzuzwingen und die anvisierten Ziele durchzusetzen. Dabei nahm er auf Veränderungen der äußeren Umstände keine Rücksicht.

Die den Forschern zur Verfügung stehenden Dokumente erlauben den Schluß, daß Stalin höchstselbst die Hauptaufgaben der sowjetischen Politik in der deutschen Frage während der Zeit des Übergangs vom Krieg zum Frieden und in der Vorbereitungsphase der Potsdamer Konferenz skizzierte. Empfehlungen und vorbereitende Ausarbeitungen des Ministeriums für Auswärtige Angelegenheiten wurden dazu von ihm nicht angefordert. Er ignorierte die fortlaufenden und durchdachten Instruktionen der Sowjetischen Militäradministration (SMAD) in Deutschland. (Das erklärt auch, weshalb die Aktionen des Außenministeriums nicht mit der SMAD und auch umgekehrt nicht abgestimmt waren. Es dominierte eine gewisse Improvisation.)

Vor allem aber offenbarten die Gespräche mit der SED-Führung seine nur mangelhafte Kenntnis der tatsächlichen Lage in

Deutschland. Stalin erwies sich als unfähig, sein »Maximalprogramm« den konkreten historischen Entwicklungen anzugleichen oder in einem »Minimalprogramm« zu modifizieren. Stalin verfügte uneingeschränkt über die »Technologie der Macht«. Er war die unbestreitbare Autorität bei der Festlegung sowohl der Politik der UdSSR wie auch des Kurses der anderen sozialistischen Länder. Abweichler wurden gnadenlos bestraft.

Im Rahmen des von ihm geschaffenen Systems herrschte allerdings keine vorbildliche Ordnung. Der bürokratische Charakter dieses Systems ermöglichte den einzelnen Institutionen perspektivische Aktionen nach eigenem Ermessen in Angriff zu nehmen, besonders beim Fehlen von genauen und klaren Anweisungen. Dies ließ sich auch im Umgang mit der deutschen Frage beobachten.

Fußnoten

1 Eine erste Fassung des des Kapiteltextes erschien als »geringfügig überarbeitete und ergänzte Fassung eines Referates« von W. K. Wolkow in der »Zeitschrift für Geschichtswissenschaft«, 1/2000. Die hier vorliegende Fassung wurde auf der Grundlage des russischen Originals (des Buches von Wolkow) von mir neu übersetzt. Ein Textvergleich wurde nicht vorgenommen. *(Anmerkung des Hrsg.)*

2 W. Loth: Stalins ungeliebte Kind. Warum Moskau die DDR nicht wollte. Berlin 1994. Der Autor hat die englische Ausgabe benutzt: W. Loth: Stalin's unwanted child. The German question, and the founding of the GDR. London/New York 1998. Bemerkenswert ist der leicht veränderte Titel des Buches: anstatt »ungeliebtes Kind« im Original heißt es in der Übersetzung: »unerwünschtes Kind«.

3 N. Naimark: The Russians in Germany: A History of the Soviet Zone of Occupation. 1945-1949. Cambridge/London 1995

4 W. Pieck: Aufzeichnungen zur Deutschlandpolitik. 1945-1953. Hrsg. R. Badstübner/W. Loth, Berlin 1994

5 SVAG. Upravlenie propagandy (informacii) i S. I. Tjulpanov. 1945-1949. Sbornik dokumentov. Red. B. Bonveča, G. Bordjugova, N. Nejmarka. Moskau 1994. (dt. Ausgabe: B. Bonwetsch/G. Bordjugov/ M. N. Naimark (Hrsg.): Sowjetische Politik in der SBZ. 1945-1949. Dokumente zur Tätigkeit der Propagandaverwaltung (Informationsverwaltung) der SMAD unter Tulpanov. Bonn 1998.

6 Naimark, S. 468

7 Ohne das Ziel zu stellen, alle Arbeiten aufzuzählen, seien besonders die Arbeiten von A. M. Filitov genannt, der eine Reihe bemerkenswerter Untersuchungen publiziert hat, die sich auf Archivmaterial stützen, unter anderem: A. M. Filitov: Germanskij vopros: ot raskola k obedinenija. Novoe pročtenie. Moskau 1993; ders. Sovjetskij Sojuz i germanskij vopros v period pozdnego stalinizma (k voprocu o genezise »stalinskoj noty« 10. marta 1952 goda. In: Stalin i cholodnaja vojna. Red. A. O. Cubar'jan i dr., Moskau 1997, S. 315-349

8 A. B. Ulam: A Few Unresolved Mysteries about Stalin and Cold War in Europe: A Modest Agenda for Research. In: Journal for Cold War Studies, Vol. 1, Nr. 1, Winter 1999, S. 110-116

9 M. Narinsky: Stalin and the SED Leadership, 7 April 1952: »You must organize your own State«. In: Cold War International History Project Bulletin. Issue 4, Fall 1994, S. 34-35, 48

10 Siehe Fußnote 4

11 Die Zählung wurde auf der Grundlage des Teils der publizierten Materialien des Besucherbuches des Kreml-Kabinetts Stalins vorgenommen, der die Jahre 1944-1953 betrifft. Die ungefähre Zahl von 140 Treffen ergibt sich daraus, daß an manchen Tagen einige Leute Stalin zweimal besuchten. Wenngleich die genannte Zahl der optimalen nahekommt, kann es unbedeutende Abweichungen in der einen oder anderen Richtung geben. In diese Zahl wurden die Empfänge der chinesischen und der mongolischen Führer, ebenso die der Führer anderer kommunistischer Parteien sowie von Staatsmännern und Diplomaten nicht aufgenommen. Siehe: Posetiteli kremlevskogo kabineta I. V. Stalina. žurnaly (tetradi) zapisi lic, prinjatych pervym gensekom. 1924-1953. In: Istoričeskij archiv, 6/1994, 2,3,4,5-6/1995, 2,3,4,5-6/1996, 1/1997

12 Kunzewo – Stalins Wohnkomplex am Rande Moskaus. *(Anmerkung d. Hrsg.)*

13 Im Bestand W. M. Molotows, der sich im Präsidenten-Archiv befindet, gibt es ein sonderbares Dokument, das im Ministerium für Auswärtige Angelegenheiten der UdSSR über dessen Treffen mit jugoslawischen Vertretern in der Zeit vom Januar bis April 1947 angefertigt wurde. In diesem Papier wird festgestellt: »1) 27. Januar – W. M. Molotow mit Popovic. Das Gespräch wurde nicht protokolliert; 2) 14. Februar – W. M. Molotow mit Popović. Das Gespräch wurde nicht protokolliert; 3) 26. Februar – W. M. Molotow mit Popović. Das Gespräch wurde nicht protokolliert; 4) 2. April – W. M. Molotow mit Kardelj und Simić.. Das Gespräch wurde nicht protokolliert; 5) 23. April – W. M. Molotow mit Kardelj und Simic. Das Gesprächsprotokoll ist vorhanden (wird beigefügt)«. Siehe: AP RF, F. 56, Op. 1, D. 1374, L. 1. Es ist schwer vorstellbar, weshalb drei Gespräche mit dem jugoslawischen Botschafter in Moskau, V. Popović, und zwei Gespräche mit dem Leiter der jugoslawischen Delegation, E. Kardelj, nicht in Dokumenten des Außenministeriums wiedergegeben werden.

14 Im Besucherbuch war sein Name offenbar nicht deutlich geschrieben worden, und die Herausgeber lasen ihn als »Copotko«. Siehe: Istoričeskij archiv, 4/1996, S. 103

15 Gemeint ist hier N. N. Wolkow, der als Dolmetscher fungierte.

16 Im Besucherbuch war sein Name als »Kararkevi?« geschrieben. Gemeint war G. Ja. Korotkewitsch, der als Dolmetscher fungierte.

17 Naimark, S. 317; Loth: engl. Ausgabe S. 118 f., deutsche Ausgabe S. 158 f. Beide Autoren beziehen sich auf die Aufzeichnungen W. Piecks.

18 Nachdem im Besucherbuch seines Kabinetts der 2. September 1949 als Tag angegeben wurde, folgte bis zum 10. Dezember 1949 eine längere Pause. Siehe: Istoričeskij archiv, 5-6/1996, S. 60

19 AP RF, F. 45, Op. 1, D. 303, L. 1-187

20 SSSR i germanskij vopros. 1941-1949. Dokumenty iz Archiva vnešnej politiki Rossijskoj Federacii. V 2-ch t., Sost/avitel'/ G. P. Kynin i J. Laufer. Moskau 1996, tom 1, 22 ijunja 1941 g. – 8 maja 1945 g., Dok. 79, S. 333-360; Dok. 91, S. 419-449

21 Sovjetskij Sojuz na meždunarodnych konferencijach perioda Velikoj Otečestvennoj vojny. 1941-1945. Sbornik dokumentov. T. II, Tegeranskaja konferencija rukovoditelej trech sojuznych deržav– SSSR, SšA i Velikobritanii (28 nojabrja – 1 dekabrja 1943 g.). Moskau 1978, Dok. 62, S. 167

22 Ebd., T. IV, Krymskaja konferencija rukovoditelej trech sojuznych deržav – SSSR, SšA i Velikobritanii (4 – 11 febralja 1945 g.). Moskau 1979, Dok. 8, S. 87; Dok. 9, S. 108-110; Dok. 10, S. 117 u. 127; Dok. 28, S. 277

23 Ebd., Dok. 6, S. 64 f. u. 69

24 Da die deutsche Ausgabe der Dimitroff-Tagebücher für die Jahre von 1943 bis 1949 noch nicht vorliegt, entsprechen die Seitenangaben der bulgarischen Ausgabe, die W. K. Wolkow benutzt hat: G. Dimitrov: Dnevnik (9 mart 1933 – 6 februari 1949). Sofia 1997, S. 481 (Anm. des Hrsg.) Dieser sehr kurze Eintrag verdeutlicht den Stil des Tagebuchs. Dimitroff war selbstverständlich über die Ankunft der deutschen Delegation informiert. Allein die Erwähnung Ulbrichts bedeutet am ehesten, daß dieser Dimitroff sofort nach der Ankunft in Moskau aufsuchte, bereits vor dem ersten Treffens der Delegation mit Stalin, das am Abend desselben Tages stattfand.

25 Wie ersichtlich, wurde die Idee der Vereinigung der KPD mit anderen Parteien, vor allem mit der sozialdemokratischen Partei, bereits zu jener Zeit erörtert. Sie wurde sodann in Gestalt der Bildung der Sozialistischen Einheitspartei Deutschlands im April 1946 verwirklicht.

26 Dimitrov, Dnevnik, S. 481

27 In der ersten Tageshälfte des 7. Juni 1945 besuchte ein Teil der deutschen Delegation G. Dimitroff im ZK der KPdSU, worüber eine kurze Notiz in seinem Tagebuch Auskunft gibt: »Beratung in der Abteilung durchgeführt, auf der Ackermann, Ulbricht und Sobottka Informationen über Deutschland gaben (sowjetische Zone).« Ebd., S. 481

28 Ebd., S. 481 f. Der von Dimitroff und den Mitgliedern der deutschen Delegation überarbeitete Text des Aufrufs der KPD wurde am folgenden Tag von Stalin gebilligt.

29 Komintern i Vtoraja mirovaja vojna. Red. K. M. Anderson, A. O. Tschubar'jan. II: Posle 22 ijunja 1941 g., Moskau 1998

30 B. Bonwetsch/G. Bordjugov: Stalin und die SBZ: Ein Besuch der SED-Führung in Moskau vom 30. Januar – 7. Februar 1947. In: Vierteljahrshefte f. Zeitgeschichte, 3/1994, S. 279-303

31 AP RF, F. 45, Op. 1, D. 303, L. 7. Die Bemerkungen Stalins stehen in der Niederschrift W. Semjonows in Klammern.

32 Ebd., L. 8-11

33 Ebd., L. 19

34 Abkürzung für »Kommunistisches Informationsbüro«, dem die kommunistischen Parteien folgender Länder angehörten: Bulgariens, Frankreichs, Italiens, Jugoslawiens, Polens, Rumäniens, der Sowjetunion, der Tschechoslowakei, Ungarns. *(Anmerkung d. Hrsg.)*

35 Die unter kommunistischer Führung stehende politische und militärische Bewegung EAM-ELAS in Grie-

chenland, die im Kampf gegen die faschistische Okkupation entstanden war, verfolgte nach der Befreiung weiterhin revolutionäre Ziele, was den militärischen Widerstand britischer und sodann amerikanischer Truppen hervorrief, die im Lande präsent waren. Diese Strategie entsprach nicht den Intentionen Stalins und erlitt aufgrund der internationalen Kräftekonstellation, die Stalin respektierte, 1949 eine Niederlage. *(Anmerkung d. Hrsg.)*

36 Auf der zweiten Tagung des Kominformbüros wurde den jugoslawischen Kommunisten Revisionismus vorgeworfen. Die faktische Ursache des Konflikts, der zum Ausschluß der KP Jugoslawiens aus dem Kominformbüro führte, bestand weniger in ideologischen Meinungsverschiedenheiten als im Anspruch der Jugoslawen unter Tito auf Gleichberechtigung ihres Landes mit der UdSSR und ihrer Partei mit der KPdSU. Die Partei nahm in der Folge den Namen »Bund der Kommunisten Jugoslawiens« (BdKJ) an. – Anm. des Hrsg.

37 AP RF, F. 45, Op. 1, D. 303, L. 24

38 Ebd., L. 31

39 Ebd., L. 32

40 Ebd., L. 34

41 Ebd., L. 44 f.

42 Ebd., L. 46 f.

43 Ebd., L. 47 f.

44 Sovjetskij Sojuz i berlinskij vopros. Dokumenty. Moskau 1948; Vyp. 2, Moskau 1949

45 Dieser Auffassung ist auch Loth , engl. Ausgabe S. 84-92, deutsche Ausgabe S. 122 ff.

46 AP RF, F. 45, Op. 1, D. 303, L. 56

47 Ebd., L. 57

48 Ebd., L. 58. (Es ist anzunehmen, daß dieser Nachweis für eine von Stalin favorisierte Taktik des trojanischen Pferdes den Verdacht etwa gegen Herbert Wehner [1906-1990] erneuern wird. Der Dresdner hatte 1930/31 für die KPD im Sächsischen Landtag gesessen. Seit 1932 war er enger Mitarbeiter Thälmanns, danach hatte er illegal gegen die Nazis gekämpft. Ab 1937 war er in Moskau für die Komintern tätig. 1942 verurteilte ihn ein Gericht in Schweden. Wegen angeblichen Verrats schloß die KPD Wehner aus der Partei aus. 1946 kehrte er nach Deutschland zurück, trat der SPD bei und gehörte bald zum engsten Kreis um Kurt Schumacher. Seit Ende der 50er Jahre gehörte Herbert Wehner zu den maßgeblichen Politikern der Bundesrepublik, er engagierte sich für die Ostpolitik der sozialliberalen Koalition. Dennoch oder gerade deshalb begleitete ihn, selbst über den Tod hinaus, der Vorwurf, er sei ein verkappter Kommunist. – *Anmerkung d. Hrsg.)*

49 Gemeint sind Großbauern. – *Anm. des Hrsg.*

50 AP RF, F. 45, Op. 1, D. 303, L. 61 f.

51 Ebd., L. 62

52 Ebd., L. 63 f.

53 SMAD – Sowjetische Militäradministration in Deutschland. *(Anmerkung d. Hrsg.)*

54 AP RF, F. 45, Op. 1, D. 303, L. 72

55 Im russischen Text des Verfassers in der Einzahl! *(Anmerkung d. Hrsg.)*

56 AP RF, F. 45, Op. 1, D. 303, L. 74

56a diesem Zusammenhang wird klar, daß man in der UdSSR und der Sowjetzone nicht unvorbereitet auf die Gründung des westdeutschen Separatstaates BRD reagierte, sondern selbst auch entsprechende Vorbereitungen getroffen hatte. Politik muß auch stets verschiedene Optionen für die Zukunft entwickeln – was hier zweifellos geschah. Denn Stalin hatte sich noch längst nicht von seiner eigentlichen Strategie verabschiedet. Hier allein muß berücksichtigt werden, daß auf der westlichen Seite zügig an der Vorgabe der drei Militärgouverneure gearbeitet wurde, bis Ende 1948 die Staatsbildung abzuschließen. Der Parlamentarische Rat – die Versammlung der elf Ministerpräsidenten – hatte sich noch im Frühjahr reserviert gegenüber dieser Idee gezeigt. Den von den Westmächten gewünschten Durchbruch erzielte am 21./22. Juli 1948 Ernst Reuter (SPD). Der Berliner Bürgermeister, ein Mann der Amerikaner, hatte auf der Sitzung im Jagdschloß Niederwald bei Rüdesheim den Rat durch eine flammende Rede umgestimmt. Der Parlamentarische Rat berief daraufhin eine Kommission mit 30 Mitgliedern – die Justizminister aus den Ländern, Staatsrechtler und Beamte –, welche eine Verfassung für einen westdeutschen Separatstaat ausarbeiten sollten. Dieser Verfassungskonvent hatte, als die SED-Spitze mit Stalin in der Vorweihnachtswoche 1948 zusammentraf, bereits zweimal getagt. In diesem Kontext noch eine Bemerkung zu Reuter: Dieser war 1921 Generalsekretär der KPD gewesen und 1922 aus der Partei ausgeschlossen worden. Daraufhin wurde er zum erklärten Antikommunisten. Moskau verzieh ihm das nie. Durch Veto im Alliierten Kontrollrat verhinderte Stalin, daß der 1947 zum Oberbürgermeister von Berlin gewählte Reuter sein Amt antreten konnte. *(Anmerkung d. Hrsg.)*

57 Ebd., L. 75

58 Im Text der Notiz erscheint das Wort im Singular, was ein Druckfehler ist.

59 AP RF, F. 45, Op. 1, D. 303, L. 77

60 Ebd., L. 112
61 Ebd., L. 123
62 Ebd., L. 125
63 Ebd., L. 127
64 Ebd., L. 127 f.
65 Ebd., L. 133-135
66 An der Beratung nahmen die UdSSR, die DDR, Polen, die Tschechoslowakei, Ungarn, Rumänien, Bulgarien und Albanien teil.
67 Prawda, 22. Oktober 1950
68 AP RF, F. 45, Op. 1, D. 303, L. 147-149
69 Ebd., L. 149 f.
70 Ebd., L. 150
71 Ebd., L. 168
72 Diese Episode wie auch die erwähnten Zahlen sind auch in den Aufzeichnungen W. Piecks zur Deutschlandpolitik vermerkt; a. a. O., S. 396 f.
73 AP RF, F. 45, Op. 1, D. 303, L. 168 f.
74 Siehe Anm. 9 (Publikation Narinskys)
75 AP RF, F. 45, Op. 1, D. 303, L. 179
76 Siehe Anm. 49
77 AP RF, F. 45, Op. 1, D. 303, L. 182
78 Ebd., L. 183 f.
79 Ebd., L. 184
80 Ebd., L. 187

V. Die Sowjetunion und die Länder des »sozialistischen Lagers«: Die Entstalinisierung »der internationalen Beziehungen neuen Typs« (1955-1957)

Die Entstalinisierung, die in der Sowjetunion gleich nach dem Tode des Diktators 1953 begann, hatte eine innere und eine äußere Dimension. Der Titel einer Erzählung Ilja Ehrenburgs (»Tauwetter«) gab dieser Periode ihren Namen. Der Schriftsteller hatte die ersten Anzeichen des politischen Wandels wahrgenommen und literarisch verarbeitet. Die Erzählung erschien in der Mai-Nummer der Zeitschrift »Snamja« – 14 Monate nach Stalins Tod und anderthalb Jahre vor dem XX. Parteitag der KPdSU und dem Referat Nikita Chruschtschows »Über den Personenkult und seine Folgen«[1].

»Tauwetter«

Dieser Begriff ging in die Umgangssprache ein und bezeichnete eine ganze Reihe von Faktoren und Erscheinungen der Innen- und Außenpolitik.

Bereits im Frühjahr 1953 wurde die antisemitische »Sache der Kreml-Ärzte« abgebrochen. Den Medizinern jüdischer Herkunft war vorgeworfen worden, Führungspersönlichkeiten vergiften zu wollen. Die Verhafteten wurden rehabilitiert und aus der Haft entlassen. Im Juni 1953 wurde der Innen- und Staatssicherheitsminister Lawrentij Berija verhaftet, der der Vorbereitung eines Staatsstreiches beschuldigt wurde und dem man die Verantwortung für die blutigen Verbrechen in der Stalin-Zeit zuschrieb. Marschall Berija gehörte seit 1946 dem Politbüro an und war Stellvertretender Ministerpräsident. Als Nachfolger des Volkskommissars für Inneres und Staatssicherheit Jeshow beendete er 1939 offiziell die »Tschistka« und organisierte das stalinistische Terrorsystem neu. Sein Sturz im Juni 1953 und die nachfolgende Erschießung am 23. Dezember 1953 waren jedoch mehr Ausdruck eines Machtkampfes im inneren Parteizirkel denn Ausdruck eines moralischen Aufbruchs. Die Staatssicherheit wurde unter Parteikontrolle genommen.

Obgleich keine Wiederherstellung von Recht und Gesetz erfolgte, gab es in der sowjetischen Gesellschaft eine Reihe positiver Veränderungen. So wurden beispielsweise die drückendsten Zwangsabgaben der Bauern abgeschafft, die Produktion von Massenkonsumgütern lief an, die Kultur begann ihre dogmatischen Fesseln zu lockern.

Veränderungen vollzogen sich auch in der Außenpolitik. Die Nachfolger Stalins hatten ein schweres Erbe angetreten: der heiße Krieg in Korea, der Konflikt mit Jugoslawien sowie die deutsche Frage. Moskau begann sofort aktiv zu werden. Es begannen Verhandlungen in der Koreafrage, die am 27. Juli 1953 mit der Unterzeichnung des Waffenstillstandsvertrages abgeschlossen wurden und den dreijährigen Krieg beendeten. Korea ist seither am 38. Breitengrad in ein Nord- und ein Südkorea geteilt.

Moskau schaffte die Sowjetische Kontrollkommission in Deutschland ab und schränkte die Befugnisse des dortigen Obersten Kommissars der UdSSR im Mai 1953 ein. Diese Versuche zur Lösung des Problems wurden jedoch durch die Massenbewegung des Volkes am 17. Juni 1953 in Berlin und einigen anderen Städten der DDR in den Hintergrund gedrängt.

Die Ereignisse dort waren keineswegs singulär. Fast gleichzeitig gab es Arbeiterunruhen in einigen Industriezentren der Tschechoslowakei. Und auch in Ungarn rumorte es. Vom 13. zum 16. Juni 1953 wurde die Führung der ungarischen KP nach Moskau einbestellt. Mátyás Rákosi, seit 1945 Generalsekretär und seit dem Vorjahr Ministerpräsident in Budapest, wurde scharf kritisiert und als Premierminister abgelöst. Imre Nagy folgte ihm nach.

Neben den Verhandlungen mit der ungarischen Führung fanden Anfang Juni 1953 auch Treffen mit den Führern der DDR und anderer Länder des »sozialistischen Lagers« statt. Hauptthema dieser Gipfelgespräche: Abbau der innenpolitischen Spannungen. Dazu sollten die exorbitanten Anstrengungen beim Aufbau nationaler Schwerindustrien reduziert und die freiwerdenden Mittel zur

Verbessung der Lebensbedingungen eingesetzt werden. Das hieß damals *Steigerung der Produktion von Massenbedarfsgütern.* Moskau verordnete eine größere Aufmerksamkeit gegenüber den Entwicklungsproblemen der Landwirtschaft, d. h. man trat bei der Zwangskollektivierung auf die Bremse.

Alle diese Konsultationen verliefen nach altem Muster: Der Lehrer erteilte seinen ungehorsamen Schülern Weisung. Allerdings gab es auch neue Aspekte.

Das »Tauwetter« in der Sowjetunion markierte den Beginn einer langsamen, aber unausweichlichen Evolution des harten totalitären Stalinschen Systems. Es sollte durch ein autoritäres administratives Kommandosystem ersetzt werden, in dem die entscheidenden Elemente des kommunistischen Machtmechanismus – Einparteiensystem, Ideologiemonopol, Staatseigentum, Allmacht der Staatssicherheit – beibehalten wurden. Dieser Prozeß verlief mal rascher, mal langsamer, mitunter war er sogar rückläufig. Es gab Flut und Ebbe. Die größte Bewegung fand in der Zeit des XX. Parteitages der KPdSU 1956 statt, als Chruschtschow mit dem Personenkult um Stalin, aber keineswegs mit dem Stalinismus abrechnete.

Im wesentlichen passierten die Veränderungen zwischen 1955 und 1957. Sie hatte sowohl innere Ausdrucksformen wie auch außenpolitische Konsequenzen, besonders für die Beziehungen der UdSSR zu den anderen Ländern des »sozialistischen Lagers«. Vor allem spielten drei große Ereignisse eine besondere Rolle, die bestimmend in diesem Prozeß wurden – so die Normalisierung der Beziehungen mit Jugoslawien im Jahre 1955, das Referat Chruschtschows auf dem XX. Parteitag der KPdSU und die Ereignisse in Ungarn im Herbst 1956. Sie führten zur Herausbildung jener Formen der Beziehungen der Sowjetunion zu den Ländern des »sozialistischen Lagers«, die bis zum Ende der kommunistischen Ordnungen und des Warschauer Paktes praktiziert wurden.

Deshalb stellt die Periode von 1955 bis 1957 eine historische Zäsur dar, die eine besondere Untersuchung verdient.

Die Normalisierung der Beziehungen mit Jugoslawien

Nach dem Tod Stalins sandte der sowjetische Militärattaché in Schweden, Oberst Tschumak, am 19. April 1953 dem ZK der KPdSU einen Brief. Darin erklärte der Militär, daß die Veränderung der sowjetischen Position im Verhältnis zu Jugoslawien zweckmäßig wäre. Er konstatierte vorsichtig, daß die »Taktik des direkten Angriffs keinen Erfolg brachte«. Die Fortsetzung der alten Methoden würde bedeuten, auf der Stelle zu treten. Deshalb solle die »Möglichkeit des Übergangs zu einer Taktik der Wiederherstellung unserer Positionen in diesem Lande« in Betracht gezogen werden, also die Wiederherstellung des Apparates der sowjetischen Botschaft, der Handelsvertretung, der Vertretungen von Medien der Masseninformation usw., und zwar in vollem Umfange.[2]

In einem Zusatz vom 23. April 1953 erklärte Tschumak seine Initiative damit, daß er das Land kenne, weil er zweimal – vor dem Kriege und danach – in Jugoslawien tätig und während des Krieges mit den jugoslawischen Problemen beschäftigt gewesen sei.[3]

Daß im Brief jegliche Überlegungen fehlen, auf der Grundlage welcher Prinzipien eine solche Wende in der Politik vollzogen werden sollte, zeugt wahrscheinlich von der Zurückhaltung des Briefeschreibers – er wußte nicht, wie man in Moskau, wenige Wochen nach Stalins Tod, darauf reagieren würde.

Tschumak rannte jedoch bereits geöffnete Türen ein. Die sowjetischen Führung hielt es auch für notwendig, die Beziehungen zu normalisieren. Die äußeren Aspekte dieser Vorgänge wurden entsprechend dem zeitlichen Ablauf der Ereignisse in der wissenschaftlichen Literatur in allgemeinen Zügen schon beleuchtet.[4]

Am 29. April 1953 empfing – nach einer langen Unterbrechung – Molotow erstmals wieder den jugoslawischen Bevollmächtigten Djuriš und erneut am 6. Juni 1953. Bei ihrer zweiten Begegnung fragte Molotow nach dem Austausch von Botschaftern. Dieser Vorschlag wurde umgehend von der jugoslawischen Seite angenommen. Noch im selben Jahr nahmen die neuen Botschafter ihre Tätigkeit auf. Am Vorabend der Überreichung des Beglaubigungsschreibens an den Präsidenten Jugoslawiens durch den sowjetischen Botschafter Walkow hatte das Präsidium des ZK der KPdSU eine vom Außenministerium vorbereitete Anweisung an den Botschafter bestätigt. Sie lautete: »Im Falle eines Gesprächs mit Tito nach der Überreichung des Beglaubigungsschreibens an ihn hören Sie sich an, was er sagt, und Ihrerseits sagen Sie, daß Ihre Tätigkeit als Botschafter der UdSSR auf die Festigung der Freundschaft zwischen den Völkern der UdSSR und der Sozialistischen Föderativen Republik Jugoslawien und auf die Entwicklung unserer staatlichen Beziehungen im Interesse des Friedens und der internationalen Zusammenarbeit gerichtet sein wird.«

Sollte Tito Fragen oder Wünsche an den Botschafter richten, so sollte sich dieser jeglicher Erklärung enthalten und lediglich antworten, daß er darüber die sowjetische Regierung unterrichten werde.[5]

Diese Zurückhaltung läßt die Vermutung aufkommen, daß man sich in Moskau nicht völlig sicher war, wie die jugoslawische Reaktion ausfallen würde.

Obwohl die ersten Zweifel rasch verflogen, wovon die Tätigkeit des jugoslawischen Botschafters Vidić in Moskau zeugte, blieb dennoch eine gewisse Unsicherheit bestehen. Im Gespräch mit dem Leiter der IV. Europäischen Abteilung des Außenministeriums, Simjanin, am 10. November 1953 äußerte Vidić die Hoffnung auf eine weitere Entwicklung der Beziehungen zwischen der UdSSR und Jugoslawien, aber auch mit anderen Volksdemokratien. Zwar stimmte Simjanin dem im Prinzip zu, doch er wies zugleich darauf hin, daß einige Erklärungen jugoslawischer Führer wie auch die Mitgliedschaft Jugoslawiens im Balkan-Pakt[6] kaum geeignet seien, die Beziehungen zu verbessern.

Offenbar war der Botschafter auf diese Frage vorbereitet, da er sofort eine Gegenargumentation vorbrachte. Was die Einschätzung des Paktes betreffe, so der Boschafter, müsse man in Betracht ziehen, daß dieser lange vor der Erklärung von Ministerpräsident Georgi Malenkow im Obersten Sowjet[7] abgeschlossen wurde. Zweitens habe Jugoslawien in der damaligen Situation einfach keine andere Wahl gehabt. Schließlich, so versicherte der Botschafter, könne der Pakt, solange Jugoslawien ihm angehöre, nicht gegen die UdSSR und die anderen Volksdemokratien ausgenutzt werden. Der Borschafter stellte zudem heraus, daß Jugoslawien nicht der NATO beigetreten sei, obwohl man es stark unter Druck gesetzt habe. Die Argumente des Botschafters machten Eindruck auf Simjanin. Man müsse, so Simjanin, darüber nachdenken; doch wiederholte er, daß in bezug auf den Balkan-Pakt die Einschätzungen beider Seiten auseinandergingen.[8]

Was die ideologischen Meinungsverschiedenheiten anbelangte, so brachte die zweite Hälfte des Jahres 1953 eine unerwartete Wende. In jener Zeit publizierte Milovan Djilas, einst Führer des Partisanenkampfes in Montenegro und jetzt Vizepräsident Jugoslawiens, eine Reihe von Artikeln zu prinzipiellen Fragen des sozialistischen Aufbaus. Seine Ansichten waren nicht nur für die

Moskauer Orthodoxen unannehmbar, sondern auch für die jugoslawische Führung, die sie Mitte Januar 1954 als Ausdruck kleinbürgerlich-anarchistischer Tendenzen verurteilte.[9] Djilas wurde aus dem Politbüro, dem er seit 1940 angehörte, ausgeschlossen und verlor auch sein Regierungsamt. Bis zu seiner Begnadigung 1966 war er fast ununterbrochen inhaftiert.

Der Fall Djilas wurde ohne Zweifel in Moskau aufmerksam verfolgt. Offenbar nicht zufällig nahm das Präsidium des ZK der KPdSU am 8. Februar 1954 den Beschluß »Über die Wiederaufnahme der Wirtschaftsbeziehungen und der kulturellen Verbindungen zwischen der UdSSR und Jugoslawien« an. Der kurze Text des Beschlusses ging jedoch über den Rahmen des Titels hinaus. Er lautete: »Die Genossen Suslow, Sorin und Kusnezow beauftragen, in der Frist von fünf Tagen auf der Grundlage des Meinungsaustausches in der Sitzung des Präsidiums des ZK Vorschläge zur jugoslawischen Frage vorzulegen«.[10]

Hinweise auf die Tätigkeit dieser Kommission konnten im Archiv des Präsidenten der Russischen Föderation nicht ausfindig gemacht werden.

Dennoch bleibt es belegte Tatsache: Damit ging die Initiative zur Normalisierung der Beziehungen vom Außenministerium auf den Parteiapparat über.

Ein wichtiger Meilenstein auf diesem Wege war ein von Nikita Chruschtschow unterschriebener Brief des ZK der KPdSU an die Adresse der kommunistischen und Arbeiterparteien, die dem Kominformbüro angehörten. (Das Informationsbüro der kommunistischen und Arbeiterparteien war 1947 gegründet worden und saß bis 1948 in Belgrad, danach – bis zu seiner Auflösung 1956 – in Bukarest. Ihm gehörten die kommunistischen Parteien Bulgariens, Frankreichs, Italiens, Polens, der Sowjetunion, der Tschechoslowakei, Rumäniens und Ungarns an.) Das Moskauer Schreiben vom 4. Juni 1954 ging auch an die Parteiführungen Chinas, der DDR und Albaniens. Es war im Geiste des kommunistischen Fundamentalismus verfaßt und enthielt eine Vielzahl innerer Widersprüche. So wurde zum einen festgestellt, daß der 1948 vollzogene Bruch der Beziehungen sowohl der Arbeiterklasse und dem Volke Jugoslawiens wie auch dem Lager des Friedens und des Sozialismus ernsthaften Schaden zugefügt habe, was gewiß zutraf. Zum anderen hätten nach diesem Bruch die regierenden Kreise Jugoslawiens sich den USA und Englands angenähert, ein militärisch-politisches Abkommen mit der Türkei und Griechenland abgeschlossen und dem Kapitalismus in der Innenpolitik eine Reihe schwerwiegender Zugeständnisse gemacht.

Bei der Erörterung der Fehler der KP Jugoslawiens im Jahre 1948, so räumte Moskau zwar selbstkritisch ein, habe man nicht alle Möglichkeiten genutzt. Aber dennoch sei die Kritik richtig gewesen. Jetzt sei es erforderlich, nochmals die Umstände zu untersuchen, die zum Bruch geführt hätten, insbesondere die Rolle des »Agenten des internationalen Imperialismus Berija«. Man müsse auch die Erklärung einiger jugoslawischer Führer über den Wunsch in Betracht ziehen, die Beziehungen Jugoslawiens zu den Ländern des demokratischen Lagers wiederherzustellen und zu verbessern. Deshalb sei das ZK der KPdSU zu dem Schluß gelangt, daß es notwendig sei, noch einmal zu prüfen, worin die tatsächlichen Positionen des ZK des BdKJ in den Grundfragen der Innen- und Außenpolitik bestehen. Den endgültigen Übergang Jugoslawiens in das Lager des Imperialismus zu verhindern und seine Rückkehr in das demokratische Lager würden einen beträchtlichen Sieg der kommunistischen Bewegung darstellen. Deshalb sei es zweckmäßig, Kontakt zur Führung des BdKJ herzustellen. Die beste Form wäre – nach einer entsprechenden Sondierung – ein Treffen eines Vertreters des ZK der KPdSU mit Tito. Der Briefe endete mit den Worten: »Wir möchten Ihre Meinung erfahren.«[11]

Von allen Befragten trafen bald Antworten ein. Wie zu erwarten, antworteten alle zustimmend. Generell handelte es sich um kurze Reaktionen mit einer nachdrücklichen Billigung.[12]

Zwei Antwortschreiben – das chinesische und das albanische – waren ein wenig umfangreicher. In dem von Mao Tse-tung unterschriebenen Brief wurde angemahnt, in Rechnung zu stellen, daß die jugoslawischen Führer bei ihren Beziehungen zum imperialistischen Lager sehr weit gegangen seien, und daß sie die Kontakte ablehnen oder unannehmbare Forderungen erheben könnten, was sie allerdings entlarven würde.[13] In dem von Enver Hodscha unterzeichneten Brief aus Tirana wurden die von der KPdSU angeführten Schritte als »völlig richtig« eingeschätzt. Die in der Vergangenheit eingenommene Position der kommunistischen und Arbeiterparteien zu den jugoslawischen Führern sei richtig gewesen – sie hätten den Marxismus-Leninismus verraten und das Volk sowie ihre Heimat auf den Weg der Versklavung durch den anglo-amerikanischen Imperialismus geführt. Die albanische Führung begrüße die Idee, die Völker Jugoslawiens zu retten und sie in den Schoß des Lagers des Sozialismus und der Demokratie zurückzuführen.[14]

Ende Juni 1954 schickte das ZK der KPdSU der jugoslawischen Führung einen Brief, der eine rege Korrespondenz zwischen Moskau und Belgrad auslöste. Beide Seiten legten dabei eine große Zurückhaltung bei ihren Formulierungen an den Tag.

Der Schriftwechsel führte zu einer spürbaren Verbesserung der Beziehungen und milderte die Reaktion auf den Abschluß des Vertrags zwischen Jugoslawien, der Türkei und Griechenland.

Bemerkenswert war die Position der albanischen Führung. Gegenüber dem sowjetischen Botschafter in Tirana erklärte man, daß der Vertrag sich gegen Albanien richte, und fragte, wie man darauf reagieren solle. Tirana sandte zudem an die UNO eine Erklärung, in der Albaniens Führung auf den vermeintlich aggressiven Charakter dieses Vertrages hinwies, der eine Gefahr für Frieden und Sicherheit auf dem Balkan darstelle. Außerdem kündigte sie an, der jugoslawischen Regierung eine Note zu überreichen, in der festgestellt werden sollte, daß dieser Vertrag den albanisch-jugoslawischen Beziehungen Schaden zufügen würde.[15]

Die sowjetische Reaktion erfolgte sofort. Am 7. August 1954, das heißt zwei Tage vor dem geplanten Abschluß des Vertrages in Bled, faßte das Präsidium des ZK der KPdSU den Beschluß, dem Vorschlag des Außenministeriums der UdSSR zuzustimmen und den albanischen Freunden zu empfehlen, sich jeglicher Aktionen im Zusammenhang mit der Unterzeichnung des Balkanbundes zu enthalten.[16] Infolge dessen vollzog sich die Unterzeichnung des Vertrages von Bled scheinbar ohne besondere Beachtung durch die Länder Osteuropas.

Gegen Ende 1954 hatten sich die sowjetisch-jugoslawischen Beziehungen deutlich verbessert. Die feindliche Propaganda wurde eingestellt. Bei seiner Rückkehr aus Belgrad hatte im Oktober/November 1954 Botschafter Vidić Treffen mit allen sowjetischen Führern (Chruschtschow, Malenkow, Molotow, Bulganin) wie auch mit einer Reihe anderer namhafter Funktionäre. In diesen Gesprächen nannten einige von ihnen Tito einen »Genossen« (z. B. Kulturminister Alexandrow und Saburow)[17], was nach sowjetischem Verständnis bedeutete, daß Tito noch als Kommunist galt.

Erstmals wurde – auf jugoslawische Initiative – vom Austausch von Parlamentsdelegationen gesprochen. Die Frage der Beziehungen zu Jugoslawien wurde mehrfach in den Sitzungen des Präsidiums des ZK der KPdSU erörtert.

Im Frühjahr 1955 hielt die sowjetische Führung die Zeit für ein Treffen mit den jugoslawischen Führern für gekommen. Die jugoslawische Führung antwortete zustimmend, und am 14. Mai 1955 wurde in Moskau und Belgrad gleichzeitig die Mitteilung über den Besuch einer sowjetischen Regierungsdelegation in Jugoslawien veröffentlicht. In jener Zeit wurde vom Außenministerium eine Reihe von Dokumenten für die bevorstehenden Verhandlungen vorbereitet, darunter gemeinsame Erklärungen der Regierungsdelegationen und der Delegationen des ZK der KPdSU und des ZK des BdKJ sowie ein Vertrag über Freundschaft und Zusammenarbeit zwischen der UdSSR und der Sozialistischen Föderativen Republik Jugoslawien.[18]

Es wurde ferner ein Brief an jene kommunistischen und Arbeiterparteien geschickt, die an der Arbeit des Kominformbüros beteiligt waren.[19] Darin wurde vorgeschlagen, die Beschuldigungen an die Adresse der jugoslawischen Führer, die in der Resolution des Kominformbüros von 1949 enthalten waren (»die KP Jugoslawiens in den Händen von Mördern und Spionen«) als unbegründet zurückzunehmen. Wenn sich alle Seiten für diesen Vorschlag aussprächen, werde er als vom Kominformbüro angenommen gelten. Eine entsprechende Mitteilung sei in der Zeitung »Für dauerhaften Frieden und Volksdemokratie«[20] zu veröffentlichen. Der Text der Mitteilung war bereits beigefügt. Am selben Tage, am 23. Mai 1955, wurden Briefe mit einem ähnlichen Inhalt, die allerdings kürzer waren, mit der Unterschrift Chruschtschows nach Peking, Berlin und Tirana abgeschickt.[21] In allen diesen Briefen wurde allerdings das Fortbestehen von ideologischen Meinungsverschiedenheiten zwischen der KPdSU und dem BdKJ erwähnt.

Am 24. Mai 1955 bestätigte das Präsidium des ZK der KPdSU die Direktive für die sowjetische Verhandlungsdelegation mit den führenden jugoslawischen Politikern. Darin wurde vorgeschlagen, in einem gemeinsamen Kommunique zu erklären, daß die »Beziehungen zwischen den Staaten sich gründen müssen auf die Prinzipien der Gleichberechtigung, des gegenseitigen Vorteils und der friedlichen Koexistenz, auf Nichteinmischung in die inneren Angelegenheiten, des Nichtangriffs und der Anerkennung der Unzulässigkeit von Anschlägen auf die territoriale Integrität anderer Staaten, auf die Achtung der Souveränität und der nationalen Unabhängigkeit«.[22] Die Einhaltung dieser Prinzipien, so hieß es in der

Direktive, gewährleiste die Entwicklung der Beziehungen zwischen der UdSSR und Jugoslawien im Geiste freundschaftlicher Zusammenarbeit.[23]

Während der Verhandlungen sollte auch die Frage nach dem Vertrag über Freundschaft, gegenseitige Hilfe und Zusammenarbeit, der am 11. April 1945 zwischen der UdSSR und Jugoslawien abgeschlossen worden war, aufgeworfen werden. Bekanntlich hatte die sowjetische Regierung nach dem Abbruch der Beziehungen am 28. September 1949 erklärt, daß sie sich von den Verpflichtungen, die dieser Vertrag enthielt, entbunden sehe. Die Moskauer Delegation sollte vorschlagen, diese Erklärung zurückzunehmen und über die Frage der Reaktivierung dieses Vertrages zu entscheiden. Es sollten diplomatische Formen seiner Reanimation in Aussicht gestellt werden. Sollte die jugoslawische Seite die Frage nach der Zweckmäßigkeit des Abschlusses eines neuen Vertrages stellen, so sollte für diesen Fall ein entsprechender Entwurf vorbereitet werden, der dann als Grundlage dienen sollte.

Die Direktive enthielt auch einen Vorschlag über kulturelle Zusammenarbeit und über die Lösung anderer herangereifter Probleme. Am konkretesten war die Frage nach der Entwicklung und Verstärkung der ökonomischen Beziehungen dargelegt. Der Delegation wurde vorgeschlagen zu erklären, daß »bei aufrichtigen und gänzlich freundschaftlichen Beziehungen die Sowjetunion Jugoslawien umfassende ökonomische Hilfe leisten wird«.

Es sei auch zu klären, welche Hilfe die Jugoslawen für den Fall benötigten, daß sie ihre ökonomische Abhängigkeit von den USA verringerten oder sogar beendeten.

Vorgesehen war, die Verschuldung Jugoslawiens gegenüber der Sowjetunion zu erörtern, einen Kredit zu gewähren und Industrieausrüstungen gleichfalls auf Kreditbasis zu liefern. Vorgeschlagen werden sollte auch der Austausch von Wirtschaftsdelegationen und der Abschluß eines Handelsabkommens. Für den Fall, daß Jugoslawien sich interessiert zeige, sollte die sowjetische Delegation erklären, daß Moskau ihren Wunsch nach Aufnahme in den Rat für Gegenseitige Wirtschaftshilfe (RGW) unterstützen würde. Mit anderen Worten: Die in der Direktive skizzierten Vorschläge sahen die Rückkehr und gänzliche Einbindung Jugoslawiens in das sozialistische Lager vor.[24]

Die Mitglieder der Delegation hatten kaum die Illusion, daß nach sieben Jahren des Bruches und der Sonderentwicklung Jugoslawiens derartige Ziele in vollem Umfang realisierbar wären und waren sich klar darüber, daß vertragliche Vereinbarungen erst nach einem längeren Anlauf erreicht werden könnten. Der maximalistische Charakter der Direktive sollte eher dazu dienen, die Delegationsmitglieder vor einer möglichen Kritik von Seiten der kommunistischen Fundamentalisten in der sowjetischen Führung selbst in Schutz zu nehmen.

Während der Verhandlungen, die vom 27. Mai bis zum 2. Juni 1955 dauerten, befand sich die sowjetische Delegation in einer für sie ungewöhnlichen Lage. Die jugoslawische Seite vertrat nachdrücklich ihre Positionen und orientierte auf die Normalisierung der zwischenstaatlichen Beziehungen. Der Versuch der sowjetischen Führer, den Jugoslawen ein Schuldeingeständnis für den Bruch von 1948 abzutrotzen, blieb erfolglos. Ebenso die Bemühungen zur Behebung ideologischer Meinungsverschiedenheiten.

Hinsichtlich der internationalen Beziehungen erreichte Jugoslawien, daß eine Wiederholung der Spannungen zwischen Belgrad und Moskau ausgeschlossen wurden. Die fünf Prinzipien der friedlichen Koexistenz, so Belgrad, sollten auch als Grundlage der zweiseitigen Beziehungen gelten, was Moskau akzeptierte. Sie erweiterten diese Grundlagen, indem sie ihnen auch die Gestalt von Prinzipien der Beziehungen sowohl zwischen sozialistischen Ländern wie zu den Entwicklungsländern zuschrieben.[25]

Anfangs herrschten unterschiedliche Auffassungen bei deren Auslegung. Die Jugoslawen hielten diese Prinzipien für universell und zutreffend für alle sozialistischen Länder, während die sowjetische Seite sie ausschließlich auf die Beziehungen zu Belgrad angewandt wissen wollte. Die Beziehungen zu den anderen sozialistischen Ländern gründeten sich für Moskau auf das Prinzip des proletarischen Internationalismus, wobei die Parteibeziehungen den Vorrang hätten.

Diese Fragestellung blieb außerhalb der Deklaration, war jedoch bei den Gesprächen präsent. Auf die Beziehungen Moskaus zu den anderen Ländern des »sozialistischen Lagers« besaß sie keinerlei Einfluß, auch nicht die im Entwurf der Deklaration enthaltene Formulierung, daß die »Unterschiede der konkreten Formen der Entwicklung des Sozialismus ausschließlich eine Angelegenheit der einzelnen Völker« seien.[26] Die Tatsache, daß diese Deklaration das einzige Dokument war, das die Ergebnisse der Belgrader Verhandlungen zusammenfaßte, bot Anlaß für verschiedene Interpretationen ihrer Konsequenzen, obwohl die internationale Wirkung ohne Zweifel sowohl in Westeuropa [27] wie in Osteuropa beträchtlich war.

Es wäre jedoch falsch, die Bedeutung der Deklaration der UdSSR und der SFRJ nur vom Standpunkt der damaligen Wirkung zu beurteilen. Die Tatsache der Normalisierung der Beziehungen der zwei Staaten übte einen gewaltigen Einfluß aus auf alle anderen sozialistischen Staaten, auf den Charakter ihrer Beziehungen zur UdSSR und auf die Kräftekonstellation innerhalb der Führungen in den einzelnen Parteien.

Die Delegation mit Chruschtschow an der Spitze reiste von Belgrad nach Sofia und danach weiter nach Bukarest, wo Treffen mit den Führern der rumänischen, tschechoslowakischen und ungarischen KP stattfanden, denen die sowjetischen Einschätzungen der Belgrader Verhandlungen übermittelt wurden.

In Moskau selbst stießen die Ergebnisse nicht nur auf Zustimmung. Die Meinungsverschiedenheiten brachen auf der Plenartagung des ZK der KPdSU im Juli 1955 auf. Nach dem Referat von Chruschtschow kritisierte Molotow die Ergebnisse der sowjetisch-jugoslawischen Verhandlungen. Er lenkte die Aufmerksamkeit auf die Ursachen des Bruches, wobei er die alte dogmatische Auslegung bekräftigte, und auch darauf, daß hinsichtlich der Normalisierung der Beziehungen zwischen der KPdSU und dem BdKJ die gegebenen Grundlagen fragwürdig wären. Die Beziehungen zu Jugoslawien müßten wie mit einem gewöhnlichen bourgeoisen Staat geregelt werden. Eine »prinzipienlose Aussöhnung« führe nur » zur Aufweichung des sozialistischen Lagers«.[28] Die Zugeständnisse an Belgrad, so der Außenminister, würden ein Abgehen vom Leninismus und von der Notwendigkeit bedeuten, ein einheitliches Zentrum in der ganzen kommunistischen Bewegung zu haben.

Molotows Auffassungen fanden jedoch keine Unterstützung und wurden ihrerseits einer Kritik unterzogen. Sie wurden vom Plenum als eine überlebte Position verurteilt, die »nicht den Interessen des sowjetischen Staates und des sozialistischen Lagers entspricht«.[29]

Die Beziehungen zu Jugoslawien verschärften die unterschwelligen Gegensätze in der sowjetischen Führung sowie die Auseinandersetzungen mit dem Ballast des Stalinschen Erbes. Offensichtlich aus diesen Gründen wurde im Juli 1955 der XX. Parteitag der KPdSU zum Februar 1956 einberufen.

Die Materialien dieses Juli-Plenums gestattete den Führungen anderer Länder, erstmals hinter die Kulissen des kommunistischen

Olymps zu schauen. Bemerkenswert war die Reaktion des bulgarischen Ministerpräsidenten Tschervenkov, der den Text des Stenogramms[30] der Juli-Tagung direkt von Chruschtschow erhalten hatte. In seinem Brief an Chruschtschow vom 18. September 1955 schrieb er: Dank der Möglichkeit, das Stenogramm lesen zu können und dank der Gespräche von Mitgliedern der bulgarischen Führung mit Ihnen »war für mich die Lektüre des Stenogramms, besonders in bezug auf die Beziehungen mit Jugoslawien und auf den Zusammenhang mit dem Auftreten des Gen. Molotow, nicht nur von großem Interesse, sondern auch eine gute Schule: sehr viel habe ich persönlich daraus gelernt«. Bezugnehmend auf das erfolgte Gespräch unterstrich er, daß die Funktionäre der Bulgarischen KP »von Ihnen unmittelbar überzeugende Klarstellungen, Informationen und Ratschläge zu vielen uns zutiefst interessierenden und uns bewegenden Fragen erhalten konnten. *Denn niemals zuvor ist das in dieser Form geschehen.«*[31] *(Hervorhebung Wolkow – d. Hrsg.)* Er glaube sich nicht zu irren, wenn er das so kategorisch sage. Und wie notwendig, nützlich und realistisch dies für die Einheit, Geschlossenheit und Brüderlichkeit des ganzen sozialistischen. Lagers sei. »Es wäre wünschenswert, daß solche Treffen und Gespräche öfter stattfänden.«[32] Wie aus diesem Brief ersichtlich wird, wurden die neuen Formen und Methoden in den Beziehungen zwischen der UdSSR und den anderen sozialistischen Ländern von deren Führungen als eine neue Etappe in der Entwicklung ihrer Zusammenarbeit aufgefaßt.

Das Stenogramm des Juli-Plenums übergab Suslow am 30. August 1955 während eines Moskau-Aufenthaltes auch Enver Hodscha. Suslow wies darauf hin, daß diese Materialien in der Presse nicht publiziert würden und vertraulich seien. Im Gespräch bemühte sich Suslow, den albanischen Gast von der Notwendigkeit zu überzeugen, die albanisch-jugoslawischen Beziehungen zu verbessern. Im Vergleich mit anderen Volksdemokratien habe Albanien einen Rückstand. Man müsse die angestauten Beleidigungen überwinden. Dies läge im Interesse Albaniens und des ganzen »sozialistischen Lagers«. Den Beginn müßte die Führung machen. Die Sowjetunion habe auch ideologische Meinungsverschiedenheiten mit Jugoslawien, doch sei dies gegenwärtig nicht das wichtigste. Man müsse das hervorheben, was vereine und nicht das, was trenne, meinte Suslow. Hodscha sicherte zu, daß das ZK der Partei der Arbeit Albaniens alles Notwendige unternehmen werde, um freundschaftliche Beziehungen zu Jugoslawien herzustellen.[33]

Bei diesem Versprechen blieb es jedoch. Die albanische Führung setzte ihren antijugoslawischen Kurs fort. Das führte bis zum Austritt Albaniens aus der Organisation des Warschauer Vertrages und aus dem RGW (faktisch 1961 nach dem Ausbruch des sowjetisch-chinesischen Konflikts, offiziell 1968, nach der Niederschlagung des »Prager Frühlings«). Albaniens Kurs führte schließlich in die vollständige Isolation.

Die Normalisierung der Beziehungen zu Jugoslawien gab den Anstoß für einen allmählichen Prozeß der Veränderung der Beziehungen der Sowjetunion mit den anderen Staaten des »sozialistischen Lagers«. Am raschesten und leichtesten regelte Polen seine Beziehungen zu Jugoslawien, wo die Führung des ZK der PVAP bereits im Juni 1955 eine Parteiaktivtagung zu den Ergebnissen der sowjetisch-jugoslawischen Verhandlungen abhielt. Es folgten Besuche von Wirtschaftsdelegationen auf der Poznaner Messe im Juli und auf der Zagreber Messe im September. Schließlich weilte vom 28. Oktober bis zum 11. November 1955 eine jugoslawische Regierungsdelegation in Warschau, die eine Reihe zweiseitiger Abkommen vereinbarte.[34]

Keine Schwierigkeiten gab es bei der Regelung der Beziehungen zu Jugoslawien seitens der Tschechoslowakei und Bulgariens. Beträchtlich langsamer und schwieriger verlief der Prozeß der Regelung der Beziehungen Ungarns zu Jugoslawien, was eine Folge des Prozesses gegen László Rajk mit seiner scharfen antijugoslawischen Tendenz war.[35] (Der ungarische Außenminister war 1949 in einem Schauprozeß als »imperialistischer Agent« und »Titoist« zum Tode verurteilt und am 15. Oktober 1949 hingerichtet worden.) Der Versuch von Parteichef Rákosi, die Schuld daran dem damaligen Chef des Staatssicherheitsdienstes Gabor Peter anzulasten, nahm nichts weg vom Unmut in Belgrad. Hinzu kamen ökonomische Forderungen Jugoslawiens an Ungarn (Reparationen sowie Entschädigungen für die Folgen des Abbruchs der Wirtschaftsbeziehungen).

Am kompliziertesten stand es in dieser Sache mit Albanien. Dessen Führung unter Enver Hodscha erwies sich als unfähig, die Feindschaft zu Jugoslawien und dessen Führung zu überwinden. So haben die Albaner niemals Koci Xote rehabilitiert, der als jugoslawischer Agent und Verräter des albanischen Volkes zum Tode verurteilt worden war. Einige albanisch-jugoslawische Verträge, so das Handelsabkommen vom 29. Dezember 1955, hatten lediglich den Schein einer Streitbeilegung, die jedoch nicht eintrat.

Das Bild der Normalisierung der sowjetisch-jugoslawischen Beziehungen ist nicht vollständig ohne Berücksichtigung der Wirtschaftsbeziehungen zwischen beiden Ländern. Das Vorgehen der sowjetischen Führung offenbarte eindeutig deren Absicht, Jugoslawien ökonomisch an sich zu binden. Nach den Belgrader Verhandlungen strebte die sowjetischen Führung eine radikale Lösung der Verschuldung Jugoslawiens gegenüber der Sowjetunion an. Der sowjetische Botschafter in Belgrad wurde beauftragt, Tito einen von Chruschtschow am 8. Juli 1955 unterzeichneten Brief des ZK der KPdSU zu übergeben, in dem die bereits in Belgrad vorgetragene Erklärung bekräftigt wurde, daß die Sowjetunion die Forderung nach Zahlung von ungefähr 613 Millionen Rubel (darunter 294 Millionen Rubel für Waffen) jetzt und in Zukunft aussetze. Diese Lieferungen hätten dem gemeinsamen Ziel, nämlich dem Kampf gegen das faschistische Deutschland gedient. Gestrichen wurden auch die Rückzahlung von 188 Millionen Rubel, die verausgabt wurden für die Repatriierung jugoslawischer Bürger, die unter der faschistischen Aggression gelitten hatten.

Offen blieben noch 528 Millionen Rubel. Auch deren Rückzahlung würde man erlassen, so Chruschtschow. Moskau betrachte dies als Schritt zur Erfüllung jenes Teils der Belgrader Deklaration, in dem es um die Beseitigung der Folgen gehe, die durch die Verletzung der normalen vertraglichen Vereinbarungen in den Wirtschaftsbeziehungen zwischen beiden Ländern entstanden seien.

Ferner signalisierte Moskau Hilfe bei der Entwicklung einiger Wirtschaftszweige. Dazu wolle man eine jugoslawische Delegation zu Verhandlungen in Moskau empfangen.[36]

Ungefähr zur gleichen Zeit wurde der sowjetische Botschafter beauftragt zu sondieren, wann es die jugoslawische Seite für möglich halte, zu Verhandlungen über den Abschluß eines sowjetisch-jugoslawischen politischen Vertrages überzugehen und welchen Charakter nach deren Meinung ein solcher Vertrag haben sollte.[37]

Diese Fragestellung ging über die Passage in der Belgrader Deklaration in bezug auf die zwischenstaatlichen Beziehungen (Herstellung einer normalen vertraglichen Lage) hinaus. Doch Belgrad ging darauf nicht ein, worauf auch das Außenministerium der UdSSR es nicht für zweckmäßig hielt, die Sache zu forcieren.

Die Möglichkeiten der wirtschaftlichen Entwicklung der zweiseitigen Beziehungen wurden allerdings von der jugoslawischen Seite rasch genutzt. Vom 23. August bis zum 2. September 1955 fanden in Moskau entsprechende Verhandlungen statt. Die jugoslawische Delegation unter der Leitung von Vukmanovic-Tempo suchte um Investitionskredite nach – für den Bau eines Aluminiumwerkes und einer Kupferhütte, einer Fabrik für Mineral- und Stickstoff-Dünger, für den Aufschluß von Bergwerken zur Blei-, Zink- und Quecksilber-Gewinnung usw.[38]

Im Verlaufe der Verhandlungen erklärten die Jugoslawen, daß sie nicht beabsichtigten, die amerikanische Embargo-Politik gegenüber der Sowjetunion im Handel mit strategischen Waren zu befolgen. Mikojan, der von sowjetischer Seite die Verhandlungen führte, unterstrich, daß die UdSSR die Jugoslawen in keiner Weise daran hindern wolle, was deren Politik im Verhältnis zu den westlichen Ländern, insbesondere hinsichtlich der Lieferung amerikanischen Getreides, angehe, »wenn dies keine Diskriminierungen im Verhältnis zur UdSSR hervorruft«.[39]

Die Verhandlungen bewiesen die Bereitschaft beider Seiten zur Zusammenarbeit auf ökonomischem Gebiet, wenngleich jede Seite die möglichen Konsequenzen unterschiedlich einschätzte. Die Sowjetunion betrachtete sie als ein wirksames Instrument zur Einbindung Jugoslawiens in ihre Einflußsphäre, während Jugoslawien sie nutzte, um nicht in völlige Abhängigkeit des Westens zu geraten. So glaubte Belgrad sich Unabhängigkeit sichern zu können.

Es ist schwer zu sagen, ob die sowjetischen Führer die jugoslawischen Intentionen begriffen. Belgrad wollte sich weder von dem einem noch von dem anderen Block vereinnahmen lassen. Im April 1955 hatten im indonesischen Bandung (Java) 29 unabhängige asiatische und afrikanische Staaten sich mit der Absicht versammelt, jenseits der Blöcke ein eigenständiges Interesse zu artikulieren. Diese Bewegung der Nichtpaktgebundenen sollte bald weltpolitisches Gewicht erhalten, woran – wie sich bald zeigte – Jugoslawien wesentlichen Anteil hatte.

Die Beziehungen zu Jugoslawien unterlagen auch in den folgenden Jahren beträchtlichen Schwankungen. Sie gerieten zu einer Art Lackmustest der internationalen Beziehungen Moskaus zu seinen Bundesgenossen. Hier wurde stets sichtbar, wie lang die Leine gerade war, an der Moskau seine Partner hielt.

Der XX. Parteitag der KPdSU
und die krisenhaften Vorgänge im sozialistischen Lager

Vom 14. bis zum 25. Februar 1956 tagte in Moskau der XX. Parteitag der KPdSU. Am letzten Tag wurde unangekündigt die Abhaltung einer geschlossenen Abendsitzung bekanntgegeben. Daran sollten weder auswärtigen Gäste noch die Presse teilnehmen. Chruschtschow referierte »Über den Personenkult und seine Folgen«. Der Inhalt erschütterte zunächst die Delegierten des Parteitages, sodann die gesamte KPdSU und die internationale kommunistische Bewegung.

Eine Diskussion des Referats gab es nicht, es wurde lediglich zur Kenntnis gebracht. Aber es lieferte den Anstoß nicht nur zur Entfaltung eines kritischen Denkens in den kommunistischen Parteien, es hatte auch eine immense Wirkung auf die Beziehungen zwischen den Parteien und damit auch zu den Beziehungen zwischen den Länder des »sozialistischen Lagers«.

Es ist anzunehmen, daß sich die sowjetische Führung Rechenschaft darüber ablegte, wenn auch nur teilweise, welche möglichen Folgen dieser Denkmalsturz hatte. Eben deshalb wurde Chruschtschows Referat nicht veröffentlicht, was ihm den Charakter eines innerparteilichen Geheimnisses verlieh. Dennoch entschied das Politbüro, nicht nur die Mitglieder der Partei darüber zu unterrichten, sondern auch das »Aktiv der Parteilosen«. Im März 1956 begann man das Referat in geschlossenen Veranstaltungen im ganzen Lande zu verlesen.

Es provozierte eine Masse von Fragen und wurde von kritischen Wortmeldungen begleitet. Diese liefen auf Grundfragen hinaus – was waren die Quellen des Personenkultes um Stalin, was ist das Wesen des Sozialismus, der Demokratie, wie steht es um die Transparenz politischer Entscheidungen im Sozialismus, um den Charakter der sozialen und politischen Ordnung im Lande usw.? Es war nicht verwunderlich, daß die Parteiführung umgehend diese kritische Welle unterdrückte. Seit Anfang April wurden Beschlüsse über den Kampf gegen »feindliche Ausbrüche«, »verleumderische Erfindungen« und zu vorbeugenden Maßnahmen gegen »antisowjetische Elemente« gefaßt. Es gelang der sowjetischen Führung, die Welle der Kritik und des Unmuts im Lande zurückzudrängen und die bestehenden Formen und Regeln der Leitung aufrechtzuerhalten.[41] Viele Kommunisten wurden aus der Partei ausgeschlossen. Doch Massenrepressionen wie unter Stalin waren nicht mehr möglich. Das kritische Denken flüchtete sich in den Untergrund und gelangte später mit der Dissidentenbewegung zum Durchbruch.

Über Chruschtschows Referat waren auch Vertreter der Bruderparteien in Moskau informiert worden. Sie sollten den Inhalt ihren Parteiführungen zur Kenntnis geben.

Die Berichte lösten unterschiedliche Reaktionen aus. Es existiert ein interessantes Zeugnis von Mićunović über die Reaktion der jugoslawischen Elite auf das Referat. In seinen Memoiren beschreibt er, wie sich am 14. März 1956 die jugoslawischen Führer am Vorabend ihrer Abreise nach Moskau in einer nichtoffiziellen Runde zusammenfanden. Das zentrale Thema ihres Gesprächs war das Referat Chruschtschows, das sie aus Moskau erhalten hatten. Es war auf einer Sondersitzung des ZK des BdKJ verlesen worden, an der mehr als hundert Personen teilnahmen. Bei der Diskussion im kleinen Kreis stellten sich die Gesprächsteilnehmer die Frage, warum es sich um ein vertrauliches, also geheimes und nicht offenes Referat gehandelt habe. Könne man von einer Wende in der Politik der KPdSU sprechen? Immerhin wäre in der Vergangenheit in Moskau vielfach im Geheimen das eine gesagt und öffentlich etwas anderes getan worden. Und Chruschtschow habe Stalin nicht wegen seiner Verbrechen verurteilt, sondern lediglich Kritik an einigen Fällen geübt, in denen die sozialistische Gesetzlichkeit verletzt worden sei, und zwar nur in der UdSSR. Er habe über ermordete Parteifunktionäre gesprochen, nicht aber über die Millionen Menschen, die in den Arbeitslagern umkamen. Kein Wort über die ausländischen Kommunisten, die entweder umgebracht oder an die Faschisten ausgeliefert wurden. Nichts zu den unzähligen Toten im Herrschaftsbereich Moskaus nach 1945, zu den Schauprozessen in Tirana, Sofia, Budapest und Prag.

Moskau habe sich selbst amnestiert, hieß es. Im Referat sei vom Personenkult um Stalin die Rede gewesen, aber nicht vom Stalinismus als einem System, das ihn erst möglich gemacht habe.

Kardelj, einer in dieser Runde, sagte: Es handele sich nicht darum, ob Chruschtschow die Probleme umfassender gesehen habe, als es im Referat zum Ausdruck kam, sondern ob er überhaupt hätte weiter gehen können, als er es tat? Wenn man sich über etwas wundern müsse, dann nur über den politischen Mut und die Kraft Chruschtschows. Das Referat habe entweder nur geheim sein können, oder es hätte überhaupt nicht gehalten werden dürfen. Geheimhalten ließe es sich ohnehin nicht lange.[41]

Im Verlaufe der Monate März/April wurden die Führer der Länder des »sozialistischen Lagers« vom Referat Chruschtschows unterrichtet; sein Inhalt wurde von den Parteiaktiven, von der Intelligenz, von breiten Kreisen der Bevölkerung zur Kenntnis genommen, obwohl die Presse fast nichts darüber berichtete. Trotzdem wurde es auf allen Ebenen diskutiert, wobei die Schärfe der angestauten Probleme und die Dringlichkeit ihrer Lösung eine Rolle spielten. In den Parteiführungen wurden Beschlüsse zur Rehabilitierung von Personen gefaßt, die in den Schauprozessen der Stalin-Zeit verurteilt worden waren, so Rajk, Kostov, Slansky und andere. In Polen war bereits im Dezember 1954 Gomulka aus dem Zuchthaus entlassen worden.

Zeitweilig entzog sich die Entwicklung der Ereignisse der sowjetischen Kontrolle. In Bulgarien zum Beispiel fand im April 1956 eine Plenartagung des ZK statt, auf der Tschervenkov einer scharfen Kritik unterzogen und seines Staatsamtes enthoben wurde. Und obwohl der an seine Stelle getretene Todor Shiwkow in Moskau keine Einwände hervorrief, hatte man dort vorher nicht angefragt.

Besondere Besorgnis riefen bei der sowjetischen Führung die Vorgänge in Polen und Ungarn hervor, wo Gruppen der Intelligenz und der studentischen Jungend aktiv wurden und Diskussionsklubs bildeten, in denen die aktuellen politischen Probleme zur Sprache kamen. In beiden Ländern« entzogen sich bald die gesellschaftlichen Bewegungen der Parteikontrolle. Es gärte bereits seit 1955, der XX. Parteitag beschleunigte diesen Prozeß.

In Polen erfuhren diese Ereignisse durch den Tod von Boleslaw Bierut am 12. März 1956 in Moskau eine zusätzliche Beschleunigung. (Der Erste Sekretär der Polnischen Vereinigten Arbeiterpartei [PVAP] galt als Vertrauensmann Stalins und stand seit 1948 an der Spitze der Partei. 1944/45 hatte Bierut die Grundlagen für die Machtübernahme durch die polnischen Kommunisten gelegt. Er war von 1947 bis 1952 Staatspräsident, seit 1954 leitete er den Ministerrat in Warschau. Der überraschende Tod des 63jährigen entzündete einen Machtkampf in der polnischen Führung. – *Anmerkung d. Hrsg.*)

In Polen wie in Ungarn gab es eine krisenhafte Entwicklung, die im Frühjahr 1956 sichtbar wurde. Die sowjetische Führung erhielt Informationen über die sich abzeichnenden Tendenzen, erwies sich jedoch unfähig, daraus die nötigen Schlüsse zu ziehen. Zur gewohnheitsmäßigen Einschätzung gehörten Wendungen wie

»feindliche Ausfälle von gegen das Volk agierenden Elementen« und die »Rolle von Geheimdiensten imperialistischer Mächte«.

Es nahmen auch die Probleme innerhalb der kommunistischen Weltbewegung zu. Einige Parteien, darunter die italienische, führten die Ursprünge des Personenkults um Stalin auf die Besonderheiten in der Gesellschaftsordnung der UdSSR zurück. Also nicht der Sozialismus als solcher, sondern seine sowjetische Form sei daran Schuld gewesen.

Deutlich wurden auch ideologische Meinungsverschiedenheiten zwischen der KPdSU und der KP Chinas. Der aus der chinesischen Zeitung »Renmin Ribao« stammende und in der »Prawda« am 7. April 1956 nachgedruckte Artikel »Über die historischen Erfahrungen der Diktatur des Proletariats« ließ den Schluß zu, daß die chinesische Führung mit dem Referat Chruschtschows unzufrieden war.

Dessen ungeachtet wurde der Anschein völliger Einmütigkeit demonstriert. In einer Reihe von Themen war das tatsächlich der Fall. So stieß zum Beispiel der Vorschlag der KPdSU, das Kominformbüros aufzulösen, weil sich diese Form der Zusammenarbeit einiger europäischer kommunistischer Parteien überlebt habe, auf keinen Widerspruch. Die Mitteilung über die Beendigung seiner Tätigkeit wurde in der letzten Nummer der Zeitung »Für dauerhaften Frieden und Volksdemokratie« am 17. April 1956 veröffentlicht.[42] Der Gedanke an die internationale Zusammenarbeit der kommunistischen Parteien wurde damit aber nicht aufgegeben.

In dieser Atmosphäre erfolgte im Juni 1956 der Besuch einer jugoslawischen Regierungsdelegation, die ganze drei Wochen in der UdSSR weilte. Keinem anderen Staatsmann zuvor war ein derart prunkvoller Empfang bereitet worden wie Josip Tito, der am 2. Juni in Moskau eintraf. Neben zahlreichen Empfängen, Besuchen von Industriebetrieben, militärischen Objekten und Atomkraftwerken absolvierte die Delegation eine Reise durch das Land (Leningrad, Stalingrad, Krasnodar, Noworossisk, Sotschi). Es wurden viele Gespräche geführt[43], darunter waren auch vier Treffen der beiden Delegationen, zu denen Protokoll geführt wurde.

Am Vorabend des Besuchs aus Belgrad war Molotow als Außenminister der UdSSR abgelöst worden.

Die Direktive für die Verhandlungen mit Tito hatte das Präsidium des ZK der KPdSU am 28. Mai 1956 bestätigt. Die Delegation wurde beauftragt, folgendes zu erreichen: a) eine weitere allseitige Entwicklung und Festigung der zwischenstaatlichen

Beziehungen zwischen der UdSSR und Jugoslawien; b) die Annäherung zwischen der KPdSU und dem BdKJ auf der Grundlage des Marxismus-Leninismus mit der Maßgabe, daß dies eine der wichtigsten Aufgaben in der Entwicklung der sowjetisch-jugoslawischen Beziehungen im Interesse des Friedens und des Sozialismus ist; c) eine weitere Annäherung Jugoslawiens an die Volksdemokratien und eine Abschwächung jener Verbindungen mit den kapitalistischen Staaten, die negativ auf die Innen- und Außenpolitik der jugoslawischen Regierung einwirkten.

Zu jedem der drei Probleme waren in der Direktive konkrete Vorschläge enthalten.[44]

Das erste Treffen fand am 5. Juni statt, bei dem ein breiter Kreis von internationalen Problemen behandelt und eine weitgehende Übereinstimmung der Auffassungen festgestellt wurde. Die jugoslawischen Beziehungen zu den anderen sozialistischen Ländern würden sich, mit Ausnahme Albaniens, gut entwickeln. Koci Xote diente, wie die Jugoslawen meinten, als Beweis für die albanische Ablehnung, freundschaftliche Beziehungen zu Jugoslawien herzustellen. Die sowjetische Delegation war bemüht, die jugoslawischen Meinungsverschiedenheiten mit Albanien wie auch mit Ungarn zu mindern. Ausführlich wurden die mit den Ländern Asiens und Afrikas verbundenen Probleme, besonders mit Algerien und Ägypten, behandelt. Beide Seiten widmeten der deutschen Frage eine große Aufmerksamkeit, darunter der Frage nach der Anerkennung der DDR durch Jugoslawien. Die sowjetische Seite bewies dabei Fingerspitzengefühl. Chruschtschow erklärte: »Das muß man taktisch richtig machen. Ihr habt das selbst zu entscheiden. Es handelt sich um eine komplizierte Frage, denn Ihr habt Beziehungen zu Bonn und keine zur DDR. Doch wissen wir, daß Ihr nicht gegen die DDR seid. In dieser Frage werden die USA, England und Frankreich Euch beurteilen, ob Ihr mit ihnen endgültig brecht oder eine Zwischenposition einnehmt.«[45] Sich dabei zu überschlagen, so Chruschtschow weiter, sei nicht nötig. Wir haben Zeit, und die Zeit arbeitet für uns. Seinerseits versicherte Tito, daß sie zunächst Handelsbeziehungen mit der DDR herstellen und später weiter gehen werden.

Probleme sah Tito im Zusammenhang mit der amerikanischen Embargo-Politik, die die Entwicklung des jugoslawischen Handels mit den sozialistischen Ländern behindere. Die Amerikaner würden aufmerksam den Schiffsbau in der UdSSR und in China verfolgen. Die Jugoslawen beabsichtigten jedoch, sich aus der amerikanischen Abhängigkeit zu lösen. Dies sei eine Angelegenheit von einigen Monaten, von weniger als einem Jahr. Mit strategischen Waren könne man handeln, man dürfe nur keinen Lärm darum machen. Tito erklärte: »Ihr habt uns nicht nach dem Balkan-Pakt befragt. Einen konkreten Nutzen hat dieser Pakt nicht. Doch wir müssen mit der Türkei und mit Griechenland zusammenarbeiten, besonders mit den Griechen, die zunehmend gegen die Engländer und sogar gegen die Amerikaner auftreten. Was den Pakt betrifft, so hat er unter den gegenwärtigen Bedingungen nur eine ökonomische Bedeutung.«

Chruschtschow erklärte sich mit dieser Einschätzung völlig einverstanden. »Sofern zwischen uns und Euch freundschaftliche Beziehungen hergestellt wurden, verwandelt er sich in eine Seifenblase, und zu brechen lohnt sich für Euch nicht. Wir verstehen Eure Position. Er wird zu gegebener Zeit sein Ende finden, ebenso wie auch die NATO und andere Pakte«, erklärte Chruschtschow.

Tito teilte den Optimismus seines Gesprächspartners. »Möge er seine Tage zu Ende bringen.« In diesem Zusammenhang erwähnte er sodann die amerikanische Hilfe gemäß dem Programm von 1953 und äußerte die Besorgnis, daß sie die Amerikaner selbst abbrechen könnten, was Konflikte hervorrufen würde.

Chruschtschow warnte vor einem Abgleiten in einen offenen Konflikt. »Die Lage, wie sie sich jetzt herausgebildet hat, muß man gut nutzen, damit nicht herauskommt, wir würden Euch zu einem Bruch und Konflikt mit den westlichen Ländern drängen. Es ist zu bedenken, daß dies irgendwie im Abschlußkommuniqué Ausdruck findet.«[46]

Mit dieser Note in Dur endete das erste offizielle Treffen.

Anders verlief die Erörterung der Beziehungen zwischen den Parteien, die am 9. Juni 1956, nach der Rückkehr der jugoslawischen Delegation aus Leningrad, in Moskau stattfand. Die ausweichende Haltung der jugoslawischen und die Hartnäckigkeit der sowjetischen Seite gab der Erörterung in gewissem Maße einen theoretischen Anflug, hinter dem sich ideologische und politische Differenzen verbargen. Es kam zu einer Polemik über den Begriff »sozialistisches Lager«. Den Jugoslawen gefiel das Wort »Lager« nicht. Tito bemerkte, es würde sie behindern, ihre Beziehungen zu solchen Ländern wie Indien zu entwickeln. Es wäre für uns besser, so Tito, wenn man sich über das Wesen verständigte. Man müsse nicht betonen, daß Jugoslawien in das sozialistische Lager einbezogen bzw. in dieses zurückkehren würde. Die westlichen

Propagandisten würden dann von der herrschenden Position der Sowjetunion sprechen. Der Sozialismus ist schon zu einem System geworden. Man müsse die neue Lage erörtern. Eines sei klar – der Ausdruck »Lager« sei zu eng. Seine Bemerkungen nannte Tito nur eine »Gedankenskizze«.[47]

Auf das Wort »Lager« werden wir nicht bestehen, erklärte Chruschtschow. Dem stimmte Schepilow, der neue Außenminister, zu. Mikojan ergänzte: »Der Terminus ist abschreckend. Man könnte zum Beispiel den Terminus ›Gemeinschaft‹[48] nehmen.«

Alle sowjetischen Gesprächsteilnehmer waren sich jedoch einig, daß die Beziehungen zwischen den sozialistischen Ländern sich unterscheiden müßten von den Beziehungen beispielsweise zu den USA oder zu Norwegen. »Es ist notwendig, daß die Idee der sozialistischen Gemeinschaft höher steht«, so Politbüromitglied Anastas Mikojan. »Wir müssen deutlich machen, daß wir untereinander enger zueinander stehen. Dies ist sehr wichtig. Wir und auch Ihr erlauben nicht die Existenz anderer Parteien.«

An dieser Stelle erklärte Tito: »Dies ist richtig, auch wir erlauben das nicht; wozu sind sie uns nötig?« Diese Replik erhielt die volle Zustimmung der gesamten sowjetischen Delegation.

Mikojan fuhr fort: Wir besitzen eine ideologische Solidarität, unseren Komplex von Ideen und unseren Komplex von Aufgaben, die wir zu lösen haben. Für uns und für Euch ist es notwendig, darüber nachzudenken, eine gemeinsame Sprache zu haben.

Auf die Bemerkung Titos, daß »wir eine gemeinsame Sprache haben«, reagierte Mikojan: Notwendig sei Klarheit.

Chruschtschow präzisierte diesen Gedanken: Würde das nicht etwa bedeuten, daß wir allen kommunistischen Parteien die Möglichkeit einräumen müßten, so zu handeln, wie sie wollen, ohne ihre Aktivitäten mit anderen kommunistischen Parteien abzustimmen? Dies wäre ein Schritt zurück, eine Absage an die Grundprinzipien, die von Lenin formuliert wurden; dies würde zum Zerfall unserer Sache führen, zur Zersplitterung und zur Niederlage.

Auf den Einwand der Jugoslawen, daß man sie nicht so verstanden hätte, antwortete Chruschtschow: »Im Ergebnis des Konflikts befand sich Jugoslawien in einer Zwischenposition, aber aus dem Auftreten der jugoslawischen Genossen sehe ich nicht, auf welchen Ausweg aus dieser Lage sie orientieren. Ich gestehe zu, daß wir zu taktischen Zwecken auf den Terminus ›Lager‹ verzichten können, das wäre eine vorübergehende Lösung und nur auf Jugoslawien zutreffend, die man nicht auf andere sozialistischen

Staaten ausweiten kann. Es geht nicht um die Führung, wir sind gegen Führung«, endete Chruschtschow versöhnlich und fügte hinzu, daß Ende Juni in Moskau eine Beratung mit Vertretern anderer kommunistischer Parteien stattfinden werde, auf der auch diese Frage erörtert werden würde.[49]

Als die Diskussion Formen annahm, die unmittelbar jugoslawische Positionen berührten, war Edvard Kardelj bemüht, sie erneut auf eine theoretische Ebene zu heben. Es gäbe zwei Fragen, erklärte der einstige slowenische Partisanenführer und Vertraute Titos: erstens die Frage nach der konkreten politischen Taktik, die bei grundlegenden Problemen abzustimmen sei. Dabei müßten die Aktionen in eine Richtung gehen. Zweitens die Frage nach den Wegen zum Sozialismus und zur Macht. Hier gehen die Standpunkte auseinander, was die Zusammenarbeit nicht behindern dürfe. In vierzig Jahren seit der Oktoberrevolution habe sich die Welt verändert. Heute müsse man über andere Wege zum Sozialismus sprechen.

Mit Hinweis auf Togliatti und dessen Überlegungen über den parlamentarischen Weg zur Macht meinte er: »Wir waren niemals der Auffassung, jene Organisationen zu schwächen, die bereits existieren, aber wir halten es für uns nicht von Nutzen, dem Warschauer Pakt und dem Rat für Gegenseitige Wirtschaftshilfe beizutreten.«

Tito, der ihn unterstützte, sagte, daß Jugoslawien sich nicht gegen eine Zusammenarbeit mit dem RGW ausspreche, aber es für notwendig erachte, zu jeder Frage gesondert zu verhandeln. Die Gründung des Warschauer Paktes hätten die Jugoslawen angeblich auch so nicht verstanden.

Tito grenzte sich scharf von jenen Politkern im Westen ab, die Jugoslawien dafür auszunutzen hofften, die sozialistischen Länder von der UdSSR trennen zu können. Sie wollten ihre Beziehungen zum Westen nicht zum Schaden für die Sowjetunion entwickeln. Ihr müßt glauben, so schloß Tito, daß wir keinerlei Hintergedanken hegen. Indem er wiederholte, daß das Wort »Lager« den Charakter einer überlebten Organisation annehme, schlug er vor, dieses Gespräch zu beenden.[50]

Es ist zu vermuten, daß die aufgeworfenen Fragen in persönlichen Gesprächen und während der anschließenden Rundreise weiter erörtert wurden. Auf jeden Fall verlief das dritte offizielle Treffen der beiden Delegationen am 18. Juni bei der Erörterung dieser Probleme bereits ruhiger. Bezugnehmend darauf, was in der

Deklaration über die Beziehungen beider Parteien ausgeführt werden sollte, sprach sich Tito gegen eine internationale Organisation der kommunistischen Parteien mit einer zentralen Führung aus. Er bemerkte, daß die Auflösung von Komintern und Kominformbüro richtig gewesen wäre. Sie hätten die Entwicklung von Beziehungen kommunistischer Parteien zu sozialistischen Parteien behindert. Die Beziehungen zwischen der KPdSU und dem BdKJ müßten auf einer zweiseitigen Grundlage basieren. Es sollte ein Meinungsaustausch zu allen interessierenden Fragen stattfinden. Dem pflichtete Kardelj bei, indem er bekräftigte, daß sich die Welt verändert habe und die alten Methoden die Kommunisten von den internationalen fortschrittlichen Bewegungen isoliere, daß man die Isolation überwinden müsse.

Die sowjetischen Teilnehmer der Diskussion waren offensichtlich enttäuscht. Im Vergleich mit der Belgrader Deklaration, so bemerkte Anastas Mikojan, sei das ein Schritt nach vorn, doch in bezug auf das Erreichte ein Schritt zurück. Chruschtschow war wie stets viel direkter in seinen Aussagen: Wenn wir in der neuen Deklaration schreiben, daß wir auf der Grundlage des Marxismus-Leninismus zusammenarbeiten werden, so bezieht sich das auf wen? Für Kommunisten sei das wenig, für Sozialisten viel. Eure Position, so formulierte er seine Meinung, »resultiert aus Eurem Wunsch, außerhalb der Lager zu bleiben«.

Es wurde beschlossen, für die Überarbeitung der Deklaration von jeder Seite drei Personen auszuwählen.[51] In endgültiger Form kam ein Kompromiß zustande, dessen Fassung beim vierten, abschließenden offiziellen Treffen der beiden Delegationen am 20. Juni 1956 bestätigt wurde.

Dieses Treffen war verhältnismäßig kurz, und es verlief in einer Atmosphäre gespielter Wohlgesonnenheit. Der interessanteste Teil war die Anerkennung der Vielfalt von Entwicklungsformen des Sozialismus. Andere Feststellungen und Wünsche blieben im Rahmen der gewöhnlichen Parteierklärungen, bei denen die proklamierten hohen Prinzipien von der alltäglichen Praxis abwichen.[52]

Ungeachtet dessen wurde das Dokument von beiden Seiten hoch eingeschätzt. Edvard Kardelj äußerte die Auffassung, daß die Beziehungen zwischen dem BdKJ und der KPdSU einen Impuls geben für die Entwicklung der Beziehungen mit anderen sozialistischen Ländern und kommunistischen Parteien. Josip Tito bemerkte, die Deklaration stelle einen ersten offenkundigen Schritt der Zusammenarbeit beider Parteien dar, und er äußerte sein

Bedauern, daß mit anderen kommunistischen Parteien noch keine wirklichen Kontakte bestünden.

Chruschtschow war versöhnlich gestimmt. Führen wir keine Diskussion, sagte er, billigen wir die Korrekturen der jugoslawischen Genossen! Die Deklaration biete uns sehr viel. Sie stelle die Grundlage für die Verbesserung unserer Beziehungen sowohl auf staatlicher wie auf Parteiebene dar. Es sei noch Zeit notwendig. »Niemals das Unfaßbare erfassen« – zitierte er einen russischen Aphorismus.

Diesem Meinungsaustausch gab Tito den letzten Strich: »Das Wichtigste ist, daß zwischen uns Vertrauen besteht.«[53] Es ist schwer zu beurteilen, ob er selbst seinen Worten Glauben schenkte.

Die Verbesserung der Beziehungen beider Länder und Parteien war offensichtlich. Die Veröffentlichung der Moskauer Deklaration jedoch, die am 20. Juni 1956 von Tito und Chruschtschow unterzeichnet worden war, erhielt in der sowjetischen Presse und in den theoretischen Zeitschriften keine große Verbreitung. Dennoch hatten die langwierigen Gespräche und die Erörterung der Parteibeziehungen Einfluß auf die Ansichten der sowjetischen Führung.

Dies zeigte sich auch in der Beratung der Führer der kommunistischen Parteien der sozialistischen Länder, die am 22. und 23. Juni 1956 in Moskau stattfand, also unmittelbar nach der Abreise der jugoslawischen Delegation. In der Beratung wurde die Frage nach den Formen der Beziehungen und der Zusammenarbeit der sozialistischen Länder – nach der Auflösung des Kominformbüros – erörtert. Man stimmte dem sowjetischen Vorschlag zu, keine neue internationale Organisation der kommunistischen Parteien zu schaffen. Es wurde jedoch beschlossen, ein gemeinsames theoretisches Organ – die Zeitschrift »Probleme des Friedens und des Sozialismus« mit Sitz der Redaktion in Prag zu gründen.[54]

Die Hauptfrage dieses Treffens, über die in der Presse nicht berichtet wurde, bestand in der Erörterung der ökonomischen Zusammenarbeit und der innenpolitischen Lage der Länder des »sozialistischen Lagers«. Das Anwachsen oppositioneller Stimmungen rief die Besorgnis der sowjetischen Führung hervor. In seinem Referat rief Nikita Chruschtschow die Führer der sozialistischen Länder zu einer entschiedeneren Unterdrückung der oppositionellen Bewegungen auf, die nach dem XX. Parteitag aktiv geworden waren. Nach den Aufzeichnungen, die die ungarische Delegation von diesem Treffen anfertigte, erklärte Chruschtschow:

»Man darf niemals vergessen, daß man gegenüber den Feinden Gewalt anwenden muß. Die Macht darf man nicht mißbrauchen, wie das Stalin tat, doch sie anzuwenden, ist erforderlich. Den feindlichen Bestrebungen muß man mit der Staatssicherheit, der Justiz und den Repressivorganen entgegenwirken.«[55] Diese Worte erinnern sehr stark an Parteiinstruktionen eines übergeordneten Organs. Sie besaßen auch diesen Charakter. Ihr Sinn bestand in der Abstimmung, wie im Falle der erwarteten gesellschaftlichen Erschütterungen vorzugehen sei.

Sein politischer Instinkt trog Chruschtschow nicht. Es vergingen nur wenige Tage nach diesem Arbeitstreffen, als die Ereignisse in Poznan (28.-29. Juni 1956) nicht nur Polen erschütterten, sondern das gesamte »sozialistische Lager«.

Die Krise des »sozialistischen Lagers«.
Die ungarischen Ereignisse
und die sowjetische Erklärung vom 30. Oktober 1956

Nach einem ironischen Ausdruck, der unter sowjetischen Intellektuellen verbreitet war, sei Polen stets »die unruhigste Baracke im sozialistischen Lager« gewesen. Eine analoge Überzeugung, allerdings mit negativer Nuance, war auch bei der sowjetischen Führung vorhanden. Keines der anderen Länder in ihrer Einflußsphäre bereitete ihr so häufig Sorgen.

Die Unzufriedenheit in der Gesellschaft, die im politischen Leben ständig zu beobachten war, nahm besonders seit Anfang 1955 zu, was von einer gewissen Liberalisierung des Regimes begünstigt worden war. Forciert wurde dies in erster Linie durch die Verschlechterung der wirtschaftlichen Situation im Lande. Die Bewegung erfaßte auch einen bedeutenden Teil des Parteiapparates, was man mit Versetzung von Funktionären und kleinen Reformen glaubte beheben zu können. Der XX. Parteitag der KPdSU hatte die Situation verschärft. Dazu kam ein Wechsel an der Parteispitze. Nach dem Tode Bieruts wählte die VI. Plenartagung des ZK der PVAP das Politbüromitglied Edward Ochab zum Ersten Sekretär. Bei seiner Wahl spielte die sowjetische Delegation unter der Leitung Chruschtschows, die zum Begräbnis Bieruts nach Warschau angereist und wegen der Plenartagung geblieben war, eine wesentliche Rolle.[56] Die neue Führung war jedoch nicht in der Lage, die Situation zu verändern. Die Diskussion über die Stalinschen Verbrechen sprengte den Rahmen der Parteiversammlungen. Sie wurden offen geführt und zunehmend auch zur Beurteilung der sowjetisch-polnischen Beziehungen genutzt. Dabei spielte der Hitler-Stalin-Pakt, der Einmarsch im September 1939 in Polen, Katyn und der Warschauer Aufstand von 1944 eine wesentliche Rolle. Auch in der Vereinigten Bauernpartei und in der Demokratischen Partei wurde das Thema heiß debattiert.

Am 28. Juni 1956 wurde in Poznan friedlich demonstriert. Die Kundgebung eskalierte rasch. Zunächst griffen Kräfte der Staatssicherheit ein, schließlich marschierten reguläre Truppen auf. Es gab 70 Tote und ungefähr 500 Verwundete.[57]

Der Poznaner Zusammenstoß führte zur Destabilisierung der Lage im Lande. Die offizielle Erklärung, es habe sich um eine »Provokation imperialistischer Agenturen« gehandelt, klang nicht überzeugend. Der sowjetischen Führung hat diese Formulierung übrigens gut gefallen; und sie beharrte auch künftig entschieden auf dieser Lesart, indem sie analoge Ereignissen in Ländern des »sozialistischen Lagers« ebenso bewertete.

Die kommunistische Elite Polens, die das Anwachsen der Krise im Lande spürte, hatte recht schnell begriffen, daß mit Repressionen allein es nicht gelingen würde, den Unmut über die wirtschaftliche Lage und die Innenpolitik abzubauen. Ihre Stimmungslage zeigte sich auf der VII. Plenartagung des ZK der PVAP, die – mit einer zweitägigen Unterbrechung – vom 18. bis zum 28. Juli 1956 stattfand. Die Erörterung der Poznaner Ereignisse geschah vor allem in Gestalt gegenseitiger Beschuldigungen. Das Entscheidende bestand aber darin, daß die Teilnehmer intuitiv die vorhandene Chance beim Schopfe packten und Wladyslaw Gomulka an die Spitze der Partei stellten. Gomulka war von 1943 bis 1948 Generalsekretär der kommunistischen Partei und einer der Väter der Vereinigung mit den Sozialisten zur PVAP gewesen. Wegen seiner Distanz zu Moskau war er 1948/49 von den Stalinisten um Bierut zum Rücktritt von all seinen Ämtern gewungen worden. Von 1951 bis 1954 war er sogar inhaftiert worden.

Das Fehlen von Dokumenten erlaubt nicht darüber zu urteilen, ob die Rehabilitierung Gomulkas mit der sowjetischen Führung abgestimmt war. Es ist anzunehmen, daß dies nicht der Fall war. Zumindest wurde der Aufstieg Gomulkas an die Spitze der Partei in Moskau als Überraschung gewertet. Eine andere Sache ist es, daß die sowjetische Führung keine Einwände gegen die Rehabilitierung Gomulkas hatte, da sie ja praktisch die Rehabilitierung aller Personen billigte, die Opfer Stalinscher Strafprozesse geworden waren.

Unzureichend erforscht ist bislang die wechselseitige Abhängigkeit und Beeinflussung der politischen Vorgänge zwischen den einzelnen Länder des »sozialistischen Lagers«. Die Ereignisse von 1956 erlauben es, eine solche Beziehung am Beispiel Polens und Ungarns nachzuweisen. Die gesellschaftlichen Vorgänge in beiden Ländern hatten hinsichtlich ihres Wesens und ihrer Erscheinungsformen viel Gemeinsames. Ähnliches, wenn auch in weniger scharfer Form, ließ sich auch in anderen sozialistischen Ländern feststellen, was erlaubt, von einer Art Kettenreaktion zu sprechen. Im Jahre 1956 zeigte sich dies erstmals.[58] Dies bot einigen Forschern Anlaß, von einer zugespitzten Krise zu sprechen, die das gesamte »sozialistische Lager« erfaßte.[59]

In Ungarn, wo das Rákosi-Regime viel härtere Repressionen praktizierte als die Polen, nahm die Kluft zwischen der Gesellschaft und der Parteiführung viel schärfere Ausdrucksformen an. Die Auseinandersetzungen an der Spitze der Partei verstärkten die Spannungen. Nach seiner Ablösung als Ministerpräsident im Mai 1955 war Imre Nagy im Dezember 1955 aus der Partei ausgeschlossen worden. Gleichzeitig nahmen die Aktivitäten der Intelligenz zu, die – wie in Polen – Diskussionsklubs und -zirkel bildete. Die ungarischen Schriftsteller artikulierten die Interessen der Gesellschaft. Nach dem XX. Parteitag der KPdSU förderten die dosierte Information über dessen Ergebnisse und die Kritik am Personenkult um Stalin die kritischen Stimmungen. Die Forderungen nach einem Rücktritt Rákosis nahmen zu.

Das Verhältnis der sowjetischen Führung zu den Vorgängen in Ungarn hat eine umfassende dokumentarische Basis.[60] Ihre Informationen bekamen die sowjetischen Führer im wesentlichen aus den Kreisen der dogmatisch eingestellten ungarischen Funktionäre. Doch selbst unter diesen befanden sich Leute, die die Notwendigkeit auch von personellen Veränderungen begriffen. In diesem Zusammenhang ist eine Episode bemerkenswert. Suslow kam im Juni 1956 nach Budapest. Seine Mission fiel zeitlich mit dem Aufenthalt der jugoslawischen Delegation in Moskau zusammen. Als Tito und Genossen von der Reise Suslows erfuhren, erklärten sie – wenn auch nicht offen –, daß sie ihn für einen solchen delikaten Auftrag als am wenigsten geeignet hielten.[61]

Die überlieferten Dokumente bestätigen, daß sie mit dieser Vermutung völlig recht hatten. Suslow vermochte es nicht, den

Grad der Zuspitzung der innenpolitischen Situation einzuschätzen und stellte sich vor Rákosi, der für die Mehrheit des ungarischen Volkes die Inkarnation des Stalinismus darstellte. Dennoch willigte Suslow ein, das Janos Kádár – der 1951 als Innenminister von Rákosi inhaftiert worden war und drei Jahre einsaß – und Revai in die zentrale Führung der USAP aufgenommen wurden.[62]

Ende Juni kam es in Polen und Ungarn zur Verschärfung der Lage. Die Poznaner Ereignisse fanden fast an dem Tage wie der Ausbruch der politischen Aktivitäten der ungarischen Intelligenz statt – die Diskussion im Petőfi-Klub über die Presse- und Informationsfreiheit, an der über 6.000 Menschen teilnahmen. Gleichzeitig fanden noch weitere Vorträge und Diskussionen statt, bei denen Konzeptionen zur Erneuerung des Sozialismus vorgestellt wurden.

Diese Vorgänge wurden von der Parteiobrigkeit sofort als ein »ideologisches Poznan« bezeichnet. Und die außerordentliche Plenartagung des ZK der USAP verurteilte sie als Aktivitäten »parteifeindlicher Elemente«.[63] Im Prinzip handelte die ungarische Führung unter Rákosi gemäß den Empfehlungen des Arbeitstreffens der Führer der sozialistischen Länder, das in Moskau eine Woche vor den Ereignissen (am 22. und 23. Juni 1956) stattgefunden hatte. Die Situation hatte sich jedoch seit den Poznaner Ereignissen verändert, wodurch sich auch die sowjetische Einschätzung der Lage in Ungarn änderte.

Anastas Mikojan, der Mitte Juli in geheimer Mission in Budapest eintraf, kam zum Schluß, daß die Krise in der Partei und im Lande nicht zu überwinden wäre ohne die Absetzung Rákosis. Die Wahl Moskaus fiel aber auf Gerö, der nicht populär war und ein Großteil der Schuld an den Fehlern der Vergangenheit trug.

Die ungarische Führung stand unter der Kontrolle Moskaus und war nicht in der Lage, eine optimale Wahl zu treffen, wodurch auch die interne Auseinandersetzung verschärft wurde. Die neue Parteiführung vermochte es nicht, weder das Parteiaktiv noch Teile der Bevölkerung um sich zu scharen. Die Sympathien der Massen wandte sich dem abgesetzten Ministerpräsidenten und aus der Partei verstoßenen Imre Nagy zu.

In Ungarn waren Partei und Gesellschaft zerrissen. Nicht so in Polen. Dort gewann – trotz gegenseitiger Vorwürfe der Parteiführer untereinander – auf der VII. Plenartagung des ZK der PVAP Ende Juli 1956 Gomulka und seine Gruppe die Meinungsführerschaft, die sich in bedeutendem Maße selbständig und ohne Rückfragen in Moskau durchzusetzen begann. Ein Vergleich zwischen

Gerö und Ochab endet bei der Feststellung, daß sie beide nur Übergangsfiguren waren.

Die sowjetischen Dokumente überliefern uns keine Zweifel oder ein Nachdenken der sowjetischen Führer über die tiefen Ursachen der gesellschaftspolitischen Krise, die im Sommer und Herbst 1956 eine Reihe sozialistischer Länder erfaßte. Der Gedanke an die Mängel des sozialistischen Systems und seines konkreten sowjetischen Modells war ihnen fremd. Deshalb suchte man nicht nach den Ursachen, sondern nach den Schuldigen der Krise. Und diese fanden sie stets – nur nicht bei sich selbst. Neben imperialistischen Intrigen verdächtigte man jugoslawischen Massenmedien, die die oppositionellen und feindlichen Elemente unterstützt hätten, die gegen die USAP auftraten. Solche Auffassungen suggerierten einige ungarische Politbüromitglieder Mikojan. Offenbar überzeugten sie Mikojan, der den Vorschlag unterbreitete, namens des ZK der KPdSU einen Brief an das ZK des BdKJ zu richten, und selbst den Entwurf eines solchen Schreibens verfaßte.[64] Ob dieser Brief abgeschickt wurde, ist nicht bezeugt. Eine dem Sinn nach ähnliche Erklärung gab der ungarische Botschafter S. Kurimszki am 21. Juli 1956 im Gespräch mit Josip Broz-Tito ab, als er einen Brief der neuen ungarischen Führung über die Beschlüsse des jüngsten Plenums des ZK der USAP zusammen mit dem Vorschlag übergab, Parteibeziehungen herzustellen.[65]

Man kann annehmen, daß auch Mikojan einen Tag später, am 22. Juli, auf der Insel Brioni mit Tito die aktuellen Probleme erörterte. Zumindest wurde bei diesem Treffen am Urlaubsort des jugoslawischen Präsidenten über die jugoslawisch-bulgarischen Beziehungen gesprochen, was Mikojan veranlaßte, nach Sofia weiterzureisen – was, wie anzunehmen ist, auf Beschluß des Präsidiums des ZK der KPdSU geschah. In seinem schriftlichen Bericht über die Gespräche mit den bulgarischen Führern vermerkt Mikojan, daß er sie über die Plenartagung des ZK der USAP und über die Gespräche mit Tito, vor allem über den Bulgarien betreffenden Teil, unterrichtet habe. Der Erste Sekretär des ZK der Bulgarischen KP, Todor Shivkov, habe ihn darüber in Kenntnis gesetzt, daß man Terpečev aus dem Politbüro ausgeschlossen habe. Dieser hatte gemeinsame Sache mit angeblich reaktionären Politikern des Bulgarischen Volksbundes der Landwirte gemacht und die Ablösung von Tschervenkov und Cankov von allen ihren Ämtern gefordert. Einige Mitglieder seiner Gruppe, so Shivkov zu Mikojan, hätten sich offen an den jugoslawischen Erfahrungen orientiert.

Mikojan entging nicht, daß auch andere Mitglieder des Polit-büros des ZK der BKP gegen Tschervenkov eingestellt waren, die seinen Ausschluß aus der bulgarischen Führung durchsetzen woll-ten. Er brachtet diese Vorgänge offenbar mit den Auswirkungen der Beschlüsse des XX. Parteitages der KPdSU in Verbindung. Im Bericht über den Besuch in Sofia bemerkte Mikojan: »Während der Gespräche war ich bemüht, die Genossen von der Notwendigkeit zu überzeugen, daß es im Interesse der Bulgarischen Kommunisti-schen Partei und des ganzen sozialistischen Lagers liegt, recht schnell mit dem Wiederkäuen aller negativen Folgen des Personenkultes, der Tatsachen von Gesetzlosigkeit (was ihnen jetzt die amerikanische Propaganda aufdrängt, die das zur Kompromittierung der kommu-nistischen Parteien ausnutzt), Schluß zu machen, daß es Zeit ist, die Diskussionen darüber zu beenden, sich nicht mehr der unangeneh-men Vergangenheit zuzuwenden, sondern die Partei auf die schöp-ferischen Aufgaben zu orientieren, um die Führung der Partei zu fest-igen, das Vertrauen der Massen zur Führung und das Selbstvertrauen in den Reihen der Partei zu stärken.«[66]

Im Gespräch mit Mikojan beklagte sich Cankov, stellvertre-tender Ministerpräsident Bulgariens, darüber, daß die Jugoslawen die BKP nicht als gleichberechtigte Partei ansähen. »Sie wollen uns belehren, wollen sich in unsere Angelegenheiten einmischen«, meinte er. Seiner Meinung nach, die auch andere teilten, würden die Bulgaren Kontakte aufnehmen »nur auf der Grundlage der Gleichheit der beiden Parteien und der Nichteinmischung in die Angelegenheiten der jeweils anderen Partei, wie das die Jugoslawen selbst von der sowjetischen Führung im vergangenen Jahr forder-ten«.[67] Diese Aussagen schienen Mikojan offenbar beunruhigt zu haben, zumal sie sich in gewissem Maße mit den Vorwürfen der Ungarn an die Adresse der jugoslawischen Führung deckten. In sei-nem Bericht empfahl er, daß Chruschtschow die Einladung Titos, Jugoslawien zu besuchen, annehmen sollte.[68] Mikojan meinte, daß, da dieser Besuch frühestens im September stattfinden könne, zu dieser Zeit bereits Treffen der Ungarn und Bulgaren mit den Jugo-slawen stattgefunden haben würden. Deshalb hielt er es für zweck-mäßig, wenn Chruschtschow während seiner Balkan-Reise zwei bis drei Tage in Bulgarien Station machten sollte. Ferner sollte er von Jugoslawien aus ein bis zwei Tage nach Tirana fahren, wie er es Enver Hodscha versprochen habe. Mikojan glaubte, daß ein sol-ches Besuchsprogramm »die Position unserer Partei in dieser Ange-legenheit« stärken würde.[69]

Die Besuche Mikojans in den drei Ländern Südosteuropas im Juli 1956 stellte eine bemerkenswerte Episode in der Parteidiplomatie dar, wie sie von der sowjetischen Führung betrieben wurde. Sie offenbarte neue Formen der Kontrolle der Entwicklung der Ereignisse in den Ländern des »sozialistischen Lagers« – neue Formen zur Aufrechterhaltung des alten paternalistischen Stils.

Wenn zu früheren Zeiten eine solche Taktik ausreichend effektiv war, so brachte sie unter den Bedingungen der Krise in den einen, der Instabilität der Lage in den anderen Ländern nicht mehr die erwünschten Resultate. Die sowjetische Regierung ging schematisch vor und fiel in die Praktiken aus der Zeit vor dem XX. Parteitag zurück. Sie versuchte, die Kritik am Stalinismus zu unterdrücken und blockierte die Führungen der regierenden Parteien, indem sie verhinderte, daß diese ihre Politik den eigenen Bedingungen anpaßten, die diese doch viel besser kannten als der Kreml.

Die polnische Führung unter Ochab sah die Verschärfung der Situation im Lande und nahm Kurs auf eine politische Lösung der Probleme. Sie folgte nicht den Empfehlungen der sowjetischen Seite. Botschafter Ponomarenko hatte vorgeschlagen, »die Schrauben anzuziehen«, die Presse und die Diskussionsklubs der Intelligenz unter eine strenge Kontrolle zu stellen. Mehr noch: Warschau warf gegenüber der sowjetischen Führung die Frage auf, ob nicht die sowjetischen Berater in der Staatssicherheit und beim Militär besser abberufen werden sollten, da ihre Anwesenheit antisowjetische Stimmungen hervorrufe und die Spannungen im Lande anheize.

Ochab, auf dem Wege zum Parteitag der chinesischen KP, machte in der zweiten Hälfte September 1956 in Moskau Station und diskutierte mit Mikojan dieses Thema. Nach vorliegenden Informationen aus der Literatur stimmte Mikojan diesen Vorschlägen als mit der Linie der KPdSU übereinstimmend zu.[70]

Ochab ging jedoch noch weiter. Während seines Aufenthaltes in China bemühte er sich um Unterstützung der chinesischen Führung gegen die übermäßige sowjetische Einmischung in die polnischen Angelegenheiten.[71]

Am 2. Oktober 1956 beauftragte das Politbüro des ZK der PVAP Ochab damit, mit Gomulka zu sprechen und ihn zur nächsten Tagung einzuladen. Bei der Erörterung der politischen Lage im Lande und in der Partei kam die polnische Führung zu dem Schluß, daß die Bevormundung Moskaus eine der wichtigsten Ursachen der innenpolitischen Krise darstellte. Vom 12. Oktober an beteiligte sich Gomulka aktiv an der Arbeit des Politbüros, wobei er sehr bald die Initiative übernahm. Eine mögliche Spaltung der Führung wurde dadurch abgewendet, daß Ochab seinen Platz als Partei-Chef freiwillig räumte. Der Wechsel sollte offiziell auf der 8. Plenartagung des ZK der PVAP am 19. Oktober 1956 erfolgen.

Moskau war damit nicht einverstanden. Chruschtschow schlug Ochab am 17. Oktober in einem Telefonat vor, daß eine sowjetische Delegation an der 8. Plenartagung teilnehmen sollte. Ochab sagte im Prinzip zu, meinte aber, das es besser wäre, wenn die Delegation nach dem Plenum nach Warschau käme. Das löste Mißtrauen im Kreml und den Vorschlag aus, die Eröffnung der Plenartagung zu verschieben.

Die sowjetische Führung war erstmals mit der Tatsache eines offenen Ungehorsams konfrontiert. Aus Furcht vor einem Austritt Polens aus dem »sozialistischen Lager« alarmierte sie die auf polnischem Territorium stationierten sowjetischen Truppen.

Am 19. Oktober, am Tage des Beginns der Plenartagung, landete in Warschau ein Flugzeug mit Chruschtschow, Mikojan, Molotow und Kaganowitsch. Daraufhin pausierte das Plenum.

In den anschließenden mehrstündigen Verhandlungen behauptete sich die polnische Seite. Die sowjetische Delegation mußte nach einem scharfen Meinungsstreit nachgeben, zumal erkennbar war, daß weder die Mitgliedschaft Polens im Warschauer Pakt noch die Machtfrage in Polen zur Disposition standen. Die Moskauer Vertreter entschieden noch vor Ort, den Marsch sowjetischer Einheiten auf Warschau zu stoppen und diese in die Kasernen zurückzuschicken. Und zähneknirschend stimmte man auch den beabsichtigten personellen Veränderungen in Warschau zu.[72]

Die neue Führung unter Gomulka erklärte die Demokratisierung des gesellschaftlichen Lebens und des Staatsaufbaus zum Hauptziel der künftigen Tätigkeit. Das schloß die Herstellung der Souveränität Polens inklusive gleichberechtigter Beziehungen zwischen der UdSSR und Polen sowie Veränderungen in der Wirtschaftspolitik mit ein.[73] Die Mehrheit der Bevölkerung unterstützte den neuen Kurs. Die krisenhafte Spannung nahm rasch ab, der Staat kehrte zur Nomalität zurück.

Die Lage entwickelte sich in Ungarn anders. Gerö, der im Sommer 1956 Rákosi als Partei-Chef abgelöst hatte, war nicht populär. Die Öffentlichkeit verband mit seinem Namen keine

Hoffnungen auf Veränderungen im Lande. Der Druck – namentlich aus der Intelligenz und der Jugend – nahm zu. Er zielte zunächst auf die Rehabilitierung der Opfer des Rákosi-Regimes.

Die ungarische Führung wurde gezwungen, der Umbettung der sterblichen Überreste des 1949 hingerichteten Außenministers László Rajk zuzustimmen. Dies geschah am 6. Oktober 1956 und löste eine Massendemonstration aus, die die Erneuerung des Sozialismus forderte.[74]

Sie war der Auftakt zu weiteren Massenveranstaltungen und Reaktionen im Schriftstellerverband, deren Dynamik die Parteiführung nicht erkannte.[75] Symbol der oppositionellen Stimmung wurde Imre Nagy, der gemaßregelte Ministerpräsident. Er wurde, da man auf diese Weise Druck aus dem Kessel nehmen wollte, am 14. Oktober 1956 wieder in die Partei aufgenommen.

Veränderungen in der Zusammensetzung der Partei- und Staatsführung oder gar eine Korrektur des innenpolitischen Kurses erfolgten jedoch nicht.

Zwischen dem 15. und 23. Oktober weilte eine ungarische Partei- und Regierungsdelegation in Jugoslawien. Die Medienberichte darüber lenkten ungewollt die Aufmerksamkeit auf das jugoslawische Sozialismus-Modell der Selbstverwaltung der Werktätigen. Noch größeres Interesse riefen die Ereignisse in Polen hervor, wo es um die gleichen Probleme ging wie in Ungarn. Der Personal- und Kurswechsel an der Weichsel fand großes Echo in der ungarischen Öffentlichkeit.

Zum Zeichen der Solidarität mit Polen riefen Studenten der Budapester Polytechnischen Universität zu einer Massendemonstration unter der Losung »Demokratisierung des Sozialismus in Ungarn« am 23. Oktober. Sie forderten die Einberufung eines Parteitages, Ausschluß der Stalinisten aus der Führung, Rückkehr von Imre Nagy auf den Posten des Ministerpräsidenten und Umgestaltung der sozialen und ökonomischen Verhältnisse. Die Wirkung war groß.[76] Sowohl die ungarische als auch die sowjetische Führung wurde davon überrascht. Sie reagierten kopflos. Am Abend des 23. Oktober kam es zu bewaffneten Zusammenstößen von Gruppen der Demonstranten mit Kräften der ungarischen Staatssicherheit. Das vergossene Blut wirkte in der ungarischen Öffentlichkeit so, als habe man Öl ins Feuer gegossen. Gerö bat in Moskau um militärische Hilfe. Im Morgengrauen des 24. Oktober rückten sowjetische Truppen, die sich in Ungarn befanden, in Budapest ein. Damit war der Rubikon überschritten.

Nagy, der am 27. Oktober 1956 die Regierung übertragen bekam, war bemüht, die Bewegung der aufständischen Massen unter Kontrolle zu nehmen, indem er die Forderungen ihres radikalsten Teils aufnahm. Die sowjetische Führung und die von ihr getragenen Kräfte um Kádár bewerteten den Volksaufstand jedoch als Konterrevolution, die mit ausschließlich militärischen Mitteln besiegt werden mußte. Man glaubte, daß der Sozialismus in Ungarn einschließlich der Mitgliedschaft im Warschauer Pakt zur Disposition stünde. Genährt wurde dieser Verdacht aus den Berichten des Botschafters Jurij Andropow sowie Mikojans und Suslows, die beide in besonderer Mission in Budapest weilten. In diese Richtung zielten auch Informationen aus Kanälen des Verteidigungsministeriums und des KGB.[77]

Es bestand aus Sicht Moskaus also höchste Gefahr für das »sozialistische Lager«.[78] Allerdings schien sich die sowjetische Führung in der Bewertung doch nicht so sicher. Anders läßt sich die Anweisung zum Rückzug der sowjetischen Truppen aus Budapest am 30. Oktober und ihre »Deklaration der Sowjetregierung über die Grundlagen der Entwicklung und weiteren Festigung der Freundschaft und Zusammenarbeit zwischen der Sowjetunion und den anderen sozialistischen Staaten« nicht erklären. Vielleicht hoffte man in Moskau auf eine polnische Lösung auch an der Donau?

Am 31. Oktober gab es jedoch eine jähe Wendung durch ein unvorhergesehenes Ereignis. Bei einem Überfall auf den Sitz der Budapester Parteileitung waren zwanzig Mitarbeiter ermordet worden, darunter auch der Sekretär des Stadtkomitees, Mesö.[79]

Dieser barbarische Akt wurde sofort in einen bestimmten politischen Kontext gestellt: Nagy hatte angekündigt, sich vom Einparteiensystem verabschieden zu wollen.[80] Es hieß, seine Regierung beabsichtige, die Neutralität Ungarns zu erklären.

Daraufhin befahl Moskau seinen Truppen die Rückkehr nach Budapest und die Niederschlagung des Aufstandes.

»Vom Protektorat zur eingeschränkten Souveränität«

So überschrieb der polnische Historiker Loś einen Beitrag zum Umbruch des Jahres 1956.[81] Diese Wendung kursierte bereits unter Wissenschaftlern, ehe er sie in die Literatur einführte. Über den Terminus »Protektorat« kann man streiten. An seine Stelle ließe sich auch das Wort »Satellit« oder irgendein anderer nach-

sichtiger Ausdruck setzen. Dennoch: Damit wurde das Entscheidende der Beziehungen zwischen der Sowjetunion und den
anderen Ländern des »sozialistischen Lagers« zwischen 1955 und
1957 benannt. Es gab eine qualitative Veränderung mit einem
langen Vorlauf, der mit der Normalisierung der Beziehungen zu
Jugoslawien verbunden war.

Der Moment des Umbruchs ergab sich aus der Krise des
»sozialistischen Lagers« im Jahre 1956, besonders aus den zugespitzten innenpolischen Krisen in Polen und Ungarn. Dieser Prozeß schritt in den folgenden Jahren voran, wobei der Grad der
Freiheit und der Grad der Einschränkung der Souveränität in
den Beziehungen der UdSSR nicht zu jedem Land des »sozialistischen Lagers« gleich war.

Die Unumgänglichkeit dieser Veränderungen wurde der
sowjetischen Führung nicht sofort bewußt. Zur bekannten Schei-
delinie, die aufgrund neu entdeckter Dokumente nunmehr
gründlicher erforscht werden kann, gehört die »Deklaration der
Sowjetregierung über die Grundlagen der Entwicklung und
weiteren Festigung der Freundschaft und Zusammenarbeit zwischen der Sowjetunion und den anderen sozialistischen Staaten«.
Sie wurde am 30. Oktober im Rundfunk verbreitet und am
31. Oktober 1956 in der Presse veröffentlicht.[82]

Die Deklaration rief bei der jugoslawischen Führung Befriedigung hervor. »Als hätten wir Jugoslawen sie selbst verfaßt«, kom-
mentierte sie der jugoslawische Botschafter in der UdSSR, Mićunović.[83] Er befand sich gerade in Belgrad, wo er eine erste Information über diese Deklaration erhielt und sie erörterte. Mit seiner
Bemerkung brachte er die Auffassung wenn schon nicht der ganzen
jugoslawischen Führung, so zumindest des diplomatischen Dien-
stes zum Ausdruck. Diese Bewertung herrscht auch in der Literatur in Jugoslawien vor. In diesem Dokument, so hieß es, würden
Prinzipien artikuliert, die bereits in Dokumenten über die sowjetisch-jugoslawischen Beziehungen, namentlich in der Belgrader
Deklaration von 1955 und in der Moskauer Deklaration von 1956,
fixiert worden wären.[84] In der Tat gibt es Überschneidungen; in
einigen Fällen lassen sich Analogien feststellen.

Es gibt bei der Bewertung aber auch völlig gegensätzliche Auffassungen, vor allem dann, wenn die Deklaration in einem unmittelbaren Konnex zur Militäraktion in Budapest gestellt wird. Da
wird sie als ein politisches Manöver Moskaus gesehen, als eine Art
Feigenblatt für die gewaltsame Einmischung in innere Angelegen-

heiten von Verbündeten.[85] Wie auch immer: Sie bot der Regierung Nagy die Möglichkeit, sofort die Frage nach einem unverzüglichen Abzug der sowjetischen Truppen vom Territorium Ungarns zu stellen und darüber Verhandlungen zu beginnen.[86]

In diesem Zusammenhang wurde auch die Frage nach einem neutralen Status Ungarns und dem Austritt aus dem Warschauer Pakt aufgeworfen.

Mithin: Moskaus Deklaration hat die Vorgänge in Ungarn nicht positiv beeinflußt, weil sie zu spät kam, sondern auch, weil sie wohl auch mißverständlich war, wie die unterschiedlichen Auslegungen zeigten.

Doch immerhin: Die einseitige Erklärung der sowjetischen Regierung (obwohl der Beschluß darüber auf einer Sitzung des Präsidiums des ZK der KPdSU gefaßt worden war) manifestierte den Zeitpunkt, an dem die sowjetische Führung begriff, daß der Charakter ihrer Beziehungen zu den Ländern des »sozialistischen Lagers« verändert werden mußte. Das Papier formulierte zudem in allgemeinen Zügen die Prinzipien einer neuen Konzeption dieser Beziehungen.

Während der ungarischen Krise tagte das Präsidium des ZK der KPdSU in Permanenz. Täglich fanden Sitzungen statt, manchmal saß man von morgens bis abends. Die Führung analysierte die eingehenden Informationen und traf wichtige Entscheidungen. Die Erörterung einzelner Fragen erfolgte oft ohne Anfertigung eines Protokolls. Und wenn protokolliert wurde, vergaß man mitunter Wichtiges. Erhalten geblieben sind die Notizen, die ein verantwortlicher Mitarbeiter im Apparat des ZK der KPdSU während der Sitzungen mit Bleistift machte.[87] Dank dieser Dokumente können wir jetzt hinter die Kulissen der Ereignisse schauen.

Die Krise in den Beziehungen zwischen den sozialistischen Ländern berührte nicht nur die europäischen, sondern auch die asiatischen Länder. Die interne Ablehnung der Beschlüsse des XX. Parteitages der KPdSU durch die chinesische Führung hatte nicht nur ideologische, sondern auch politische Konsequenzen. Diese zeigten sich spürbar im Oktober 1956 während der Krise in Polen und in Ungarn. In der zweiten Hälfte des Oktober weilte eine chinesische Delegation unter der Leitung von Liu Xiao-tsi in Moskau. Sie beteiligte sich aktiv an den Erörterungen aller Probleme innerhalb des »sozialistischen Lagers« und übte einen starken Einfluß auf die Position der sowjetischen Seite aus.

Die sowjetische Führung konnte die Meinung der chinesischen

Führung nicht ignorieren, denn die Zusammenarbeit mit ihr galt immer als eines der wichtigsten Anliegen sowjetischer Politik. Die Aktivitäten dieser chinesischen Delegation waren bislang nicht Gegenstand spezieller Untersuchungen, was sie ohne Zweifel verdient hätten. In der Literatur wird davon berichtet, daß Liu Xiaotsi an dem mehrseitigen Treffen der Vertreter der sozialistischen Länder am 24. Oktober in Moskau teilnahm – aus der Tschechoslowakei waren Novotny, aus Bulgarien Shivkov, Jugov und Damjanov, aus der DDR Ulbricht, Grotewohl und Stoph erschienen. In dieser Runde wurde die Lage in Polen und Ungarn gründlich erörtert.[88]

Am 22. Oktober 1956 hatte der sowjetische Botschafter an Gomulka einen Brief Chruschtschows übergeben. Darin sicherte er die Abberufung der sowjetischen Berater aus dem polnischen Staatssicherheitsdienst und aus der polnischen Armee zu.[89] Am Tage darauf telefonierten beide miteinander. Chruschtschow erklärte, daß er »keine Hindernisse sieht, um die Partei- und die staatlichen Beziehungen zwischen der UdSSR und Polen auf die Prinzipien zu gründen, die die 8. Plenartagung des ZK der PVAP dargelegt hat«.[90]

Es hatte den Anschein, daß ähnliche Beziehungen über kurz oder lang auch zwischen der Sowjetunion und den anderen Ländern des »sozialistischen Lagers« hergestellt werden sollten.

Die aufgefundenen Dokumente erlauben den Schluß, daß diese Beziehungen auch ein Gegenstand der Erörterung der chinesischen Delegation unter Liu Xiao-tsi mit der sowjetischen Führung waren. Am 30. Oktober, dem Höhepunkt der Ungarnkrise, gab es einen Meinungsaustausch zwischen den Mitgliedern des Präsidiums des ZK der KPdSU und den Chinesen. Laut Protokollnotiz dauerte die Sitzung des Parteipräsidiums sehr lange und wurde vermutlich zweimal unterbrochen, um jeweils Informationen über die Verhandlungen und Gespräche mit den »chinesischen Genossen« anzuhören, die Chruschtschow und Judin, der sowjetische Botschafter in China, gaben. Aus diesem Dokument kann man schließen, daß es vor allem um zwei Fragen ging: um die Präsenz sowjetischer Truppen auf dem Territorium sozialistischer Länder und um die Notwendigkeit, die Beziehungen zwischen ihnen in Übereinstimmung mit den Prinzipien von »Pantja Sila« (den fünf Prinzipien der friedlichen Koexistenz)[91] zu gestalten.

Die Teilnehmer der Sitzung neigten dazu, die Frage über

Abzug oder Verbleib sowjetischer Truppen an den Politisch Beratenden Ausschuß des Warschauer Paktes zu delegieren und unter Berücksichtigung der Auffassung jenes Landes entscheiden zu lassen, in dem die Truppen sich aufhielten. »Diese Position vertritt das gesamte Politbüro des ZK der KPdSU«, so Chruschtschow. Marschall Shukow neigte dazu, den Rückzug der sowjetischen Truppen aus Budapest und – falls erforderlich – aus Ungarn zu beschließen. Die Stationierung in der DDR und in Polen sei eine »viel gewichtigere Frage«. »Für uns ist das in militärisch-politischer Hinsicht eine Lehre«, bemerkte er.[92] Ob sowjetische Truppen in Rumänien stationiert werden sollten, wurde nicht erörtert. Dem Vorschlag Shukows, den Politisch Beratenden Ausschuß des Warschauer Paktes einzuberufen, wurde nicht widersprochen. In diesem Kontext erinnerte man an das Potsdamer Abkommen und an die Abkommen mit den einzelnen Mitgliedstaaten des Paktes.

Die chinesischen Genossen hatten nach Auffassung Bulganins »keine richtige Vorstellung von unseren Beziehungen mit den Ländern der Volksdemokratie«. Dem stimmte Molotow zu. Die Beziehungen auf staatlicher Ebene müsse man nach anderen Prinzipien als die Parteibeziehungen gestalten, meinte er. Den Unterschied zwischen den staatlichen und den Parteibeziehungen unterstrich auch Kaganowitsch.[93] Während die Vertreter der »alten Garde« zu einem derartigen dogmatischen Theoretisieren neigten, äußerten sich die jüngeren Mitglieder der Führung bedeutend entschiedener.

Den Ton gab Schepilow an, seit einem halben Jahr Außenminister. »Der Verlauf der Ereignisse offenbart eine Krise unserer Beziehungen mit den Ländern der Volksdemokratie«, erklärte er. Weiter wurden seine Überlegungen in der kurzen Protokollnotiz in unzusammenhängenden Sätzen wiedergegeben: »Antisowjetische Stimmungen weit verbreitet. Tiefreichende Gründe aufdecken. Elemente des Kommandierens überwinden … Reihe von Maßnahmen unserer Beziehungen überprüfen. Die Deklaration – ein erster Schritt.«[94]

Seinen Äußerungen stimmte Marschall Shukow zu. Zu dem, was er zuvor dargelegt hatte, fügte er hinzu: »Weiter zu beharren – unklar, wohin das führt«.

Aus einem anderen Anlaß bemerkte er: »Die Umgestaltung nach dem XX. Parteitag ist steckengeblieben«.

Die Überlegungen Schepilows wurden auch von Furzewa unterstützt, die ergänzte, daß es notwendig sei, »nach anderen

Gesichtspunkten die Beziehungen mit den Ländern der Volksdemokratie zu überprüfen«.

Saburow schloß sich ihnen an. »Auf dem XX. Parteitag haben
wir eine gute Sache gemacht, aber danach haben wir keine Initiative entfaltet. Man kann nicht die Führung ausüben gegen den
Willen des Volkes ... Wir könnten uns am Schwanze der Ereignisse
befinden«. Zu den Ländern der Volksdemokratie sagte Saburow:
»Die Beziehungen müssen überprüft werden. Die Beziehungen
müssen auf gleicher Basis gestaltet werden.«[95]

Nach sowjetischen Maßstäben handelte es sich bereits um eine
politische Plattform, die ein bedeutender Teil der Führung bildete.
Diese enthielt eine grobe Konzeption zur Umgestaltung der Beziehungen der UdSSR mit den Ländern des »sozialistischen Lagers«.
Chruschtschow, der die Ergebnisse der Diskussion zusammenfaßte, stellte dennoch Einmütigkeit fest. »Als erste Etappe – die
Deklaration verabschieden« – sagte er, wobei er zu verstehen gab,
daß mit ihr die Sache nicht beendet sei.

Die Sitzung des Präsidiums des ZK der KPdSU am 30. Oktober 1956 kann man als historisch bedeutsam einschätzen. Auf ihr
wurde der Text der Deklaration diskutiert und mit geringfügigen
Korrekturen gebilligt.

Keine zufällige Episode war die zeitweilige Teilnahme der chinesischen Delegation unter Liu Xiao-tsi an dieser Sitzung. Die
kurze Protokollnotiz hat uns nur eine Mitteilung von Liu Xiao-tsi
überliefert: Er habe der sowjetischen Führung die Meinung des ZK
der KP Chinas überbracht, daß die sowjetischen Truppen »in
Ungarn und in Budapest verbleiben müssen«.[96]

Der Beitrag der Chinesen an dieser Präsidiumssitzung wird sich
wohl kaum auf diesen einen Satz beschränkt haben. Der Historiker muß jedoch mit Fakten, nicht mit Vermutungen operieren.
Dennoch: Allein die Tatsache der Teilnahme der chinesischen Delegation an dieser Sitzung ist bedeutungsvoll.

Die Deklaration vom 30. Oktober 1956 bildete die Grundlage
für zweiseitige Verhandlungen der sowjetischen Führung mit Par-
tei- und Regierungsdelegationen der sozialistischen Länder, die
von Ende 1956 bis in die erste Hälfte 1957 in Moskau stattfanden.
In dieser kurzen Periode besuchten neun Delegationen Moskau.[97]
Den Auftakt bildeten die Polen (15.-18. November 1956).

Die Intervention der sowjetischen Truppen in Budapest am
4. November 1956 offenbarte jedoch die Grenzen der in den
Dokumenten deklarierten Gleichberechtigung und Souveränität.

Ähnliches wiederholte sich 1968 in der Tschechoslowakei. Die Intervention fußte auf der als Breshnew-Doktrin bezeichneten Politik Moskaus.

Ein gewisses Fazit dieser Verhandlungen zogen Vertreter kommunistischer und Arbeiterparteien der sozialistischen Länder auf der Beratung, die vom 14. bis zum 16. November 1957 in Moskau stattfand. Das Abschlußdokument des Treffens kodifizierte die bis dahin entwickelten Ansichten und Konzepte zur kommunistischen Weltbewegung auf der Basis der sowjetischen Erfahrungen und des sowjetischen Sozialismus-Modells.

Als Grundlage der gegenseitigen Beziehungen der sozialistischen Länder verkündete diese Deklaration die »Prinzipien des Marxismus-Leninismus, das Prinzip des proletarischen Internationalismus«. Als Ausdruck ihrer höchsten Interessen galt die Verteidigung des Sozialismus, weshalb die Deklaration als Auftrag die Stärkung der Organisation des Warschauer Vertrages und die Entwicklung der Zusammenarbeit auf allen Gebieten als Ziel formulierte. Berücksichtigt werden sollten dabei die allgemeinen Gesetzmäßigkeiten und Prinzipien der sozialistischen Revolution und des sozialistischen Aufbaus. Die zugestandene Berücksichtigung nationaler Besonderheiten und Unterschiede beim Übergang vom Kapitalismus zum Sozialismus stellte eher eine subtile Nuancierung der allgemeinen Doktrin denn die Verallgemeinerung der konkreten Praxis dar.[98]

Der Rahmen der »eingeschränkten Souveränität« war sichtlich eng gezogen. Er wurde bestimmt von der »sozialistischen Gemeinschaft« und war untrennbar verbunden mit der kommunistischen Ordnung. Ein Verlassen dieses Rahmens galt als unzulässige »Flucht aus dem Lager« und zeitigte »kollektive« Konsequenzen.

Dennoch: Die sich nach 1957 entwickelnden Beziehungen innerhalb des »sozialistischen Lagers« bedeuteten einen Fortschritt im Vergleich zur vorangegangenen Periode des Stalinismus. Die Abberufung der sowjetischen Berater aus den Organen der Staatssicherheit und aus den Armeen der sozialistischen Länder erweiterte den nationalen Spielraum. Der Schatten des »großen Bruders« lag dennoch auf den internationalen Beziehungen, auch wenn sich die Sowjetunion bemüht zeigte, den Schein der Gleichheit zu wahren (etwa durch neue Formen des Erfahrungsaustauschs auf verschiedenen Ebenen oder die Entwicklung der ökonomischen Zusammenarbeit im Rahmen des RGW).

Die ideologischen und politischen Differenzen zwischen der UdSSR und China nahmen allerdings zu. Diese wurden vor allem von dogmatischen und nationalistischen Elementen in den Führungen Albaniens und Rumäniens ausgenutzt. Das führte Anfang der 60er Jahre zum Bruch Moskaus mit der albanischen Führung. Diese hegte ihre Feindschaft zu Jugoslawien, weil Belgrad nicht bereit war, über territoriale Forderungen im Kosovo zu reden.

Moskau stellte seine ökonomischen Hilfe für Albanien ein, auch andere sozialistische Staaten beendeten ihre Wirtschaftsbeziehungen. »Hilfe« kam aus China – materiell wie ideell.

In der zweiten Hälfte der 60er Jahren verschlechterten sich auch die Beziehungen zwischen Moskau und Bukarest, wo Ceausescu die Führung übernommen hatte.

Und Jugoslawien verblieb weiterhin außerhalb des »Lagers«.

Die anderen Länder des »sozialistischen Lagers« hingegen wurden immer mehr in die Organisationen des Warschauer Vertrages und des RGW eingebunden, die nach 1956 ihre Tätigkeit aktivierten. Ihre Funktionsweise verlieh der Zusammenarbeit der Mitgliedsländer einen institutionalisierten Charakter, der in gewissem Maße die sowjetische Dominanz verschleierte und flexiblere Mechanismen der Abstimmung konkreter Maßnahmen und langfristigerer Interessen in Gang setzte.

Das System, wie es sich nach 1956 herausbildete, schuf für die im »sozialistischen Lager« herrschenden Eliten auch einen bestimmten Vorzug. Es gewährte ihnen eine gewisse Freiheit hinsichtlich innerer Angelegenheiten und vermittelte das Gefühl von Stabilität und Geschütztsein. Von sowjetischer Seite wurde die Kontrolle über diese Länder und deren Führungen mit weicheren Methoden ausgeübt. Es wuchs die Bedeutung ökonomischer Hebel.

Eine vordergründige Schutzfunktion spielte weiterhin die Ideologie, die ihr Hauptaugenmerk auf den Kampf gegen den rechten Revisionismus konzentrierte. In dieser Hinsicht wurde besonders 1957, nach der Veröffentlichung des Entwurfs eines neuen Programms des BdKJ, die Polemik mit der jugoslawischen Führung forciert.

Wie auch immer: Es blieb eine wesentliche Tatsache, daß es vor allem um die Logik der inneren Entwicklung des »sozialistischen Lagers« ging, wobei die Funktion der Sicherheit im Verlaufe seiner ganzen Existenz dominierte.

In den Jahren 1955 bis 1957 erhielt das »sozialistische Lager« jene innere Struktur, die bei geringen Modifikationen bis zu seinem

Ende im Jahre 1989 fortbestand. Sein Schicksal war untrennbar mit der Entwicklung der kommunistischen Ordnungen verbunden. Und es verschwand von der historischen Bühne zusammen mit den Ordnungen, die es hervorgebracht hatten.

Die Jahre von 1955 bis 1957 stellen darum eine wichtige historische Zäsur in der Vollendung dieses Blocks dar, der über vier Jahrzehnte hinweg einer der Pole der bipolaren Welt war, die sich nach dem Ende des zweiten Weltkrieges herausgebildet hatte.

Fußnoten

1 Doklad N. S. Chruščeva 25 febralja 1956 g. na zakrytom zasedaninii XX sezda KPSS. In: Izvestija ZK KPSS. 3/1989; deutsch: Die Geheimrede Chruschtschows. Über den Personenkult und seine Folgen. Berlin 1990

2 AP RF, F. 3, Op. 66, D. 965, L. 90-92

3 Ebd., L. 93. Der Unterschied von vier Tagen in der Datumsangabe des Briefes und im Postskript kann man vermutlich mit einer Anfrage aus Moskau erklären. Das Vorhandensein dieses Briefes im Bestand Molotows erlaubt die Annahme, daß er schnell den Adressaten erreichte und offensichtlich Gegenstand eines Meinungsaustausches im Präsidium des ZK der KPdSU war. Der Grund für einen solchen Schluß ergibt sich daraus, daß Molotow in der Folgezeit einige Redewendungen des Briefes von I. Tschumak gebrauchte (Erfolglosigkeit »der Taktik des direkten Vorstoßes«, die Notwendigkeit der Ablösung der »alten Methoden« usw.).

4 Es seien nur zwei Arbeiten hervorgehoben: Ju. Girenko: Stalin – Tito. Moskau 1991; D. Bekič: Jugoslavija u hladnom ratu. Odnosi s velikim silama. Zagreb 1988

5 AP RF, F. 3, Op. 66, D. 903, L. 122

6 Als Balkan-Pakt versteht man ein militärisch-politisches Bündnis Jugoslawiens mit der Türkei und Griechenland, der sozusagen in zwei Etappen abgeschlossen wurde. Seine Grundlage bildete der Vertrag von Ankara über Freundschaft und Zusammenarbeit, der am 28. Februar 1953 abgeschlossen worden war. Er wurde ein anderthalbes Jahr später, am 9. August 1954, durch den in der jugoslawischen Stadt Bled unterzeichneten Vertrag über Freundschaft und gegenseitige Hilfe ergänzt, der ihre Verpflichtungen bis hin zu Gewährung militärischer Unterstützung im Falle einer bewaffneten Aggression gegen eines der Länder erweiterte.

7 Offenbar handelt es sich um die Rede Malenkows in der Tagung des Obersten Sowjets der UdSSR am 8. August 1953, wo er die Grundlagen des außenpolitischen Programms darlegte, das auf eine Abschwächung der internationalen Spannungen gerichtet war, und wo er insbesondere auf die Normalisierung der Beziehungen zu Jugoslawien hinwies. (Prawda, 9. August 1953).

8 AP RF, F. 3, Op. 66, D. 927, L. 93-96

9 Pregled istorije Saveza komunista Jugoslavije. Belgrad 1963, S. 561

10 AP RF, F. 3, Op. 66, D. 911, L. 4

11 Ebd., Op. 64, D. 80, L. 72-78

12 Ebd., Op. 66, D. 966, L. 64-67, 78, 82, 84, 89, 101

13 Ebd., L 69 f.

14 Ebd., 91-93

15 Ebd., Op. 64, D. 67, L. 79 f.

16 Ebd., L. 78

17 Ebd., Op. 66, D. 927, L. 99-101, 103-112

18 Ebd., D. 911, L. 79-86

19 Es handelt sich, nachdem die KP Jugoslawiens als Gründungsmitglied ausgeschlossen war, um folgende Parteien: KP der Tschechoslowakei (KPTsch), Polnische Vereinigte Arbeiterpartei (PVAP), Ungarische Sozialistische Arbeiterpartei (USAP), Bulgarische KP (BKP), Rumänische KP (RKP), Italienische KP (IKP), Französische KP (FKP). *(Anmerkung d. Hrsg.)*

20 Es handelte sich um die vom Kominformbüro herausgegebene Zeitung. *(Anmerkung d. Hrsg.)*

21 AP RF, F. 3, Op. 66 , D. 911, L. 91-93

22 In den sowjetischen Direktiven waren faktisch die fünf Prinzipien der friedlichen Koexistenz dargelegt, die erstmals in der indisch-chinesischen Vereinbarung niedergeschrieben waren, die am 29. April 1954 in Peking

unterzeichnet worden war. Später erhielten sie in Resolutionen vieler Konferenzen und in zweiseitigen Abkommen eine große Verbreitung; und sie wurden in vielen internationalen Dokumenten bekräftigt.

23 AP RF, F. 3, Op. 1, D. 911, L. 94-99
24 Ebd.
25 Die Feststellung E. Kardeljs, die sich in seinen Memoiren findet, daß die Belgrader Erklärung zu einer »wahrhaften Magna Charta für die Beziehungen zwischen den sozialistischen wie auch zwischen anderen Ländern wurde, scheint eine große Übertreibung zu sein. Die entsprechende Stelle in den Erinnerungen Kardeljs zum Abschluß der Belgrader Erklärung wird im Anhang des Buches von C. Štrbac: Jugoslavija i odnosi izmedu socijalistiskih zemelja. Sukob KPJ i Informbiroa. Belgrad 1984, S. 439 f., zitiert.
26 Prawda, 3. Juni 1955
27 D. Bogetić: Odnosi Jugoslavije i Zapada u kontekstu posete Hručova Beogradu 1955. In: Istorija 20.veka. Belgrad, 1/1997, S. 47-60. Aus unverständlichen Gründen beschränkt der Verfasser seine Analyse auf die anfängliche Reaktion der westlichen Botschafter in Belgrad auf den Besuch der sowjetischen Delegation sowie auf die Einschätzung seiner unmittelbaren Ergebnisse in den USA, aber er hat völlig die vierseitige Konferenz unerwähnt gelassen, die vom 24. bis zum 27. Juni 1955 in Belgrad stattfand und an der die Botschafter der USA, Englands und Frankreichs sowie eine jugoslawische Delegation teilnahmen. Über diese Konferenz wurde der sowjetische Botschafter am 28. Juni 1955 ausführlich vom Stellvertreter des Sekretärs für internationale Angelegenheiten Jugoslawiens, S. Prica, informiert. Siehe: AP RF, F. 3, Op. 66, D. 911, L. 172-177
28 Centr chranenija sovremennoj dokumentacii (Zentrum zur Aufbewahrung von aktuellen Dokumenten – im folgenden: C CHS D), F. 2 , Op 1, D. 180, L. 283
29 Istoričeskij archiv. 4/1993, S. 77
30 Es handelte sich selbstverständlich um ein bereits korrigiertes und redigiertes Stenogramm, das gedruckt worden war.
31 Hervorgehoben vom Autor
32 Handgeschriebener Brief W. Tschervenkovs an N. S. Chruschtschow vom 18. September 1955. – AP RF, F. 3, Op. 64, D. 289, L. 113 f.
33 Ebd., D. 76, L. 176 f.
34 Ebd., Op. 66, D. 942, L. 112-137. Information des Außenministeriums der UdSSR über die Beziehungen Jugoslawiens zu den Ländern der Volksdemokratie (Mai 1956).
35 Der Prozeß gegen Laszlo Rajk ordnete sich in die Stalinschen Repressionen gegen führende Kommunisten volksdemokratischer Länder ein, denen Ende der 40er/Anfang der 50er Jahre der Vorwurf des Verrats, der Verschwörung, der Zusammenarbeit mit dem Imperialismus wie auch der Vorwurf des »Titoismus« gemacht wurde. Neben Rajk, ungarischer Innenminister, handelte es sich beispielsweise in Bulgarien um Traitscho Kostov, Führungsmitglied der BKP und stellvertretender Ministerpräsident, in der CSR um Rudolf Slansky, Generalsekretär der KPC, und andere, die zum Tode verurteilt und sodann hingerichtet wurden. *(Anmerkung d. Hrsg.)*
36 AP RF, F. 3, Op. 64, D. 912, L. 3 f. Berechnet man den damaligen offiziellen Kurs (4 Rubel für einen US-Dollar), betrug die Verschuldung Jugoslawiens ungefähr 300 Millionen Dollar.
37 AP RF, F. 3, D. 911, L. 142
38 Ebd., D. 912, L. 81-88
39 Ebd., L. 108-111
40 N. A. Barsukov: Oborotnaja storona »ottepeli«. Istoriko-dokumental'nyj očerk. In: Kentavr, 4/1993, S. 129-143
41 V. Mićunović: Moskovske godine. 1956-1958. Zagreb 1977, S. 25-27
42 G. M. Adubekov: Kominform i poslevojennaja Evropa. 1947-1956. Moskau 1994, S. 224 f.
43 Zum Charakter und zum Inhalt einer Reihe von inoffiziellen Gesprächen während des Besuchs siehe: Mićunović, S. 73-93
44 AP RF, F. 3, Op. 66, D. 943, L. 3-6
45 Ebd., L. 95
46 Ebd., L. 82-112
47 Ebd., L. 152
48 russ. »Sodručestvo« *(Anmerkung d. Hrsg.)*
49 AP RF, F. 3, Op. 66, D. 943, L. 143-161
50 Ebd.
51 Ebd., D. 944, L. 40-58. Mitglieder der sowjetischen Delegation waren Mikojan, Pospelow, Ponomarjow, Mitglieder der jugoslawischen Delegation – Kardelj, Todorovic, Blashevic.
52 Prawda, 21. Juni 1956
53 AP RF, F. 3, Op. 66, D. 944, L. 59-63
54 Mićunović, S. 93
55 Zit. nach: Sovjetskij Sojuz i vengerskij krizis 1956 goda. Dokumenty. Moskau 1998, S. 46, Anm. 12

56 A. M. Orechov: Sobytyja 1956 g. v Polše i krizis polsko-sovjetskich otnošenij. In: Sovjetskaja vnešnjaja politika v gody »cholodnoj vojny« (1945-1985). Novoe pročtenie. Moskau 1995, S. 222

57 Ebd., S. 224

58 Besonders anschaulich konnte man eine solche »Kettenreaktion« sodann viel später beobachten, und zwar in der Periode der »Samtenen Revolutionen« Ende 1989.

59 Nach Meinung L. Schapiros hat zum Beispiel im Oktober 1956 »dem kommunistischen Block der Zerfall gedroht«. Er hielt die zu jener Zeit entstandene Situation für »eine der größten Bedrohungen, denen sich die kommunistische Ordnung jemals seit dem Kronstädter Aufstand von 1921 gegenübergestellt sah«. Siehe: L. šapiro: Komunističeskaja partija Sovjetskogo Sojuza. 2-e dop. izd.(in russ. Sprache). Florenz 1975, S. 778

60 Sovjetskij Sojuz i vengerskij krizis … Dieser umfangreiche Sammelband enthält 236 Dokumente von erstrangiger Bedeutung und ist mit ausführlichen Kommentaren ausgestattet, die zusätzliche Informationen über die Ereignisse dieser Zeit und die vorhandene historische Literatur vermitteln.

61 Mićunović, S. 82 f.

62 Sovjetskij Sojuz i vengerskij krizis, Dok. 14, S. 85-87; Dok. 15, S. 87-89

63 Ebd., S. 39 f.

64 Ebd., Dok. 37, S. 173-175

65 Ebd., Dok. 50, S. 228-231

66 AP RF, F. 3, Op. 64, D. 289, L. 118-121. Bericht Mikojans über seinen Aufenthalt in Sofia vom 2. August 1956.

67 Ebd.

68 Der jugoslawische Botschafter V. Mićunović wurde am 20. Juli 1956 von N. A. Bulganin empfangen (Chruschtschow befand sich nicht in Moskau), dem er im Namen Titos eine Einladung für Chruschtschow übergab, zusammen mit seiner Familie und den Personen, die er mitzunehmen für nötig erachtet, in Jugoslawien Urlaub zu machen. – AP RF, F. 3, Op. 66, D. 935, L. 2.

69 Ebd., Op. 64, D. 118-121

70 A. M. Orechov: K istorii pol'sko-sovjetskich peregovorov 19 oktjabra 1956 g. v Bel'vedere (po novym materialam). In: Konflikty v poslevoennom razvitii vostočnoevropejskich stran. Moskau 1997, S. 134

71 Ebd.

72 Ebd., S. 140-148

73 Kratkaja istorija Pol'š. Moskau 1993, S. 410 f.

74 A. S. Stykalin: V preddverii vzryva. Uglublenie političeskogo krizisa v Vengrii i politica SSSR (mart – oktjabr' 1956 g.). In: Konflikty v poslevoennom razvitii vostočnoevropejskich stran, S. 63

75 So befand sich vom 15. bis zum 23. Oktober 1956, als die Entwicklung der Ereignisse dem Höhepunkt der Krise entgegenging, eine ungarische Partei- und Regierungsdelegation unter Leitung von E. Gerö zu einem offiziellen Besuch in Jugoslawien, so daß folglich die zur Delegation gehörenden Führer an den politischen Prozessen, die im Lande vor sich gingen, nicht beteiligt waren.

76 B. J. želicki: Budapest-Moskva: god 1956-j. In: Sovjetskaja vneš njaja politika v gody »cholodnoj vojny«, a. a. O., S. 257; siehe auch: Sovjetskij Sojuz i vengerskij krizis, Dok. 75, S. 316-318

77 KGB – Komitee für Staatssicherheit *(Anmerkung d. Hrsg.)*

78 Sovjetskij Sojuz i vengerskij krizis, Dok. 110, S. 447-449

79 Ebd., S. 333. Im Übersichtskapitel, das im Sammelband enthalten ist, bemerken die Verfasser, daß diese Episode in der vorliegenden historischen Literatur keine ausreichende Erläuterung erfahren habe.

80 Ebd., Dok. 120, S. 470 f.

81 R. Loś : Przelom 1956. Od protektoratu do ograniczonej suwerennoś ci. In: Więź, (Warschau) 1/1995, S. 118

82 Prawda, 31. Oktober 1956. Spätere Nachdrucke in russischer Sprache siehe: Istoričeskij archiv, 5/1993, S. 145 f.; Sovjetskij Sojuz i vengerskij krizis, Dok. 116, S. 464-467

83 Mićunović, S. 154

84 štrbac, S. 186

85 Sovjetskij Sojuz i vengerskij krizis, (Einleitungskapitel) S. 332

86 Ebd., Dok. 124, S. 477 f.; Dok. 129, S. 486 f.

87 Es handelt sich um Aufzeichnungen, die der Leiter der Allgemeinen Abteilung des ZK der KPdSU V. N. Malin angefertigt hat.

88 V. L. Mysamov: SSSR i vengerskie sobytie 1956 g.: novye archivnye materiali. In: Novaja i novejš aja istorija, 1/1993, S. 9. Im veröffentlichten tschechoslowakischen Dokument von dieser Beratung wird die Teilnahme Liu Xiao-tsi's nicht erwähnt. Siehe: Sovjetskij Sojuz i vengerskij krizis, Dok. 83, S. 359-366

89 L. W. Gluchowski: Poland 1956. Khushchew, Gomulka and the »Polish October«. In: Cold War International History Project (Woodrow Wilson International Center for Scholars, Washington D. C.). Bulletin. Issue 5, Spring 1995, (S. 45 f., (Document Nr. 5)

90 Zit. nach: Orechov: K istorii pol'sko- sovjetskich peregovorov, S. 140-150

91 Auf die Prinzipien der friedlichen Koexistenz von Staaten hatten sich 1954 China und Indien geeinigt. Im April 1955 fand sodann auf der Grundlage dieser Prinzipien die Bandung-Konferenz von asiatischen und afrikanischen Staaten statt, aus der die Bewegung der nichtpaktgebundenen Staaten hervorging. *(Anmerkung d. Hrsg.)*

92 Sovjetskij Sojuz i vengerskij krizis, Dok. 115, S. 457-462

93 Ebd.

94 Ebd.

95 Ebd.

96 Ebd.

97 In der offiziellen Geschichte der Außenpolitik der UdSSR wird die folgende Reihenfolge der Moskau-Besuche der Delegationen angegeben: Polen, Rumänien, DDR, Chinesische Volksrepublik, Albanien, Ungarn, Tschechoslowakei, Bulgarien, Mongolische Volksrepublik. Siehe: Istorija vnešnej politiki SSSR. 1917-1985. V 2-ch t., Izd. 5-e, T. II: 1945-1985 gg.. Moskau 1986, S. 248

98 Programmnye dokumenty bor'by za mir, demokratiju i socializm. Dokumenty Sovečanii predstavitelej kommunističeskich i raboačh partij, sostojavšichsja v Moskve v nojabre 1957 g., v Budapešte v ijune 1960 g., v Moskve v nojabre 1960 g. Moskau 1961, S. 4-21

VI. Der Instinkt der Selbsterhaltung: Die sowjetische Partokratie und der »Prager Frühling«

Die Ereignisse in der Tschechoslowakei teilten die Geschichte der »sozialistischen Gemeinschaft« in zwei fast gleichlange Perioden. Wenn man die erste Periode trotz der Krisen innerhalb einzelner sozialistischer Länder und in den Beziehungen zwischen ihnen als eine (obwohl sich abschwächende) Aufwärtsbewegung bezeichnen kann, so ging nach der tschechoslowakischen Krise die Bewegung unweigerlich ihrem Niedergang entgegen.

Die Bedeutung der tschechoslowakischen Krise von 1968 beschränkte sich keineswegs auf nur ein Land. Im Unterschied zu allen vorangegangenen Krisen handelte es sich hierbei um den ersten Versuch, das autoritär-bürokratische kommunistische System von innen heraus zu demontieren und ihm eine gewisse demokratische Gestalt mit menschlichem Antlitz zu geben. Im Verlaufe von wenigen Monaten des »Prager Frühlings« entstanden Ideen und Konzeptionen, die unter den Bedingungen der sowjetischen »Perestrojka« für ihren Durchbruch einige Jahre benötigten und dennoch nicht die in sie gesetzten Hoffnungen erfüllten.

Die Intervention der sozialistischen Staaten beendete das Experiment zur Entwicklung eines neuen Modells des Sozialismus. Es ist offenkundig, daß der Meinungsstreit darüber, ob ein solches Experiment überhaupt erfolgreich hätte sein können, bisher nicht beendet ist. Entweder wurden Erscheinungen der Unzufriedenheit unten unterdrückt oder die reformatorischen Bemühungen von oben beendet. Das verlieh dem Sozialismus eine Immunität gegen jede Art von Reformen. Damit war er ungeeignet für eine innere Entwicklung. Oder Reformen mußten zwangsläufig zu seinem Untergang führen.

Wovon ließen sich Moskau und seine Verbündeten leiten, als sie sich entschieden, »internationalistische Hilfe« zu leisten?

Die Antwort auf diese Frage hat bis zum heutigen Tag an Aktualität nicht verloren.

Die Lage des »sozialistischen Lagers« am Vorabend der entscheidenden Ereignisse in der Tschechoslowakei

In der ersten Hälfte der 60er Jahre erschöpften sich offenkundig die Möglichkeiten des kommunistischen Systems. Aus diesem Grunde unternahmen einige sozialistische Ländern Versuche zur ökonomischen Umgestaltung. Am weitesten ging Ungarn, wo am 1. Januar 1968 eine »Reform des Wirtschaftsmechanismus« in Angriff genommen wurde.Dabei fanden einige Besonderheiten marktbezogener Ökonomie und Leitung Berücksichtigung. Bei den Reformen konnte der Zusammenhang von Wirtschaftswachstum und politischer Organisation der Gesellschaft nicht ausgeblendet werden. Letztere erwies sich als unüberwindbares Hindernis für eine tiefgreifende Umgestaltung der Wirtschaft, da sie auf unverrückbaren Dogmen beruhte. Wie auch in anderen Ländern bewirkten die Reformversuche in der Sowjetunion unter Leitung von Andrej Kossygin nur geringfügig Fortschritte. Ohne prinzipielle Änderungen in der sowjetischen Wirtschaft blieb es beim Herumdoktern an den Symptomen.

Neben den ökonomischen Schwierigkeiten wurden die Führungen der sozialistischen Länder auch mit wachsender Opposition konfrontiert. In der Sowjetunion stellten sogenannte Dissidenten offizielle Doktrinen in Frage. Es kam eine Untergrundpresse (»Samisdat«[2]) auf, die aus Sicht Moskaus das Informationsmonopol der Führung verletzte. Weltweit bekannt wurden das Akademiemitglied Andrej Sacharow und der Schriftsteller Alexander Solshenizyn, die unter Hausarrest gestellt oder verbannt wurden. Der Schriftsteller Andrej Sinjawski (Pseudonym Abram Terz) kam 1965 in Haft (bis 1971), Juli Daniel (Pseudonym Nikolai Arschak) wurde 1966 zu vieren Jahren Zwangsarbeit verurteilt, im Januar 1968 wurde über Ginsburg und Galanskow zu Gericht gesessen.

In den Reihen der sowjetischen Partokratie wuchs die Sorge über die Perspektive ihres Einflusses in Europa.

Die sowjetische Führung und verschiedene Institutionen, die auf den außenpolitischen Kurs Einfluß hatten, registrierten, daß in den 60er Jahren die Tschechoslowakei allmählich zu einem schwachen Glied in der »sozialistischen Gemeinschaft« wurde. Der Wunsch, es zu stärken, resultierte aus geopolitischen und strategischen Überlegungen. Nach dem Rückzug Rumäniens aus der Gemeinschaft – in Moskau betrachtete man Ceausescu als »Blockbrecher« – erhielt die Tschechoslowakei ein besonderes Gewicht für die Stabilität des Warschauer Paktes. Mit ihm verband die sowjetische Führung ihre Sicherheit, und zwar nicht nur in Europa. Dieser Umstand bestimmte in hohem Maße die Einbeziehung sowjetischer Militärkreise in die Entscheidung über die Probleme, die mit der Tschechoslowakei verbunden waren.

Mit Unruhe verfolgte man in Moskau die wachsenden innerparteilichen Auseinandersetzungen in der Tschechoslowakei. In Moskau trafen zahlreiche Informationen über die Lage an der »ideologischen Front« ein, wobei man einzelne Fakten herausgriff und verallgemeinerte. Betont wurden die Aktivitäten antisozialistischer Elemente, »Angriffe« auf die marxistisch-leninistische Ideologie sowie negative Äußerungen über die UdSSR. So wurden erstmals diese Erscheinungen in einem Analysepapier eingeschätzt, das am 22. November 1966 von der für die Beziehungen mit den kommunistischen Parteien der sozialistischen Länder zuständigen Abteilung des ZK der KPdSU angefertigt und von Jurij Andropow unterzeichnet worden war.[2]

Auf der Plenartagung des ZK der KPTsch, die am 30./31. Oktober 1967 stattfand, brachen schwerwiegende Meinungsverschiedenheiten in der Parteiführung offen aus. Besonders deutlich traten sie hervor zwischen Antonín Novotný – seit 1953 Erster Sekretär der KPTsch und seit 1957 auch Staatspräsident – und Alexander Dubček, seit 1963 Erster Sekretär der slowakischen KP. Sie erreichten einen solchen Grad, daß »faktisch offen die Frage der Macht in der Partei und im Lande gestellt wurde«, wie Novotný im Gespräch mit seinen Beratern sagte.[3]

Über die Lage in der Parteiführung und über das Verhältnis zu Novotny gab es im Parteiapparat umfassende Diskussionen. Immer öfter wurde dabei die Forderung nach Ablösung Novotnýs von allen seinen Ämtern erhoben. Bezeichnend ist, daß einzelne Vertreter aus dem Kreise der sowjetischen Funktionäre die Entwicklung der Ereignisse unterschiedlich bewerteten. Die sowjetische Botschaft zum Beispiel meinte, die Kritik an Novotny wäre aufgrund seiner »harten Linie zwecks Stärkung der führenden Rolle der Partei« hervorgerufen worden.[4]

Die Besorgnisse der sowjetischen Führung wurden verstärkt durch Informationen über die zunehmenden politischen Auseinandersetzungen in der Prager Führung, in der sich zwei Gruppierungen formierten – der Vermutung nach Cernik und Kolder auf der einen und Dubček und Bilak auf der anderen Seite –, die aber beide gegen Novotný eingestellt waren. Über die Notwendigkeit des Wechsels der Führung diskutierten auch Mitarbeiter der mittleren und unteren Ebene des Parteiapparates.

Unruhe rief in Moskau auch die Tatsache hervor, daß die innerparteilichen Auseinandersetzungen sich auf die Stimmung in der Intelligenz auswirkte. Sie unterstützte erkennbar jene Strömung in der Partei, die für Veränderungen eintrat. So demonstrierten zum Beispiel am 31. Oktober 1967 Studenten in diesem Sinne; am 21. November 1967 fand eine Versammlung der Prager Hochschulen statt. In einer internen Mitteilung des Prawda-Korrespondenten Shurawski vom 1. Dezember 1967, die dem seit 1964 amtierenden Partei-Chef Breshnew übermittelt wurde, war von einer für Mitte Dezember geplanten Plenartagung des ZK der KPTsch die Rede. Es wurde spekuliert, daß das Amt des Ersten Sekretärs der Partei von Hendrych besetzt werden könnte.[5]

Die sowjetische Botschaft verfolgte die Ereignisse ebenfalls sehr aufmerksam. Weder dem Botschafter noch seinen Mitarbeitern gelang es, sich im November 1967 mit Novotný zu treffen. Seit dessen Rückkehr aus Moskau, wo Novotný an den Feierlichkeiten zum 50. Jahrestag der Oktoberrevolution teilgenommen hatte, war er krank. Es ist nicht ausgeschlossen, daß dies eine »politische Erkrankung« war, mit der er auf den zurückhaltenden Empfang in Moskau reagierte. Die Botschaft kabelte nach Moskau, daß »es für die weitere Entwicklung der Ereignisse am gefährlichsten wäre, wenn Novotný administrative Maßnahmen gegenüber diesem oder jenem Mitglied des Führungszentrums unternehmen würde«.[6]

Im Gespräch mit Antonin Novotný am 6. Dezember 1967 gewann der sowjetische Botschafter Tscherwonenko den Eindruck, daß auf der bevorstehenden Plenartagung Novotný die nationale Frage in den Vordergrund rücken würde, da er »den Hauptfeind in den slowakischen Genossen sieht, was eine Verschärfung der Lage in der Führung des ZK der KPTsch bewirken könnte«. Novotný, so der Botschafter, müsse die Lage breiter erfassen und sich bemühen, seine Kräfte mit denen der Slowaken zu vereinen und um sich jene ZK-Mitglieder scharen, die ihn zwar wegen der Unzulänglichkeiten im Führungsstil kritisierten, aber »in ihm den Menschen einer harten und richtigen Linie sehen«. Der Botschafter wandte sich an Moskau mit der Frage, wie eine sinnvolle Form zu finden sei, um »auf die Genossen Novotny und Dubček mit dem Ziel einzuwirken, sie auf die Überwindung der Meinungsverschiedenheiten auf einer prinzipiellen Grundlage der Parteiinteressen und eines einheitlichen tschechoslowakischen Staates zu orientieren«.[7]

Die Entwicklung der Ereignisse in Prag veranlaßte das Politbüro des ZK der KPdSU, am 7. Dezember 1967 folgenden Beschluß zu fassen: »Im Zusammenhang mit der Bitte des Gen. A. Novotný wird eine Reise des Gen. Breshnew in die Tschechoslowakei für notwendig erachtet.«[8]

Aus anderen Dokumenten wird ersichtlich, daß Novotný tatsächlich eine solche Bitte in einem Telefonat mit Breshnew ausgesprochen hatte.

Breshnew war am 8. und 9. Dezember 1967 in Prag und konferierte zweimal mit Novotný und mit anderen Führern der KPTsch, so mit Lenárt, Hendrych, Dubček, Dolansky. Insgesamt dauerten die Gespräche mehr als 18 Stunden. An ihnen nahmen sowohl der sowjetische Botschafter Tscherwonenko als auch der Berater des Generalsekretärs, Alexandrow, teil.

Breshnew sah die Ursache des Konflikts in der Unzufriedenheit der Führung mit Novotný und betonte in allen Gesprächen nachdrücklich die Unzulässigkeit einer offenen Spaltung in der Führung der KPTsch. Eine solche Spaltung könne, so meinte er, »den Anfang eines unkontrollierbaren Prozesses äußerst negativer Art bedeuten. Die Sache könnte sich steigern bis zum Ausbruch nationalistischer und antisowjetischer Leidenschaften, bis zur Wiederholung von etwas Ähnlichem wie den ungarischen Ereignissen von 1956«.

Die tschechoslowakischen Gesprächsteilnehmer hingegen schlossen eine solche Möglichkeit aus.

Breshnew empfahl ein kollektives Vorgehen, um die Unzulänglichkeiten zu beseitigen. Die Beziehungen zwischen Tschechen und Slowaken sollten verbessert und gemeinsam ein Programm für die weitere Arbeit ausgearbeitet werden, das vom gesamten Präsidium des ZK gebilligt werden würde. »Hinsichtlich der Frage nach den künftigen Funktionen des Gen. Novotný (die Ämter des Ersten Sekretärs des ZK und des Präsidenten der Republik zu trennen oder nicht zu trennen) hat sich Gen. Breshnew nicht direkt geäußert.«[9]

Nach seiner Rückkehr berichtete Breshnew in Moskau ausführlich über den Inhalt seiner Gespräche.

Bei seinem Abflug aus Prag hatte er öffentlich erklärt:»Dies, Genossen, ist Eure tschechoslowakische Angelegenheit.« Er wurde so verstanden, daß die sowjetische Führung Novotny nicht unterstützen und sich zurückhalten werde.

In Prag dauerte die Auseinandersetzung an. Beim sowjetischen Botschafter beklagte sich Novotný bitter über den»Verrat« Hendrychs, der auf seine Isolierung hinarbeite. Falls er sein Amt als Erster Sekretär aufgeben müsse, würde er die Kandidatur Lenárts vorschlagen und entschieden gegen Hendrych (»ein furchtbarer, gefährlicher Mensch«) auftreten.

Auf Parteiforen wurden bereits Kandidaten genannt, die Novotný ablösen würden. Diese Fragen wurden auch lebhaft im diplomatischen Korps, besonders unter den Vertretern der sozialistischen Länder, diskutiert. So besuchte am 16. Dezember 1967 der bulgarische Botschafter die UdSSR-Botschaft, um darauf aufmerksam zu machen, daß das Mitglied des Präsidiums des ZK der KPTsch Cernik den Jugoslawen ausgesprochen nahe stehe, aktiv für die Entwicklung der Wirtschaftsbeziehungen mit ihnen eintrete, dem jugoslawischen Modell der freien Marktbeziehungen zugeneigt sei und andere in dieser Hinsicht agitiere.

Andere Besucher der sowjetischen Botschaft wiesen nachdrücklich auf die Gruppe um Cernik, Kolder und andere»Vierzigjährigen« hin, die ihrer Meinung nach deshalb gefährlich sei, weil sie in Richtung des jugoslawischen Weges abgleiten könne. Mit der Zeit würde die Gefahr einer Umorientierung der Tschechoslowakei entstehen.[10]

Die Plenartagung des ZK der KPTsch, die am 19. Dezember 1967 begann, fesselte die Aufmerksamkeit der sowjetischen Führung. Besonders beunruhigte sie die Frage nach der Kandidatur des Ersten Sekretärs. Am 21. Dezember signalisierte Tscherwonenko an Breshnew, daß für die Wahl entweder Lenárt oder Dubček in Frage kämen. Eine Entscheidung könne vermutlich nur auf der Grundlage des Kompromisses erzielt werden, daß Cernik das Amt der Ministerpräsidenten der CSSR übertragen werde. In diesem Falle könnte Lenárt Erster Sekretär des ZK der KP der Slowakei werden.[11] Die drei Tage der Plenums brachten jedoch keine Entscheidung über die wichtigste Frage – die Wahl eines

Ersten Sekretärs des ZK. Es wurde beschlossen, die Arbeit während der Weihnachtsferien bis zum 3. Januar 1968 zu unterbrechen. Die freie Zeit wurde intensiv für den Meinungsaustausch und für die Vorbereitung der weiteren Diskussion genutzt. Die meisten Beobachter und Analytiker rechneten damit, daß die Entwicklung der Ereignisse nicht zugunsten Novotnýs verlaufe, die öffentliche Meinung orientierte auf Cernik, Lenárt und Hendrych.

Am 3. Januar 1968 wurde der Vorschlag gemacht, Novotny vom Posten des Ersten Sekretärs zu entbinden.

Nach langwierigen Diskussionen und Erörterungen wählte am 5. Januar 1968 das Plenum Alexander Dubček in dieses Amt.

Am Abend des selben Tages besuchten Novotny und Dubček die sowjetische Botschaft in Prag. Novotný stellte Dubček als neuen Ersten Sekretär des ZK der KPTsch vor und meinte, daß dies in der jetzigen Situation »eine gute Lösung« sei. Dubček bemerkte, daß er von der Auseinandersetzung tief betroffen sei und nicht angenommen hatte, daß die Diskussion mit seiner Wahl enden würde. Novotny und Dubček äußerten ihre Bereitschaft, zusammenzuarbeiten, sowie ihre Freude darüber, daß es gelungen wäre, die Einheit der KPTsch und der Völker der Tschechoslowakei zu bewahren. Zugleich baten sie, nach Moskau zu berichten, daß sie alles unternehmen würden, um die brüderlichen Bande zwischen der KPTsch, der KPdSU und der Sowjetunion weiterhin zu festigen und zu vertiefen.

Breshnew meldete sich per Telefon aus Moskau, sprach nacheinander mit den beiden. Sie äußerten die Hoffnung, in Kürze Moskau zu besuchen und sich mit der Führung der KPdSU zu treffen. Die Botschaft unterstützte diese Idee. Sie berichtete aber auch nach Moskau, daß die Tätigkeit Dubčeks als Erster Sekretär unter außerordentlich komplizierten Bedingungen erfolge. Die Botschaft meinte, daß die Gruppierung der ZK-Mitglieder, die die Ablösung Novotnýs erreicht hatte, Dubček als eine Art Rammbock benutzen werde, um ihre Pläne vor allem mit Hilfe der Slowaken durchzusetzen. Sie würden danach streben, ihren Einfluß auf ihn zu verstärken, und wenn das aber nicht gelänge, dann zu versuchen, auch Dubček das »Rückgrat zu brechen«. Davon würde bereits gesprochen.

Daraus sei ersichtlich, so schloß die Botschaft ihren Bericht, daß der Kampf fortgesetzt werde, und zwar vor allem um den Einfluß auf Dubček zu vergrößern.

Die Botschaft meinte auch, daß der Besuch Breshnews in Prag

im Dezember 1967 eine sehr positive Rolle bei der Lösung der innerparteilichen Probleme der KPTsch gespielt habe.[12]

Obwohl man Dubčeks Wahl in Moskau nicht unbedingt begrüßte, verhielt man sich ihm gegenüber zurückhaltend. Man hielt ihn für einen vorsichtigen Pragmatiker und Realisten. Sofern er als Verteidiger der slowakischen Interessen bekannt war, verbanden sich mit ihm Hoffnungen auf eine Regelung der föderalen Beziehungen zwischen Tschechen und Slowaken, die sich unter Novotny verschärft hatten. Moskau sah in Dubček einen Politiker, der freundschaftlich zur Sowjetunion stand. Er hatte dort als Jugendlicher gelebt und studiert. Irgendwelche bedrohlichen Reformen hatte er beim Amtsantritt nicht verkündet.

Einige hielten ihn für eine Übergangsfigur. Andere für einen aufstrebenden politischen Funktionär.

Die sowjetische Führung beachtete auch die protokollarischen Normen: Dubček war nur Erster Sekretär des ZK der KPTsch, Novotny blieb Präsident des Landes (zumindest bis zum März 1968).

Novotný warnte in Gesprächen mit dem sowjetischen Botschafter vor einer möglichen revisionistischen Wende nach rechts. Im Zusammenhang mit dem bevorstehenden 20. Jahrestag der Februar-Ereignisse, als die tschechoslowakischen Kommunisten an die Macht gelangt waren, gab er den Ratschlag, zu den Feierlichkeiten in die sowjetische Delegation keine prominenten Persönlichkeiten aufzunehmen, und empfahl weiter, die Entwicklung der Ereignisse abzuwarten.[13]

Die von der Botschaft übermittelten Informationen wurden in einer Sitzung des Politbüros behandelt. Breshnew erhielt den Auftrag, mit Dubček zu sprechen.[14]

Dubček selbst erhielt zur gleichen Zeit Einladungen von Kádár und Gomulka, erklärte jedoch, sich erst mit der sowjetischen Führung beraten zu wollen. Dieses Treffen fand während eines inoffiziellen Besuchs in Moskau am 29. und 30. Januar 1968 statt. Von sowjetischer Seite nahmen daran Breshnew und Podgorny teil, von tschechoslowakischer Seite neben Dubček der Botschafter Pavlovski sowie Synek von der Internationalen Abteilung des ZK der KPTsch.

Dubček umriß die Lage im Lande, wies auf die Unfähigkeit des Parteiapparates hin, mit der schaffenden Intelligenz zu arbeiten, insbesondere mit den Schriftstellern. Es gäbe sowohl »extremistisch-liberalistische« wie auch nationalistische Tendenzen, die sich seiner Meinung nach schon sehr lange zeigten. Das ZK der

KPTsch habe deren Existenz in der Vergangenheit nur zur Kenntnis genommen, konkrete Maßnahmen aber nicht ergriffen. Die jüngste Plenartagung hätte jedoch die Chance eröffnet, die Arbeit zu verbessern und die Einheit zu festigen.

Breshnew bedankte sich bei Dubček für dessen Besuch und die Information über die Lage in der KPTsch sowie für die Freundschaftsbekundung an die Adresse der UdSSR. Er versicherte ihm, alles Mögliche für die Festigung der Freundschaft und Brüderlichkeit mit der KPTsch und der Tschechoslowakei tun zu wollen. Der sowjetische Partei-Chef sprach lang und breit über die Entwicklung der UdSSR und der ganzen »sozialistischen Gemeinschaft«. Dann referierte er über die Aggressivität des Westens und das Anwachsen der faschistischen Gefahr in der BRD.

Das Gespräch bestand im wesentlichen im Austausch von Artigkeiten und Absichtserklärungen – es war, nach der Niederschrift zu urteilen, inhaltslos.[15]

Der Besuch war selbstverständlich mit protokollarischen Begegnungen verbunden, bei denen Dubček die Möglichkeit hatte, sich mit einem sehr großen Kreis der sowjetischen Partei- und Staatsnomenklatura bekannt zu machen. Die Visite des neuen Ersten Sekretärs des ZK der KPTsch hinterließ bei Breshnew einen guten Eindruck. Dubček schien ihm ein ausgeglichener, wenngleich sehr nervöser und ein wenig zerstreuter Mensch zu sein.[16]

Die sowjetische Botschaft berichtete aus Prag, daß auch Dubček mit den Ergebnissen seines Moskau-Besuchs sehr zufrieden sei.

In der kommunistischen Welt war jedoch schon seit langem bekannt, daß ein politischer Führer seine wirklichen Qualitäten erst dann offenbart, wenn er die Macht hat. In der sowjetischen Geschichte war das zu einer unverrückbaren Regel geworden. Dubček stellte hier keine Ausnahme dar. Die sowjetische Elite neigte dazu, in ihm am ehesten eine tschechoslowakische Ausgabe Gomulkas zu sehen, befähigt, das Land aus der Krise herauszuführen. Gomulka war aber einer der ersten, der dies bezweifelte und Alarm schlug.

Der Beginn des »Prager Frühlings« und die ersten Alarmsignale

In den ersten Wochen, in denen Dubček an der Macht war, gab es kein klares Aktionsprogramm. Mehr noch, die Vertreter der neuen Führung erlaubten in der ersten Zeit nicht einmal eine offene Kritik an den Fehlern des Regimes unter Novotny. Für den außenstehenden Beobachter waren Veränderungen kaum wahrnehmbar. Um so größere Beachtung verdient die Position der sowjetischen Botschaft in Prag, aus der die ersten Alarmzeichen zu vernehmen waren. Die Dokumente bezeugen, daß bereits am 5. Februar 1968 der sowjetische Botschafter Tscherwonenko im Gespräch mit seinen Botschafterkollegen der anderen sozialistischen Länder warnte, daß in der neuen tschechoslowakischen Führung eine Gruppierung in Erscheinung trete, die insgeheim antisozialistische und sogar antisowjetische Ziele verfolge. Als Quelle einer solchen Information dienten vor allem Leute aus der Umgebung Novotnys, mit denen die verantwortlichen sowjetischen Diplomaten enge persönliche Kontakte unterhielten, aber auch jene Kreise, die ein wenig später als die »gesunden Kräfte« benannt werden sollten.

In Moskau war man zunächst nicht geneigt, sich die Auffassung der Botschaft zu eigen zu machen. Breshnew war entschlossen, die neue tschechoslowakischen Führung zu unterstützen. Mit eine repräsentativen Delegation besuchte er Prag am 21./22. Februar anläßlich des 20. Jahrestages der Errichtung der kommunistischen Ordnung. Das war auch eine Demonstration gegenüber Gomulka und Ulbricht[17], die bewußt ferngeblieben waren.

Auf der Tagung des Politisch Beratenden Ausschusses des Warschauer Paktes am 6. und 7. März 1968 in Sofia wurde alles mögliche erörtert – die CSSR war kein Thema. Alle anwesenden Repräsentanten der sozialistischen Gemeinschaft einschließlich Dubček übten den Schulterschluß.

In dieser Zeit vollzogen sich in der Tschechoslowakei beträchtliche Veränderungen. Im Verlaufe des Januar und Februar wurden in der Presse und in Parteiversammlungen Fragen zur Demokratisierung des politischen Systems gestellt, zur Notwendigkeit umfassender ökonomischer Reformen und zur Veränderung der Kulturpolitik. Der öffentliche Diskurs bekam eine neue Note, als sich am 26. Februar ein Freund Novotnys in den Westen absetzte. Die Flucht des Generals Cejna und seiner Familie lieferte den Kritikern Novotnys hinlänglich Argumente, zumal den Journalisten Belege für Machtmißbrauch zugespielt wurden, die ohne jede Einschränkung publiziert werden durften. Das war faktisch die Abschaffung der bis dahin üblichen Pressezensur. Und die Presse nutzte die neuen Möglichkeiten in vollem Maße. Es fand das statt, was später in der Sowjetunion als »Glasnost« bezeichnet wurde.

Mitte Februar begann im Apparat des ZK die Diskussion eines Aktionsprogramms. Die Vorlage hatte eine von Kolder geleitete Kommission geliefert. Anfang März gab es eine zweite Fassung. Über ihren Inhalt informierte auch die sowjetische Botschaft.[18]

In Moskau begann sich die Haltung gegenüber der KPTsch-Führung zu ändern. Dem Botschafter in Prag wurde Anweisung erteilt, Novotny die auf der Politbürositzung am 14. März formulierte Auffassung zu übermitteln. Die Führung in Moskau teile seine Position, nicht freiwillig aus dem Amt des Präsidenten zu scheiden.

Sein Festhalten würde einen positiven Einfluß auszuüben auf die »gesunden Kräfte im Lande und in der Partei, vor denen die Aufgabe steht, keine Veränderung des innen- und außenpolitischen Kurses und keine Schwächung der brüderlichen Freundschaft und der Bündnisbeziehungen zwischen unseren Ländern zuzulassen«.[19]

Am 15. März 1968 formulierte das Politbüro des ZK der KPdSU einen Brief an das Präsidium des ZK der KPTsch. Die sowjetische Führung gab darin ihrer Sorge Ausdruck, daß die sozialistischen Grundlagen in der Tschechoslowakei zerrüttet werden könnten. Man sprach von Forderungen extremer Kräfte, die bis zur »Revision des Regimes« gingen und zu einem »friedlichen Umsturz in der Tschechoslowakei« aufriefen. Im Brief war die Rede von antisozialistischen Kräften, die die ökonomischen Schwierigkeiten in der CSSR als »Scheitern der Wirtschaftspolitik der KPTsch« hinstellen würden. Das Augenmerk wurde auf die imperialistischen Kräfte gelenkt, die auf die Zerrüttung des Sozialismus hinwirkten, damit dieser »Schritt für Schritt, Stufe für Stufe seine Positionen aufgibt«.

Zum ersten Male wurde derart offen gefordert, »die Errungenschaften des Sozialismus gegen beliebige Umtriebe feindlicher Kräfte zu verteidigen«.

Aber auch diesmal hieß es wieder, daß allein die KPTsch »das Recht hat, die Entwicklungswege, die Formen und Methoden des sozialistischen Aufbaus in ihrem Lande zu bestimmen«.

Moskau machte abschließend den Vorschlag für ein Treffen der Mitglieder des Politbüros des ZK der KPdSU und der Mitglieder des Präsidiums des ZK der KPTsch, um unter Genossen zu beraten, welche gemeinsamen Maßnahmen ergriffen werden sollten, um die Pläne der Imperialisten zu unterbinden.[20]

Auf Bitte Dubčeks jedoch, der den Inhalt des Briefes im voraus zur Kenntnis nehmen durfte, wurde das Schreiben nicht abgeschickt. In der Tschechoslowakei würde eine solche Botschaft, so argumentierte er, als gegen ihn persönlich gerichtet verstanden werden.

Moskau lud daraufhin am 19. März zu einem Treffen von Vertretern der »Bruderparteien« mit Dubček und weiteren Mitgliedern des Präsidiums des ZK der KPTsch ein, um Meinungen über die Lage in der Tschechoslowakei auszutauschen. Dubček stimmte einem solchen Treffen der Ersten Sekretäre der Parteien und Regierungschefs zu und schlug vor, es am 23. März in Dresden durchzuführen. Dieser Vorschlag wurde angenommen.[21] In den folgenden Tagen erfolgten die Vorbereitungen für diesen Gipfel.

Am 20. März erschienen in Moskau Materialien über die »jüngsten Ereignisse in der Tschechoslowakei«. Diese waren vom Apparat des Außenministeriums und des ZK vorbereitet worden und trugen die Unterschriften von Gromyko und Russakow. Darin wurde die Lage in düstern Farben gezeichnet. Es war die Rede von Aktivitäten des imperialistischen Lagers, insbesondere revanchistischer Kräfte Westdeutschlands und der amerikanischen Aufklärung. Man habe den Eindruck, daß die Partei die Kontrolle über die Massenmedien verloren habe. Einige Gruppen und Personen seien bestrebt, der Freundschaft zwischen dem sowjetischen und dem tschechoslowakischen Volk Schaden zuzufügen. Aus allem zogen die Autoren den Schluß, die Versuche, die Tschechoslowakei vom sozialistischen Weg abzubringen und die Einheit der Brudervölker zu zerstören, werde »eine entschlossene und einmütige Abfuhr seitens der gesamten sozialistischen Gemeinschaft« erhalten.[22]

De facto waren in diesem Dokument alle Positionen formuliert, die die Politik der UdSSR und anderer sozialistischer Länder bis zum August 1968 bestimmten.

Am 21. März 1968 bereitete sich das Politbüro des ZK der KPdSU auf das Treffen in Dresden vor. Breshnew erwähnte auf der Sitzung, daß sich Shivkov, Gomulka und Kádár wiederholt an die KPdSU gewandt und gebeten hätten, Maßnahmen zur Klärung der Lage in der Tschechoslowakei zu ergreifen. Er unterstrich, daß er in den vorangangenen Tagen sechs bis acht Stunden mitunter in dieser Angelegenheit telefoniert habe.

Das Konzept für das Treffens in Dresden wurde kollektiv ausgearbeitet. Wegen der Grundsätzlichkeit dieser Frage wurde beschlossen, im April 1968 hierzu und zu internationalen Problemen eine Plenartagung des ZK abzuhalten. Breshnew schloß mit dem Vorschlag, über Maßnahmen zur weiteren Festigung der sozialistischen Gemeinschaft nachzudenken.

Andere Redner sprachen über die Notwendigkeit, die »gesunden Kräfte« in der Tschechoslowakei ausfindig zu machen und zu gewinnen. Man müsse auch über die »militärische Linie« nachdenken. Insbesondere Masurow betonte, daß Dubček, obwohl er »ehrlich etwas unternehmen möchte, sich in Gefangenschaft der Ereignisse, in Gefangenschaft nicht unserer Freunde, sondern unserer Feinde befindet. Das wichtigste aber ist – es gibt keine anderer Figur. Wir müssen uns auf das Schlimmste vorbereiten«. Man müsse eine ganze Reihe von Maßnahmen in Aussicht nehmen und den »gesunden Kräften« unsere Unterstützung spüren lassen.

Hinter den harten Worten ließen sich keine realen Vorschläge ausmachen.

Melancholisch stellte man fest, daß Novotny schon nicht mehr zu retten wäre und daß es zu Dubček keine Alternative gäbe.

Breshnew faßte zusammen: »Ich denke, daß wir weder Ulbricht noch Gomulka zurückhalten sollten, daß wir aber selbst alles ehrlich, prinzipiell, parteimäßig sagen werden. Vielleicht sollten wir ihnen sagen, daß wir in jedem Falle im Sinne der Erhaltung der sozialistischen Tschechoslowakei nicht unbeteiligt bleiben werden … Sie müssen unsere Härte, Klarheit, konsequente Haltung sehen. Die ist auch für die Zukunft wichtig.«[23]

Er ließ keinen Zweifel an Moskaus Bereitschaft, ungeachtet der Folgen auch härteste Maßnahmen zu ergreifen.

Die zur Verfügung stehenden Dokumente erlauben den Schluß, daß das Treffen in Dresden einen improvisierten Charakter trug und daß seine wichtigsten Initiatoren neben der KPdSU die Parteien aus der DDR und aus Polen waren. SED und PVAP hatten unterschiedliche Gründe zur Sorge. In Polen etwa war eine heftige innenpolitische Auseinandersetzung im Gange, bei der die tschechoslowakischen Vorgänge von den oppositionellen Kräften als Argument benutzt wurden. Bei Studentendemonstrationen hieß es bereits »Polen erwartet seinen Dubček«.

Die tschechoslowakische Delegation war, wie einigen Andeutungen in der Literatur zu entnehmen ist, über das eigentliche Ziel der Dresdner Beratung nicht informiert worden und glaubte, es würde vor allem um die Erörterung von Fragen der ökonomischen Zusammenarbeit gehen.

Der Verlauf der Beratung der Vertreter der sechs Parteien in

Dresden ist gut bekannt, so daß es unnötig ist, darauf einzugehen. Viel interessanter ist es, die Einschätzung durch die sowjetische Führung zu betrachten, die am 25. März 1968 auf der Sitzung des Politbüros des ZK der KPdSU getroffen wurde. Breshnew, der ausführlich seine Meinung darlegte, urteilte über Dubčeks Auftritt nicht eben freundlich. Dessen Ausführungen seien nicht tiefgründig und ohne eine gewissenhafte Einschätzung der Ereignisse gewesen. Dubčeks Rede sei überladen gewesen von kleinlichen Tatsachen, während die brennenden Fragen (Kaderfragen usw.) völlig umgangen worden seien. Insgesamt hätte es sich um eine farblose Rede gehandelt.

Breshnew war vor allem von folgenden Aspekten beunruhigt. In einem Interview mit einer westdeutschen Zeitung habe das Mitglied der KPTsch-Führung Smrkovsky von einem neuen Typ des Sozialismus und von einem eigenen Entwicklungsweg gesprochen. Was sei das? Bisher sind wir, so Breshnew, streng von der marxistisch-leninistischen Lehre über den Sozialismus ausgegangen. Wenn die Äußerung Smrkovskys vom ZK sanktioniert sei, dann erklärt uns, was das für Ideen sind. Wenn Smrkovsky aber ohne die Sanktion des ZK dies gesagt habe, dann fragt man sich, was im Lande vorgeht? In Prag, so Breshnew weiter, wird ein Meeting durchgeführt, zu dem Leute aus anderen Städten herbeigebracht werden. Auf ihm treten Smrkovsky, Husák, Sik und andere auf. Wo bleibt aber das ZK? Am Meeting nahmen 20.000 Menschen teil. Das heißt, es werden 20.000 Agitatoren vorbereitet. Und »Rudé Právo« publiziert anstelle einer parteimäßigen Einschätzung der Ereignisse all das, was auf dem Meeting gesagt wurde. Wohin führt denn das? Wessen Organ ist denn das?

Nach Breshnews Auffassung hätte die tschechoslowakische Führung die Armee zersetzt, in der nunmehr auch Meetings stattfänden. Untergraben habe sie auch die Grundlagen der bislang betriebenen Außenpolitik der CSSR: Dort vollziehe sich ein Austausch der Kader, wobei 80 Prozent der Personen ihre Posten verloren hätten – Leute, die in der Vergangenheit in der Sowjetunion studiert hätten. In den Ruhestand würden Parteikader versetzt – Bezirks- und Kreissekretäre usw. Unter dem Anschein der Demokratie herrsche Demagogie, die zur Entfesselung der Konterrevolution im Lande führe. Und dennoch, so betonte Breshnew, hoffen wir, daß sich die »gesunden Kräfte« in der Tschechoslowakei als fähig erweisen, die Lage zu korrigieren.

Breshnew äußerte sich voller Lob über Gomulkas Auftreten in

Dresden, der die sowjetische Einschätzung uneingeschränkt unterstützte und die Frage nach der Ausarbeitung eines neuen Aktionsprogramms der KPTsch aufgeworfen habe. »Was ist das für ein neues Modell des Sozialismus, das Ihr uns vorschlagt? Wir werden nicht zulassen, daß der Sozialismus in der Tschechoslowakei zerstört wird.« Breshnew stimmte Kádár zumindest dort zu, wo dieser von der Analogie der Ereignisse in der Tschechoslowakei und der in Ungarn sprach, insbesondere jener Bemerkung, daß »Nagy« anfangs auch kein Konterrevolutionär gewesen wäre. Er habe seinerzeit in der Sowjetunion studiert und gearbeitet und sei ebenfalls ein guter Mensch gewesen; doch unter dem Einfluß der Konterrevolution sei er selbst ein Konterrevolutionär geworden.

Ebenso entschieden sei nach Meinung Breshnews auch Walter Ulbricht aufgetreten.

Auf dem Dresdener Treffen haben auch andere Mitglieder der tschechoslowakischen Delegation gesprochen, so Lenárt, Kolder, Cernik und Bilak. Alle haben davon gesprochen, daß es in der Tschechoslowakei keine Konterrevolution gäbe, obwohl eine Situation bestehe, die zu einer Konterrevolution führen könnte. Sie versprachen, die Fehler zu überwinden, besonders mit Hilfe der Massenmedien. Entschieden widersprachen sie nur Formulierungen im Kommuniqué-Entwurf, mit denen die Situation in der Tschechoslowakei zu scharf gezeichnet wurde. »Das ist für uns der Sargnagel; wir hätten keinen Grund, in die Tschechoslowakei zurückzukehren, uns würde man sofort davon jagen« – meinten sie sinngemäß. Deshalb fanden die oben erwähnten Einschätzungen keinen Eingang in das Kommuniqué.

Das Politbüro des ZK billigte die Tätigkeit der Delegation der KPdSU auf dem Dresdener Treffen. [24]

Im offiziellen Kommuniqué über das Treffen war nebulös vom Wunsch der tschechoslowakischen Werktätigen die Rede, den Aufbau des Sozialismus fortzusetzen. Nichts aber wurde gesagt über die aufgetretenen Widersprüche.[25]

Insgesamt hatte es den Anschein, als sei das Dresdener Treffen ein Familienstreit gewesen, bei dem an die Adresse eines der Familienmitglieder Vorwürfe wegen seiner schlechten Haushaltsführung, die dem gemeinsamen Wohlbefinden schade, gerichtet worden wären.

Das Grundproblem kam anderenorts zur Sprache. Am 27. März 1968 veröffentlichte das Zentralorgan der SED »Neues Deutschland« eine Rede Kurt Hagers, die dieser am Vorabend gehalten hatte. In ihr wurde die Linie der KPTsch in bezug auf die Reformen im öffentlichen Leben und in der Wirtschaft des Landes einer Kritik unterzogen. Dies war die erste öffentliche Äußerung gegen den »Prager Frühling« in einem Lande der sozialistischen Gemeinschaft.

Die Position der sowjetischen Führung wurde nunmehr schärfer. In einem Zirkularbrief des Außenministeriums vom 3. April 1968 wurden die sowjetischen Botschafter angewiesen, Shivkov, Kádár, Ulbricht und Gomulka persönlich aufzusuchen und ihnen die vom KGB zusammengetragenen Informationen über die Tätigkeit der in der Tschechoslowakei entstandenen staatsfeindlichen Gruppierung zu übergeben. Diese Gruppierung, zu der Professor Cerny, die Schriftsteller Procházka, Kohout, Vaculík, Kundera, Havel und andere gehörten, würde angeblich das Ziel verfolgen, die Grundlagen des Sozialismus zu zerstören und allmählich das Land auf den Weg der bourgeoisen Entwicklung zurückzuführen.[26]

Die endgültige Kurskorrektur Moskaus provozierte die Veröffentlichung des »Aktionsprogramms der KPTsch«, das auf dem Plenum am 5. April 1968 angenommen wurde.

Das Programm sah Veränderungen sowohl in der Gesellschaft wie in der Wirtschaftführung vor. (Zwei Jahrzehnte später formulierten die Architekten der »Perestroika« analoge Ziele und Lösungen. Das »Aktionsprogramm« eilte der Zeit voraus.)

Die beabsichtigte Umgestaltung setzte sich von den Entwicklungstendenzen der Sowjetunion und der anderen Länder der »sozialistischen Gemeinschaft« ab. Deren Reise ging nach rechts, hin zu mehr Konservatismus, es ging nur noch um die Verteidigung und Bewahrung des Bestehenden. Die Prager Genossen wollten verändern, umbauen, liberalisieren – die Entwicklung zielte nach links. Damit war der Konflikt da.

Auf der Plenartagung des ZK der KPdSU, die am 9./10. April 1968 stattfand, referierte Breshnew »Über aktuelle Probleme der internationalen Lage und den Kampf der KPdSU für die Geschlossenheit der kommunistischen Weltbewegung«. Er kritisierte das tschechoslowakischen Programm und nannte es revisionistisch. Die dogmatisch eingestellten Kreise begriffen den Anflug von Demokratismus als einen direkten Anschlag auf ihre Führungsrolle im autoritär-bürokatischen System. Die größte Gefahr sahen sie in der Presse- und Informationsfreiheit. Dagegen richtete sich auch der Hauptschlag.

Dem Plenum folgten polemische Artikel in der sowjetischen Presse und scharfe Äußerungen sowjetischen Führer. Von nun an war Moskau nicht nur Koordinator, sondern dirigierte das Vorgehen der sozialistischen Gemeinschaft gegen den »Prager Frühling«.

Parteidiplomatie in Aktion

Die sowjetischen Archive bergen viele Zeugnisse, die die absolute Einmütigkeit der Teilnehmer des Dresdner Treffens auch in der Folgezeit dokumentieren. Die Dokumente verraten, daß es einen ständigen Meinungsaustausch zwischen ihnen gab. In dessen Verlauf wurde schrittweise und gemeinsam eine Konzeption ausgearbeitet, die als »Breshnew-Doktrin« bezeichnet wird.

Über das April-Plenum des ZK der KPdSU wurden sofort die Führer der anderen sozialistischen Ländern informiert. Es fand deren Billigung. Im Gespräch mit dem sowjetischen Botschafter am 16. April 1968 in Warschau äußerte Gomulka seine Besorgnis über den Prozeß der Umwandlung der sozialistischen Tschechoslowakei in eine bürgerliche Republik. Wenn die Verwirklichung konterrevolutionärer Pläne tatsächlich beginne, meinte er, könne man in keinem Fall ein gleichgültiger Beobachter bleiben, dann sei eine unverzügliche Einmischung nötig.[27]

Zu ähnlichen Überlegungen kam auch die bulgarische Partei- und Regierungsdelegation, die im April 1968 die Tschechoslowakei besucht hatte. Ihre Beobachtungen schilderte sie in einem Brief, der den anderen Ländern der »sozialistischen Gemeinschaft« zugeschickt wurde. Bezeichnend war die Reaktion auf diesen Brief: Kádár beschränkte sich darauf, sich für die Information zu bedanken, Gomulka fand die Schlußfolgerung richtig, und Ulbricht sprach sich für ein neues Treffens ähnlich dem in Dresden aus. Es sei notwendig, so meinte er, auf Dubček einzuwirken, damit dieser die Kontrolle über die Massenmedien herstelle. Darüber berichtete Shivkov dem sowjetischen Botschafter in Sofia am 3. Mai 1968.[28]

Diese Probleme wurden bei dem Treffen zwischen KPdSU und KPTsch am 4. Mai in Moskau erörtert. Es begann mit einem ausführlichen Bericht Dubčeks über die Lage in der Tschechoslowakei, zu der ihm viele konkrete Fragen gestellt wurden. »Sind Sie überzeugt, daß es gelingt, die führende Rolle der KPTsch aufrechtzuerhalten?«, fragte Podgorny. Empörte Fragen wurden an die Adresse Smrkovskys gerichtet, den Breshnew bei diesem Treffen zum ersten Mal sah. Breshnew beschuldigte ihn erbitterter Attacken auf die KPTsch, wodurch die Gefahr ihrer Zerstörung drohe. Er sprach auch davon, daß für viele Leute in der CSSR die Führung der KPTsch eine »provisorische« sei, die Regierung ebenso. Wie weit wollten denn diese Leute noch gehen, fragte Breshnew. Bei der Mai-Demonstration in Prag habe es nicht eine Losung zur Unterstützung der KPTsch gegeben. Sei das etwa das Vertrauen des Volkes?

»Die Führer des ›Klubs der Parteilosen‹ erklären, daß hinter ihnen sechs Millionen Menschen stehen«, warf Podgorny ein. Breshnew betonte, daß die Einheit im Präsidium des ZK der KPTsch die Grundlage des Erfolges sei. Eine solche Einheit ließe sich aber nicht feststellen.

Die tschechoslowakischen Führer verteidigten in ihren Reden ihre Linie. Cernik hob hervor, daß man unter den tschechoslowakischen Bedingungen nicht nur auf administrative Weise handeln könne. Man müsse die spezifischen Traditionen des Landes berücksichtigen. Bilak bemerkte, daß es das Ziel der Gegner der KPTsch sei, Dubček zu isolieren. Die sowjetischen Gesprächsteilnehmer wiesen auf die politischen Absichten der früheren Parteien und der neuen »Klubs« hin; sie würden eine antisozialistische Aktivität entfalten und aus den USA und der BRD Unterstützung erhalten. Warum erteilte niemand diesen Angriffen eine Abfuhr? – fragte man. Man fuhr fort, die Tätigkeit feindlicher Kräfte anzuprangern, die mehr und mehr einen zielgerichteten und organisierten Charakter annehmen würden. Außerdem kämen täglich etwa 40.000 Touristen ins Land, die mit ihren Autos überall herumfahren würden. Es könne nicht anders sein, als das dies ernste Sorgen hervorrufe. Eine gute Hälfte von ihnen seien Spione, merkten die sowjetischen Genossen besorgt an.

Breshnew ging zu Kaderfragen über. »Ich kann überhaupt nicht verstehen, warum Ihr einfach den Außenminister und den Verteidigungsminister absetzen könnt und nicht in der Lage seid, einen Zeitungsredakteur abzusetzen, der eine Linie verfolgt, die nicht der Politik der Partei entspricht?«

Kossygin lenkte die Aufmerksamkeit auf die internationale Resonanz, die von den tschechoslowakischen Ereignissen hervorgerufen werde. Er äußerte auch Zweifel an der Redlichkeit in bezug auf die Kritik, die an der vorhergehenden Wirtschaftspolitik der Tschechoslowakei geübt worden war. Mit Verweis auf das Beispiel Jugoslawiens und dessen Probleme stellte er die Frage:

Führen denn Eure neuen Ideen wirklich zu einem Wirtschafts-
aufschwung?

Die Ergebnisse des Treffens faßte Breshnew so zusammen: »Die
Hauptsache besteht darin festzulegen, auf welche Weise am besten
der Sozialismus in der Tschechoslowakei zu verteidigen ist. Dies ist
eine Frage, die nicht nur allein die Tschechoslowaken angeht, sondern auch Eure Nachbarn und Verbündeten, und auch die ganze
kommunistische Weltbewegung.«[29]

Als Breshnew die Zusammekunft in der Sitzung des Politbüros
des ZK der KPdSU am 6. Mai 1968 analysierte, erklärte er, daß es
bei keiner einzigen Schlüsselfrage gelungen sei, von den tschechoslowakischen Genossen durchdachte Antworten zu erhalten. »Sie
versuchen nicht einmal, Schlußfolgerungen zu ziehen, wohin das
führt, welche Endziele gestellt werden, welche Ideen mit den
Begriffen verbunden sind, die bei jedem Schritt propagiert werden.« Sie seien überhaupt nicht besorgt über das Schicksal des
Volkes, über das Schicksal der Partei. Dubček sei nicht nur eine
schwache, sondern auch eine zweifelhafte Persönlichkeit, wovon
man sich mehr und mehr überzeugen müsse. »Seine Tätigkeit überzeugt uns davon, daß er sich die Liquidierung der Partei und aller
Errungenschaften des Sozialismus zum Ziel gestellt hat.« Breshnew
bezog sich dabei auf eine ähnliche Äußerung Gomulkas.

Sodann teilte er mit, daß im Zusammenhang mit der entstandenen Situation am heutigen Tage im Verteidigungsrat konkrete
Pläne für praktische Maßnahmen erörtert worden seien.[30]

Die Verhandlungen im Mai zeigten erneut, daß Prag und Moskau in verschiedenen Sprachen redeten. Keiner der sowjetischen
Führer sah, daß die Umgestaltung im ökonomischen und politischen System zwingend notwendig war. Ihr tief wurzelnder Dogmatismus verhinderte, daß sie diese Frage überhaupt zuließen. Jeglicher Versuch, nationale Besonderheiten und historische Traditionen zu aktzeptieren und bei der Gestaltung einer sozialistischen
Gesellschaft zu berücksichtigen, wurde als schädlich verworfen. Es
galt nur ein Modell: das sowjetische. Das bedeutete, wie in allen
Reden stets betont wurde, auch das Monopol der Kommunisten
für alle Bereiche der Politik – einschließlich der Informationspoli-
tik, also der Medien. Dieses hatte die KPTsch aufgegeben.

Am 8. Mai 1968 trafen sich in Moskau die Führer von fünf
Ländern des Warschauer Paktes – Vertreter der Tschechoslowakei
waren nicht dabei. Gleichzeitig begannen die Vorbereitungen von
Manövern der Truppen des Warschauer Paktes auf tschechoslowa-

kischem Territorium. Offenbar war die Option einer militärischen Einmischung in die tschechoslowakischen Angelegenheiten auf die Tagesordnung gesetzt worden. Diese Möglichkeit gehörte zu einem früheren Plan des Generalstabes des Verteidigungsministeriums der UdSSR über die Stationierung von Truppen der Organisation des Warschauer Vertrages.

In sowjetischen Dokumenten ist festgehalten, daß vom Mai 1968 an auch in den diplomatischen Kreisen einer Reihe europäischer Hauptstädte die Frage einer Militärintervention des Warschauer Paktes in die Tschechoslowakei aufgeworfen wurde. Derartige Überlegungen trugen jedoch hypothetischen Charakter, und die Mehrheit der Beobachter bezweifelte deren Ausführung.[31]

Zunehmend beschäftigte auch die Haltung, die Rumänien und Jugoslawien zur CSSR und der dortigen Entwicklung einnahmen. Ceausescu hatte Dubček nach Bukarest eingeladen und um einen Besuch in Prag angehalten. Ein ähnliche Position nahm Tito ein. Einige Länder des Warschauer Vertrages verfolgten – wenngleich aus unterschiedlichen Erwägungen – das Zustandekommen eines Dreiecks Bukarest-Belgrad-Prag mit großem Mißtrauen und bemerkenswerter Feindseligkeit. Im Gespräch mit dem sowjetischen Botschafter in Warschau am 21. Mai 1968 monierte Gomulka, daß diese drei Länder der Hang zum Westen eine. Alle, so bemerkte er, hätten den gemeinsamen Wunsch, sich vom sozialistischen Lager zu lösen und eine Art heimliches Bündnis zu bilden. Es wäre darum gut, wenn in der Tschechoslowakei ebenso wie in der DDR und in Ungarn sowjetische Truppen stationiert werden würden.[32]

Moskau sah in einem »Bündnis« der Tschechoslowakei, Rumäniens und Jugoslawiens eine Neuauflage der »Kleinen Entente«[33] und damit die Gefahr der Herausbildung eines weiteren – und diesmal »revisionistischen« – Zentrums in der internationalen kommunistischen und Arbeiterbewegung. Nächst der chinesischen gäbe es dann auch noch diese »ideologische Front«. Eine solche Vorstellung löste bei der sowjetischen Partokratie Alarm aus.

In Prag tagte vom 29. Mai bis zum 4. Juni ein Plenum des ZK der KPTsch. Man beschloß, den planmäßigen Parteitag vorzuziehen und berief für den 9. September 1968 den XIV. Außerordentlichen Parteitag ein. Ohne einen Parteitag, so Dubček in seinem Referat, könnten keine dauerhaften Garantien für eine folgerichtige Durchsetzung der neuen Politik geschaffen werden. Dieser Beschluß wie auch die im Juni beginnenden Kreis- und

Bezirksparteikonferenzen, auf denen die Delegierten für den bevorstehenden Parteitag gewählt wurden, verschärften beträchtlich die innerparteilichen Auseinandersetzung zwischen Orthodoxen und Reformern. Auch in der Parteiführung waren sie spürbar. Alte Kader, die eine Position nach der anderen verloren, begriffen, daß die Einberufung des Parteitages und seine Arbeit die Konstellation der politischen Kräfte im Lande verändern und dem Reformkurs einen irreversiblen Charakter geben würde.

Das sah man auch in Moskau, Warschau, Berlin und Budapest. Man glaubte handeln zu müssen.

Am 11. Juni 1968 erhielt der Botschafter der UdSSR in Prag eine persönliche Botschaft Breshnews, die er Dubček mündlich übermitteln sollte.[34]

In einer zweiten, schriftlich zugestellten Botschaft ließ Breshnew Dubček am gleichen Tage wissen, daß er sich mit einigen Artikeln aus der tschechoslowakischen Presse der vergangenen Tage beschäftigt habe und empfahl die Lektüre mit dem Kommentar: »In diesen Artikeln sind zusammen mit einer Verächtlichmachung der ganzen zwanzigjährigen Periode des sozialistischen Aufbaus offene Aufrufe zur Aktivierung des Kampfes gegen die KPTsch enthalten, zur völligen Auswechselung der jetzigen Führung auf dem bevorstehenden Parteitag und zur Veränderung der Politik der Partei, Aufrufe, um im Ergebnis der Wahlen zur Nationalversammlung der kommunistischen Partei die führende Rolle zu entziehen. In ihnen wird ein genaues Programm des Kampfes gegen die KPTsch während der Vorbereitungszeit des Außerordentlichen Parteitages dargelegt.« Breshnew sah darin eine Aktivierung der konterrevolutionären Kräfte und eine Gefahr für den Sozialismus.[35] Vorsichtshalber hatte er noch eine Liste mit den zitierten Beiträgen angefügt.

Die Botschaft selbst, die Tscherwonenko am 12. Juni Dubček zur Kenntnis brachte, war in mildem Ton gehalten. Breshnew äußerte darin die Sorge, daß in der Zeit der Vorbereitung zum Parteitag die Attacken auf die »gesunden Kräfte« in der Partei verschärft würden und unter dem Vorwand des Kampfes gegen die »Konservativen« der Sache ergebene Kommunisten »erschossen« werden könnten. Besondere Besorgnis rief die Presse hervor, die mit bürgerlich-liberalen, aber auch mit konterrevolutionären Positionen hervortrete.

Am meisten aber beunruhigte die Führung der KPdSU die Formierung eines »zweiten Zentrums« – in der Botschaft wird nicht erläutert, was damit gemeint ist. Dessen Existenz würde die Lage in der Partei und im Lande erheblich komplizierter machen.

Breshnew bot an, in der schwierigen Situation Hilfe leisten zu wollen. Er halte es für zweckmäßig, ein inoffizielles zweiseitiges Treffen abzuhalten. Daran sollten nur Dubček und seine Vertrauten teilnehmen. Breshnew schlug den 15. und 16. Juni 1968 vor. Dubcek sollte irgendeinen Ort an der sowjetisch-tschechoslowakischen Grenze nennen.[36]

Im Gespräch mit Tscherwonenko erklärte Dubček, daß auch er die Notwendigkeit eines Meinungsaustauschs empfände, wies aber dem sowjetischen Botschafter seinen Terminkalender vor und meinte, daß sich vor dem 1. Juli ein solches Treffen nicht organisieren ließe. Mit dem gleichen Argument lehnte er auch ein Treffen mit Ulbricht[37] ab.

Offenkundig zur Beruhigung Moskaus meinte Dubček, die sowjetischen Kommunisten sollten nicht denken, daß die tschechoslowakische Führung das Land auf den jugoslawischen oder den rumänischen Weg führen werde.[38]

In der zweite Juni-Hälfte 1968 sollte das Stabsmanöver »Böhmerwald« des Warschauer Paktes in der Tschechoslowakei abgehalten werden. Mit der größten Offenheit brachte Shivkov im Gespräch mit dem sowjetischen Botschafter in Sofia am 3. Juni seine Hoffnung zum Ausdruck, daß damit die alte Ordnung wieder hergestellt werden würde. »Um in der Tschechoslowakei den Umtrieben der feindlichen Kräfte ein Ende zu setzen, sollte man, wie es in Ungarn geschah, eine revolutionäre Regierung bilden und die Schlüsselpositionen besetzen. Andernfalls würde man wohl zehn Jahre benötigen, um die heutigen Führer der KPTsch von der Gefahr der Konterrevolution und der Notwendigkeit, ihr eine entschiedene Abfuhr zu erteilen, zu überzeugen.«[39]

Ungeachtet des offensichtlichen Widerspruchs in seiner Aussage – denn wenn er meinte, die Führung der KPTsch könnte noch zehn Jahre an der Macht sein: worin bestand dann die Gefahr einer Konterrevolution? – war diese Aussage eindeutig.

Das Manöver brachte nicht das erwartete Resultat. Es stärkte nicht die Position der »gesunden Kräfte«, sondern nährte das Mißtrauen gegenüber Moskau und dem Warschauer Pakt.

Am 26. Juni 1968 erschienen in einigen Prager Zeitungen das »Manifest der 2.000 Worte«. Der Text war von Ludvik Vaculík , einem Schriftsteller, verfaßt und von vielen Vertretern der Intelligenz unterzeichnet worden.

Es wurde in Moskau als Manifest der Konterrevolution betrachtet, als Attacke auf den Sozialismus, auf die kommunistische Partei und gar als Aufruf zum Bürgerkrieg.

Das Papier war auch in der Führung der KPTsch nicht unumstritten. Einige Persönlichkeiten - darunter Indra, Bilak und Jakes – kritisierten es deutlich.

Am 4. und 5. Juli 1968 gingen in Prag Briefe der Führungen der KPdSU, der SED, der PVAP, der Bulgarischen KP und der USAP ein. Gleichzeitig unterrichtete Breshnew Dubček in einem Telefonat über den kollektiven Vorschlag, unverzüglich ein Treffen der sechs Parteien in Warschau abzuhalten. Am 6. Juli ließ er den sowjetischen Botschafter erneut diese Einladung vortragen. Das »kameradschaftliche Treffen auf höchster Ebene zwecks Erörterung der in der Tschechoslowakei entstandenen Lage« sollte am 10. oder 11. Juli stattfinden. Tscherwonenko übergab diesen Brief am Morgen des 8. Juli, eine halbe Stunde vor Beginn der Sitzung des Präsidiums des ZK der KPTsch, das auf diesen Vorschlag eine Antwort geben sollte.[40]

Tscherwonenko erhielt am folgenden Tag eine mündliche Anwort. Lenárt teilte mit, daß das Präsidium statt eines solchen Treffens zweiseitige Gespräche mit allen Parteien – auch mit Vertretern der KP Rumäniens und des BdKJ – führen möchte.

Tscherwonenko, der offenbar ihm gegebene Instruktionen befolgte, antwortete, daß die Ablehnung des vorgeschlagenen Treffens seitens der tschechoslowakischen Führung von der KPdSU nicht verstanden werden würde. Mehr noch, die Führung der KPTsch und Dubček persönlich würden damit ihren Beziehungen zur KPdSU ändern und ihnen eine neue Richtung geben.

Die Frage wäre, ob die KPTsch ein Glied in der sozialistischen Gemeinschaft bleibe oder nationalistische Aktionen unter dem Vorwand der »Besonderheiten« des Landes usw. verstärke. »Die Abkehr der Tschechoslowakei vom abgestimmten Kurs der sozialistischen Gemeinschaft wird die internationalen Kräfte der Konterrevolution ermutigen, was zur Zerstörung des bestehenden Kräfteverhältnisses in Europa führt und die internationale Situation verschärfen wird,« führte der Botschafter aus.[41]

Der Druck auf die Tschechoslowakei nahm zu. Am 11. Juli übergab der sowjetische Botschafter Dubček einen weiteren Brief der fünf Parteien, der den Vorschlag wiederholte, am 14. Juli eine tschechoslowakische Delegation zu einem Treffen nach Warschau zu entsenden. Dubček versicherte erneut seine Bereitschaft, sich mit der sowjetischen Führung zu treffen. Er erkundigte sich aber auch, warum zu diesem Treffen die kommunistischen Parteien aus Rumänien und Jugoslawien nicht eingeladen würden.

Tscherwonenko bestand auf der Annahme der Einladung. Mit einer neuen Absage würde Dubček große Verantwortung auf sich laden, antwortete er. Über der KPTsch schwebe die Gefahr des Revisionismus und über dem Lande die Gefahr der Spaltung. Besondere Besorgnis rief beim Botschafter die Tatsache hervor, daß die antisozialistischen Demonstrationen und die Untergrabung der Organisation des Warschauer Vertrages nicht verfolgt würden. Er nannte das Verrat an der Revolution und an der Sache des Sozialismus.

Auf diese Tirade reagierte Dubček mit der Bemerkung, daß er keine »Stabilisierung der Lage in der Republik mit Bajonetten« wollte, und versprach, die Entscheidung des Präsidiums des ZK der KPTsch nach dessen Tagung, die für den folgenden Tag vorgesehen war, mitzuteilen.[42]

Die Antwort traf am 13. Juli 1968 in Gestalt eines Briefes an das Politbüro des ZK der KPdSU ein. Die tschechoslowakische Führung bestand auf ihrer Position: Die Durchführung der Beratung in Warschau würde für die KPTsch eine komplizierte Lage im Lande schaffen, weil die Partei jetzt unter neuen Bedingungen arbeite.[43]

In der Tschechoslowakei mehrten sich die Stimmen, die den sofortigen Abzug der sowjetischen Truppen forderten, welche sich nach dem Manöver noch auf ihrem Territorium aufhielten.

Im Fernsehen verlas man eine Resolution der Südmährischen Bezirksleitung der KPTsch , in der nicht nur die Teilnahme der kommunistischen Parteien aus Rumänien und Jugoslawien an dem Gipfeltreffen gefordert wurde, sondern auch die aus Italien und Frankreich.

In Moskau teilte man die Einschätzung, die Tscherwonenko gegeben hatte: Es entstehe der Eindruck, daß die Orientierung, die Prag von Tito erhalten habe, in der Tschechoslowakei eine rasche Verwirklichung fände, was geschickt von irgend jemandem gesteuert werde.[44] Mithin: Es griff eine Verschwörungstheorie immer mehr um sich.

Am 14./15. Juli kamen die Vertreter von fünf, nicht von sechs Parteien in Warschau zusammen. Am Vorabend waren ihnen Informationen des ZK der KPdSU über die Lage in der Tschechoslowakei zugegangen.

Die Teilnehmer schickten dem ZK der KPTsch einen Brief, der in der tschechoslowakischen Presse veröffentlicht wurde.

Am 18. Juli trat Alexander Dubček vor die Kameras und Mikrofone des Fernsehens und des Rundfunks, um die Öffentlichkeit zu beruhigen und auch den Verbündeten zu versichern, daß die Tschechoslowakei nicht beabsichtige, ihre internationalen Verpflichtungen aufzukündigen und die sozialistischen Gemeinschaft zu verlassen.

In der zweiten Juli-Hälfte war nach Ansicht der Analytiker eine Situation entstanden, die an die Lage nach der Resolution des Kominformbüros im Sommer 1948 zu Jugoslawien erinnerte. Doch es gab einen wesentlichen Unterschied: Damals ging der Konflikt um Personen – hie Stalin, da Tito. Diesmal stritt man um zwei unterschiedliche Gesellschafts-Modelle. Es ging um den »Sozialismus mit menschlichem Antlitz«, den Prag zu entwickeln hoffte, oder um die Behauptung des autoritär-bürokratische Systems Moskauer Ausprägung. Wobei dem Prager Konzept nicht einmal das Recht zugestanden wurde, sich sozialistisch zu nennen.

Die »Breshnew-Doktrin«: Ein militärischer Triumph und eine politische Niederlage

Vom 28. Juli bis zum 1. August 1968 trafen sich die Führungen der KPdSU und der KPTsch in Cierná nad Tisou. Die Dokumente, die inzwischen bekannt wurden, enthalten neue Fakten, die bisherige Vorstellungen wesentlich korrigieren. Zu diesen Dokumenten gehören in erster Linie das sowjetische Stenogramm und das sowjetische Protokoll einer Beratung der Führer von fünf kommunistischen Parteien in Moskau am 18. August 1968.[45] Dort war die endgültige Entscheidung über die militärische Intervention getroffen worden.

Breshnew machte in Moskau Angaben, die belegen, daß es der sowjetischen Führung in Cierná nad Tisou gelungen war, sich in einer ganzen Reihe von Maßnahmen gegenüber der KPTsch durchzusetzen. Diese zielten auf die Einschränkung der Demokratie in der Tschechoslowakei. Zunächst im Vieraugengespräch zwischen Breshnew und Dubček und sodann beim Treffen der sogenannten Achtergruppe (Breshnew, Podgorny, Kossygin, Suslow – Dubček, Svoboda, Cernik, Smrkovsky) war Übereinstimmung erzielt worden. Das Präsidium des ZK der KPTsch verpflichtete sich, die Kontrolle über alle Massenmedien wieder zu übernehmen, ein

Gesetz über das Verbot der Bildung einer sozialdemokratischen Partei sowie anderer politischer Vereinigungen (»Klub – 231«) zu erlassen und Treue zum Kurs des Warschauer Vertrages zu erklären. Das hieß nach Ansicht Breshnews, den rechten Kräften innerhalb des ZK der KPTsch einen Schlag zu versetzen.

Man habe sich direkt und klar verständigt, so führte Breshnew aus, daß noch vor dem Parteitag, genauer gesagt: im Verlauf der folgenden zehn bis fünfzehn Tage, folgende Entscheidung getroffen wird: Das Mitglied des Präsidiums des ZK der KPTsch und Vorsitzende der Nationalen Front, Kriegel, sowie der Sekretär des ZK der KPTsch Cisař würden von ihren Funktionen entbunden. Der Chef des Fernsehens, Pelikán, wird entlassen. Außerdem sollte nicht später als zum 25. August in der Nationalversammlung ein Gesetz angenommen werden, mit dem die Organe der Staatssicherheit aus dem Ministerium des Innern herausgelöst werden. An dessen Spitze müsse Salgovič berufen werden.

Das sei, so Breshnew, die Bedingung dafür, einer Einladung an die »Bruderparteien« nach Bratislava am 2. August nachzukommen. Die tschechoslowakischen Führer hätten jedoch darum gebeten, über die geforderten personellen Veränderungen nicht zu sprechen.

Ein weiterer Umstand, der der Aufmerksamkeit der Historiker entgangen war, bestand in der Tatsache, daß Breshnew bei dem Treffen in Bratislava dem »gesunden Teil« des ZK der KPTsch (Namen wurden nicht genannt) in einen geheimen Brief Hilfe und Unterstützung signalisierte. Diese Aktion fußte offenkundig auf der illusionären Vorstellung, dadurch verlorenes Terrain zurückzuerobern. Beide Seiten – Moskau und die »gesunden Kräfte« – kommunizierten fortgesetzt konspirativ und stimmten ihr Vorgehen ab.

Der sowjetische Druck richtete sich nicht nur auf die Führung der KPTsch mit dem Ziel, schnellstens die Verabredungen von Cierná nad Tisou zu realisieren, sondern auch auf Dubček. Das läßt darauf schließen, daß im Kreml die Vorstellung umlief, man könne auch den Ersten Sekretär auf die Seite der »gesunden Kräfte« hinüberziehen.

Man setzte das ganze Instrumentarium ein, das zur Verfügung stand: Presse, Militär(Truppenbewegung an der tschechoslowakischen Grenze), bilaterale Gespräche mit Vertretern anderer Parteien. Breshnew persönlich war in alle Vorgänge involviert.

Am 9. August erkundigte er sich telefonisch bei Dubček über den Stand der Realisierung der vereinbarten Maßnahmen.

Am selben und noch einmal am folgenden Tage war in gleicher Angelegenheit der sowjetische Botschafter vorstellig geworden.

Ein zweiter Anruf Breshnews war – auf Initiative der »gesunden Kräfte« – für den 13. August verabredet. Diese hatten den sowjetischen Partei-Chef darum gebeten, Dubček direkt zu fragen, weshalb die Vereinbarungen nicht erfüllt würden.

Dieser Tag war nicht zufällig gewählt: An jenem Tag sollte auf einer Sitzung des Präsidium des ZK der KPTsch das Schicksal von Kriegel und Císař entscheiden.

Das Gespräch dauerte eine Stunde und 15 Minuten und nahm zeitweilig eine scharfe Form an. Dubček antwortete gereizt und meinte, daß mehr Zeit notwendig sei.

Es sei charakteristisch, so bemerkte Breshnew später, daß Dubček dem Präsidium des ZK der KPTsch nicht nur den Inhalt, sondern die Tatsache des Gesprächs selbst verheimlicht habe. Breshnew folgerte: Dubček sei auf die Seite der Rechten übergegangen und habe nicht vor, etwas zu unternehmen.

Damit die »gesunden Kräfte« die in Cierná nad Tisou getroffenen Vereinbarungen bekämen, sandte Breshnew an Dubček einen offiziellen Brief. Darin wurde das Wesentliche – entgegen der getroffenen Absprache – offengelegt. Botschafter Tscherwonenko übergab auftragsgemäß allen Mitgliedern des Präsidium des ZK der KPTsch am 16. August Breshnews Schreiben.

Parallel dazu arbeitete man in Moskau an einer Botschaft des ZK der KPdSU an das Präsidium des ZK der KPTsch, in der die Nichterfüllung der in Cierná nad Tisou und in Bratislava übernommenen Verpflichtungen durch das ZK der KPTsch angemahnt wurde.

Damit würden nach Ansicht Breshnews die »gesunden Kräfte« ihren Kampf gegen die Rechten erfolgreich führen können. Von deren Sieg war er überzeugt, zumal er davon ausging, daß diese im Präsidium des ZK der KPTsch ein zahlenmäßiges Übergewicht besäßen. Sie hätten Aktionspläne und auch Terminvorstellungen für deren Verwirklichung. Die Taktik der Rechten hingegen bestünde darin, sich auszuschweigen und die Zeit bis zum Parteitag auszusitzen, was nicht zugelassen werden dürfe.

Am 15., 16. und 17. August tagten das Politbüro und das Sekretariat des ZK der KPdSU. Man habe dort – wie Breshnew am 18. August die angereisten Vertreter von fünf Parteien in Moskau informierte – alle Umstände erwogen und den Beschluß gefaßt, den »gesunden Kräften« militärische Hilfe zu leisten und mit ihnen den Aktionsplan sowie die vorgesehenen Termine abzustimmen. Die »gesunden Kräfte« sollten am 20. August im Präsidium des ZK der KPTsch die Absetzung Dubčeks durchsetzen und sich an die Länder des Warschauer Vertrages mit der Bitte um Hilfe wenden. In der Nacht vom 20. zum 21. August 1968 werde man in die Tschechoslowakei einmarschieren.

Ich denke, schloß Breshnew, daß Ihr uns die Eile verzeiht und begreift, daß wir keinen anderen Ausweg sehen.

Als erster ergriff Walter Ulbricht das Wort. Er bewerte die vorgeschlagenen Maßnahmen als notwendig und richtig. Die Beratung von Bratislava sei für die tschechoslowakische Seite nur ein taktisches Manöver gewesen, um Zeit zu gewinnen. Dubček charakterisierte er als eine »Mischung von Sozialdemokratismus und Schwejktum«. Nach dem XIV. Parteitag wäre ein konterrevolutionärer Umsturz zu erwarten. Die militärische Seite der bevorstehenden Aktion sei klar. Doch die Frage nach der darauffolgenden politischen Arbeit sei kompliziert, da während der verflossenen zehn Jahre das tschechoslowakische Volk mit bürgerlicher und kleinbürgerlicher Ideologie vergiftet worden sei. Deshalb müsse die neue Führung eine klare politische Konzeption besitzen und dürfe kein ökonomisches Chaos im Lande zulassen.

Todor Shivkov unterstützte in seiner kurzen Rede die Einschätzungen und Vorschläge Breshnews. Einverstanden war auch Wladislaw Gomulka. Es gäbe keinen anderen Weg, und nach einem anderen zu suchen würde nur zum Zeitverlust führen. Wichtig sei jedoch, daß die tschechoslowakischen Genossen selbst handelten. Unvorhergesehenes könne es geben, warnte er, wobei er Vorschläge machte für die Veröffentlichung verschiedener Dokumenten und Erklärungen.

Janos Kádár stimmte den Einschätzungen Breshnews ebenfalls zu und unterstrich, daß das Präsidium des ZK der KPTsch keinerlei Bemühungen an den Tag lege, die in Cierná nad Tisou und in Bratislava in Aussicht gestellten Maßnahmen zu verwirklichen. »Nach Absprache mit den sowjetischen Genossen habe ich Kontakt zu Dubček aufgenommen und mich gestern *(d. h. am 17. August – d. Hrsg.)* mit ihm an der tschechoslowakisch-ungarischen Grenze getroffen«, sagte er. Doch das lange Gespräch sei fruchtlos und ergebnislos gewesen. Bei der Erörterung der aufgeworfenen Fragen habe Dubček, der sich in einem schlechten Zustand befunden und sich unklar geäußert habe, einen Rückzug gegenüber seinen eigenen Positionen in Bratislava angetreten. »Die politischen Mittel sind ausgeschöpft«, schlußfolgerte Kádár und wies auf die Notwendigkeit hin, maximale Konspiration zu gewährleisten, damit der Termin der vorgesehenen militärischen Operation in keinem Fall aus diesem Raum gelange.

Im zusammengestellten Protokoll der Beratung vom 18. August 1968 konstatierten die Führungen der fünf Parteien der Länder der sozialistischen Gemeinschaft völlige Übereinstimmung in der Einschätzung der Lage. Diese sei entstanden »im Ergebnis des aktiven Wirkens rechter antisozialistischer Kräfte in der Tschechoslowakei, die auf eine Loslösung der CSSR von der sozialistischen Gemeinschaft und die Schaffung eines bürgerlichen Staates gerichtet sind«. Man werde deshalb Maßnahmen ergreifen »zur Gewährung von militärischer Hilfe für die gesunden Kräfte der Kommunistischen Partei und der Regierung der Tschechoslowakei«.[46]

In diesen Dokumenten (dem Stenogramm und dem Protokoll) vom 18. August 1968, die in der hölzernen Sprache von Leitartikeln der Parteipresse verfaßt wurden, fehlt jegliche Erwähnung der bereits erfolgten Vorbereitung einer militärischen Intervention, obwohl vermutlich alle Teilnehmer dieses Treffens von ihren Verteidigungsministern und Generalstabschefs über sie informiert worden waren.

Ebenso wurde die zuvor sie so sehr bewegende Frage nach einem möglichen politischen Dreieck Bukarest-Belgrad-Prag mit Schweigen übergangen, obwohl gerade in jenen zwei Wochen, die seit dem Treffen in Bratislava vergangen waren, Besuche von Tito und Ceausescu in der Tschechoslowakei erfolgt waren. Es kann sein, daß wir es in diesem Falle mit einem Verschweigen zu tun haben, das beredter ist als alle Worte.

Der ganze Plan der Intervention, besonders dessen politischer Teil, zeigte, wie weit sich die Führungen der fünf kommunistischen Parteien von der realen Wirklichkeit bereits entfernt hatten. Es handelte sich hierbei nicht einfach um ein Unverständnis für die Vorgänge in der Tschechoslowakei. Ihre Position widerspiegelte die völlige Unempfänglichkeit für die sich dort entwickelnden Ideen, insbesondere für die Konzeption eines Sozialismus mit »menschlichem Antlitz«. Die Orthodoxen – jene von ihnen als »gesunde Kräfte« bezeichneten Funktionäre in der KPTsch – hatten keine Basis in der Gesellschaft, sie wurden dort weder unterstützt noch waren ihre Überlegungen geeignet, den Sozialismus besser zu machen. Selbst innerhalb der Partei waren sie in der Minderheit. Es war völlig illusionär, auf sie zu setzen und zu hoffen, sie würden das Ruder herumreißen können.

Vom militärischen Standpunkt verlief die Intervention genau nach Plan. Das politische Szenarium aber, das ebenfalls vorbereitet worden war, scheiterte. Die Tatsache des Einmarsches der Truppen spaltete selbst das Lager der »gesunden Kräften« und stärkte die Anhänger Dubčeks. Es gelang nicht, ihn abzulösen. Die Bildung einer »revolutionären Arbeiter- und Bauernregierung« mußte ebenfalls gestrichen werden. Präsident Svoboda weigerte sich, die Rolle einer Marionette zu spielen und trat entschieden gegen einen solchen Plan auf.

Trotz Herstellung der völligen militärischen Kontrolle über das Land benötigte Moskau ein ganzes Jahr, um sein Aktionsprogramm zur Liquidierung des »Prager Frühlings« durchzusetzen.

Der Preis des »Sieges«

Moskaus Handeln wird inzwischen von vielen Zeitgenossen als dilettantisch bezeichnet. Dazu rechnen sie auch eklatante Fehleinschätzungen der sowjetischen Botschaft in Prag und verschiedener Einrichtungen, die die Außenpolitik bestimmten. Im Westen, so urteilte etwa Alexander Bowin – damals Sektorleiter in der Internationalen Abteilung des ZK der KPdSU und später Chefkommentator der Regierungszeitung »Iswestia« –, nahm man an, wir würden Schach spielen. Doch wir spielten Billard.[47] Die Gründe für dieses Scheitern liegen jedoch tiefer. Sie wurzeln im reformunwilligen und reformunfähigen autoritär-bürokratischen Regime in der Sowjetunion selbst. Dieses System wurde zwar auf alle Staaten in ihrem Einflußbereich übertragen. Doch in der Tschechoslowakei war das Ausgangsniveau ein anderes. Es gab demokratische Traditionen, die Industrie war gut entwickelt, es existierte eine technische und künstlerische Intelligenz, die im Volke verwurzelt war. Dadurch war auch das Tempo der gesellschaftlichen Entwicklung höher, was zwangsläufig rascher die Grenzen des bestehenden Sozialismus-Modells aufzeigte und nach dessen Erweiterung und Veränderung rief. Moskau sah darin die Erosion des sowjetischen Blocks und denunzierte jede Reform am System als eine Flucht aus dem eigenen Lager. Man begriff nicht, daß man mit der Verweigerung von Reformen die ganze Revolution aufs Spiel setzte und damit das System weitaus stärker gefährdete. *(Ihre Verbündeten folgten ihnen nicht nur, weil sie von Moskau*

geprägt waren und von der Führungsmacht abhingen. Sie verfolgten
damit durchaus eigene Interessen. Ulbricht beispielsweise hatte in der
DDR Reformen in der eigenen Wirtschaft begonnen und wollte sie
nicht von außen gefährden. Wenn er im übrigen verhinderte, daß sich
die NVA an der konzertierten Aktion des Warschauer Paktes beteiligte
und keine deutschen Soldaten in Prag einmarschierten, offenbart dies
nicht nur seinen Sensibilität für Geschichte. Immerhin bewies er staats-
männisches Format und dachte weiter als Breshnew. - d. Hrsg.)

Mit der Niederschlagung des »Prager Frühlings« hatte der reale
Sozialismus sich endgültig diskreditiert. Er hatte vor aller Welt
demonstriert, daß Änderungen dieses Systems nicht mehr erfolgen
würden. Es begann eine Epoche der Stagnation und fortschreiten-
der Fäulnis, die schließlich mit dem vollständigen Kollaps der
Sowjetunion und des vom ihm dirigierten Imperiums endete.

Dem Unvermögen des autoritär-bürokratischen Regimes,
Reformen durchzuführen, gründet auf seine Struktur. Diese stützte
sich auf zwei miteinander verflochtene Tiraden der Macht: einer
horizontalen – der politischen, ökonomischen und ideologischen
Macht, und einer vertikalen – der exekutiven, gesetzgebenden und
gerichtlichen Macht. Das Bindeglied dieser Machttiraden war der
Parteiapparat, der mit dem Staatsapparat verschmolzen war, was
ihm Züge eines Apparates besonderen Typs gab. Das äußerst sen-
sible Gefühl der sozialen Selbsterhaltung dieses Apparates sugge-
rierte ihm intuitiv, daß der Verlust der monopolisierten Kontrolle
über nur eines der Elemente dieser Struktur die Kettenreaktion
des Zerfalls des ganzen Systems hervorrufen könnte. Dieser Instinkt
der Selbsterhaltung bestimmte 1968 auch die Reaktion der sowjetischen Partokratie auf die Ereignisse in der Tschechoslowakei.

Eine unerwartete Folge der Unterdrückung des »Prager Frühlings« war, daß die Dissidenten-Bewegung in der Sowjetunion
offen die Bühne des politischen Lebens betrat. Die Demonstration
von nur sieben Personen am 25. August 1968 auf dem Roten Platz
in Moskau, die damit gegen den Einmarsch sowjetischer Truppen
in die Tschechoslowakei protestierten, signalisierte den Beginn
einer qualitativen Veränderungen in der Stimmungslage der Menschen.

Die Intervention der sowjetischen, der polnischen, der ungarischen und der bulgarischen Truppen verwandelte sich in eine allgemeine Tragödie auch für die Völker dieser Länder.

Als man in der Sowjetunion in der zweiten Hälfte der 80er
Jahre, also zwanzig Jahre später, de facto Ideen des »Prager Früh-

lings« erneut aufgriff, wurde es zur bitteren Wahrheit, daß hier wie in den verbündeten Ländern eine Reformierung der realsozialistischen Ordnung, wie sie unter Stalins Herrschaft geprägt wurde, schon nicht mehr möglichwar, sondern die Überwindung des Gesellschafts- und Herrschaftssystems sowjetischen Typs sich als unvermeidbar erwies.

Fußnoten

1 Samizdat – Selbstdruck *(Anmerkung d. Hrsg.)*
2 AP RF, F. 3, Op. 91, D. 80, L. 2933
3 Ebd., L. 78-87. S. I. Prasolow (Prag) nach Moskau am 16. November 1967
4 Ebd., L. 88-94. I. I. Udalzow (Prag) 2. November 1967
5 Ebd., L. 120 f.
6 Ebd., L. 122-159. Tscherwonenko (Prag) am 3. Dezember 1967 über die Lage in der Führung der Tschechoslowakei
7 AP RF, F. 3, Op. 91, D. 81, L. 12-30. Tscherwonenko (Prag) nach Moskau über das Gespräch mit Antonin Novotny am 6. Dezember 1967
8 Ebd., L. 31. Auszug aus dem Protokoll Nr. 62 der Sitzung des Politbüros des ZK der KPdSU vom 7. Dezember 1967.
9 Ebd., L. 32-34. Über das Gespräch des Gen. L. I. Breshnew mit den führenden Funktionären der KPTsch in Prag am 8./9. Dezember 1967
10 Ebd., L. 106 f. Mitteilung der sowjetischen Botschaft aus Prag
11 Ebd., D. 82, L. 15 f. Tscherwonenko (Prag) nach Moskau, 21. Dezember 1967
12 Ebd., D. 84, L. 1-18. Tscherwonenko (Prag) nach Moskau, 10. Januar 1968
13 Ebd., D. 85, L. 1-11. Tscherwonenko (Prag) nach Moskau, 23. Januar 1968
14 Ebd., L. 39. Auszug aus dem Protokoll Nr. 67 der Sitzung des Politbüros des ZK der KPdSU vom 25. Januar 1968
15 Ebd., L. 68-86. Niederschrift des Gesprächs der Gen. L. I. Breshnews und N. B. Podgorny mit Gen. Dubček am 30. Januar 1968
16 AP RF. Arbeitsprotokoll der Sitzung des Politbüros des ZK der KPdSU vom 2. Februar 1968. Information Breshnews über das Treffen mit Dubček
17 Die Nennung Ulbrichts in diesem Zusammenhang erweckt einen gewissen Zweifel. Sein Verhältnis zu den tschechoslowakischen Reformbestrebungen war sehr widersprüchlich. Er begriff ihre Notwendigkeit, zeigte sich zum einen ihnen gegenüber, so beispielsweise gegenüber den Analysen und Vorschlägen der Gruppe um Radovan Richta, aufgeschlossen, um so mehr, als auch sein Reformprogramm eine Korrektur des sowjetischen Modells darstellte. Auch die Arbeiten von Ota Sik waren in den 60er Jahren in der DDR veröffentlicht worden. Zum anderen warnte Ulbricht entschieden vor ideologischen und machtpolitischen Aufweichungen, in denen er die Gefahr der Konterrevolution, des Einflusses der BRD sowie der politischen Isolierung und machtpolitischen Erosion der DDR sah. Immerhin wurde mit der Niederschlagung des »Prager Frühlings« auch sein Reformprogramm durch die Breshnew-Führung zunichte gemacht wurde. *(Anmerkung d. Hrsg.)*
18 AP RF., F. 3, Op. 91, D. 86, L. 16. Mitteilung aus Prag vom 5. März 1968
19 Ebd., L. 78
20 Ebd., L. 85-89
21 Ebd., L. 121
22 Ebd., D. 87, L. 26-37
23 AP RF. Arbeitsprotokoll der Sitzung des Politbüros des ZK der KPdSU vom 21. März 1968: Zur Frage des bevorstehenden Treffens in der DDR
24 Ebd., Arbeitsprotokoll der Sitzung des Politbüros des ZK der KPdSU vom 25. März 1968. Bericht der sowjetischen Delegation über das Treffen in Dresden
25 Prawda, 25. März 1968
26 AVPR (Archiv Vnešnej Politiki Rossii – Archiv der Außenpolitik Rußlands), F. 059, Op. 58, P. 126, D. 582, L. 195-197
27 Ebd., P. 123, D. 566, L. 364-366
28 Ebd., D. 583, L. 87

29 Ebd., F. 3, Op. 91, D. 89, L. 71-166. Niederschrift der Gespräche mit der Delegation der CSSR am 4. Mai 1968

30 AP RF. Arbeitsprotokoll der Sitzung des Politbüros des ZK der KPdSU vom 6. Mai 1968 »Über die Lage in der Tschechoslowakei«

31 Dieses Thema berührte zum Beispiel der Außenminister Luxemburgs, Gregoir, während seines Besuchs in Wien Mitte Mai 1968. – AVPR, F. 059, Op. 58, P. 87, D. 409, L. 13 f.

32 Ebd., P. 126, D. 583, L. 83-85

33 Die Kleine Entente war ein politisches, militärisches und wirtschaftliches Bündnis zwischen der Tschechoslowakei, Rumänien und Jugoslawien in der Zeit von 1920 bis 1938. Vorrangig ging es hierbei um die Sicherung der im Versailler Vertrag 1919 festgelegten Grenzen der Mitgliedsstaaten. *(Anmerkung d. Hrsg.)*

34 AVPR, F. 059, Op. 58, P. 87, D. 409, L. 155-157

35 Ebd., L. 159

36 Ebd., L. 155-157

37 Es gibt jedoch ernstzunehmende Vermutungen, daß sich Ulbricht ohne Kenntnis der sowjetischen Führung mit Dubček dennoch getroffen haben könnte. *(Anmerkung d. Hrsg.)*

38 AVPR, F. 059, Op. 58, P. 123, D. 570, L. 16-31

39 Ebd., D. 569, L. 252 f.

40 Ebd., P. 124, D. 571, L. 123-128

41 Ebd., L. 145-149

42 Ebd., L. 262-271

43 Ebd., P. 124, D. 571, L. 344-347

44 Ebd., D. 584, L. 49 f. Semskow (Moskau) an den Botschafter Samotejkin (Warschau) am 13. Juli 1968

45 AP RF, F. 3, Op. 91, D. 121, L. 5-7, 8, 12-70

46 Ebd., L. 5-7

47 Niederschrift des Gesprächs mit A. E. Bowin im September 1990: Archiv des Instituts für slawische Studien (Slavjanovedenie)

Personenregister